BECA, CANUDO E PROTESTO

APOIO CULTURAL

AMRIGS
ASSOCIAÇÃO MÉDICA DO RIO GRANDE DO SUL

UNICRED
PORTO ALEGRE
A INSTITUIÇÃO FINANCEIRA DA SAÚDE.

simers
Sindicato Médico do Rio Grande do Sul

FundMed
Pesquisa Ensino Inovação

Elisa Kopplin Ferraretto
Elvino Barros

BECA, CANUDO E PROTESTO

Contestação e irreverência nas formaturas da Faculdade de Medicina da UFRGS de 1974 a 1990

Libretos

Porto Alegre, 2024

Edição
Elisa Kopplin Ferraretto

Design gráfico
Clô Barcellos

Revisão
Célio Lamb Klein

Capa
Fachada do antigo prédio da Famed/UFRGS. Repositório Digital – Lume/UFRGS
Escadaria interna do antigo prédio da Famed/UFRGS. Biblioteca IBGE

Contracapa e abas
Formatura de 1975 da Famed/UFRGS. Acervo pessoal de Álvaro Roberto Crespo Merlo
Professor Eduardo Sarmento Leite. *Site* da Famed/UFRGS
Revista *Veja*, 4/12/1974, p. 20. Acervo pessoal dos autores

Dados Internacionais de Publicação na Catalogação
Daiane Schramm CRB-10/1881

F374b Ferraretto, Elisa Kopplin

Beca, canudo e protesto: contestação e irreverência nas formaturas da Faculdade de Medicina da UFRGS de 1974 a 1990./Elisa Kopplin Ferraretto e Elvino Barros. – Porto Alegre: Libretos, 2024.

352p.; 16,5 x 23,5

ISBN 978-65-86264-87-6

1. Protesto estudantil. 2. Universidade. 3. Faculdade de Medicina. 4. Formatura. 5. Condições de ensino.

CDD 378

CDU 377

Catálogo sistemático
Universidade: CDD 379
Medicina: CDD 610

Libretos
Rua Peri Machado, 222, Bloco B/707
Bairro Menino Deus, Porto Alegre, RS
Brasil
CEP 90130-130

www.libretos.com.br
@libretoseditora
libretos@libretos.com.br

Contatos com os autores
eferraretto@gmail.com
elvino.barros@gmail.com

Sumário

No puede impedirse el viento,
pero hay que saber hacer molinos.

Don Quijote de La Mancha, Miguel de Cervantes

Apresentação

Cursar Medicina na Universidade Federal do Rio Grande do Sul não é fácil. A batalha começa com o Vestibular, exigindo muito estudo de quem deseja conquistar sua vaga em um dos cursos mais concorridos da principal universidade pública gaúcha. Seguem-se seis anos em que a intensidade da dedicação e dos desafios será ainda maior. Primeiro, as aulas teóricas de disciplinas básicas – Anatomia, Histologia, Bioquímica, Fisiologia, Patologia... E provas, muitas provas. Depois, sucedem-se as especialidades, os primeiros contatos com pacientes, a iniciação científica, os estágios, as monitorias, os plantões. Em meio a tudo isso, descobertas, conquistas e, talvez, algumas decepções.

Até que o ciclo se completa e resta apenas tomar posse do diploma para, oficialmente, deixar de ser estudante e iniciar a carreira médica.

A entrega do documento poderia ser um simples ato jurídico e burocrático da Universidade. Mas a relevância do momento, que representa a coroação de muitos esforços e também uma mudança de *status* pessoal e social, consagrou a realização das formaturas como ritos de passagem e distinção. São momentos solenes, regidos por regras fixas de cerimonial e protocolo que estabelecem os elementos necessários e os passos obrigatórios.

Na tradição hoje vigente, no Salão de Atos da Reitoria – cenário das principais solenidades formais da UFRGS –, a comunidade acadêmica apresenta-se com vestes talares, distintivas de posição e poder. Seus integrantes usam beca (também conhecida como toga) preta, pelerine (a "capinha" sobre a beca) e capelo (o "chapéu"), mas variações de cores e outros detalhes marcam a devida hierarquização, distinguindo entre si formandos, professores e autoridades universitárias. O roteiro cerimonial também convenciona representações que vão cumprir papéis determinados para que o rito transmita todos os significados desejados. As presenças de representantes da Reitoria e da Diretoria da Faculdade conferem prestígio ao ato, com falas que reforçam a importância do conhecimento, da ciência e da Universidade para a sociedade. O orador ou a oradora representa a turma e fala em seu nome, marcando a importância do rito de passagem, ao resgatar a trajetória percorrida, os desafios enfrentados, os sentimentos vivenciados, as conquistas alcançadas e as expectativas com o exercício da Medicina. O paraninfo ou a paraninfa simboliza laços especiais estabelecidos, durante o curso, entre docentes e estudantes, por meio da eleição de um professor ou professora que deixou marcas peculiares na trajetória dos estudantes e vai apadrinhá-los na solenidade, conduzindo-os até o palco e dirigindo-lhes uma mensagem final, afetiva e estimuladora. A escolha de homenageados e homenageadas reforça a valorização das relações acadêmicas, com a distinção pública de pessoas que contribuíram de modo particular com o processo de construção do conhecimento e capacitação profissional.

O ponto alto da cerimônia é o momento individual de colação de grau, em que cada estudante recebe seu canudo. Este pode até conter um documento provisório ou mesmo um papel em branco, mas simboliza a posse do diploma, a concretização da passagem, a efetivação da mudança de *status*: quem o tem em mãos já não é mais percebido como estudante, mas sim como médico ou médica.

Nas diferentes instituições, as formaturas podem possuir algumas características próprias, em função de suas normas, valores e culturas, assim como cada turma pode introduzir pequenas variações para conferir um brilho particular à cerimônia. Porém, na essência está, sempre, esse conjunto de elementos, de presença obrigatória para que o rito simbólico seja integralmente cumprido. A ausência ou modificação de um deles introduziria um novo significado, não previsto nem desejado, a sinalizar que algo está fora de lugar. Imagine-se, por exemplo, uma solenidade de formatura sem a presença de paraninfo e de homenageados. Isso transmitiria uma mensagem contundente: a turma que se forma não deseja reconhecer ou destacar ninguém entre o corpo docente, indicando que, na avaliação dos estudantes, algo saiu errado ao longo do processo da graduação.

Pois assim foi a formatura da Associação Turma Médica (ATM) 1974[1] da Faculdade de Medicina da Universidade Federal do Rio Grande do Sul

1. Na designação das ATMs, a data indica o ano em que a turma deverá se formar.

(Famed/UFRGS). A maior parte do ritual foi cumprida: teve beca, teve entrega do canudo... mas não paraninfo e homenageados. Foi a forma encontrada pelos formandos para protestar contra as condições de ensino durante o curso, prejudicadas pela implantação da chamada reforma universitária. Embora a reestruturação das universidades brasileiras fosse desejada e debatida pela sociedade desde o início dos anos 1960, acabaria sendo implementada nos "anos de chumbo" do regime militar, de forma autoritária e um tanto desorganizada. Na Famed, as mudanças começaram em 1972, quando a ATM 1974 estava exatamente no meio do curso. O processo aconteceu com muitos contratempos e falhas, e a turma, ressentida com a precarização das condições de ensino, decidiu, a seu modo, do modo possível naqueles tempos de liberdades restritas, protestar.

Naquela solenidade, em seu discurso, o vice-diretor da Faculdade, Carlos Candal dos Santos, até demonstrou compreensão e empatia com os formandos, reconhecendo as dificuldades enfrentadas pela "turma da transição" da reforma universitária. Porém, o impacto do protesto – ocorrido em um dos cursos mais tradicionais da principal universidade gaúcha, onde o simbolismo das formaturas, com todo o rito e a pompa tradicionais, é altamente prestigiado pela instituição e pela sociedade – se fez sentir. O fato foi duas vezes noticiado na *Veja*, uma das mais importantes revistas semanais de circulação nacional na época.

E mais: o episódio, até então inédito na história da Faculdade que comemorava seu 76° aniversário, não seria o único. Os protestos repetiram-se nos anos seguintes, de diferentes formas, e gradualmente foi se criando um tensionamento entre estudantes e Universidade. Quando chegou a formatura da ATM 1978, o mesmo Candal, então já diretor, mudou o tom, fazendo um discurso indignado e magoado contra a repetida atitude dos estudantes. Em 1979, não admitindo que o rito acadêmico seguisse sendo "conspurcado", a Faculdade decidiu suspendê-lo: naquele ano, não houve ato solene de colação de grau. Com os convites já impressos, os formandos decidiram promover a formatura por conta própria, no auditório da Assembleia Legislativa do Rio Grande do Sul, ainda que, sem a chancela da Universidade, tivesse apenas um caráter simbólico de celebração e confraternização.

Na década de 1980, a sociedade brasileira construiu o caminho de volta à democracia e foi reaprendendo a conviver com a liberdade de pensamento e de expressão. As formaturas da Famed seguiram refletindo, de formas diversas, o contexto social, político e educacional de cada etapa desse percurso. Até 1990, não apenas os paraninfos continuaram ausentes, mas também, a partir de determinado momento, o rito e a pompa requeridos pela Universidade passaram a ser considerados, pelos estudantes, incompatíveis com o momento vivido. As cerimônias, então, foram se tornando mais descontraídas, introduziram elementos lúdicos, subverteram o protocolo e até mesmo aboliram as vestes talares.

Foi do desejo de resgatar esses episódios históricos, compreendendo suas motivações e repercussões, que o presente livro nasceu. Uniu os esforços de duas pessoas com formações bem distintas – uma jornalista e um médico e professor de Medicina –, mas com a paixão em comum pela preservação da memória de pessoas e instituições. Tudo começou com a análise de alguns antigos convites de formatura, em meio à organização de uma exposição comemorativa aos 125 anos da Famed, em 2023. O de 1974 chamou a atenção por não indicar paraninfo e homenageados. O de 1975, por revelar que essas distinções foram conferidas a pessoas falecidas muitos anos antes. E assim fomos seguindo o fio da meada, que nos conduziu até 1990. Os convites, portanto, serviram como passagens para iniciarmos uma verdadeira viagem no tempo.

Nossos guias nessa jornada foram mais de uma centena de médicos e médicas que se formaram no período. Recuperando lembranças nos recantos da memória, eles e elas compartilharam histórias e emoções que nos permitiram construir a presente narrativa. De baús esquecidos sob a poeira dos anos, também resgataram fotografias esmaecidas, recortes de jornais com as bordas amareladas, publicações estudantis que aguçam a memória olfativa de quem conheceu o mimeógrafo a álcool, vídeos copiados de antigas fitas VHS e até mesmo a gravação do áudio de uma solenidade em cassete, raro registro sonoro de uma formatura dos anos 1970.

A todas e todos, nossa imensa gratidão pelo acolhimento, generosidade e paciência. Também somos gratos às entidades que viabilizaram nosso sonho, antiquados que somos, de ver essa história registrada em papel, apoiando financeiramente a impressão de *Beca, canudo e protes-*

to. Os nomes de todas essas pessoas e instituições são listados nas páginas finais.

Finalizamos este livro em 2024, ano repleto de marcos históricos relacionados aos episódios nele relatados. São 50 anos da formatura da ATM 1974, a primeira a protagonizar um protesto. Faz cinco décadas, também, que, por força das mudanças introduzidas pela reforma universitária, a Faculdade de Medicina perdeu seu prédio histórico – e, com ele, parte de sua identidade –, fato que se encontra entre as motivações de muitos dos protestos nas formaturas da segunda metade da década de 1970 e início da de 1980. Esse prédio, aliás, completa 100 anos de inauguração. Ao mesmo tempo, 2024 marca 60 anos do golpe militar no Brasil e 40 do movimento Diretas Já!, essencial no processo de redemocratização do país.

Para orientar leitores e leitoras em meio ao emaranhado de datas e acontecimentos que contextualizam as causas e os impactos dos protestos nas formaturas, incluímos, ao final do livro, uma breve e despretensiosa linha do tempo – da Famed, da UFRGS e do país –, baseada em pesquisa bibliográfica e documental. Por fim, desejando tornar a jornada ainda mais agradável, acrescentamos uma "trilha sonora" à obra, reproduzindo, na abertura de cada capítulo e subcapítulo, trechos de músicas que marcaram cada período relatado.

Então... passamos a palavra aos guias dessa viagem no tempo, os formandos e as formandas da Faculdade de Medicina da UFRGS de 1974 a 1990!

Elisa Kopplin Ferraretto
Elvino Barros

1974

Ninguém a homenagear: "O corajoso dever da honestidade"

Quem tem consciência para ter coragem
Quem tem a força de saber que existe
E no centro da própria engrenagem
Inventa contra a mola que resiste

Quem não vacila mesmo derrotado
Quem já perdido nunca desespera
E envolto em tempestade, decepado
Entre os dentes segura a primavera

Primavera nos dentes,
Secos & Molhados

Em 1969, a humanidade, dando um grande passo, chega à Lua. Com a Guerra Fria a tensionar o mundo e o conflito no Vietnã a dizimar vidas, 400 mil pessoas reúnem-se em Woodstock, os dedos em V, cabelo ao vento, para três dias de paz e música. Em um telhado londrino, os Beatles fazem seu último *show* – é o começo do fim do sonho.

Enquanto isso, no solo do Brasil, o sonho está subjugado às botas dos militares que, de golpe, tomaram o poder em 1964. Por conta do AI-5, em vigor desde dezembro anterior, os tempos são de intimidação e medo, de perseguição e repressão. Gilberto Gil, em uma espécie de hino de despedida, manda *Aquele abraço* e segue para o exílio, como tanta gente que partiu.

Mas o ano é de chegada para 125 jovens que, em Porto Alegre, ingressam em uma nova etapa de suas vidas. Quando, pela primeira vez, cruzam a porta do histórico prédio da Faculdade de Medicina da Universidade Federal do Rio Grande do Sul (Famed/UFRGS), afetivamente conhecida como a "Casa de Sarmento"[1], os integrantes da Associação Turma Médica (ATM) de 1974 começam a trilhar o caminho para o seu futuro. Carregam grandes expectativas, suas e, também, das respectivas famílias, orgulhosas pelo filho ou filha que começa a estudar em uma importante universidade e, dali a seis anos, vai seguir a carreira médica, considerada uma das mais nobres profissões do mundo.

Esses jovens enfrentaram um acirrado Vestibular – que, na Medicina, é realizado de forma unificada para cinco faculdades de diferentes municípios gaúchos. Milhares de estudantes de localidades diversas elegem a Faculdade da UFRGS como primeira opção, mas apenas 125 conquistam uma vaga. Então, deixam para trás a vida colegial e, em muitos casos, a casa da família, a cidade de origem. Sabem que, a partir desse momento, um novo mundo se abre, oferecendo muitas promessas, mas também exigindo novas responsabilidades e comportamentos. "Os três anos que precederam o Vestibular foram um misto de adolescência em alta velocidade e concentração em aprender todos os conteúdos para entrar na Faculdade. Isso representou uma época especial da vida, em que estudo, descobertas e prazer em viver conviveram muitas vezes com tensão",

---

1. Referência ao professor Eduardo Sarmento Leite, diretor da Faculdade de Medicina por 20 anos e principal responsável pela construção do prédio. A rua onde este está situado leva seu nome.

recorda-se um daqueles moços, Antônio Carlos Gerbase, acrescentando: "Entrar na Faculdade representou um feito, um alívio, o final de uma etapa e o início de outra. Havia curiosidade de aprender, alegria de viver com novos colegas, sede de acelerar, de encaminhar a profissão, fazer amigos, explorar novas paixões em todos os sentidos. Abriam-se prazeres, novidades, em uma época que era 'proibido proibir'. Pairava o golpe de 1964 com sua repressão, suas proibições, seu amordaçamento das expressões coletivas básicas. Mas nós vivíamos, era o nosso tempo de crescer".

A majestosa "Casa de Sarmento", edificada com linhas de neobarroco e elementos *art nouveau*, impressiona, falando da grandiosidade e poder da instituição. Ao se ingressar no saguão, avista-se uma escadaria de mármore, culminando em um imenso vitral onde figura, ao centro, o caduceu de Hermes, adotado como símbolo da Medicina[2]. O cajado e as duas cobras entrelaçadas que compõem esse emblema podem ser vistos, também, em diversos outros locais, decorando paredes, portas e lustres e esculpidos na imponente mesa de jacarandá do Salão Nobre, no segundo andar, local de atos solenes da Faculdade – e mais impressionados ficam

Repositório Digital - Lume/UFRGS

2. O Conselho Federal de Medicina defende que o verdadeiro símbolo da Medicina é o bastão de Esculápio, onde há apenas uma cobra enrolada em um bastão. Segundo o CFM, o caduceu de Hermes, com duas serpentes, é símbolo do comércio, mas passou a ser usado para representar a Medicina em função de interpretações distorcidas ao longo da história. Uma delas foi a publicação das obras de Hipócrates com o símbolo estampado na página frontal do livro; esta, porém, era a marca do tipógrafo suíço Johannes Froben, que o imprimiu em 1538, sendo, portanto, uma representação comercial e não do conteúdo da obra.

calouros e calouras quando lhes contam que este foi o local escolhido por Getúlio Vargas para tomar posse na Presidência do estado do Rio Grande do Sul, em 1928.

Junto ao saguão do prédio, os recém-chegados ficam conhecendo, em dezenas de retratos, aqueles que os antecederam. Lá estão, devidamente becadas e acompanhadas de seus paraninfos e homenageados, diversas turmas formadas ao longo dos 70 anos da Faculdade.

A ATM 1974 não imagina que, dali a seis anos, seu quadro de formatura será diferente, com espaços em branco dando conta de ausências marcantes, a romper uma tradição solene nesse solene ambiente.

Em seus três andares, a Faculdade de Medicina reserva, ainda, espaços específicos para o ensino de Fisiologia, Bioquímica, Biofísica, Farmacologia, Parasitologia, Histologia e Anatomia Patológica, além de salas de aula, biblioteca, Centro Acadêmico e gabinete da Diretoria. Já as aulas práticas, o contato com os pacientes, a partir do terceiro ano do curso, vão ocorrer, principalmente, nas enfermarias da Irmandade Santa Casa de Misericórdia de Porto Alegre – acompanhando professores da escola ou médicos não ligados a ela –, no Hospital Psiquiátrico São Pedro e no Hospital de Pronto Socorro (HPS) do município. O Hospital de Clínicas de Porto Alegre (HCPA), sonhado hospital de ensino da UFRGS, ainda não está em funcionamento, apesar de a pedra fundamental do prédio ter sido lançada na década de 1940.

Mas, por falar em pedra, a ATM 1974 também não sabe, ainda, que vai haver uma no meio do seu caminho, frustrando muitas das expectativas criadas naquele primeiro e deslumbrante contato com a Faculdade de Medicina.

Seu nome: reforma universitária.

A turma da transição

Vindo de Caxias do Sul, o jovem Flávio Danni Fuchs mal acredita quando, na manhã de 13 de janeiro de 1969, encontra seu nome na lista dos aprovados no Vestibular unificado para Medicina: de primeira, tinha garantido uma vaga na sua primeira opção, a cobiçada Faculdade de Medicina da UFRGS. É também uma quase inacreditável vitória para Ilceo Carlos Mergen, nascido em Serrinha Velha, zona rural de Sobradinho, onde cresceu vendo a mãe se desdobrar entre o trabalho na lavoura de fumo e serviços de costura para sustentar a família – e agora ele está ali, pronto para tornar realidade o sonho que um dia o menino pobre ousou sonhar.

Na tarde daquele mesmo dia, os veteranos começam a aplicar o tradicional trote nos *bixos* – uma espécie de rito de iniciação em que os novos acadêmicos são apresentados à sociedade e à faculdade e têm que se submeter às brincadeiras e provações impostas pelos alunos mais velhos. Em uma caminhada pela cidade, com os corpos pintados, "a gente tinha, por exemplo, que andar de quatro, como um cachorro", recorda Fuchs.

Os *bixos* recebem os parabéns de quem passa, posam para fotografias, bagunçam o trânsito de automóveis e bondes, entoam o hino da Famed:

Quim quim quim quiririm quim quérum
Quim quim quim quiririm quim quérum
Quim quim quim quiririm quim quérum
Quim quim quim quiririm quim quérum
Oh Nicodemo! Oh Nicodemo! Oh Jalaô! Oh Jalaô!
Oh Nicodemo Jalaô oba, oba oba oba oba oba oba oba oba
E o esqueleto, e o esqueleto
Da faculdade, da faculdade
Tava guardado em creolina, creolina, creolina, creolina, creolina
Mas acordou, mas acordou
E gargalhou – quá-quá-quá-quá
E a maior é a Medicina
Medicina, papa-fina, não é coisa pra menina
E a maior é a Medicina!

As moças integrantes da turma, no entanto, ousam mudar o finalzinho da música:

Medicina, papa-fina, ***JÁ*** *é coisa pra menina*

CIDADE VÊ A ALEGRIA DOS PRIMEIROS "BIXOS"

***Diário de Notícias*, 14/1/1969**

Afinal, a ATM 1974 é a com maior percentual de mulheres até então – são 31, o equivalente a 25% do grupo, enquanto, nos anos anteriores, elas muitas vezes não chegavam a 10%. O então calouro Ricardo Fossati recorda-se de outros detalhes sobre a composição da turma: "A maioria era de jovens entre os 18 e 19 anos em busca de um sonho. Alguns, porto-alegrenses, mas muitos, eu diria a maioria, vindos de diversas cidades do interior ou mesmo de outros estados e países".

O trote continua no dia seguinte, agora na "Casa de Sarmento". Os *bixos* devem subir a escadaria de joelhos e, chegando ao topo, beijar o busto do professor Sarmento Leite que lá se encontra. Alguns dias depois, os calouros são recebidos com um coquetel no Centro Acadêmico – que também leva o nome de Sarmento Leite. Em fevereiro, novas brincadeiras e provas. Até que chega, enfim, o primeiro dia de aula, com a disciplina de Fisiologia, no Salão Nobre da Faculdade. Fuchs recorda-se da surpresa ao se deparar com um professor muito jovem. O espanto aumenta quando este começa a desfiar conteúdos disparatados, sem nexo. "Alguns saíram anotando tudo, embora não estivessem entendendo nada", conta, entre risos. O "professor", na verdade, era Júlio Boehl, um de seus colegas de turma, e a "aula" fazia parte do trote aplicado aos calouros.

Quando se iniciam as aulas de fato, a ATM 1974 começa os estudos das disciplinas básicas – Fisiologia, Anatomia, Histologia, Patologia, Parasitologia e outras. A então estudante Helena Schmid recorda-se dessa fase: "O primeiro ano foi muito desorganizado, devido ao pouco contato com professores na disciplina de Anatomia. Esta não é a percepção de vários colegas, porque fomos divididos em muitos grupos e alguns eram mais bem-atendidos pelos docentes que lhes foram designados. A disciplina era sobretudo de aulas práticas. Os professores não tinham horário fixo para comparecer. Ficávamos esperando na Sala de Anatomia, usando luvas e avental, entre cadáveres, onde era quase impossível consultar um livro. As mesas dos diferentes grupos eram muito próximas, às vezes era difícil entender o que se dizia. Depois de um primeiro ano em que passamos por muitas dificuldades, tivemos um período melhor: as disciplinas de Fisiologia, Parasitologia e Microbiologia atendiam a grupos maiores e eram relativamente bem-organizadas".

Como vigora o sistema de cátedras, para cada uma há um professor catedrático responsável, em caráter vitalício e com poderes absolutos para decidir conteúdos, métodos de ensino, sistemas de avaliação e regras da vida acadêmica. "As cátedras eram melhores ou piores de acordo com o professor", avalia Fuchs. "Podíamos ter críticas, porém, a postura do professor catedrático impactava muito mais os outros professores, considerados 'subalternos', do que os alunos. Havia rigidez disciplinar, mas este era o padrão da época em todas as escolas, independente de nível", acrescenta sua colega de turma Tania Cestari.

"Tivemos aulas com mestres como Eduardo Faraco [cátedra de Terapêutica Clínica], Rubens Maciel [de Propedêutica Médica] e Elyseu Paglioli [de Propedêutica Cirúrgica], todos com atuação em algum momento na Reitoria da UFRGS", rememora Fuchs. Outra aluna daquela turma, Mariza Klück, agrega: "Havia alguns excelentes professores, como Mario Rigatto, com grandes aulas". Na lembrança de Gerbase, "havia alguns ultrapassados, mas muitos de ótima qualidade intelectual, científica e pessoal, como Paolo Contu, Carlos Candal dos Santos, Manuel e Oscar Pereira, Tuiskon Dick, Clovis Wannmacher, Lenita Wannmacher, Mário Tanhauser, Semiramis Tanhauser" e, em complemento, "a biblioteca era boa, o ambiente agradável". Seu colega Adamastor Humberto Pereira resume: "O curso começou relativamente bem". Mergen concorda: "O início do curso para mim não apresentou surpresa. Tudo ocorreu dentro do esperado".

A necessidade de modernização da estrutura engessada pelas cátedras há anos figura nas reivindicações dos estudantes. Na formatura da ATM 1962, o orador da turma, Moacyr Scliar, já abordava a necessidade de uma reforma universitária no país:

> *É verdade que havia catedráticos entronizados* per saecula saeculorum *em pedestais construídos sobre glórias remotas; também é verdade que havia instrutores, assistentes, docentes, professores, jovens uns, maduros outros, mas mestres que conservavam em sua alma a chama da juventude, que tinham também suas dúvidas e suas angústias.*
>
> *Quando o jovem abre os olhos, cai toda uma estrutura apoiada em falsas premissas. E então, procurou seus companheiros, e lutaram juntos. Lutaram para melhorar a escola; lutaram para participar nos órgãos diretivos da Universidade, a fim de unir seu idealismo de jovens à experiência dos mais velhos. Lutaram pela conclusão de um Hospital de Clínicas, cuja conclusão foi tantas vezes postergada, um hospital padrão que mostrasse a todos como se pode fazer Medicina de alto padrão, quando a saúde do povo é colocada em primeiro lugar na escala de valores de uma nação. Lutou por uma reforma universitária que abrisse a todos os brasileiros as portas da universidade, universidade brasileira – motor dinâmico de uma nova sociedade, não aleijada, não enquistada, mas em busca constante de solução para os problemas do país, universidade integrada socialmente no momento histórico.*
>
> *O estudante lutou e sofreu, porque toda a vanguarda sofre, até que a coletividade perceba a justeza de suas ideias. Foi tachado de vagabundo porque fez greve; foi marcado como subversivo porque lançou manifestos.*

De fato, a reforma universitária estava em pauta desde o início dos anos 1960, com debates em busca de uma fórmula que atendesse a todos os anseios. Em 1964, porém, o golpe militar instala uma ditadura que vai durar quase 21 anos, substituindo debates e construções coletivas por medidas impositivas e autoritárias. E é nesse contexto que ocorre a reestruturação da universidade brasileira. As novas normas para sua organização e funcionamento são determinadas pela Lei 5.540, promulgada no final de 1968. Entre as mudanças, estão a extinção do sistema de cátedras e a implantação dos departamentos como menor unidade da estrutura universitária, reunindo, em um mesmo local, todos os professores, pesquisadores, laboratórios e outros recursos de cada campo de conhecimento. Os cursos de graduação passam a ser divididos em duas partes: o Ciclo Básico, comum a diversos cursos, e o Ciclo Profissional, específico de cada área. A organização das turmas, semestrais e não mais anuais, vai ocorrer pelo sistema de cumprimento de créditos por disciplinas. São, ainda, criados órgãos colegiados para a administração dos currículos.

As instituições têm prazo para apresentar um plano de reestruturação e a reformulação de seus estatutos. Na UFRGS, esse processo é concluído em abril de 1970, com a publicação do novo estatuto no *Diário Oficial da União*. Tudo acontece com pouquíssimas oportunidades para a participação discente. O resultado, assim, não agrada, mas também não há espaço para protestar. "Os alunos, que eu saiba, não foram nem consultados nem esclarecidos a respeito da reforma. Ela aconteceu como era de praxe na época, considerando, inclusive, a situação política. Protestos não eram atitudes recomendáveis, pois havia muitas represálias, que podiam até impedir a continuação no curso", lamenta Tania. "Contestar não era fácil naquele momento. Estávamos sob o AI-5, com sufocamento do movimento estudantil. Tinha-se a sensação de estar sempre sob ameaça", acrescenta Mariza.

Outro integrante da ATM 1974, Ápio Antunes, sentiu de perto a dureza daqueles tempos. Em 1964, seu pai, Ápio Cláudio de Lima Antunes, professor da Faculdade de Direito de Pelotas (então ligada à UFRGS), foi um dos 17 docentes sumariamente expurgados pela Universidade. Exercendo o cargo há 28 anos e já tendo direito assegurado à estabilidade, foi dispensado sem receber vencimentos ou quaisquer outras vantagens a que tinha direito, além de ter a conta bancária bloqueada. Ao se negar a assinar uma declaração de apoio à "revolução" no governo do presidente Artur da Costa e Silva, exilou-se no Uruguai para se precaver contra a prisão e a tortura, tendo que deixar a família no Brasil.

Nesse cenário, as mudanças começam a ser implementadas. Os departamentos passam a ser as unidades fundamentais, reunidos em faculdades e nos novos institutos criados – entre eles, o de Biociências, a partir da união das cátedras do antigo Instituto de Ciências Naturais, ligadas à Faculdade de Filosofia, Ciências e Letras, com as cátedras das Ciências

Básicas dos cursos de Medicina, Farmácia, Odontologia, Enfermagem, Agronomia, Educação Física e Medicina Veterinária.

Em 1972, é introduzido o Ciclo Básico. Um professor de um determinado departamento deve atender, em suas disciplinas, às demandas de um grande número de alunos de diferentes cursos. Isso, associado à introdução do sistema de créditos, conduz a classes superlotadas e a prejuízos no resultado pedagógico, uma vez que os docentes não conseguem dar o devido suporte a cada estudante e precisam tratar o conhecimento de forma linear, desconsiderando as especificidades de cada curso. O sistema de créditos por disciplinas tem impacto, ainda, na dissolução da ideia da turma que percorre, junta, toda a trajetória da graduação – agora, cada um vai traçar um caminho particular.

A reforma começa a ser implementada na Famed em 1972. Exatamente na metade do curso, quando está por iniciar o Ciclo Clínico de sua formação, a ATM 1974 vê tudo mudar e grande parte de suas expectativas ser frustrada.

"A Faculdade nos abandonou"

Na Famed, para atender às novas diretrizes, diversas especialidades são concentradas em cada departamento recém-criado – o de Medicina Interna, por exemplo, é formado a partir da união de sete cátedras, e o de Medicina Social, agregando todas as disciplinas de Higiene Social –, reduzindo ou mesmo eliminando a abordagem de algumas áreas ao longo do curso. "A Neurologia quase saiu do currículo e nunca vimos nada de Neurocirurgia", lamenta Ápio. "Cirurgia e Ginecologia e Obstetrícia foram uma bagunça", reclama Fuchs. "Para algumas especialidades, foi fatal. Quem queria dedicar-se a elas tentava juntar-se a algum professor e aprender com ele", desabafa Tania. Antônio Carlos Gerbase considera que a reforma "foi feita por aprendizes de feiticeiro, alguns bem-intencionados, outros nem tanto. Feita rapidamente, substituiu alguma estrutura de ensino por um caos, muitas vezes com o *background* de arrivismo e vinganças pessoais". Mergen, porém, contrapõe: "A reforma universitária com certeza impactou, mas, sinceramente, não percebi mudanças capazes de impedir uma boa formação".

Na visão de Fossati, os primeiros anos não afetaram muito a turma: "A estrutura antiga, que persistia apesar da reforma, não era inadequada porque estava fundamentada principalmente em atividades em sala, com aulas magistrais". Ressalta, porém, que, à medida que o curso avança, fica evidente a desorganização: "Ao ponto de muitos de nós sequer conhecermos alguns professores. Isso prejudicou, certamente, o aspecto de unidade da nossa formação". Também estudante da ATM 1974, José Roberto Barreto Saraiva concorda e destaca a atitude de alguns professores: "Embora fosse perceptível certa desorganização, no início do curso ela foi menor porque eram as cadeiras do Ciclo Básico, onde a maioria das aulas era magistral. Quando chegamos ao Ciclo Clínico, a dificuldade foi maior e o discurso dos professores era sempre o mesmo: 'Vocês são a primeira turma da reforma'". Seu colega de turma José Luiz Rockett Pires dá um exemplo da confusão estabelecida: "Em uma decisão do Colegiado da Medicina Interna, onde se idealizava acabar com a cadeira de Neurologia, os professores 'distraíram-se', deixando para mim, representante do corpo discente, o voto de Minerva. Decidi pela preservação".

Ao mesmo tempo, o fim das cátedras leva à redução na relação formal com a Santa Casa de Misericórdia, onde os catedráticos até então eram responsáveis pelas principais enfermarias que sediavam o ensino à beira do leito. Assim, os estudantes têm que buscar, por iniciativa própria, oportunidades para aprender a prática médica. "Muitos professores não compareciam às aulas. Os alunos, com tempo ocioso, iam, por sua conta, para as enfermarias da Santa Casa à tarde, sempre tinha alguém para orientar", conta Adamastor, que desde cedo passa a frequentar aquele hospital nos horários vagos. No terceiro ano do curso, começa a se interessar pela Cirurgia e corre atrás dos professores para tentar adquirir conhecimentos: "Acabei aprendendo na Enfermaria 13, com chefes que não tinham nada a ver com a Famed. Os cirurgiões Rubens Weiss e Aldo Ciancio me acolheram e passei a participar de cirurgias aos sábados e, às vezes, durante a semana, quando meus horários na Faculdade permitiam".

Saraiva também vai direcionando sua carreira na Santa Casa. "Sempre fomos bem recebidos nas enfermarias e ambulatórios. Como entrei na Faculdade para fazer Pediatria, desde o terceiro ano trabalhava como voluntário no Ambulatório 6, sob orientação da dra. Hebe Tourinho, e a partir do quarto ano na Enfermaria 34, sob orientação dos drs. José Luis Pitrez e Nilo Galvão. Era a viração própria guiada", relata. Gerbase resume: "Do quarto ao sexto ano, o curso foi ruim. Os alunos encontraram seu caminho individualmente, por escolhas conscientes ou não, exemplos de mestres que ensinavam porque sabiam e queriam. No bom senso e na beira do leito". Já Helena conta que, para ela, não foi um período fácil: "Alguns colegas participavam de atividades extracurriculares, facilitadas pelo fato de já conhecerem os professores e médicos envolvidos, por serem amigos da família, parentes etc. Não era o meu caso, não conhecia professores ou médicos da Santa Casa; não havia médicos na família e eu tinha morado no interior do estado em vários períodos antes do Vestibular".

Mergen comenta sua experiência pessoal e apresenta um ponto de vista diferente: "Desde o segundo ano eu trabalhei em pronto-socorros (Cruz Azul, Floresta e outros), auxiliando os médicos, com contato direto com pacientes, o que, de certa forma, também era uma aula. Não concordo com a pecha do mau ensino da UFRGS. Acho que tudo dependia também do aluno. Falo do meu caso. Algumas deficiências teóricas eu complementava com muito estudo, em casa e nas bibliotecas. E as falhas no ensino prático eram compensadas por atividades extracurriculares, como o trabalho nos pronto-socorros e outras. Fiz um ano de plantão no HPS de Porto Alegre, cujo ingresso era através de concurso. Aprendi muito. Considero a melhor escola de Medicina prática que tive em todo período acadêmico. Ali, aprendi a lidar com todo tipo de emergência, coisa que não fazia parte do currículo acadêmico".

Outra forma de compensação, citada por Helena Schmid, foi o internato no HPS. "Havia um concurso; os aprovados passavam a fazer plantões de 24 horas por semana e os que não eram aprovados podiam estagiar por 12 horas. Lá, adquirimos bastante experiência em atender situações clínicas e cirúrgicas de urgência, em Traumatologia, em Cirurgia Plástica". E, nesse contexto, a ATM 1974 traz um aspecto pioneiro: "Nossa turma foi a primeira a ter internas mulheres fazendo plantões de 24 horas no HPS. Um terço dos aprovados era de mulheres e houve, então, a necessidade de criar no hospital uma área feminina para alguns momentos de repouso durante o plantão".

"O Hospital de Clínicas aos poucos foi ajudando a suprir as necessidades de ensino prático, mas só começou a funcionar em 1972", acrescenta Mariza. De fato, o HCPA, hospital de ensino da UFRGS, passa a atender nesse ano, mas só alcançará funcionamento pleno na década de 1980. "A participação na Santa Casa caiu muito, foi um desastre. Eu nunca passei pela Enfermaria 8, responsável pelas cirurgias. E o HCPA, no início, só tinha Dermatologia e Pediatria", relembra Ápio. "Nossa turma não foi muito para o Hospital de Clínicas. Alguns foram de forma voluntária. Cada um fazia o que podia por conta própria", corrobora Tania, lembrando-se também da precarização do ensino de Cirurgia. "Eu não consegui entrar em nenhuma sala, ter aula, treinamento ou o que fosse. Quem queria a especialidade já estava junto aos professores e não havia lugar para a turma inteira. O que eu aprendi de básico foi com um cirurgião que trabalhava em serviço que eu frequentava".

Helena relata que, para ela, a abertura do HCPA ajudou um pouco. "Depois de cursar as disciplinas de Fisiologia e Anatomia Patológica, eu já escolhera me dedicar a uma subespecialidade da Medicina Interna: a Endocrinologia. Para minha surpresa, ao cursar o quarto ano, descobri que, embora na Famed e no recém-criado hospital existissem alguns professores e médicos exercendo essa especialidade, ela não era prevista como internato nem residência médica". Aponta, por outro lado, um aspecto que compromete a formação da turma: "No nosso curso de graduação, tanto na Santa Casa quanto no Hospital de Clínicas, a passagem pelas diferentes especialidades foi pouco contemplada. Algumas para mim simplesmente não existiram dentro do currículo, como Oftalmologia, Otorrinolaringologia, Ortopedia e Traumatologia. Devido a isso, os que tinham interesse por um determinado aspecto da Medicina procuravam se aproximar dos professores e médicos daquela área e acompanhar seu trabalho, independentemente das aulas. Isso gerou especialização precoce, situação quase impossível de se reverter no posterior momento da escolha da especialidade da residência médica, uma vez que ter estagiado naquela área contabilizava muitos pontos para a classificação".

Na opinião de Pires, "a Santa Casa foi a melhor escola de Medicina. Ali é que fomos realmente forjados; dependeu, certamente, da busca particular de colher o que de melhor poderíamos absorver para nossa formação". Guarda, porém, lembranças desagradáveis sobre a relação com o HCPA. "Em nossa primeira visita, fomos muito mal-recebidos, diria até hostilizados. Para mim e para boa parte, não contribuiu", diz, acrescentando: "Minha formação foi em Ortopedia e Traumatologia. Nisso, também, o HCPA nem atuava". Saraiva contrapõe: "Do ponto de vista do ensino, a abertura do Hospital de Clínicas não melhorou. Por outro lado, tinha uma clientela de um estrato social diferente do da Santa Casa, o que para o aprendizado da Pediatria era interessante. A partir do quarto ano, em 1972, passei a atuar como voluntário no Ambulatório de Pediatria do Clínicas das 16 às 19h, sob a orientação da dra. Themis Montenegro". Para Gerbase, a abertura do HCPA foi irrelevante, com exceção do incipiente Ambulatório de Doenças Venéreas, onde ele daria os primeiros passos naquela que se tornaria sua especialidade de atuação profissional nos 50 anos seguintes, a Dermatologia.

A própria Santa Casa, na avaliação de Fossati, não apresentava condições ideais para o ensino. "Quando iniciamos o Ciclo Clínico, encontramos suas enfermarias despreparadas para receber os alunos, embora o atendimento aos pacientes persistisse num nível muito bom. Tal situação manteve-se durante o restante do curso, com oscilações conforme o maior ou menor interesse dos professores". Sobre o HCPA, recorda-se que o começo das operações foi saudado com entusiasmo, "mas a prática demonstrou que essa saudação foi prematura. O início das atividades de um hospital é problemático e o HCPA levou bastante tempo para se adaptar".

Em meio a esse cenário um tanto caótico, algumas exceções são apontadas pelos integrantes da turma, mas variando de acordo com as experiências vivenciadas em cada trajetória particular. Para Adamastor, uma delas é a Psiquiatria: "Foi a disciplina que teve mais atividades práticas, no Hospital São Pedro e no Centro Médico Social São José do Murialdo". Flávio Fuchs concorda, acrescentando que, por iniciativa do professor titular de Psiquiatria, Ellis D'Arrigo Busnello, foram criadas disciplinas de Saúde Básica e Atenção à Família, com estágios no Murialdo. "Os alunos tinham que subir o morro, na Vila São José, era um choque de realidade", enfatiza. Cita ainda, como ponto positivo, a Dermatologia, com aulas demonstrativas práticas no ambulatório da Santa Casa, além de tecer elogios à dedicação do professor de Medicina Interna Waldomiro Carlos Manfroi. A experiência pessoal de Fuchs também contempla o aprendizado junto a grandes mestres na Santa Casa: "Tornei-me 'rato de enfermaria' na tradicional Enfermaria 29, matando outras aulas para acompanhar pacientes, com orientação de Mario Rigatto, Rubens Maciel, Darci de Oliveira Ilha, Domingos D'Ávila e Ana Maciel Alves, entre outros. Também frequentei por algumas semanas a Enfermaria 38, de Eduardo Faraco, de onde se originou a Cardiologia científica em nossa Universidade".

Tania Cestari guarda boas lembranças da Medicina Interna: "Aprendi muito nessa especialidade por ter bons professores, que permitiam aos alunos participarem de todas as etapas. Eles foram os grandes responsáveis por minha formação e têm minha admiração permanente". No entendimento de Fossati, salientam-se alguns poucos mestres, "como Waldomiro Manfroi, que nos acompanhou no dia a dia da Clínica Médica, e Ellis Busnello, na Medicina de Família".

Outro motivo recorrente de insatisfação dos alunos é o sistema de avaliação – ou a falta dele. Tania exemplifica: "Não conheci o Centro Cirúrgico da Santa Casa e muito menos seus professores. Minha experiência foi de duas semanas vendo as cirurgias de um professor da Proctologia. E recebi conceito A. Nunca fiz um parto nem entrei no Centro Obstétrico. Não havia lugar. Só acompanhávamos os pós-partos e pós-procedimentos. E também recebi A". Relata, ainda, as atitudes de um grupo de professores: "Alguns afirmavam: 'Não aceito conceitos e avaliações diferentes [as notas numéricas haviam sido substituídas por conceitos alfabéticos]. Assim, não haverá avaliação e todos vão ganhar B' ou 'Vocês não vão aprender nada mesmo desta especialidade em tão pouco tempo. Então, podem ir que ganharão A e não vamos perder tempo'". Flávio Fuchs igualmente reclama desse quesito: "Nas disciplinas, não tinha prova nem controle de frequência. Em uma delas, por decisão do secretário, metade da turma ficou com A e outra metade com B, aleatoriamente".

Com a reforma, também são introduzidas novas metodologias de ensino, como a realização de seminários – preparação de conteúdos pelos alunos para apresentação aos colegas – no lugar de aulas expositivas. A novidade divide as opiniões dos estudantes. Mariza Klück critica o fato de os professores não darem mais aulas, transferindo toda a responsabilidade aos alunos. "Foram 'ideias modernas' trazidas dos Estados Unidos que prejudicaram o curso", avalia. Na opinião de Gerbase, "quando se reduz as possibilidades de uma reforma de currículo a uma luta de aula teórica versus seminários, se está indo direto à incompetência irresponsável. Consignar a prática médica baseada no currículo de 1972-1974 chega às raias do crime. Muitos mestres, a residência, a pós-graduação e o esforço individual fazem o sucesso do grupo. Certamente não os seminários com listinhas em folhas de mimeógrafo a álcool[3]". Porém, faz ressalva a algumas aulas que eram mais estruturadas, como as dos professores Mario Rigatto, Milton Abramovich, Nelson Porto, Cesar Bernardi, Lúcio Bakos, Raul Muller e Juarez Pryzibilski.

Já Flávio Fuchs considera o modelo interessante: "Alguns professores esforçaram-se para tocar a reforma, introduzindo inovadoras técnicas de ensino, como o professor Waldomiro Manfroi, que, como regente do Departamento de Medicina Interna, introduziu seminários que muito apreciei. Os estudantes tinham que estudar antes, se preparar, enquanto nas aulas expositivas os alunos ficavam só assistindo, depois decoravam para fazer a prova". Helena comple-

3. Sistema utilizado, à época, para a reprodução de materiais didáticos.

menta: "Os seminários foram muito úteis. O professor Manfroi nos auxiliou a preparar e organizar seminários. Seu esforço para superar as dificuldades do período foi admirável". Ilceo Mergen tem, igualmente, uma avaliação positiva: "Aceitei com tranquilidade a introdução de seminários no lugar de aulas expositivas. Julgava que não haveria prejuízos substanciais".

Para José Luiz Pires, "a combinação de aulas magistrais e seminários pareceu o melhor equilíbrio. Os seminários até talvez tenham nos aguçado à procura das respostas que buscávamos. E essa turma, em especial, formou muita gente de ponta e de destaque, quem sabe por ter sido provocada". Ápio pondera: "Os seminários, em si, podiam ser bons, mas os alunos tinham o hábito das aulas expositivas de grandes mestres". Tania complementa: "Para mim, não houve nenhum problema, pois estava acostumada com seminários, a estudar sozinha e a usar livros em inglês. Eu sabia que seria bem mais produtivo e foi bem. Contudo, foi cruel terem feito as mudanças sem nenhuma preparação logística".

Os estudantes tentam falar com os professores sobre suas dificuldades, buscam apoio para melhorias, mas encontram pouco eco. "Alguns assumiram as mudanças e fizeram o melhor, proporcionando ensino de qualidade. Porém, vários tomaram atitudes inaceitáveis. Por exemplo: 'Eu não aceito nada disso e nunca vou abrir mão de conduzir minha cátedra como acho que devo'", conta Tania, acrescendo: "O grande impacto, além das mudanças curriculares, foi a reação dos professores. Creio que eles não quiseram ou não puderam participar das discussões. Contudo, sua reação foi contra quem nada tinha a ver com a reforma: os alunos".

Sobre esse aspecto, Helena relata: "A organização do ensino foi dificultada. Tínhamos aulas ou seminários marcados e frequentemente não havia o comparecimento do professor, e no momento não havia a quem recorrer. Não sabíamos onde estava a falha: o professor teria sido avisado sobre a aula? Alguns informavam que não e se prontificavam a recuperar. Ocorre que, no curso, não havia horários livres, de modo que lacunas foram ocorrendo e nos deixando decepcionados". Nesse contexto, conta como se adaptou ao curso: "Descobri que precisaria ser autodidata e aproveitar a estrutura que era oferecida da melhor maneira possível. Para compensar, utilizava os períodos de férias participando de atividades extracurriculares, como cursos e congressos".

Flávio Fuchs agrega que, com a criação dos cargos de chefes dos departamentos e regentes de disciplinas, se estabeleceram disputas por ascensão entre os professores, muitas vezes tirando seu foco do ensino. As diretrizes gerais, acrescenta, eram definidas pela Congregação[4] da Faculdade, "que não se sabia ao certo para que servia".

"A sensação que tínhamos era a de que a Faculdade não estava preparada para a reforma. E que éramos cobaias", diz Saraiva. O sentimento da ATM 1974 pode ser resumido em uma frase de Mariza Klück: "A Faculdade nos abandonou".

O ano derradeiro

Chega 1974.

Já não se veem mais tantos dedos em V, cabelo ao vento, gente jovem reunida.

O conflito no Vietnã ainda não terminou, a Guerra Fria muito menos.

Mas pelo menos em Portugal as flores tomam o lugar das armas: no dia 25 de abril, a Revolução dos Cravos acaba com a ditadura instaurada por Antônio de Oliveira Salazar há mais de 40 anos.

Faz quatro anos que o sonho de John, Paul, Ringo e George acabou de vez.

No Brasil, segue o clima de pesadelo, com cerceamento de liberdades e repressão. O general Ernesto Geisel assume a Presidência e acena com a possibilidade de uma reabertura política "lenta, gradual e segura" – mas a Lei da Anistia vai ficar para o governo seguinte, e só então muitos que se foram poderão retornar.

Enquanto isso, a ATM 1974 prepara-se para partir.

Curiosamente, já não são mais 125 estudantes, mas sim 146. Em meio à jornada, somaram-se ao grupo alunos latino-americanos, por meio de intercâmbios. "Tínhamos 11 colegas vindos de países como Panamá e Paraguai", recorda Ápio Antunes. "Mas houve também os 'paraquedistas', como um aluno transferido do interior, pelo Ministério da Agricultura, no último ano", acrescenta. "Por força de lei, militares ou civis que migravam de uma cidade para outra podiam se transferir de faculdade, mesmo que fosse particular – e assim se formavam na UFRGS", explica Flávio Fuchs, ressaltando: "Eram hostilizados pela turma, ninguém falava com eles".

4. Na época, a Congregação era o órgão deliberativo máximo de cada unidade da UFRGS.

Durante o curso, um ou outro estudante dá-se conta de que Medicina não é o seu negócio. Vai até o fim apenas para garantir o diploma de "doutor", enchendo de orgulho a família, que, talvez, seguirá assegurando seu sustento. Mas a grande maioria, apesar da pedra no caminho e dos ventos contrários, está convicta da carreira escolhida, já sabe que especialidade deseja seguir e busca, de todas as maneiras, adquirir mais conhecimento e experiência, suprindo as falhas do curso de graduação.

Não podem impedir o vento, mas constroem moinhos.

Naquele ano derradeiro, conta Fuchs, "cada um foi cuidar da sua vida, dar um jeito de aprender, a gente quase nem se encontrava ou se falava". Ele próprio soma uma série de experiências. "Trabalhei como interno em diversos locais, como no Pronto Socorro Floresta, Hospital de Pronto Socorro e Hospital Presidente Vargas". Ao mesmo tempo, experimenta precocemente a docência. Trabalha como monitor de Farmacologia e, no quinto ano do curso, a convite da professora Semiramis Tannhauser, dá uma aula na Faculdade sobre digitálicos, em substituição ao responsável pela disciplina, que está doente. Depois, divide a docência de Farmacologia na Pontifícia Universidade Católica do Rio Grande do Sul com os professores Lenita Wannmacher e Jayme Schilling.

José Luiz Pires também frequenta a Santa Casa, consolidando sua formação na especialidade escolhida, a Ortopedia. "O hospital tinha forte procura de patologias ortopédicas, muito mais difíceis do que as traumatológicas, o que me deu grande vantagem", conta. Adamastor, atraído pela área cirúrgica, faz estágios voluntários, nos quais convive com professores, cirurgiões e clínicos, visita pacientes. "Foi o que salvou o último ano", relata. Mariza descobre uma área nascente, a da informática em saúde, durante estágio no Centro de Processamento de Dados da Secretaria da Saúde, dirigido por um médico epidemiologista. "Isso direcionou minha carreira", revela.

Adeus à "Casa de Sarmento"

O ano vai avançando. Traz uma triste novidade para a Famed: a perda do prédio que ocupa há 50 anos, entregue ao Instituto de Biociências, recém-criado, no contexto da reforma universitária. Perde-se, assim, também parte da identidade da instituição. A "Casa de Sarmento" não mais abriga exclusivamente as atividades da Medicina, dando lugar às disciplinas do Ciclo Básico deste curso e, também, dos de Farmácia, Odontologia, Enfermagem, Medicina Veterinária, Agronomia e Educação Física. Permanecem no prédio apenas a Biblioteca e a sede do Centro Acadêmico Sarmento Leite (CASL), enquanto a Direção e a Secretaria da Faculdade, alguns departamentos e as disciplinas do Ciclo Profissional são transferidos para o HCPA.

Como é de praxe, os estudantes que estão concluindo o curso elaboram uma edição da *Revista ATM*, publicação de cunho científico. A turma de 1974 escolhe, como temas centrais, a Saúde Pública e a Medicina Preventiva. Mariza detalha: "A comissão editorial buscou professores de Medicina Social, Saúde Pública e Medicina do Trabalho para escreverem textos. Também tivemos artigos de epidemiologistas. Ficou muito boa e teve grande repercussão".

José Roberto Barreto Saraiva, que ficou com a responsabilidade de ser editor-chefe da publicação, resgata detalhes da iniciativa: "Eu não conseguiria realizar essa missão sem o auxílio dos professores do Conselho Editorial, particularmente do saudoso Ellis Busnello, que era seu coordenador. Além dele, contribuíram Isaac Lewin, Sergio Ruschel, Bruno Palombini, Jorge Ossanai e Werner Soldan. O tema Saúde Pública foi aprovado em Assembleia Geral da ATM 1974. A razão da escolha foi que naquela época se formava o consenso de que a melhor estratégia para enfrentar os enormes problemas da saúde no país era a prevenção, por razões de custo/benefício. A repercussão foi muito boa, por seu ineditismo e por contar com contribuições de médicos de nosso meio e de brasileiros que trabalhavam fora do Brasil (na Organização Pan-Americana de Saúde, Organização Mundial da Saúde e Banco Mundial)".

Compõe-se a Comissão de Formatura (Comfor), para decidir detalhes da solenidade programada para novembro. É preciso, a fim de atender ao cerimonial programado, escolher o orador ou oradora da turma, bem como o paraninfo ou a paraninfa e professores ou professoras para receberem homenagens especiais.

"Escolher o orador foi fácil", lembra Adamastor Pereira. Ápio Antunes conta que a turma tinha alguns ativistas de esquerda, que inclusive viriam a ocupar cargos políticos posteriormente, mas quem se lançou e recebeu a aclamação foi Bruno Russomano de Mendonça Lima, apolítico, de uma família tradicional de advogados de Pelotas, que se destacava pelos dons da escrita e da oratória.

A mesma facilidade não é observada, porém, na hora de definir o paraninfo e os homenageados. Alguém sugere um nome, baseado em sua trajetória particular forjada durante o curso, mas este não encontra ressonância nos demais, já que cada um construiu um caminho diferente, no cenário de deficiências do ensino. Cada proposta acaba sendo vaiada e descartada, não se chega a um consenso. De repente, alguém – ou várias pessoas, em uma espécie de catarse coletiva, ninguém sabe precisar – sugere: e se a gente não escolhesse ninguém? Agora, sim, a maioria da turma chega a um quase consenso, com poucas manifestações contrárias. Ricardo Fossati, presidente da Comfor, conta: "Depois de alguma argumentação sobre poucos nomes, a turma reunida concluiu que mais importante do que escolher um nome pouco votado seria dar destaque à nossa insatisfação indignada com a forma com que a Universidade nos expôs a um currículo escolar inadequado e basicamente desorganizado. Razão pela qual decidimos, em assembleia geral, não indicar nenhum homenageado". "A decisão não foi unânime, mas foi por nítida maioria", lembra Saraiva.

Pela primeira vez na história da Famed, que em julho daquele ano completa seu 76º aniversário, uma turma inteira não terá paraninfo nem homenageados – ninguém, no ato solene de formatura, a agradecer ou destacar.

É a forma encontrada pelos estudantes para protestar contra as condições de ensino durante o curso e mostrar à sociedade o que está acontecendo na UFRGS. "Foi muitíssimo mais pelas condições do ensino e pelas atitudes de boa parte do corpo docente. Protesto contra a ditadura era impensável. A menos que se quisesse o Dops[5] na porta de casa", explica

5. Departamento de Ordem Política e Social, órgão do governo responsável por combater os chamados crimes de ordem política e social. Durante a ditadura militar, caracterizou-se pela repressão, tortura e violação dos direitos humanos.

Tania Cestari. Helena Schmid reforça que "a motivação foi a falta de organização do ensino", e o mesmo faz Mergen: "Não foi um ato político. Visava apenas a melhorias nas condições do ensino". Pires ratifica: "Nunca houve qualquer motivação política. O desinteresse e o desleixo de muitos professores foram nos desagradando, culminando com a ausência de paraninfo". Saraiva também compartilha dessa opinião e agrega: "A decisão teve como motivação as condições do ensino, conforme ficou claro nas manifestações dos colegas na assembleia convocada pela Comissão de Formatura para definir as eventuais escolhas. Definitivamente, não foi por motivação política da turma como um todo, o que não exclui que possa ter sido a motivação por parte de alguns".

A notícia cai como uma bomba entre os professores e os integrantes da Congregação da Faculdade. Muitos docentes sentem-se ofendidos e indignados com a subversão da tradição. Conforme Ilceo Mergen, a reação foi de "surpresa e inconformidade, alguns apoiando, outros não". "Não gostaram, mas também não se dignaram a conversar conosco, exceto para fazer ameaças", lembra Tania Cestari. "Claro que não gostaram. E algumas pessoas devem ter se mobilizado para que recebêssemos críticas da mídia. Faz parte", diz Saraiva. "Muitos tentaram nos dissuadir, mas sem sucesso", acrescenta Adamastor Pereira. "Alguns sentiram-se ofendidos e até entendo, porque havia professores muito dedicados. No entanto, éramos muitos alunos e era necessária uma distribuição adequada que permitisse o aprendizado", enfatiza Helena Schmid.

Decepções e desenganos

Na década de 1970, as solenidades de formatura ainda não possuem o caráter de "superprodução" que incorporariam mais tarde, a partir dos anos 1990. Nos diferentes tempos, porém, têm idêntico compromisso tácito com a presença de uma série de elementos e o seguimento de determinados passos, em um conjunto simbólico capaz de representar a trajetória dos estudantes, a dedicação do corpo docente, a importância e a grandeza da instituição universitária.

As colações de grau da Faculdade de Medicina da UFRGS, na época, habitualmente acontecem no Salão de Atos da Reitoria. Os formandos, vestindo becas pretas e portando nas mãos seus capelos, são conduzidos ao palco pelo paraninfo – um docente escolhido pelo particular envolvimento com a turma durante o curso –, onde os aguarda o diretor da Faculdade e, eventualmente, um representante da Reitoria, com os capelos sobre as cabeças e as togas ornamentadas por detalhes que distinguem suas respectivas posições hierárquicas. Também estão lá, em lugar de honra, os homenageados que vão receber o reconhecimento especial dos estudantes pela contribuição aportada à sua formação. Durante a solenidade, familiares e amigos dos formandos, formalmente trajados para a ocasião, assistem às falas das autoridades acadêmicas, do orador da turma, do paraninfo. Veem, também, embevecidos, o ente querido receber seu diploma, colocar o capelo sobre a cabeça e, a partir daí, concluir formalmente a transição para uma nova fase de vida e um novo *status* social.

Na noite de 29 de novembro de 1974, os trajes são os que manda a tradição. Os sentimentos dos que ocupam a plateia também são os de praxe. Mas a ATM 1974 sobe sozinha ao palco e, nele, a única autoridade acadêmica é o vice-diretor da Famed, professor Carlos Candal dos Santos. Tampouco há homenageados aguardando um momento de destaque. "A solenidade foi rápida. Poucas falas, recebemos o canudo e pronto", lembra Tania Cestari. Um detalhe é recordado por Gerbase: "Houve ovação pela presença do colega Norberto Albrecht, que, por intercorrência clínica grave, quase não se forma".

Na plateia, as famílias que assistem à cerimônia, em sua maioria, compreendem e apoiam a decisão de formandos e formandas. "A solenidade foi realizada sob um 'climão'. Mas, como a plateia era basicamente formada por amigos e familiares dos formandos, não faltou emoção, nem uma posição a nosso favor", recorda-se José Roberto Saraiva. "No início, o clima estava um pouco tenso, é verdade. Mas formatura é formatura, e pouco a pouco os ânimos foram se renovando e no final teve muita festa", conta Ilceo Mergen.

O próprio vice-diretor Carlos Candal, em seu pronunciamento, revela certa empatia com os estudantes, admitindo que a implantação da reforma universitária apresentou falhas – embora sugira que, talvez, os formandos tenham exagerado na dose de sua crítica.

Quando o orador Bruno Russomano de Mendonça Lima ocupa o púlpito para proferir seu discurso, toda turma concentra-se para ouvir aquelas palavras que representam o desabafo coletivo frente às dificuldades vividas durante os seis anos de curso. Sua fala é interrompida, em diversos momentos, por longas salvas de palmas. Bruno inicia explicando as razões para a escolha dos temas da *Revista ATM* de 1974:

Este posicionamento revela nossa compreensão de que a tarefa do médico não se cinge apenas ao estudo dos fenômenos biológicos do homem. E de que também não se esgota em sua esfera psicológica. Mas que vai além, mergulhando, a fundo, na matéria social. Por isso, Saúde Pública.

Não apenas a restauração da saúde interessa ao médico. Também lhe diz respeito a sua preservação. Os métodos curativos precisam ser complementados e, eventualmente, substituídos pelos cuidados preventivos, já que o emprego daqueles, em muitos casos, espelha a falência destes. Por isso, Medicina Preventiva.

Defende, na sequência, a necessidade de uma "revolução na saúde", que acabe com as desigualdades sociais e os privilégios dos segmentos mais abastados da sociedade, tornando a saúde efetivamente um direito de todas as pessoas:

As profundas alterações sociais ocorrem quando fatos, até então aceitos como inevitáveis, são redefinidos como uma injustiça. Assim nasceram as grandes revoluções da humanidade. É preciso que nasça, agora, a revolução pela saúde. Que muitas doenças deixem de ser vistas como uma sentença inexorável e passem a ser entendidas como uma injustiça.

Para tanto, porém, as exigências são muito altas. O verdadeiro progresso, em qualquer de suas dimensões, é, paradoxalmente, uma soma de negatividades. Uma determinada faixa populacional, abastada, bem-nutrida, alfabetizada, com boas condições habitacionais e com elevados padrões de higiene caracteriza positividades importantes, mas que não bastam para definir a verdadeira realidade socioeconômica de um povo.

São necessárias as negatividades: ausência de pobreza; ausência de analfabetismo; ausência de favelas; ausência de doenças. Aí então, e só então, a saúde, em seu amplo conceito de completo bem-estar físico, psíquico e social deixará de ser um privilégio de poucos para se transformar num direito de todos.

Bruno explica, então, as motivações do protesto realizado pela ATM 1974:

Durante os seis anos de nosso curso, fomos a chamada "turma da transição", que emergiu dos moldes arcaicos de nossa antiga Universidade e que foi sendo jogada, sucessivamente, nos departamentos recém-constituídos, em função de uma reforma que muito falhou em sua implementação. Sucederam-se as decepções. Repetiram-se os desenganos. O nosso curso médico, a que havíamos aspirado quando prestamos o concurso vestibular, e que envolvêramos em nossos sonhos adolescentes, sob múltiplos aspectos, nos decepcionou.

(...) Não se trata de um protesto político. Trata-se, isso sim, de um protesto contra um mau ensino. E tão só isso.

Destaca que, apesar de tudo, os integrantes da turma sentem-se plenamente capacitados para o exercício da Medicina, uma vez que cada um buscou seus próprios caminhos para suprir as deficiências da formação oferecida pela Famed:

Não obstante, cremos que, à nossa turma, as condições adversas e empobrecedoras não prejudicaram, porque soubemos compensá-las por esforço próprio e iniciativa pessoal.

O orador tem o cuidado de não fazer generalizações, destacando a existência de grandes mestres na Famed e ponderando que estes saberão compreender e até apreciar o protesto da turma:

Existem, em nosso corpo docente, professores de primeira grandeza. Mestres, na verdadeira e única acepção do termo. A estes, nosso curso foi, igualmente, frustrante. A estes, que se dedicam ao magistério com a finalidade de ensinar, e que veem sua realização profissional tolhida em complicadas e esterilizantes redes burocráticas, a estes, nosso protesto é amplamente positivo e gratificante. Porque lhes auxiliará no combate que travam por melhores condições de ensino e pesquisa. Porque lhes mostrará que os alunos querem aprender com os professores que querem ensinar.

Ressaltando que esses professores são homenageados pelos formandos "na intimidade de suas consciências", Bruno explica por que, então, não foram escolhidos docentes para uma distinção pública:

Porque há muito compreendemos que não se pode separar o indivíduo da estrutura a que ele pertence. Tornam-se uma unidade indissolúvel. Referimo-nos a pessoas e referimo-nos à instituição.

Em síntese: durante seis anos, foi-nos pedida paciência, porque éramos a "turma da transição". Agora, cabe-nos exigi-la, enquanto esta Universidade enfrenta a sua transição. Se pudemos sobreviver nesse ambiente confuso, ela saberá enfrentar a realidade de que não fez por merecer homenagens.

O orador encerra sua manifestação enfatizando que, ao realizar o protesto, os formandos entendem estar cumprindo seu dever e propiciando, à Universidade, a oportunidade de refletir sobre os problemas existentes e corrigi-los:

> *Aos nossos pais, a quem tanto devemos, pela renúncia e sacrifícios silenciosos, que tornaram possível esta concretização, não saberíamos mentir. Àquelas pessoas que viveram o desenrolar de nosso curso, e a quem dedicamos a trama de nosso destino, também não saberíamos mentir. Pelo amor que nos liga a eles e pelo ideal de verdade que nos orienta, estamos cumprindo o corajoso dever da honestidade.*
>
> *(...) Nossa esperança, e até mesmo nossa imposição, é de que os órgãos responsáveis saibam aproveitar a crise que hoje atravessamos para dela aprender importantes lições e construir um mais positivo futuro.*

Seguem-se quatro, cinco minutos de aplausos. "Foi um belo discurso, sem exageros e explicando muito bem a situação", sintetiza Tania Cestari. "Bruno foi duro sem ser indelicado e, principalmente, valorizando a arte da Medicina e nosso papel de seus guardiões", avalia Ricardo Fossati.

"Parte da razão está convosco"

Dirigindo-se à turma de formandos com uma mescla de formalidade – por meio do uso do pronome "vós" – e de intimidade – comparando, por exemplo, o convívio entre professores e alunos com "a familiaridade de um verdadeiro lar" –, o vice-diretor Carlos Candal dos Santos pronuncia um longo discurso, que se inicia com uma sequência de metáforas para retratar o significado daquele rito de transição.

> *Em todo momento crítico, algo deixa de ser para que algo novo passe a existir em seu lugar. E o fuzilar ribombante de um relâmpago, o vagido de um nascituro, o estertor de um moribundo são a pompa – festiva ou fúnebre – com que a natureza soleniza o brusco desfecho de uma transformação.*
>
> *(...) Vede: há pouco vos recebia aqui, ainda como estudantes; paternal na atitude, tal como um mestre deve tratar seus discípulos. Agora, sinto que já sois outros; que uma nova modalidade de respeito se introduziu no formalismo de nossas relações. Agora, já vos estou falando de médico para médicos. A correspondência pai e filhos vem de transubstanciar-se num relacionamento entre irmãos.*

(...) Acabais de concluir uma metamorfose profunda. Ao ovo seguiu-se a larva; a esta, a crisálida. Num novo salto quântico de dimensões macroscópicas, rompe-se agora o casulo. E já se vos agitam asas vigorosas, ensaiando a decolagem para o grande voo. O grande voo da vida em plenitude; desta mesma vida que – para o ser humano – só passa a assumir sentido quando fundamentalmente integrada numa estrutura social.

Depois de recordar o momento de ingresso do grupo na Faculdade, seis anos antes, e o percurso para chegarem ao momento em que "se encerra a fase preparatória; começa o exercício da profissão", Candal elogia o discurso de Bruno Russomano e aborda, de forma empática, a realização do protesto por meio da ausência de paraninfo e homenageados:

Bons amigos que nos tornamos, não nos podemos separar com uma simples palavra de adeus; sem votos expressos de bem-querença, sem queixas e reprimendas, sem recomendações e advertências. Assim é a mensagem amiga que nos deixais. Não se configura ela somente na brilhante oração de vosso intérprete; mas, ainda, na atitude que vindes de tomar nesta solenidade, quebrando uma tradição. Usando de duas diferentes formas de linguagem, concentrastes toda a semântica informativa naquilo que expressa um ressentimento vosso, a decepção ante o tipo de ensino que vos foi dado.

(...) Tão intensos foram os impactos da implantação da reforma que até nas tradições desta escola tiveram repercussão. Pela primeira vez, em seus três quartos de século, uma turma inteira de formandos chega oficialmente à cerimônia de formatura desacompanhada de paraninfo e homenageados. Neste gesto, que acolho com compreensão e respeito, vejo o ponto mais veemente de vossa mensagem.

Devo declarar-vos de público e com o coração exaltado: só teríeis silenciado se fôsseis indiferentes. Não podíeis calar. A indiferença é a mais execrável das atitudes humanas. (...) Na indiferença está a neutralidade, o silêncio que isola, a estagnação e a morte. Escuto assim com simpatia a voz contundente de vosso protesto. Longe de nos deprimir, ela nos anima. É a mais eloquente demonstração de que flui um diálogo entre nós outros; de que não vos falta o espírito de luta por um mundo melhor; de que estais à altura das nobres responsabilidades sociais que vindes de assumir.

O professor Candal aborda, ainda, a relação do corpo docente com a reforma universitária:

> *Toca-me dizer, em resposta, que, se ele [o ensino] não correspondeu ao que esperáveis, também não esteve à altura do que pretendíamos.*
>
> *(...) Não quero nem posso contraditar o que dizeis sobre o ensino, pois dele faço o mesmo juízo. (...) Sabeis que não nos falta autocrítica. Temos pleno conhecimento das verdades que dizeis. Vossa passagem por esta escola não ocorreu, realmente, na fase de seus melhores dias. Mau grado o ingente esforço de um corpo docente dedicado, experiente, cônscio de suas responsabilidades e cioso de suas tradições, não nos foi possível conter o aumento de entropia, condicionado pelas contingências transicionais da reforma. (...)*
>
> *A reforma curricular foi o ponto nevrálgico. Nosso entrechoque de ideias, necessário e inevitável, chegou a tomá-la indecisa, a fazer vacilante a sua marcha, impondo-lhe avanços e recuos e, mesmo, mudanças de rumo. Em consequência, o ensino ressentiu-se; tanto em extensão como em profundidade, como se previa.*

O vice-diretor, no entanto, aponta um excesso de rigorismo na avaliação dos estudantes sobre a qualidade da formação recebida e garante que, encerrado o curso, estão plenamente capacitados para seguir a carreira médica:

> *Boa parte da razão está convosco. Mas não devo fugir ao reconhecimento de que aquela inquietação que precede a batalha aditou um certo coeficiente ao rigorismo de vosso pronunciamento. Julgo assim meu dever pedir-vos serenidade; a certeza de que – em armas e adestramento – vos encontrais preparados para ingressar no combate. Os que, bem ou mal, vos prepararam não temem confrontos com as demais turmas que, no estado e mesmo no país, estão sendo lançadas convosco no campo da profissão. (...) Não temos dúvidas quanto à vossa idoneidade profissional. Confiamos plenamente em que a nação não encontrará razões para decepcionar-se convosco. Somos os vossos fiadores e estamos tranquilos.*

A mensagem final é de otimismo em relação ao futuro da Faculdade e, mais uma vez, de cumprimento aos formandos por não terem se omitido diante dos problemas enfrentados:

> *Levai convosco a certeza de que esse mesmo corpo docente que soube fazer e sustentar a grandeza tradicional desta casa saberá, em breve,*

fazê-la retornar aos seus dias de glória. Cientificai-vos de que vosso sacrifício não foi em vão. Que, sem ele e sem o vosso permanente e construtivo inconformismo, não teria sido possível a correção de nossos erros, da qual deverá resultar um melhor ensino para as gerações que vos sucedem.

Se erramos na implantação da reforma, se errastes no excessivo rigorismo de vosso julgamento, benditos sejam os nossos erros. É errando que se chega ao acerto. Só não tropeçam os que não caminham, os que se omitem. Mas para esses fica, em troca, o erro sem remissão, o pecado mortal da indiferença.

Notícia lamentável e asquerosa

No final dessa noite de sexta-feira, os e as integrantes da ATM 1974 não são mais estudantes. Por meio do rito de transição, ainda que com parte da tradição rompida, converteram-se formalmente em médicos e médicas, cada um e cada uma com seus planos e sonhos a serem perseguidos a partir daí.

Descobrem, então, que serão notícia nacional. Um jornalista da *Veja*, uma das principais revistas semanais de informação do país, interessa-se pelo protesto. Entrevista estudantes e recebe o discurso do orador, como subsídios para escrever uma matéria a respeito. Na quarta-feira seguinte, 4 de dezembro, a edição da semana chega às bancas. Ao pé da página 20, está estampada a foto oficial da ATM 1974 – aquela que rompe com a tradição de tantos retratos expostos na "Casa de Sarmento", pelo fato de os espaços reservados ao paraninfo e aos homenageados estarem em branco – e, acima dela, uma nota que causa indignação entre os recém-formados:

Aviso à clientela

Aproveitando sua última oportunidade de manifestação como estudantes, os formandos da faculdade de medicina da Universidade Federal do Rio Grande do Sul decidiram, este ano, não escolher paraninfo nem prestar homenagens especiais. E justificaram: "Este é um alerta geral para avisar que a coisa vai mal no ensino médico, e não temos que agradecer por nada". A terapia, de qualquer forma, não foi de choque, pois o reitor da Universidade, Ivo Wolff, e o diretor da faculdade, Álvaro Barcellos, tiveram seus retratos incluídos no painel dos formandos e foram representados na cerimônia de entrega de diplomas, como manda o protocolo.

Contido, assim, num nível conveniente, o gesto dos formandos teve a vantagem de dispensar o auditório de ouvir mais alguns discursos. E a de prevenir os futuros clientes de que os novos médicos gaúchos, por confissão pública e espontânea — cujas razões foram explicadas pelo orador da turma —, não são os mais competentes. Quem com eles quiser se arriscar jamais poderá alegar ignorância.

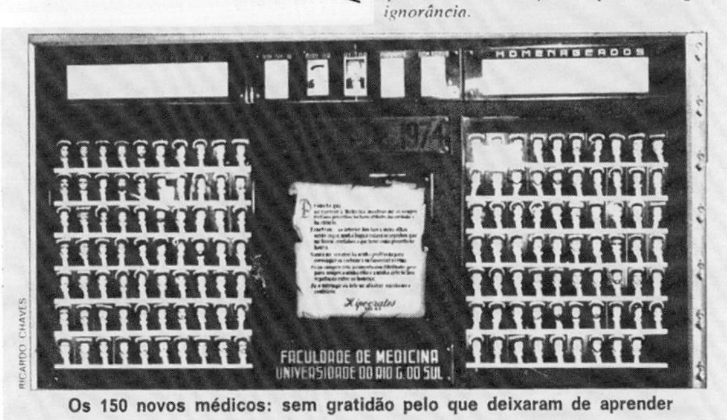

Os 150 novos médicos: sem gratidão pelo que deixaram de aprender

VEJA. 4 DE DEZEMBRO. 1974

Acervo pessoal dos autores

Veja, **4/12/1974**

> *Aviso à clientela*
>
> *Aproveitando sua última oportunidade de manifestação como estudantes, os formandos da Faculdade de Medicina da Universidade Federal do Rio Grande do Sul decidiram, este ano, não escolher paraninfo nem prestar homenagens especiais. E justificaram: "Este é um alerta geral para avisar que a coisa vai mal no ensino médico, e não temos que agradecer por nada". A terapia, de qualquer forma, não foi de choque, pois o reitor da Universidade, Ivo Wolff, e o diretor da Faculdade, Álvaro Barcellos, tiveram seus retratos incluídos no painel dos formandos e foram representados na cerimônia de entrega de diplomas, como manda o protocolo.*
>
> *Contido, assim, num nível conveniente, o gesto dos formandos teve a vantagem de dispensar o auditório de ouvir mais alguns discursos. E a de prevenir os futuros clientes de que os novos médicos gaúchos, por confissão pública e espontânea – cujas razões foram explicadas pelo orador da turma –, não são os mais competentes. Quem com eles quiser se arriscar jamais poderá alegar ignorância.*

"Nos sentimos traídos. Havíamos explicado tudo o que ocorreu e a reportagem não informou o que havia sido dito", diz Helena Schmid. Na opinião de José Luiz Pires, "a revista *Veja* foi asquerosa. Distorceu absolutamente o sentido do discurso do Bruno, dando sua interpretação totalmente descolada da realidade, ao suprimir partes, tirando-lhe todo o sentido". A mesma queixa tem Ilceo Mergen: "*Veja* foi lamentável. Grosseira e ofensiva. Parecia não ter entendido as motivações do protesto". Tania Cestari avalia: "Ninguém gostou, mas o que a imprensa diz é mais focado em vender a publicação do que o compromisso com a verdade". "Recebemos com indignação, claro. Embora essa afirmação tenha suporte numa lógica perversa, todos nós tínhamos tido a vivência de que a arte da Medicina não se aprende só com o ensino formal. Por outro lado, sabíamos que aquilo não teria efeito prático nenhum", comenta José Roberto Saraiva.

Pouco mais de um mês depois, em 15 de janeiro de 1975, *Veja* retorna à pauta. Sob o título *Despedida amarga*, matéria ocupando metade da página 35 registra que protestos ocorreram também em outros locais do país e cita, entre os exemplos, a ATM da Famed – não sem certo tom de crítica:

> *Desta vez, muitas togas e becas foram deixadas à sombra dos armários e dos baús. Frequentemente, os luzidios bailes foram cancelados, os paraninfos esquecidos e as homenagens negadas, enquanto a retórica*

dos discursos cedia lugar a longos lamentos e cáusticas ironias. Pela primeira vez em muitos anos, nesta passagem de 1974 para 1975, um considerável contingente entre os 150.000 formandos das faculdades brasileiras decidiu desterrar a pompa que tradicionalmente coroa suas cerimônias em nome de uma amarga desilusão pedagógica.

(...) Os 150 novos médicos diplomados pela UFRGS, por exemplo, assumindo o risco de enfrentar futuras desconfianças profissionais, admitiram honestamente sua precária formação – tratando, porém, de transferir toda a culpa para a Universidade.

Despedida amarga

Desta vez, muitas togas e becas foram deixadas à sombra dos armários e dos baús. Freqüentemente, os luzidios bailes foram cancelados, os paraninfos esquecidos e as homenagens negadas, enquanto a retórica dos discursos cedia lugar a longos lamentos e cáusticas ironias. Pela primeira vez em muitos anos, nesta passagem de 1974 para 1975, um considerável contingente entre os 150 000 formandos das faculdades brasileiras decidiu desterrar a pompa que tradicionalmente coroa suas cerimônias de formatura em nome de uma amarga desilusão pedagógica.

Particularmente no Rio Grande do Sul, o fenômeno assumiu proporções mais amplas, contagiando os bacharelandos das duas principais universidades locais — a Federal e a Pontifícia Universidade Católica. E, também, provocando episódios inesperados, como o agradecimento que Cláudio Levitan, orador da turma de arquitetura da UFRGS, dirigiu vagamente "a todos que ajudaram a tornar real um sonho há muito acalentado: o de acabar com a criatividade e impor a formalidade de uma vez por todas dentro da faculdade".

Talvez os próprios tempos de austeridade econômica tenham sutilmente contribuído para consagrar a discrição das cerimônias de colação de grau. De fato, qualquer festa mais aparatosa acabaria custando muito caro. Mas, antes de tudo, o que parece ter realmente determinado, em focos isolados em todo o país, este brusco rompimento com uma ancestral tradição foi um difuso sentimento de frustração diante da realidade acadêmica.

No gabinete — Os 150 novos médicos diplomados pela UFRGS, por exemplo, assumindo o risco de despertar futuras desconfianças profissionais, admitiram honestamente sua precária formação — tratando, porém, de transferir toda a responsabilidade para a universidade. Como os médicos, também os cinqüenta formandos de ciências econômicas não viram muitas razões de euforia na conclusão de seu curso — decidindo-se, 36 deles, por uma melancólica colação de grau, sem platéia ou paraninfo, no exíguo gabinete do diretor Herber Guarini Calhau.

Habitualmente mais feérica que as da UFRGS, as solenidades programadas pela PUC acabaram gerando um espetáculo diferente — sobretudo porque grupos de formandos de meios de comunicação social se entregaram com tal entusiasmo às libações alcoólicas que acabaram exagerando em seu "spleen" no palco do salão de atos. O pior momento ficou a cargo dos formandos de jornalismo, que, diante de um auditório deliciado e de olhares mortais fuzilados pelo cardeal Vicente Scherer, passaram a repetir o estribilho "Cala a boca, Bárbara" enquanto a oradora da turma dizia palavras com as quais eles não concordavam.

Arquitetos — Já em Minas Gerais, os 62 novos arquitetos diplomados pela Universidade Federal decidiram iniciar uma campanha pela preservação de uma soberba mansão residencial do bairro dos Funcionários, o exemplo talvez mais significativo da arquitetura dos primórdios de Belo Horizonte — e condenada a ser soterrada sob um gigantesco espigão erigido pela Construtora Castor.

A guerrilha conservacionista não chegou a reunir forças suficientes para impedir a destruição — no fim da semana passada, da magnífica edificação do final do século XIX restavam apenas o porão e os alicerces. Mas, para os novos arquitetos mineiros, como ocorreu com tantos formandos de 1974, qualquer coisa seria melhor que uma festa de formatura na qual cada vez menos estudantes acreditam.

VEJA, 15 DE JANEIRO, 1975

Acervo pessoal dos autores

***Veja*, 15/1/1975**

Cinco décadas depois

Em 2024, a ATM 1974, ao comemorar 50 anos de formatura, revisita o episódio do protesto com o sentimento generalizado de que cumpriu o *corajoso dever da honestidade*. Alguns sentem orgulho da atitude tomada e outros, embora não compartilhando desse sentimento, entendem que o protesto foi uma espécie de "mal necessário".

Ricardo Fossati não se sente orgulhoso, mas considera que o protesto foi necessário no contexto da época: "Em nenhum momento surpreendi algum colega especialmente gratificado pelo protesto. Pelo contrário, era sentimento geral que estávamos apenas reagindo ao descaso com que fomos tratados. Creio que alguns de nós encontraríamos mestres para homenagear. Mas, no momento, o protesto e a reação eram mais importantes". José Roberto Saraiva alinha-se a essa percepção: "Não tenho nenhum orgulho. Preferiria não ter passado por isso. Mas nosso gesto foi uma reação ao mau tratamento que tivemos". Na mesma linha vai Antônio Carlos Gerbase: "Hoje acho injustiça não se ter homenageado os vários mestres que mereciam. Mas isso é hoje. História se faz no momento, e no momento achei que era o correto. Fogo amigo nos mestres dignos era aceitável e mesmo louvável".

"Ficamos tranquilos com a decisão tomada, porque poderia representar melhores condições para futuros alunos. Foi a única forma que encontramos para mostrar o nosso descontentamento. Fizemos o que precisava ser feito", diz Helena Schmid, acrescentando: "Felizmente hoje, na UFRGS, a situação é totalmente diferente. Talvez o nosso protesto e os de turmas que nos sucederam tenham contribuído para isso". Em meio às lembranças desse episódio que marcou para sempre a vida daqueles jovens que, em 1969, cheios de sonhos e esperanças, cruzaram pela primeira vez a porta da "Casa de Sarmento", Helena evoca um texto de Moacyr Scliar:

> *Visitando um antigo cemitério, impressionou-me a inscrição, na lápide de uma mulher, de um epitáfio colocado por sua família. Dizia: "Ela fez o que pôde".*
>
> *Acho que não existe melhor resumo para uma vida bem vivida, uma vida eticamente vivida. Ela fez o que pôde.*
>
> *Mais não fez porque mais não podia fazer.*
>
> *Mas, e principalmente isso, não fez menos do que podia fazer.*
>
> *Com o que, ganhou o respeito, a admiração e afeto de sua família e, certamente, de muitas outras pessoas.*
>
> *Somos éticos quando fazemos, pelos outros, tudo o que podemos fazer, tudo o que está ao nosso alcance fazer. Ética é isso, é a prática do bem até o limite de nossas forças. Quando atingimos esse limite, temos a satisfação do dever cumprido. Que é a primeira condição para chegarmos à felicidade.*

Tania Cestari introduz um novo elemento – o da realização profissional. "Sinto-me bem em relação ao protesto, que apoiei. Por outro lado, tenho certeza de que eu poderia ter aprendido mais e melhor se tivesse tido oportunidade. Por sorte, minha escolha de especialidade foi perfeita e me sinto realizada". Ilceo Mergen agrega: "Quando terminei o curso, achava-me em perfeitas condições para exercer a Medicina. A residência em Cirurgia Geral no Hospital de Clínicas foi uma complementação. Era também um anseio, porque minha ideia era ter plenas condições para atuar em qualquer área. O meu sonho era trabalhar num hospital do interior, atendendo desde crianças até idosos, fazendo partos, cirurgias dos mais diferentes tipos, atuando em todas as áreas da Medicina, enfim. Nunca pensei em ser apenas cirurgião, mesmo tendo me especializado nessa área. Queria ser apenas um médico. E foi o que realmente aconteceu".

O fato é que a trajetória da maioria dos integrantes da ATM 1974, ao longo de cinco décadas, revela que *Veja* errou em seu prognóstico. Como mostram os currículos no final deste capítulo, grande parte dos e das integrantes da ATM 1974 construiu uma sólida carreira no exercício da Medicina, no ensino, na pesquisa e na gestão. Deram contribuição essencial para a estruturação e consolidação de serviços de saúde, foram pioneiros em diversas frentes, tiveram uma produção científica de impacto nacional e internacional, ocuparam papel importante na formação e especialização de gerações de profissionais – 10 deles e delas, inclusive, retornando à Famed/UFRGS como professores.

O professor Manfroi e a reforma universitária

Acervo pessoal

Formado pela Famed/UFRGS em 1965, Waldomiro Carlos Manfroi acumula uma série de experiências na Universidade. Dirigiu a Faculdade de Medicina em duas gestões e foi pró-reitor de Extensão. Antes, porém, percorreu uma trajetória composta por diferentes ciclos, regidos, cada um, por uma diferente paixão.

A primeira delas nasce em Cruz Alta, onde conclui o ginásio e cursa o primeiro ano do científico, morando em uma pensão ao lado do Hospital Santa Lúcia. Acaba conhecendo e fazendo amizade com muitos funcionários e, inclusive, com os médicos Jorge e Dante Westphalen, seus proprietários. "Para um estudante que veio 'do mato', do interior, foi uma grande conquista", conta Manfroi, revelando: "Por conviver com gente assim, me apaixonei pela Medicina". Então, começa a se preparar para concretizar o sonho desafiador de se tornar médico. Depois de concluir o científico, no Colégio Estadual Júlio de Castilhos, em Porto Alegre, em 1959, passa no Vestibular da Famed/UFRGS.

Terminada a graduação, surge a oportunidade de ingressar na residência médica – novidade à época, que existia graças a um convênio com a Fundação Kellog, dos Estados Unidos, que Eduardo Zaccaro Faraco, professor catedrático da Clínica de Terapêutica Médica, introduzira na Enfermaria 38 da Santa Casa de Misericórdia. Em 1969, em paralelo ao terceiro ano de residência, Manfroi conquista uma bolsa de aperfeiçoamento da Fundação Coordenação de Aperfeiçoamento de Pessoal de Nível Superior (Capes), em laboratório de Hemodinâmica. Essa etapa de muitos aprendizados envolve, no último ano da residência, a participação no ensino dos residentes mais novos e, na bolsa, estágios docentes em disciplinas da graduação. Faz algumas descobertas, com as quais se entusiasma: "Uma das coisas que eu tive mais dificuldade de aprender na vida foi Eletrocardiografia. Assisti a tudo quanto era curso e não conseguia aprender. Um dia, comprei um livro de Eletrofisiologia e me dei conta de que podia aprender sozinho. Era tão simples, era dedutivo! Foi maravilhoso, comecei a desenhar o eletrocardiograma no quadro-negro, com a maior facilidade. E os alunos aprendiam, tanto a teoria como a prática, e ficavam apaixonados, porque aprendiam Eletrocardiografia no curso de graduação". É assim que um novo ciclo se estabelece na vida de Manfroi: o da paixão pelo ensino.

Um dia, Jorge Westphalen bate à sua porta: "Vim te buscar, guri! Vais trabalhar em Cruz Alta, no meu hospital, como cardiologista. Vais ser o maior da redondeza e ficar rico". Manfroi, na época já casado e com uma filha, hesita. Concretizar a antiga paixão está ao alcance da mão, mas pede para responder no dia seguinte. Passa uma noite insone, pensando no que já tinha realizado, na experiência de ensino junto a residentes e acadêmicos. Lembra-se de artigos que leu, dá-se conta do atraso em que se encontra a Cardiologia no Rio Grande do Sul. Quando o dia amanhece, a decisão está tomada: "Não vou para Cruz Alta, não quero ficar rico. Quero é ser professor".

Em 1969, trabalha como instrutor de ensino voluntário na Enfermaria 38 da Santa Casa, sem receber qualquer espécie de proventos. "Até o quinto ano da Faculdade, pensava que ia ser cirurgião, então era 'rato da Santa Casa', auxiliava em cirurgias em tudo que é canto. Mas quando cheguei para fazer a disciplina do quinto ano, vi que havia um outro tipo de Medicina, baseada em casos da ciência, não naquilo que uma pessoa faz individualmente. Isso mudou meu mundo", conta Manfroi – agora, também apaixonado pela Enfermaria 38, "porque os professores que estavam lá eram certamente os melhores do Brasil".

Aquele ano acabaria reservando uma surpresa para Waldomiro Manfroi: a Comissão de Formatura da ATM 1969 o escolhe como um dos professores homenageados. "Eu era simplesmente um instrutor voluntário e estava lá, junto com Mario Rigatto, Alberto Fagundes, Oly Lobato, todos aqueles professores consagrados". Isso reforça a convicção de sua opção pela docência.

Em 1970, a UFRGS organiza a implantação da reforma universitária. Criam-se os departamentos e colegiados, as cátedras vitalícias são extintas. O professor Eduardo Faraco, que ocupava uma delas, passa a se dedicar apenas à Reitoria – e, na Enfermaria 38 da Santa Casa, quando não pode ver um paciente, determina que Manfroi, ainda instrutor voluntário, o faça. "Acredito que a indicação tenha ocorrido por meio do meu mentor intelectual e braço direito do professor Faraco, que era o professor Flávio Maciel de Freitas, pois com Faraco eu não tinha maior proximidade", revela. Manfroi faz relatórios sobre os pacientes atendidos e, ao apresentar um deles, recebe do reitor a proposta de ser nomeado para um emprego no setor de Biometria da Universidade. Mas deixa claro: "Não quero emprego, quero ser professor". E Faraco aponta o caminho para isso: é preciso montar um projeto de pesquisa, a ser avaliado pelo Conselho Técnico e Administrativo da Famed e pelos órgãos competentes da Universidade.

O projeto de Waldomiro Manfroi é sobre o desenvolvimento, em outros países, de um tratamento para a miocardiopatia primária na infância. Por correspondência, obtém informações e artigos do exterior. "Imaginem as mães chegando com as crianças com insuficiência cardíaca, e o médico sabendo que tem um tratamento, que se cuidar direito tem cura!", ressalta. Durante um ano, dedica-se a acompanhar 15 crianças com esse problema, visitando-as em casa, voluntariamente. O sustento da família vem de um emprego público, como auxiliar médico, na Guarda Civil, mais o salário de professora da esposa Lília.

O projeto de pesquisa é elaborado e entregue para o professor Jorge Pereira Lima. Dois meses mais tarde, aos 31 anos, Waldomiro Manfroi é nomeado professor auxiliar de ensino da Famed/UFRGS. Feliz e satisfeito, um dia é questionado pela esposa: "Nunca te vi fazer planejamento de ensino aqui em casa, qual é o teu plano de ensino?". Dá-se conta, então, que precisa se aprimorar nas questões didáticas e matricula-se no Curso de Especialização em Metodologia de Ensino para Professores Universitários da Área da Saúde, oferecido pela Faculdade de Educação. "Aí é que eu vi de verdade o que é ser professor", lembra Manfroi. "Piaget, Vygotsky... Descobri que se aprende muito mais fazendo e colaborando do que ouvindo".

O final da especialização coincide com o início da reforma universitária na Famed. Nesse contexto, a Universidade implementa uma certa liberdade didática, que antes não era possível, devido ao engessamento das cátedras. O Colegiado do Departamento de Medicina Interna, recém-

-instalado, promove grandes transformações, reunindo, por exemplo, diversas cátedras em uma disciplina denominada Clínica Médica, oferecida aos alunos do quarto ano – os alunos da ATM 1974. Como seu regente, é designado o professor João Carlos Prolla, que, por sua vez, convida Manfroi para ser o responsável pelas técnicas de ensino da disciplina, já que àquela altura era especialista em Educação.

Com liberdade para sugerir inovações, Manfroi conclui que a melhor alternativa é introduzir uma metodologia nova, que envolva os alunos no ensino-aprendizagem. Com o apoio de estudantes do final do curso, monta um programa definindo objetivos a serem atingidos no final das atividades relacionadas a cada um dos conteúdos programáticos. A técnica de ensino adotada é a de seminário ativo e avaliação, feita por meio de pré-teste e pós-teste. A figura do monitor é instituída para colaborar no processo. "Os conteúdos a serem trabalhados em cada encontro semanal eram conhecidos previamente, e os alunos tinham que estudar antes, se preparar com base nas referências bibliográficas fornecidas. Sabiam que alguns seriam sorteados no dia da aula para falar sobre o assunto e que teria um pré-teste de cada aluno antes, para ver se estudou, e outro depois, para ver se aprendeu alguma coisa", relata, acrescentando: "No lugar da atitude passiva da aula teórica, os estudantes passaram a frequentar a biblioteca à procura das obras listadas como referências. Foi uma coisa muito boa, uma gratificação, ver a alegria da turma, que nunca tinha tido esse tipo de aula, de aprender fazendo em vez de ficar só ouvindo, aquela coisa passiva". Também se recorda que os monitores vibravam muito com o trabalho que estavam tendo a oportunidade de desenvolver.

Porém, como a reforma não se faz acompanhar de investimento na infraestrutura das universidades, o número de livros não é suficiente. Os alunos reclamam, reivindicam à Direção que adquira mais volumes. As sistemáticas ausências de professores às aulas e a desorganização geral do curso, naquele momento de transição em decorrência da reforma universitária, também comprometem os resultados esperados.

Sem perder o entusiasmo e a confiança no sucesso do projeto, Waldomiro Manfroi encaminha um relatório ao Colegiado, que na sequência o convoca para uma reunião, o que o deixa cheio de expectativas. "Vou ser homenageado", infere. Mas sai da reunião demitido. "Alegaram reclamações de toda ordem: que os alunos não queriam mais estudar, que se queixavam de não terem tempo para nada. Só era verdade que os alunos reclamavam da falta de livros na biblioteca, eles queriam ter acesso aos livros. Até a bibliotecária, que estava muito satisfeita, dizia: 'Professor, que alegria saber que os alunos vêm procurar livros e a gente tem que comprar'". Só que não havia recursos suficientes. "Mas a gente dava conta fazendo mutirões, os alunos se reuniam para estudar. Aprendiam em grupo, socializavam o saber". Não há, porém, espaço para argumentos. A demissão é efetivada.

Anos mais tarde, Waldomiro Manfroi voltaria ao corpo docente da Faculdade de Medicina da UFRGS e teria protagonismo em diferentes momentos de sua história. Foi duas vezes diretor da Famed – consagrando-se, em 1985, como o primeiro diretor escolhido pelo voto direto de professores, estudantes e funcionários – e pró-reitor de Extensão da Universidade.

Entrevistados

Adamastor Humberto Pereira especializou-se em Cirurgia Vascular na Universidade de São Paulo (USP) e, desde seu retorno a Porto Alegre, em 1978, teve papel fundamental na consolidação da especialidade na cidade e no estado. No HCPA, como cirurgião vascular contratado, colaborou com a organização dos ambulatórios e das escalas cirúrgicas para o atendimento de pacientes com doenças vasculares; foi um dos principais responsáveis pela criação e liderança do Serviço de Cirurgia Vascular, onde segue atuando; e pela abertura de um programa de residência médica na especialidade. Em 1985, foi aprovado em concurso na Famed/UFRGS para docência em Cirurgia e, posteriormente, em Cirurgia Vascular. Na pesquisa clínica, atuou como investigador principal em diversos estudos que proporcionaram o treinamento de vários estudantes e residentes nas boas práticas em pesquisa clínica, além de gerarem publicações em revistas internacionais. Presidiu a Sociedade Brasileira de Angiologia e Cirurgia Vascular entre 2010 e 2011, período em que foi criado o Dia V da Consciência Vascular, por meio de projeto de lei sancionado pelo governador do estado. Nesse biênio, também foi criada a Semana da Saúde Vascular, com várias ações. A relevância dessas para a sociedade fez com que Adamastor fosse agraciado com a Medalha da 53ª Legislatura da Assembleia Legislativa do RS.

Antônio Carlos Gerbase é especialista em Dermatologia e em Hansenologia e mestre em Medicina Clínica. Trabalhou como médico de Saúde Pública na Secretaria de Saúde e do Meio Ambiente do RS, atuando nas áreas de hanseníase, HIV/Aids e infecções sexualmente transmissíveis (IST). Integrou a Comissão Nacional de Controle da Aids, contribuindo para o estabelecimento do Programa Nacional brasileiro de HIV/Aids/Doenças Sexualmente Transmissíveis (DST). Como consultor da Organização Pan-Americana da Saúde (OPS/OMS), trabalhou, nos anos 1980, na América Latina e Caribe. Recebeu bolsa de estudos em Saúde Pública na Johns Hopkins University, onde completou o Hubert Humphrey Fellowship Programme. Atuou na Organização Mundial da Saúde (OMS), de 1994 a 2013, como oficial médico no Departamento de HIV/Aids, em funções como gerente de programa, coordenador de prevenção, parcerias, apoio ao país, IST, populações-chave e prevenção da transmissão do HIV de mãe para filho. Durante esse período, produziu 66 publicações em periódicos, publicações da OMS e capítulos de livros, destacando-se as primeiras estimativas globais de incidência das DST. Desde 2013, Gerbase é consultor sênior internacional em IST, HIV/Aids e Saúde Global, assessorando instituições como a própria OMS e ministérios da Saúde na América do Sul, Europa, África e Ásia. Participa, há 30 anos, como professor convidado, do Curso de Saúde Global da Universidade de Brescia, Itália. Também é diretor de HIV e Outras IST na Geneva Foundation for Medical Education and Research (Genebra, Suíça) e membro do *board* da Unesco Chair Sexual Health and Human Rights (Paris, França).

Ápio Cláudio Martins Antunes dedica sua carreira à Neurocirurgia. Fez residência médica na especialidade no Hospital Beneficência Portuguesa, com parte dela realizada no Queen Square Hospital, da University of London. Especializou-se em Neuroanatomia pela UFRGS e recebeu o título de especialista em Neurocirurgia pela Sociedade Brasileira de Neurocirurgia. Aprimorou suas habilidades com aperfeiçoamentos em Neurocirurgia em locais como a University of Virginia, San Francisco University, Johns Hopkins University, University of Miami, University of Arkansas, University of Arizona e Freie Universität Berlin. É mestre em Neuroanatomia pela UFRGS e doutor em Neurocirurgia na USP. Atua como professor titular do Departamento de Cirurgia da Famed/UFRGS e chefe do Serviço de Neurocirurgia do HCPA. É membro do Comitê de Ensino da Federação Mundial de Neurocirurgia e de diversas sociedades médicas no Brasil e exterior, incluindo a Academia Brasileira de Neurocirurgia, Sociedade Brasileira de Neurocirurgia, American Association of Neurological Surgeons, Congress of Neurological Surgeons e World Federation of Neurosurgical Societies. Atua, ainda, como editor emérito do *Jornal Brasileiro de Neurocirurgia* e revisor de publicações científicas nacionais e internacionais.

Flávio Danni Fuchs é mestre e doutor em Cardiologia e Ciências Cardiovasculares pela UFRGS, livre-docente pela Universidade Federal de Ciências da Saúde de Porto Alegre (UFSCPA) e pós-doutor pela University of North Carolina, em Chapel Hill. Foi professor visitante da Johns Hopkins University e estagiário sênior (período sabático) no Brigham and Women's Hospital, da Harvard University. Professor titular de Cardiologia da Famed/UFRGS, chefiou o Serviço de Cardiologia do HCPA por 10 anos. Pesquisador de nível 1A do Conselho Nacional de Desenvolvimento Científico e Tecnológico (CNPq) – atribuído a quem demonstra capacidade de liderança científica no país –, foi investigador principal do Estudo Prever (Prevenção de Eventos Cardiovasculares em Pacientes com Pré-Hipertensão) e coordenou o Instituto Nacional de Ciência e Tecnologia para Avaliação de Tecnologias em Saúde. Tornou-se uma referência nacional e internacional na pesquisa sobre riscos, avaliação e tratamento da hipertensão arterial sistêmica, sendo apontado, em sucessivos *rankings* anuais da Stanford University, como um dos cientistas mais influentes do mundo.

Helena Schmid especializou-se em Endocrinologia e Metabologia pela UFRGS e Sociedade Brasileira de Endocrinologia e Metabologia (Sbem). É mestre e doutora pela Faculdade de Medicina de Ribeirão Preto da USP e pós-doutora pela Universidade de Michigan, Ann Arbor. Foi professora titular de Endocrinologia da UFCSPA e de Medicina Interna da Famed/UFRGS. Fundadora e coordenadora de programas de Pós-Graduação na UFRGS e UFCSPA, foi também médica do HCPA e da Santa Casa, nesta última chefiando o Serviço de Endocrinologia por 11 anos. Pesquisadora na linha de pesquisa em Metabolismo Intermediário e em Neuropatia Diabética e da Obesidade, recebeu, em 1999, o Prêmio Pesquisadora da Área da Saúde da Fundação de Amparo à Pesquisa do RS (Fapergs). Atualmente aposentada, segue como docente convidada permanente na pós-graduação da UFRGS e com atividades de atendimento em pesquisa clínica e em consultório. É membro permanente do NeuroDiab, grupo da European Association for Study in Diabetes, tendo, desde 1981, publicações internacionais em periódicos reconhecidos como de alto impacto.

Ilceo Carlos Mergen especializou-se em Cirurgia, por meio da residência médica do Hospital de Clínicas de Porto Alegre. Uma vez concluída, foi em busca de seu sonho de ser médico em uma cidade do interior. Desde 1977, reside no município de Cerro Branco, desempenhando as mais diferentes atividades dentro da Medicina. Foi médico-chefe do posto de saúde local durante 31 anos e diretor clínico do Hospital Sociedade Beneficente Silvio Scopel, até o seu fechamento. Mesmo aposentado, frequentemente é procurado em sua residência para prestar atendimento – o que jamais nega.

José Luiz Rockett Pires especializou-se em Ortopedia e Traumatologia, atuando por 46 anos no Hospital Cristo Redentor, pertencente ao Grupo Hospitalar Conceição (GHC). Durante uma década, também se dedicou ao atendimento a acidentes de trabalho, recebendo casos traumatológicos complexos de todo o estado. Com a criação, no Cristo Redentor, de um programa de residência médica, contribuiu para a formação de várias gerações de especialistas em Ortopedia e Traumatologia.

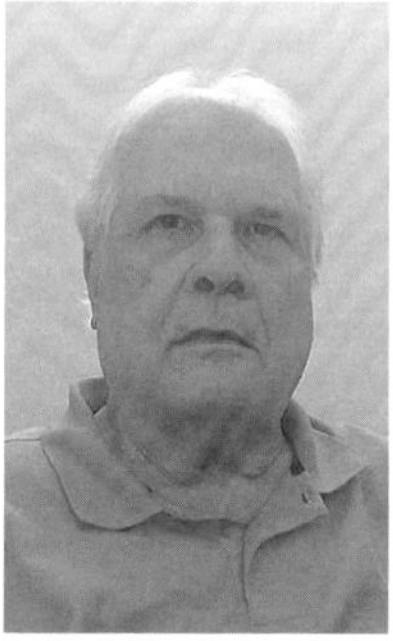

José Roberto Barreto Saraiva especializou-se, inicialmente, em Pediatria e, ao longo da carreira, também em Neonatologia, Terapia Intensiva Neonatal, Terapia Intensiva Pediátrica e Saúde Pública. Em Porto Alegre, atuou nos hospitais Ernesto Dornelles, Materno-Infantil Presidente Vargas e São Lucas da PUCRS – neste último, agregando também a atividade docente nas áreas de Pediatria e Neonatologia. Em 1983, foi contemplado com uma bolsa de estudos no Children's Hospital de Boston, da Universidade de Harvard, para um *fellowship* em Neonatologia. Em 1989, ingressou no GHC – maior instituição hospitalar do estado, com 100% dos atendimentos ao Sistema Único de Saúde (SUS) –, onde chefiou a UTI Neonatal do Hospital Fêmina. Em 2002, foi cedido à Secretaria Estadual da Saúde para coordenar o Programa de Redução da Mortalidade Infantil, atingindo resultados positivos. De volta ao GHC, assumiu a Gerência de Internação do Hospital da Criança Conceição. Coordena as equipes da Emergência e do Ambulatório deste hospital.

Mariza Machado Klück especializou-se em Análise de Sistemas, fez mestrado em Administração e doutorado em Epidemiologia. No mês seguinte à formatura na graduação em Medicina, foi contratada como médica de Saúde Pública da Secretaria da Saúde e do Meio Ambiente do Rio Grande do Sul e, atuando junto ao Centro de Processamento de Dados, foi uma das precursoras da Informática Médica no estado. Ingressou como docente na UFRGS, em 1980, para criar e dirigir o Núcleo de Informática Médica do Centro de Processamento de Dados, sendo transferida para a Famed, a convite, em 1990, ficando vinculada ao Departamento de Medicina Social. Paralelamente, atuou no HCPA, onde coordenou a Comissão de Prontuários; assessorou a Presidência nas áreas de Epidemiologia Hospitalar, Educação Médica, Prontuário Eletrônico e assuntos de Informática; e liderou o processo que levou a instituição a consagrar-se, em 2013, como o primeiro centro médico acadêmico do Brasil acreditado internacionalmente pela Joint Commission International (JCI) – o que representa o cumprimento de um amplo e rigoroso conjunto de critérios relacionados à qualidade e segurança da assistência.

1974

Tania Ferreira Cestari fez mestrado e doutorado em Dermatologia pela Universidade Federal do Rio de Janeiro. (UFRJ). É professora titular do Departamento de Medicina Interna da Famed/UFRGS e pesquisadora responsável pelo Laboratório de Fotomedicina e Teledermatologia da Faculdade e do HCPA. Com vasta atividade assistencial e produção científica, preside a Sociedade Latino-Americana de Fotobiologia e Fotomedicina e integra, como membro efetivo, a Sociedade Brasileira de Dermatologia, American Academy of Dermatology, Womens Dermatological Society, American Society of Photobiology, International Society of Dermatology, Pediatric Dermatology Society, Pigmentary Disorders Academy e Comissão Maria Duran da International Society of Dermatology. Pertence, ainda, ao corpo editorial do *Journal of the European Academy of Dermatology and Venereology*, do *Journal of Cosmetic Dermatology* e dos *Anais Brasileiros de Dermatologia*.

In memoriam

Bruno Russomano de Mendonça Lima faleceu em 1993, dois dias antes de completar 42 anos de idade. Apesar da partida precoce, construiu uma sólida carreira. Psiquiatra de renome nacional e internacional, chegou a docente na Johns Hopkins University. No ano de sua morte, o Centro de Estudos de Psiquiatria Integrada da Faculdade de Medicina da Pontifícia Universidade Católica do Rio Grande do Sul (PUCRS), com o apoio da Sociedade de Psiquiatria do Rio Grande do Sul, criou o Prêmio Bruno Russomano de Mendonça Lima para Médicos Psiquiatras. Em 1995, a Associação Americana de Psiquiatria homenageou-o implementando o prêmio Bruno Lima Award.

Currículos e fotografias fornecidos pelos entrevistados, exceto de Bruno Russomano de Mendonça Lima (obtido em Psychiatry on line Brasil. *História da Psiquiatria:* Bruno Russomano de Mendonça Lima).

Íntegra dos discursos

Orador

Fonte: Acervo pessoal de Adamastor Humberto Pereira

O dia de hoje separa nossas vidas em duas fases nitidamente distintas. De um lado, os anos que vivemos como alunos. De outro, as décadas que atravessaremos no exercício cotidiano de nossa Medicina.

O hibridismo dessa posição impõe que nossas palavras se vinculem a esses dois tempos.

E embora seja de praxe que, num momento destes, se defendam ideias, muitas vezes teóricas e abstratas, fugiremos, propositadamente, à regra geral. Justificaremos, isso sim, atitudes. Atitudes que assumimos e que julgamos relevantes. Porque conscientes. Porque sinceras.

Em primeiro lugar, o tema único de nossa revista: Saúde Pública, Medicina Preventiva.

Esse posicionamento revela nossa compreensão de que a tarefa do médico não se cinge apenas ao estudo dos fenômenos biológicos do homem. E de que também não se esgota em sua esfera psicológica. Mas que vai além, mergulhando, a fundo, na matéria social.

Por isso, Saúde Pública.

Não apenas a restauração da saúde interessa ao médico. Também lhe diz respeito a sua preservação. Os métodos curativos precisam ser complementados e, eventualmente, substituídos pelos cuidados preventivos, já que o emprego daqueles, em muitos casos, espelha a falência destes.

Por isso, Medicina Preventiva.

As profundas alterações sociais ocorrem quando fatos, até então aceitos como inevitáveis, são redefinidos como uma injustiça. Assim nasceram as grandes revoluções da humanidade. É preciso que nasça, agora, a revolução pela saúde. Que muitas doenças deixem de ser vistas como uma sentença inexorável e passem a ser entendidas como uma injustiça.

Para tanto, porém, as exigências são muito altas. O verdadeiro progresso, em qualquer de suas dimensões, é, paradoxalmente, uma soma de negatividades. Uma determinada faixa populacional, abastada, bem-nutrida, alfabetizada, com boas condições habitacionais e com elevados padrões de higiene caracteriza positividades importantes, mas que não bastam para definir a verdadeira realidade socioeconômica de um povo.

São necessárias as negatividades: ausência de pobreza; ausência de analfabetismo; ausência de favelas; ausência de doenças. Aí então, e só então, a saúde, em seu amplo conceito de completo bem-estar físico, psíquico e social deixará de ser um privilégio de poucos para se transformar num direito de todos.

Em segundo lugar, devemos sublinhar por que não escolhemos paraninfo e homenageados. Durante os seis anos de nosso curso, fomos a chamada "turma da transição", que emergiu dos moldes arcaicos de nossa antiga Universidade e que foi sendo jogada sucessivamente, nos departamentos recém-constituídos, em função de uma reforma que muito falhou em sua implementação. Sucederam-se as decepções. Repetiram-se os desenganos.

O nosso curso médico, a que havíamos aspirado quando prestamos o concurso vestibular, e que envolvêramos em nossos sonhos adolescentes, sob múltiplos aspectos, nos decepcionou.

Não obstante, cremos que, à nossa turma, as condições adversas e empobrecedoras não prejudicaram, porque soubemos compensá-las por esforço próprio e iniciativa pessoal.

Por outro lado, existem, em nosso corpo docente, professores de primeira grandeza. Mestres, na verdadeira e única acepção do termo. A estes, nosso curso foi, igualmente, frustrante. A estes, que se dedicam ao magistério com a finalidade de ensinar, e que veem sua realização profissional tolhida em complicadas e esterilizantes redes burocráticas, a estes, nosso protesto é amplamente positivo e gratificante. Porque Ihes auxiliará no combate que travam por melhores condições de ensino e pesquisa. Porque lhes mostrará que os alunos querem aprender com os professores que querem ensinar. A muitos deles estamos ligados pela admiração e pelo afeto. Com muitos deles aprendemos. Com muitos deles trabalhamos. A muitos deles quase tudo devemos do que pouco somos. A eles homenageamos na intimidade de nossas consciências.

Por que, então, não os escolhemos, de público, paraninfo e homenageados?

Porque há muito compreendemos que não se pode separar o indivíduo da estrutura a que ele pertence. Tornam-se uma unidade indissolúvel. Referimo-nos a pessoas e referimo-nos à instituição.

Não se trata de um protesto político. Trata-se, isso sim, de um protesto contra um mau ensino. E tão só isso.

É preciso que essa distinção seja estabelecida com nitidez. Caso contrário, não poderíamos criticar as deficiências da estrutura universitária e calaríamos nossas legítimas reivindicações por um melhor nível de ensino e por mais amplos recursos à pesquisa.

Em síntese: durante seis anos, foi-nos pedida paciência, porque éramos a "turma da transição". Agora, cabe-nos exigi-la, enquanto esta Universidade enfrenta a sua transição. Se pudemos sobreviver neste ambiente confuso, ela saberá enfrentar a realidade de que não fez por merecer homenagens.

Aos nossos pais, a quem tanto devemos, pela renúncia e sacrifícios silenciosos, que tornaram possível esta concretização, não saberíamos mentir. Àquelas pessoas que viveram o desenrolar de nosso curso, e a quem dedicamos a trama de nosso destino, também não saberíamos mentir. Pelo amor que nos liga a eles e pelo ideal de verdade que nos orienta, estamos cumprindo o corajoso dever de honestidade.

Este é um momento em que esses fatos precisam ser ditos. Para que sejam pensados. Para que sejam vividos. Para que sejam corrigidos.

Na língua chinesa, o mesmo símbolo é usado, simultaneamente, para expressar crise e oportunidade. A velha sabedoria oriental compreendeu, há muito, que um momento de crise é, também, um instante em que fervilham novas alternativas. Nossa esperança, e até mesmo nossa imposição, é de que os órgãos responsáveis saibam aproveitar a crise que hoje atravessamos para dela aprender importantes lições e construir um mais positivo futuro.

Vice-diretor

Fonte: Anais da Faculdade de Medicina/ Acervo da Biblioteca da Famed/UFRGS

Chega sempre o momento de destravar-se um gatilho. A tensão crescente termina por superar as forças de contenção e ocorre, explosivo, o salto quântico: um átomo se ioniza, estala uma deiscência, um feto é expulso das entranhas maternas e a sociedade ganha um cidadão; no instantâneo de uma síncope, desaparece um homem para surgir um cadáver.

Em todo momento crítico, algo deixa de ser para que algo novo passe a existir em seu lugar. E o fuzilar ribombante de um relâmpago, o vagido de um nascituro, o estertor de um moribundo são a pompa – festiva ou fúnebre – com que a natureza soleniza o brusco desfecho de uma transformação.

Há mais de vinte séculos, Heráclito já reduzia o universo ao processo de um eterno vir a ser. No movimento está a sua última realidade. Tudo nele segue em trânsito e tudo se transforma. Ninguém consegue atravessar um rio duas vezes porque, na segunda, o mesmo rio já passou. Outras são as águas, outras as vagas, outros são os grãos de areia que, ao impacto de novas águas, se vão arrastando para o mar.

Assim é o contínuo fluir de nossas vidas. Nunca somos os mesmos. Entre dois instantes – por curto que seja o intervalo – algo se perde em nós, algo se acrescenta, condicionando nossa existência a uma constante transformação. A perspicácia humana, construída e voltada para o macrocosmo, não se apercebe sensorialmente dos discretíssimos movimentos organizados que compõem e condicionam a marcha de nossas transformações visíveis. Mas ao fim de um certo prazo, podemos notar que algo em nós ou em torno de nós sofreu uma transformação.

Mas, como no rio remansoso a despencar-se subitamente numa catadupa, todo processo de evolução – por mais imperceptível que se apresente – encontra seu dia de precipitar-se no abismo. Numa fração de segundo, morre o rio para nascer uma catarata. Este é o momento espetacular e glorioso em que – sob palpáveis manifestações macroscópicas – a transformação se define.

Vede: há pouco vos recebia aqui, ainda como estudantes; paternal na atitude, tal como um mestre deve tratar seus discípulos. Agora, sinto que já sois outros; que uma nova modalidade de respeito se introduziu no formalismo de nossas relações. Agora, já vos estou falando de médico para médicos. A correspondência pai e filhos vem de transubstanciar-se num relacionamento entre irmãos.

Parece que um ilusionista esteve a brincar conosco. Tudo foi tão rápido como num passe de mágica. Por muitos dias ainda, uma vaga incerteza, de que sois realmente médicos, vos há de perseguir. E, até que vos possais acomodar plenamente à nova realidade, muitos de vós sentir-se-ão rondados, de longe, por um mal definido desejo de retroceder.

Quando aqui ingressastes – vencidas as longas agruras do exame vestibular – ainda transitáveis por aquela doce fase da vida, alcandorada ele sonhos, cujas relações com a comunidade se restringem no receber e exigir. Lia-se a fome em vossas fisionomias; aquela fome, privilégio pelos eleitos, que só encontra saciedade no repasto olímpico, ambrosíaco, da informação científica. E exigíeis de nós o pão do espírito com a mesma legitimidade de direito com que um filho reclama ao pai o pão do corpo.

Na nova linguagem, aqui vos ensinada, vossa pretensão não era outra senão a de ingressar no campo de indução desta Faculdade, cujas linhas de força determinam os rumos para uma elevada evolução diferencial. Vossa diferenciação começou, então, a processar-se sob uma fechada epigênese cultural que terminou vos convertendo em médicos. Desviados da rota evolutiva que culmina no homem comum, prosseguistes pela pista diferenciadora que leva ao sublime exercício da Medicina.

Acabais de concluir uma metamorfose profunda. Ao ovo seguiu-se a larva; a esta, a crisálida. Num novo salto quântico de dimensões macroscópicas, rompe-se agora o casulo. E já se vos agitam asas vigorosas, ensaiando a decolagem para o grande voo. O grande voo da vida em plenitude; desta mesma vida que – para o ser humano – só passa a assumir sentido quando fundamente integrada numa estrutura social.

Ficou para trás a adolescência, imersa na bruma distante dos devaneios. A longa e morosa transição precipitou-se súbita, num epílogo fulminante. Esta cerimônia de despedida, que aqui nos congrega, assinala o fim de uma etapa decisiva de vossas vidas e o iniciar de outra com significação muito mais expressiva. Encerra-se a fase preparatória; começa o exercício da profissão. Se isso é motivo de exaltação para vós todos, não o é menos para nós outros, os professores desta casa, em cujos moldes se plasmaram, bem definidos, os vossos perfis de profissionais.

O instante cresce em solenidade porque é chegada a hora de nos dizermos adeus. Mas esse adeus não pode, de forma alguma, identificar-se com aquela expressão convencional de mera cortesia, tão comum em tipos superficiais e efêmeros de relação humana, que não chegam a ser enternecidos pelo calor da afeição.

No transcurso de seis longos anos, aqui convivemos, professores e alunos, na íntima familiaridade de um verdadeiro lar: no trato diuturno com a ciência e as artes médicas; impelidos sempre pelos impulsos de um mesmo ideal; comungando os mesmos anseios; ajudando-nos e encorajando-nos uns aos outros naquela luta sem tréguas, que todos sabemos nunca ter fim. Não mereceríamos, por certo, a qualificação humana se, ao término de um convívio tão congraçador, não tivéssemos ainda os corações amalgamados na fusão de uma afetividade recíproca.

Bons amigos que nos tornamos, não nos podemos separar com uma simples palavra de adeus; sem votos expressos de bem-querença, sem queixas e reprimendas, sem recomendações e advertências. Assim é a mensagem amiga que nos deixais. Não se configura ela somente na brilhante oração de vosso intérprete; mas, ainda, na atitude que vindes de tomar nesta solenidade, quebrando uma tradição. Usando de duas diferentes formas de linguagem, concentrastes toda a semântica informativa naquilo que expressa um ressentimento vosso, a decepção ante o tipo de ensino que vos foi dado.

Toca-me dizer, em resposta, que, se ele não correspondeu ao que esperáveis, também não esteve à altura do que pretendíamos. E, a despeito de tudo, vos digo mais: os vossos professores – que neste momento, por meu intermédio, vos entregam à sociedade pátria como homens plenamente capacitados para iniciar o exercício da profissão médica – não temos dúvidas quanto à vossa idoneidade profissional. Confiamos plenamente em que a nação não encontrará razões para decepcionar-se convosco. Somos os vossos fiadores e estamos tranquilos.

Como todo salto quântico, o ato de formatura envolve sempre um certo conteúdo de impiedade. Toda transmutação é dolorosa. Chorando nascemos e chorando se morre. Eis que, de repente, sentis que é chegada para vós a hora de entrar na luta. Às vésperas de suas batalhas, nenhum guerreiro, mesmo César ou Napoleão, conseguiu ocultar a ansiedade da expectativa. A obscura perspectiva do desconhecido, a temerosa incerteza do que está por vir, nos traz angústia, irrita, encoleriza às vezes, e nos impele inconscientemente à agressão; não propriamente para destruir, mas como instrumento de racionalização para que possamos repartir com outros a responsabilidade pelo insucesso que tememos e que, para fortuna nossa, jamais há de ocorrer.

Essa é a tônica invariável de todos os atos de formatura. Também passei por esse transe de angústia. Irritei-me, protestei. Juntei-me a um grupo de dissidentes – minoritário na turma – e com ele colei grau na Secretaria da Faculdade; sem festa, sem discurso e, como vós, sem homenageados nem paraninfo. Passada a borrasca, clareados os horizontes, dei-me conta de que, como cantou Camões, o temor é maior do que o perigo. Não tive mais dúvidas: uma visão emocional ofuscada me havia transfigurado a realidade e conduzido a um excessivo rigor de julgamento.

Não quero nem posso contraditar o que dizeis sobre o ensino, pois dele faço o mesmo juízo. Boa parte da razão está convosco. Mas não devo fugir ao reconhecimento de que aquela inquietação que precede a batalha aditou um certo coeficiente ao rigorismo de vosso pronunciamento. Julgo assim meu dever pedir-vos serenidade; a certeza de que – em armas e adestramento – vos encontrais preparados para ingressar no combate. Os que, bem ou mal, vos prepararam não temem confrontos com as demais turmas que, no estado e mesmo no país, estão sendo lançadas convosco no campo da profissão.

Sabeis que não nos falta autocrítica. Temos pleno conhecimento das verdades que dizeis. Vossa passagem por esta escola não ocorreu, realmente, na fase de seus melhores dias. Mau grado o ingente esforço de um corpo docente dedicado, experiente, cônscio de suas responsabilidades e cioso de suas tradições, não nos foi possível conter o aumento de entropia, condicionado pelas contingências transicionais da reforma. Sustar um maior desperdício de energia, a rebaixa do rendimento acadêmico, a perda de alguns bits de informação no sistema, foi tarefa que pairou fora do alcance de todos os professores. Por definição, o contingente é o inevitável. Por certo, ainda estais lembrados daqueles conceitos biofilosóficos, básicos para a Medicina, a que procurei moldar o vosso pensamento profissional. E sabeis que é contingente a um sistema tudo o que não estiver em função de qualquer de seus elementos.

Volto a Heráclito. A reforma foi o momento mais crítico em toda a evolução desta Universidade; em todos os seus quarenta anos de existência, ontem celebrados. Despejou-se carregada de drásticas transformações. A evolução, ensinei-vos, é o desenvolvimento natural da ordem. Efetua-se em movimentos discretos, em saltos quânticos – suaves ou violentos, segundo a fase do ciclo –, mas sempre caracterizados por uma sucessiva alternação de desordens e reordenações, de tal forma que, a cada passo, o grau de ordem vai ascendendo para níveis de maior perfeição.

Crises de relativa e transitória desordem são, pois, o preço a ser pago para que possamos subir a níveis de maior rendimento.

Sabedores dessas leis implacáveis que regem todo o universo, estávamos todos atentos quando se iniciou a implantação da reforma. Não para impedir a crise negativa da transição – isso revelaria ingenuidade e mau conhecimento dessas mesmas leis –, mas, sim, para minimizar, dentro de nossas possibilidades, as suas indesejáveis consequências.

Fizemos, os professores, o que de nós dependia. Tudo o que não esbarrasse em limitações contingentes; nelas incluída uma das mais coercivas, que de forma um tanto dramática, residia em nossos próprios desencontros ideológicos, na divergência surgida entre nossas linhas pessoais de orientação.

A reforma curricular foi o ponto nevrálgico. Nosso entrechoque de ideias, necessário e inevitável, chegou a torná-la indecisa, a fazer vacilante a sua marcha, impondo-lhe avanços e recuos e, mesmo, mudanças de rumo. Em consequência, o ensino ressentiu-se; tanto em extensão como em profundidade, como se previa.

Haveis de compreender – porque é de vosso ofício – a impossibilidade de se efetivar a transformação de um sistema sem que o mesmo tenha de ser desmontado pelo menos em parte. E as dificuldades daí oriundas mais agudas se tornam quando, sendo dinâmico o sistema, as operações de reforma tenham de processar-se sem que se lhe imponha a suspensão do funcionamento. Ao consertar ou transformar sua máquina, o engenheiro cuida antes de tudo em fazê-la parar. Nós, médicos, não contamos com tal recurso. Nossas máquinas são vivas. Parar, para elas, é simplesmente morrer.

Nessa enorme dificuldade operativa, com que invariavelmente nos defrontamos, está a alta complexidade dos problemas da Medicina, o decisivo fator de nobreza e de excelsitude da milenária arte de curar.

As instituições universitárias são também sistemas dinâmicos que não podem parar. Não porque isso lhes signifique a morte, mas pelas desastrosas e irreparáveis consequências de que haveria de ser vítima uma determinada sequência de gerações estudantis. Como vós, médicos, ante a doença, estávamos nós, os professores, ante a reforma curricular. Tínhamos que efetivá-la sem que isso implicasse na paralisação das atividades escolares. Nenhum curso oferece, para tanto, os empecilhos de índole que se verificam no curso médico. Sob tais condições operativas, as falhas eram inevitáveis. E retificá-las convertia-se logo em novos e mais complexos problemas, de solução necessariamente arrastada.

Tão intensos foram os impactos da implantação da reforma que até nas tradições desta escola tiveram repercussão. Pela primeira vez, em seus três quartos de século, uma turma inteira de formandos chega oficialmente à cerimônia de formatura desacompanhada de paraninfo e homenageados. Neste gesto, que acolho com compreensão e respeito, vejo o ponto mais veemente de vossa mensagem.

Devo declarar-vos de público e com o coração exaltado: só teríeis silenciado se fôsseis indiferentes. Não podíeis calar. A indiferença é a mais execrável das atitudes humanas. Foi um lampejo de genialidade que fez Dante reservar para os indiferentes um dos mais profundos socavões do Inferno, punindo-os com a pena de Talião, com o horror da mesma indiferença: *"Non te curar di lor ma guarda i passa"*. Antes! Mil vezes antes o erro que a omissão; mesmo o ódio que a indiferença! O ódio manifesta ainda uma forma de comunicação. O amor e o ódio são os dois polos da viela; passíveis de conversão um no outro. Positivo um, negativo o segundo, possibilitam os fluxos de comunicação afetiva que nos asseguram a condição humana. Na indiferença está a neutralidade, o silêncio que isola, a estagnação e a morte.

Escuto assim com simpatia a voz contundente de vosso protesto. Longe de nos deprimir, ela nos anima. É a mais eloquente demonstração de que flui um diálogo entre nós outros; de que não vos falta o espírito de luta por um mundo melhor; de que estais à altura das nobres responsabilidades sociais que vindes de assumir.

A derradeira palavra que aqui vos deixo é de confiança. Um apelo a que todos confiemos em todos. Tal como fazemos, esperamos que confieis em vós mesmos; e que confieis em vossos professores, como também o fazemos.

Levai convosco a certeza de que esse mesmo corpo docente que soube fazer e sustentar a grandeza tradicional desta casa saberá, em breve, fazê-la retornar aos seus dias de glória. Cientificai-vos de que vosso sacrifício não foi em vão. Que, sem ele e sem o vosso permanente e construtivo inconformismo, não teria sido possível a correção de nossos erros, da qual deverá resultar um melhor ensino para as gerações que vos sucedem.

Se erramos na implantação da reforma, se errastes no excessivo rigorismo de vosso julgamento, benditos sejam os nossos erros. É errando que se chega ao acerto. Só não tropeçam os que não caminham, os que se omitem. Mas para esses fica, em troca, o erro sem remissão, o pecado mortal da indiferença.

Adeus, caros discípulos de ontem, caros colegas de agora! Lembrai-vos sempre dos dias, bons ou maus, que aqui vivestes. As portas desta casa estarão sempre abertas para o vosso retomo.

Parti serenos. Chegou a vossa hora. Ouço vozes lá fora. São as bênçãos divinas e humanas que já vos estão chamando.

1975-1979

Da homenagem a mortos à suspensão da formatura

Somos todos iguais
Braços dados ou não
Nas escolas, nas ruas
Campos, construções
Caminhando e cantando
E seguindo a canção

Vem, vamos embora
Que esperar não é saber
Quem sabe faz a hora
Não espera acontecer

Pra não dizer que não falei das flores,
Geraldo Vandré

O cenário brasileiro na segunda metade da década de 1970 é de avanços e recuos, combinando a manutenção do estado de exceção com a introdução, pelo governo militar, de medidas ligeiramente liberalizantes. Apesar de momentâneos afrouxamentos na censura e no aparato repressivo, seguem ocorrendo perseguições e prisões políticas, mortes e desaparecimentos. Embora o governo do general Ernesto Geisel (1974-1979) comece aventando uma reabertura política "lenta, gradual e segura", a primeira medida efetiva nesse sentido – a anulação do AI-5 – ocorre apenas nos últimos meses do seu mandato, em outubro de 1978. Ficará para agosto de 1979, já no governo do general João Baptista Figueiredo, a promulgação da Lei da Anistia, perdoando quem havia cometido crimes políticos – excluindo opositores do regime condenados por homicídios e sequestros, mas incluindo os militares que cometeram abusos em nome do Estado desde 1964, como torturas e execuções.

No âmbito eleitoral, predomina a "democracia de fachada". A escolha do presidente, governadores e prefeitos de capitais e municípios considerados áreas de segurança nacional segue ocorrendo por meio indireto. Já as eleições para os demais prefeitos, vereadores, deputados e senadores são mantidas, mas com manipulação de regras em diferentes momentos, a fim de garantir a maioria para a Arena, partido de situação. Mesmo assim, ocorre o avanço da oposição e o governo lança medidas duras para contê-lo.

Diversos setores da sociedade brasileira, sufocada pela repressão e violência que já perdura há anos, começam a se mobilizar em busca da reconquista das liberdades democráticas. Até mesmo segmentos que inicialmente haviam apoiado o regime militar passam a lhe dirigir duras críticas, pois o contexto é de recessão, decorrente do fracasso do chamado "milagre econômico", com inflação em alta, crescimento da dívida externa, precarização das condições de vida da população e aumento das desigualdades sociais. Também o movimento estudantil, pouco a pouco, vai reerguendo as bandeiras da liberdade, da justiça e da qualificação do ensino.

Na pauta dos estudantes de Medicina da Famed/UFRGS, seguem presentes as queixas relativas à qualidade do ensino e aos impactos negativos da reforma universitária sobre a qualidade do curso. Ao mesmo tempo, vão ganhando corpo preocupações relacionadas à falta de liberdade, à conivência de determinadas autoridades acadêmicas com o autoritarismo e a repressão, à falta de verbas para a educação e às deficiências da assistência médica prestada à população. Os estudantes questionam, ainda, o tipo de médico que está sendo formado pela Universidade – cada vez mais focado na especialização e distanciado da realidade de um país subdesenvolvido, carente de assistência básica para fazer frente à elevada incidência de doenças causadas pela desnutrição, falta de saneamento básico e condições extremas de pobreza.

No contexto nacional, que oscila entre a manutenção das coisas como estão e sua transição para outra realidade, evidenciam-se, também, as divergências nas formas de pensar, sentir e agir de cada indivíduo. E não é diferente na Faculdade de Medicina da UFRGS. Há quem milite e quem não. Quem se identifique mais com posturas de esquerda ou progressistas e quem tenha mais afinidade com as de direita ou conservadoras – ou mesmo quem se considere neutro. Quem critique de forma contundente as condições e a qualidade do ensino e quem as considere adequadas. Quem denuncie o impacto negativo da reforma universitária e quem não perceba essa relação causal. Quem se sinta incomodado pela presença de alunos "paraquedistas" infiltrados pelo regime, na função de "dedos-duros" de "atividades subversivas" de colegas, e quem se sinta desconfortável diante da "patrulha ideológica" exercida pelos militantes identificados com a esquerda.

Assim, quando chega o ano da formatura de cada turma do período, há quem prefira um ato solene seguindo o protocolo à risca e quem, na esteira da iniciativa da ATM 1974, defenda a realização de algum tipo de protesto. As decisões tomadas nas reuniões das sucessivas comissões de formatura nunca são tranquilas nem contam com apoio unânime. Mas, apesar de tudo, o fato é que, de 1975 a 1979, todas as solenidades contemplam algum tipo de protesto – e nenhuma turma escolhe paraninfo. Isso vai impulsionando um crescente tensionamento nas relações dos estudantes com os docentes, a Direção e a Reitoria. Até chegar ao ponto de, em 1979, a Congregação da Faculdade anunciar que, por "não mais aceitar as mutilações que os formandos recalcitram em efetivar", a tradicional solenidade está suspensa – pela primeira vez, nos seus 81 anos de existência, a Faculdade de Medicina da UFRGS não promove o ato solene de colação de grau.

1975

Paraninfo e homenageados buscados no passado

A vida é um moinho
É um sonho, o caminho
É do Sancho, o Quixote
Chupando chiclete

O Sancho tem chance
E a chance é o chicote
É o vento e a morte
Mascando o chiclete

Que triste caminho
Sem Sancho ou Quixote
Sua chance em chicote
Sua vida na morte

Dom Quixote,
Rita Lee e Arnaldo Baptista (Os Mutantes)

Às pessoas que recebem o convite para a formatura da ATM 1975 da Famed/UFRGS, causa certa estranheza a imagem estampada em sua capa. Em vez do símbolo da Medicina, de uma representação da atividade médica ou de qualquer elemento do gênero, como é usual, reproduz um esboço de Pablo Picasso que retrata Dom Quixote e Sancho Pança. Os personagens são mostrados na passagem da obra literária de Miguel de Cervantes que antecede a investida do *engenhoso fidalgo* contra moinhos de vento. Em primeiro plano, no cenário árido e desolador, está o cavaleiro sonhador, que acredita no amor, na paz e na justiça e, a seu modo, luta por esses ideais. Cavalgando o fiel Rocinante, traz a lança em riste, pronto para enfrentar os "gigantes" que enxerga ao longe. Em segundo

plano, sobre um pequeno burro, o escudeiro, mais pragmático, esclarece que são apenas moinhos e alerta o amo sobre a inutilidade de sua luta. Ao que Dom Quixote responde:

– Bem se vê que não andas corrente nisto das aventuras; são gigantes, são; e, se tens medo, tira-te daí, e põe-te em oração enquanto eu vou entrar com eles em fera e desigual batalha.

É esse conjunto de significados latentes que leva os formandos de 1975 a escolherem a imagem para simbolizar sua passagem pela Famed, em meio à ditadura militar e a inúmeros percalços no curso, situações que corajosamente enfrentam – mesmo quando se trata de *feras* e *desiguais batalhas*. E quem abre o convite descobre que esse enfrentamento vai além. Nas reuniões para a tomada de decisões sobre a formatura, a turma dividiu-se entre a realização de um ato convencional, seguindo todo o rito acadêmico, e a repetição do protesto da ATM 1974, não elegendo paraninfo nem homenageados, a fim de que suas ausências provocassem um silêncio gritante. Mas, após muitos embates, chegou-se a uma terceira alternativa.

O interior do convite revela que a turma escolheu, sim, paraninfo e homenageados.

Nenhum deles, porém, vai participar da formatura.

Porque estão todos mortos.

A ATM 1975 ingressa na Faculdade de Medicina da UFRGS em 1970, no início do governo do general Emílio Garrastazu Médici, que permanece no poder até março de 1974. São os chamados "anos de chumbo", em função da forte censura e violenta repressão a qualquer manifestação de opinião contrária ao sistema. No princípio da gestão do seu sucessor, o general Ernesto Geisel, a sociedade, desgastada, começa a reagir de forma crescente.

Os estudantes da turma recordam-se da dureza daqueles tempos. Álvaro Roberto Crespo Merlo resgata: "Os anos pós-AI-5, que foi promulgado em dezembro de 1968, foram os com mais desrespeito aos direitos humanos, repressão às manifestações, assassinatos, desaparecimento de militantes e outras barbáries". Valter Duro Garcia reforça essas lembranças e as relaciona com a escolha da ilustração do convite de formatura: "Foi um período difícil, era um momento crítico no país, de muita supressão de liberdades, de perseguições. Nossa intenção foi simbolizar quem enfrenta tudo e todos". Paulo Roberto Antonacci Carvalho concorda: "A gente era jovem, vivia em um clima de medo, mas queria lutar contra tudo, porque a rebeldia faz parte dessa etapa da vida". Marcos Rovinski complementa: "Havia um descontentamento geral e a sociedade começava a se mobilizar. Um ponto alto foi quando o MDB conquistou maioria no Congresso, em 1974[1]". Conforme Danilo Blank, "o clima de sufocação era notório, mas era mais sentido fora das salas de aula, em espaços do chamado currículo não nuclear, como o Centro Acadêmico ou até os corredores da Faculdade". Já Luis David Castiel ressalva, porém, que a preocupação com a situação do país e o desejo de promover transformações não eram comuns a todos os estudantes. "Havia os mais combativos politicamente e os que só se preocupavam com a formação e a dimensão social da profissão médica, sem considerar a gravidade do conturbado contexto político vigente", analisa.

Além de todas as batalhas relacionadas ao cenário nacional, também existem as internas. A ATM 1975 enfrenta, ao longo do curso, os mesmos problemas denunciados na formatura da turma que a antecedeu: alguns professores raramente comparecem às aulas; outros utilizam-se de técnicas didáticas que remontam à época da fundação da Famed, no final do século 19; muitos conteúdos abordados não possuem qualquer vínculo com a realidade social e sanitária da população brasileira. "Além de termos sido flagelados pela disciplina de Estudo de Problemas Brasileiros[2], grotesca aos olhos de estudantes universitários, as do campo da Medicina Social eram sufocadas e destituídas de qualquer discussão sociologizante", avalia Blank.

Na página 7 da edição de outubro de 1975 do seu jornal *O Bisturi*, o Centro Acadêmico Sarmento Leite (CASL) denuncia o agravamento da precarização do ensino e o atribui, em grande parte, à reforma universitária:

---

1. Nas eleições parlamentares de 1974, o Movimento Democrático Brasileiro (MDB) elege 16 senadores para as 22 vagas existentes, configurando uma derrota para a Aliança Renovadora Nacional (Arena).

2. EPB, disciplina tornada obrigatória pelo governo militar, a partir de 1969, com a finalidade de formar estudantes com base no que o regime ditatorial considerava adequado em termos de princípios morais, bons costumes, patriotismo e obediência às leis e ao Estado.

> *Em março de 75, a crônica situação das más condições de ensino da Faculdade de Medicina sofreu uma piora, com várias turmas ficando sem aula, colisão de horários, superlotação etc. Em vista disso, foram realizadas três assembleias gerais (a maior delas com mais de 400 pessoas) lideradas pelo CASL, onde se chegou à conclusão de que a falta de verbas e a reforma universitária (em suma, a política do MEC) são responsáveis por essa situação.*

Na mesma edição, na página 9, o artigo intitulado *Reduzir custos, até quando?* volta ao tema e sobe o tom nas críticas à ditadura militar e ao distanciamento que o ensino médico mantém em relação às necessidades da população brasileira:

> *Na última dezena de anos, a população brasileira tem assistido, calada que foi pela dura repressão imposta, a um diminuir constante das verbas para dois setores que lhe interessam mais diretamente: saúde e educação. A qualidade do ensino médico, por dizer respeito tanto à saúde quanto à educação, funciona como indicador da evolução desse mal crônico, intermitentemente acometido de crises agudas, principalmente a partir de 1972, ano de implantação da famigerada reforma universitária.*
>
> *Depois de março de 1975, quando a quase totalidade dos estudantes da Faculdade de Medicina da UFRGS se manifestou contra essa situação, qualificada como de crise aberta, uma comissão trabalhou para ilustrar com números o que a todos era visível e palpável: os poucos leitos, os poucos professores, as parcas condições de ensino. Essa pesquisa (...) nos mostra que, se o nível de ensino ministrado em 1970 estava longe daquele considerado ideal, em 1975 essa distância havia aumentado várias vezes. O número de alunos havia se multiplicado, enquanto o número de professores, nos setores onde crescia, o fazia em proporção bem menor. (...)*
>
> *Como solução, pedíamos mais professores, melhores salas, um prédio para a Faculdade, um hospital-escola, ou seja, pedíamos <u>mais verbas</u>. Como resposta, foram reduzidas em 30% as vagas para o curso médico da UFRGS a partir de 1976. O que representa essa Medicina num país onde a mortalidade infantil (considerado o melhor indicador da saúde da população) aumenta e onde mais de dois mil municípios não possuem um médico sequer?*
>
> *Representa que não há interesse estatal em elevar o nível de saúde da população e em manter um ensino médico eficiente, público e acessível a amplos setores, pois isso não traz lucros às camadas mais privilegia-*

das. (...) Medidas que vão contra o interesse da maioria da população, como a privatização do ensino e a má qualidade do mesmo, só são possíveis onde os setores sociais prejudicados não podem se organizar e se expressar livremente, para reclamar seus direitos mais básicos, saúde e educação, paulatinamente transformados em mercadoria acessível somente aos indivíduos de maior renda.

Trajetórias bifurcadas

Em 1972, quando a reforma universitária começa a ser implementada na Famed, a ATM 1975 acaba de iniciar o Ciclo Clínico, sem mais aulas teóricas a frequentar – um passo adiante do ocorrido com a turma anterior. É um momento em que cada estudante já vai trilhando seu próprio caminho para a complementação do ensino formal – estágios voluntários, monitorias... –, conduzindo a diferentes experiências e, consequentemente, a percepções diversas sobre os impactos das mudanças no ensino. "Como foi implantada em cheio no terceiro ano do curso, justamente quando saíamos das disciplinas básicas e sofríamos o choque bem mais sensível do ingresso na Semiologia, no contato efetivo com pacientes, no contexto do raciocínio clínico e, sobretudo, nas atividades didático-assistenciais em hospital, eu não senti qualquer impacto no ensino que pudesse ser atribuído à reforma universitária em si", avalia Danilo Blank. Porém, ressalva: "A transformação dos métodos didáticos e o desenvolvimento de competências docentes não estavam entre os objetivos essenciais da dita reforma, mais voltada à asfixia da capacidade de contestação das universidades e dos movimentos estudantis aos desígnios da ditadura reinante. Assim, se algum impacto quaisquer mudanças tiveram sobre os alunos, foi mais a instauração do regime do medo, da autocensura e da insegurança em sabermos quais eventuais ações ou palavras poderiam ser passíveis de alcaguetagem por um dos espiões plantados pelo sistema de repressão no ambiente acadêmico, com consequências incertas e tenebrosas".

Paulo Carvalho, por sua vez, considera que, mesmo no Ciclo Clínico, a implantação da reforma traz prejuízos à turma. "Com as mudanças, tivemos que fazer um semestre inteiro de faculdade em umas férias de verão, para podermos nos formar em seis anos. Nisso, se vi um ou dois partos foi muito", exemplifica. Já Rovinski entende que um dos principais prejuízos foi a dispersão das turmas, que ficaram muito divididas.

Há mais um fator que bifurca as trajetórias dos alunos daquela turma. Em fevereiro de 1972, o Hospital de Clínicas de Porto Alegre dá início aos atendimentos ambulatoriais e, em maio, às internações. Assim, a ATM 1975 vai ser a primeira a cursar, no sexto semestre do curso, as disciplinas práticas no hospital universitário. A novidade, porém, não se aplica a todo o grupo, pois o funcionamento do HCPA ainda é parcial e tímido – apenas uma enfermaria, no quarto andar, está recebendo pacientes. Álvaro Merlo, um dos estudantes direcionados para o HCPA, conta que foi uma boa experiência, embora a formação dada na Santa Casa continue, por muitos anos, sendo a principal, pelo número de pacientes atendidos e de professores. "Mas o acesso às suas enfermarias diminuiu no final do curso, já que, progressivamente, os estudantes passaram a trabalhar mais tempo no HCPA", acrescenta.

Acervo pessoal de Álvaro Roberto Crespo Merlo

A primeira turma no HCPA (da esquerda para a direita).

Sentados no chão: André Luiz Santos de Moraes, João Rubião Hoefel Filho, Cláudio Pitta Pinheiro e Arielson Milani. Sentados na primeira fila: Álvaro Roberto Crespo Merlo, Marlise Corrêa, Citânia Lúcia Tedoldi, Aldo Luiz Coelho Borges Duarte e Neila Regina Rosa Milani. Sentados na segunda fila: Ana Luiza Teixeira da Silva, Ana Maria Araújo Brito, Ana Luiza Teixeira da Silva, Cláudio Oliveira Lages e Antônio Pimentel Nogueira. Sentados na terceira fila: Ângela Fleck, Olga Olina Bendorovicz Trevisan e Marco Aurélio B. Piscitelli. Em pé, ao fundo: Claudio Coimbra Teixeira, Alberto Stein e Augusto Alt de Mello.

Danilo Blank vai para a Santa Casa no início do Ciclo Clínico e considera as primeiras práticas, na Enfermaria 38, gratificantes e estimuladoras, "sobretudo por estar lidando com gente e não tubos de ensaio ou ratinhos, mas também porque o meu grupo da disciplina de Semiologia teve a imensa sorte de ser destacado para ficar sob os cuidados do professor Aloyzio Achutti, de grande habilidade clínica e competência docente". Seu primeiro contato com o HCPA vai ocorrer apenas no quinto ano do curso, no Ambulatório de Pediatria, do qual guarda uma lembrança marcante: "O privilégio de viver a iniciativa, pioneira no Brasil, de utilização do sistema de raciocínio clínico e registros médicos orientados por problemas, então chamado Método de Weed, capitaneada pelos professores Isaac Lewin, Waldomiro Manfroi e Alberto Rosa. Aquele sistema revolucionário não era só balizador do prontuário clínico do paciente, mas a sua veneranda lista de problemas conduzia a toda uma visão integrativa e lógica de abordagem dos pacientes, dos recursos de atendimento e das relações entre profissionais".

O estudante Luis David Castiel, na Santa Casa, não gosta do que presencia – e certamente sentiria o mesmo se tivesse ficado com o grupo que estuda no HCPA. Porque sua crítica não é a uma instituição em particular, mas ao sistema de ensino da prática médica em geral. "Sentia muito mal-estar nas aulas nas enfermarias, por causa da maneira como se lidava com os pacientes, que eram abordados por diversos estudantes ao mesmo tempo, expostos de uma maneira muito desagradável, constrangedora".

Já na avaliação de Marcos Rovinski, o grupo que iniciou as disciplinas práticas na Santa Casa foi prejudicado porque as condições estruturais eram ruins, mas destaca: "Por sorte, eram alunos muito bons, cada um construiu seu caminho". Valter Duro Garcia conhece de perto as dificuldades enfrentadas pela Santa Casa, onde cursa o Ciclo Clínico e, nas férias de inverno de 1973, inicia um estágio optativo, na Enfermaria 2, de Nefrologia, liderada pelo professor Oly Lobato. Nesse local, o gaúcho de Passo Fundo que, anos antes, ao se inscrever no Vestibular, estava dividido entre a Medicina e a Geologia, encontra-se definitivamente e acaba percorrendo toda sua trajetória profissional. Assim, conta que, na década de 1970, a Santa Casa enfrenta uma forte crise financeira[3]. A carência de recursos para novas aquisições e até para manutenções leva à precarização das instalações físicas, obsolescência de equipamentos e escassez de

---

3. A crise na Santa Casa de Misericórdia de Porto Alegre se agrava na década de 1980, quase levando-a, em 1983, a fechar suas portas. A situação começa a mudar quando o cardeal Dom Vicente Scherer assume a provedoria do hospital e encaminha a solução, com a colaboração do governo do estado e de uma equipe de administradores. Atualmente, a Santa Casa conta com um complexo formado por nove hospitais e é referência em várias especialidades, além de ter forte atuação no ensino e pesquisa em saúde.

mão de obra. Muitos médicos deixam o corpo clínico para buscar outros hospitais.

Nessa época, muitos professores atuantes na Santa Casa também tentam a transferência para o HCPA, já que começam a ser estabelecidos convênios entre a instituição e a UFRGS, a fim de viabilizar a atuação de docentes no hospital de ensino. Porém, como o Clínicas ainda funciona de forma limitada, não há vagas para todos. "Três professores da Enfermaria 2 foram chamados para o Clínicas, outros três não, ficaram muito sentidos. Isso diminuiu o ímpeto de muitas pessoas, mas não o do professor Oly Lobato. Ele ficou triste, era uma situação muito complicada, mas se manteve firme. Acabou indo para o HCPA em 1979, para trabalhar no Ambulatório de Nefrologia", relata Garcia.

Apesar da crise na Santa Casa, graças à dedicação das equipes, em 31 de maio de 1977 o hospital dá início ao Programa de Transplante Renal. Com o procedimento, uma jovem de 16 anos ganha a oportunidade de recomeçar sua vida. O responsável cirúrgico é o professor Loreno Brentano[4], e o responsável clínico, o jovem Valter Duro Garcia, graduado em Medicina há pouco mais de um ano e ainda médico residente, mas já com uma sólida trajetória no hospital.

Janeiro de 2024

Valter Duro Garcia, coordenador hospitalar de transplantes da Santa Casa de Porto Alegre, celebra o marco histórico atingido pela instituição no primeiro dia do ano: 6 mil transplantes de rins realizados. E, como vem fazendo há muitos anos, segue protagonizando ações focadas na conscientização da sociedade sobre a importância da doação de órgãos.

Luis David Castiel, há quatro anos aposentado na Escola Nacional da Saúde Pública da Fiocruz, continua pesquisando aspectos da prática, ensino e pesquisa da Medicina, agora com foco no uso da inteligência artificial. Talvez daí resulte um novo livro, a se somar a obras anteriores, como *Ensaios fora do tubo: a saúde e seus paradoxos* ou *À procura de um mundo melhor: apontamentos sobre o cinismo em saúde.*

4. Graduado na Famed/UFRGS pela ATM 1955, o professor Loreno Brentano teve relevante papel no desenvolvimento da cirurgia gaúcha, tanto na prática assistencial quanto na formação dos cirurgiões. De 1980 a 1984, presidiu o HCPA.

Marcos Rovinski, aposentado no Departamento Médico-Legal, preside o Sindicato Médico do Rio Grande do Sul. Na entidade, lidera a luta contra a baixa remuneração e a precarização das condições de trabalho da categoria, bem como a proliferação de escolas médicas sem controle da qualidade do ensino, que repercutem na qualidade da assistência à população.

Álvaro Roberto Crespo Merlo, aposentado como professor da Famed/UFRGS, segue atuando no Ambulatório de Doenças do Trabalho e na Residência em Medicina do Trabalho do HCPA. Orgulha-se de ter criado, em 1989, o primeiro serviço de atenção à Saúde do Trabalhador do Brasil, que se tornou referência para a implantação dessa área no país, nos níveis assistencial e de formação de médicos do trabalho.

Paulo Carvalho, docente da Famed/UFRGS, médico da Unidade de Terapia Intensiva Pediátrica do Hospital de Clínicas e coordenador da Comissão Intra-Hospitalar de Doação de Órgãos e Tecidos para Transplantes da instituição, igualmente se orgulha de ter participado da implantação do Serviço de Pediatria e da Utip do hospital de ensino.

Danilo Blank, professor do Departamento de Pediatria da Famed/UFRGS, tem intensa atuação na formação e especialização de profissionais. É docente no Mestrado Profissional em Ensino na Saúde da Faculdade e coordena seu Núcleo Docente Estruturante, além de ser preceptor da Residência Médica do Serviço de Pediatria do HCPA desde 1982.

Esses resumos demonstram os diferentes caminhos percorridos pelos integrantes da ATM 1975, forjados desde os tempos da Faculdade. Mas as diferenças vão se manifestar, também e de forma marcante, em termos de pensamentos e atitudes, o que leva à divisão da turma no ano da formatura.

A ATM 1975, como acontece em qualquer grupo, congrega pessoas com diferentes origens, histórias e pontos de vista.

Paulo Carvalho, por exemplo, quando chega de Rio Grande, município do Litoral Sul gaúcho, para estudar na capital e se formar como o primeiro médico da família, encontra uma turma dividida em dois grupos. "Tinha o dos que, como eu, vinham do interior e o dos que eram da capital, já se conheciam, tinham estudado juntos em escolas como o Colégio de Aplicação[5], tinham convívio social, alguns possuíam médicos nas famílias",

5. Escola vinculada à UFRGS, que oferecia o então ginasial, correspondente aos quatro anos finais do atual ensino fundamental. Foi fundada em 1954, como espaço para a prática docente de estagiários dos cursos de licenciatura e campo de investigação pedagógica para a Faculdade de Filosofia.

recorda. Ele conta que, ao longo da graduação, essa divisão vai pouco a pouco se diluindo, "mas, quando chegou no final, a turma se dividiu de novo, dessa vez em função de posturas políticas".

Como ressalta Marcos Rovinski, "a turma tinha um grupo bem atuante, engajado, de esquerda". Luis David Castiel complementa que "era dividida entre os mais críticos e combativos e os mais conservadores, não alinhados com a crítica política". Os estudantes mais militantes costumam mobilizar-se em torno do CASL. É o caso de Carvalho, que colabora com a edição de sua revista científica – e, também, de panfletos de protesto. "Nós imprimíamos esses materiais à noite, meio escondidos, com medo, no mimeógrafo", relata, recordando-se do forte cheiro de álcool que emanava do sistema de reprodução de cópias utilizado na época. Outro ponto de encontro de universitários dos mais diversos cursos é o bar Alaska, localizado próximo ao antigo prédio da Famed, na confluência da Rua Sarmento Leite com a Avenida Osvaldo Aranha – a chamada Esquina Maldita. "A gente se reunia lá e a cada noite derrubava um governo", brinca Garcia.

As críticas de Castiel extrapolam as questões da política brasileira e do ensino da Famed, estendendo-se à educação médica e ao exercício da profissão como um todo, aos conceitos que os orientam e às práticas neles incorporados, sem questionamento. "Desde que entrei na Faculdade, achava a Medicina e o ensino médico criticáveis em vários aspectos", revela. Em seu entendimento, "a Academia tornou-se um ambiente capitalista, competitivo, onde só importam a produtividade e o desempenho". Sua crítica ramifica-se, ainda, a comportamentos conservadores, centrados na preocupação com a manutenção do *status quo*, não só de professores e dirigentes acadêmicos, mas dos próprios estudantes. "Entrar na Medicina e na UFRGS era mitificado, muitos colegas assumiam essa posição desde o princípio. Inclusive, havia quem já no início do curso usasse jaleco e maletinha de médico, incorporando precocemente o culto à imagem pública desse profissional", comenta. Segundo ele, "havia estudantes críticos e combativos no sentido político-ideológico, mas, também, outros prontos para cumprir o imaginário social idealizado pela própria família".

Cizânia e uma saída mista

"E quando falo em aceitar a vida não me refiro à aceitação resignada e passiva de todas as desigualdades, malvadezas, absurdos e misérias do mundo. Refiro-me, sim, à aceitação da luta necessária, do sofrimento que essa luta nos trará, das horas amargas a que ela forçosamente nos há de levar."

"Quando perdemos a capacidade de nos indignar com as atrocidades praticadas contra outros, perdemos também o direito de nos considerar seres humanos civilizados."

A primeira citação acima é do livro *Olhai os lírios do campo*, do escritor Erico Verissimo, falecido em 28 de novembro daquele ano de 1975, vítima de um infarto, consternando seus leitores.

A segunda é do jornalista Vladimir Herzog, falecido em 25 de outubro do mesmo ano, vítima de assassinato em uma cela do DOI-Codi[6] de São Paulo (apesar da versão oficial de suicídio), chocando – e chacoalhando – os cidadãos brasileiros. Seis dias depois, um ato ecumênico na Catedral da Sé, no centro da cidade, reúne milhares de pessoas, na primeira manifestação dessa envergadura desde 1964 e que marca o início do fim da ditadura militar.

É nesse cenário nacional conturbado, mas também de tênue renascimento da esperança, que os estudantes da ATM 1975 chegam à reta final da graduação. Quando se reúnem para definir como será sua formatura, o grupo que vem sendo politicamente mais combativo durante o curso defende que a solenidade contenha algum protesto. Na opinião de alguns, não deve haver paraninfo nem homenageados, a fim de marcar, por meio da subversão do cerimonial acadêmico, o descontentamento generalizado – com o país, a saúde, a educação, a Faculdade. Outros consideram mais significativo escolher um paraninfo que possa, ao fazer uso da palavra durante a solenidade, traduzir as preocupações e sentimentos predo-

6. Destacamento de Operações de Informação-Centro de Operações de Defesa Interna, órgão responsável, durante a ditadura militar, pelo planejamento de ações de segurança e informação, incluindo capturas, averiguações e interrogatórios de suspeitos.

minantes. "Eu, pessoalmente, achei que devíamos escolher um paraninfo que falasse, que abordasse questões importantes, que representasse um pensamento progressista. Que não devíamos estragar um momento que era de celebração de uma conquista nem perder o espaço de fala", comenta Marcos Rovinski. É sugerido o nome do professor Mario Rigatto[7], mestre admirado e respeitado por diversas gerações de estudantes. Outros, ainda, defendem o direito de celebrarem o seu momento pessoal de conquista, de transição, em uma solenidade convencional em que grandes mestres sejam publicamente reconhecidos e destacados pela contribuição aportada à formação dos estudantes.

A polêmica está criada e estabelece-se um duro embate. "As reuniões de formatura foram complicadas, um quebra-pau. Formou-se uma cizânia entre dois grupos", relata Carvalho. "Tivemos muitas discussões, algumas bem ruins", conta Rovinski, acrescentando: "No fim, encontramos uma saída mista". Castiel explica que, ao final, a solenidade reproduziu o padrão crítico da ATM 1974: "Nossa Comissão de Formatura resolveu fazer alguma coisa diferente; não eliminar paraninfo e homenageados, mas escolher representantes de um tipo específico de Medicina". Segundo Danilo Blank, "foi uma estratégia para convencer uma turma majoritariamente conservadora de que o protesto da nossa formatura não seria tão radical quanto a dos colegas que nos antecederam, que haviam sido duramente criticados pela imprensa tutelada pela ditadura".

Essa estratégia consiste em, no lugar de não homenagear ninguém, para "suavizar" o protesto, escolher homenageados célebres. Embora todos tenham falecido há muitos anos.

Para apadrinhar a turma, é proposto o nome do professor que por mais tempo esteve na direção da Faculdade, seu patrono, fundador do CASL, uma espécie de símbolo da instituição e também um médico, em seu tempo, comprometido com questões de saúde pública.

Como homenageados, são escolhidos cinco profissionais que tiveram suas carreiras ligadas à saúde pública e a questões sociais. "Os homenageados foram sugeridos pelo pessoal mais engajado com a Medicina Social", resgata Rovinski.

7. Graduado na Famed/UFRGS pela ATM 1953, Mario Rigatto (1930-2000) destacou-se como médico, professor e pesquisador. Atuou na Enfermaria 29 da Santa Casa e foi um dos introdutores da residência médica no Sul do Brasil, em 1960.

Paraninfo

Professor Sarmento Leite (1868-1935)

Diretor da Faculdade de Medicina da UFRGS por 20 anos (1915-1935). Foi o grande responsável pela construção de seu histórico prédio, inaugurado em 1924, que posteriormente ficaria afetivamente conhecido como "A Casa de Sarmento". Mas que, desde 1974, não mais pertence à Medicina, tendo passado a sediar o Instituto de Biociências, em decorrência das mudanças estruturais na Universidade introduzidas pela reforma universitária. Para os estudantes, Sarmento Leite é um modelo de mestre, dedicado, comprometido com a saúde e o ensino. Ao mesmo tempo, teve atuação destacada como médico, principalmente pelo trabalho incansável desenvolvido quando, em 1901, irrompeu uma epidemia de peste bubônica em Porto Alegre.

Homenageados

Oswaldo Cruz (1872-1917)

Embora falecido com apenas 44 anos, deixou um vasto legado no controle de epidemias de cólera, peste bubônica, febre amarela, malária e varíola e na criação de uma cultura de vacinação no Brasil. Dirigiu o Instituto de Manguinhos, que foi posteriormente rebatizado com seu nome, liderando uma reforma sanitária para a erradicação da peste bubônica e da febre amarela, inicialmente no Rio de Janeiro e logo ultrapassando os limites do estado, com expedições científicas em diversos pontos do país.

Carlos Chagas (1878-1934)

Iniciou sua carreira no combate à malária e destacou-se ao descobrir o protozoário *Trypanosoma cruzi* e a tripanossomíase americana, depois batizada como doença de Chagas. Foi o primeiro cientista na história da Medicina a descrever completamente uma doença infecciosa: o patógeno, o vetor, os hospedeiros, as manifestações clínicas e a epidemiologia. Também trabalhou no combate à leptospirose e às doenças venéreas. Foi o segundo diretor do Instituto Oswaldo Cruz.

Adolfo Lutz (1855-1940)

Pai da Medicina Tropical e da Zoologia Médica no Brasil, teve atuação pioneira na área de Epidemiologia e na pesquisa e combate de doenças epidêmicas e endêmicas que assolavam o país, como cólera, peste bubônica, febre amarela, febre tifoide, malária, ancilostomíase, esquistossomose e leishmaniose. Foi o primeiro cientista latino-americano a estudar e confirmar os mecanismos de transmissão da febre amarela pelo *Aedes aegypti*.

Vital Brasil (1865-1950)

Liderou frentes de combate a diversas epidemias, como febre amarela, cólera, varíola e peste bubônica. Desenvolveu pesquisas pioneiras na produção dos soros contra o veneno de animais peçonhentos. Foi um dos fundadores e primeiro diretor do Instituto Butantan – até hoje, responsável por grande parte da produção de vacinas utilizadas no Programa Nacional de Imunizações do Ministério da Saúde e pela quase totalidade dos soros empregados na rede pública para tratar envenenamentos causados por serpentes, aranhas, escorpiões e toxinas.

Noel Nutels (1913-1973)

Participou como médico da primeira Expedição Roncador-Xingu, em 1943, e, a partir daí, dedicou-se à defesa dos povos originários, tratando de sua saúde e buscando a erradicação das doenças oriundas do contato com o homem branco. Notabilizou-se, ainda, por rechaçar a naturalização do genocídio dos povos indígenas no Brasil.

"O que seria mais nobre do que prestarmos homenagem a grandes nomes da Medicina brasileira, com legados na área sanitarista?", questiona Blank, destacando que "eram as pessoas mais importantes nos progressos sanitários do século, muito mais do que qualquer médico clínico". "Entendíamos que a Faculdade poderia formar profissionais mais generalistas, para dar conta dos problemas de saúde predominantes na população brasileira. O paraninfo e os homenageados representavam isso, uma Medicina mais social", acrescenta Valter Duro Garcia.

"A decisão de não homenagearmos nenhum dos nossos professores foi muito menos motivada por críticas diretas ao curso – de fato, tão efetivo tecnicamente quanto qualquer curso médico brasileiro poderia ter sido nas circunstâncias da época – e mais uma forma de protesto contra o clima de asfixia e terror que vivíamos no meio universitário, assim como no país inteiro. Sabíamos de gente presa e torturada. Sabíamos que a universidade brasileira não era conduzida por práticas democráticas de gestão e debate", opina Danilo Blank. "A escolha teve a ver com o enfrentamento à ditadura militar e, nesse contexto, com a valorização da Medicina pública, a importância da saúde pública", reforça Álvaro Crespo Merlo.

Mas a turma não chega de imediato a um consenso. "Os mais conservadores não ficaram satisfeitos com a escolha de paraninfos e homenageados mortos, tentaram segurá-la, invalidar o protesto", conta Luis Castiel. O CASL sai em defesa do movimento, publicando nota na página 11 da edição de outubro de *O Bisturi*:

> *Tem sido uma preocupação da gestão 74/75 do CASL a luta por melhores condições de ensino e por uma Medicina voltada aos interesses da população brasileira. Nesse sentido, não poderíamos deixar de apoiar totalmente a iniciativa de um setor do 6º ano que está tentando fazer com que a formatura neste ano seja com paraninfo e homenageados póstumos. Essa medida expressa concretamente uma insatisfação com o curso de Medicina que nos é ministrado, tanto pelo seu baixo nível como pela orientação que lhe é imposta. Isso é expressado no fato de os homenageados escolhidos serem médicos sanitaristas que dedicaram sua atividade profissional à pesquisa e ao sanitarismo.*
>
> *Entendido isso, é necessário que todos nós, estudantes e professores de Medicina, apoiemos essa medida como forma de protesto formal contra essa situação que nos é imposta.*

O jornal informa, ainda, ter recebido texto de um colaborador tratando dos problemas surgidos em torno da formatura, que "representa um outro enfoque à questão, mas também interessante", e o publica. Está assinado por "Um doutorando" (designação dada aos estudantes em ano de formatura). Sob esse pseudônimo está Luis Castiel, que dirige duras críticas ao grupo que se opõe ao protesto na formatura:

> *Por que, durante o 6º ano, surge em muitos doutorandos uma necessidade de homenagear uma situação à qual a grande maioria já foi contrária? Basicamente, por uma preocupação com a carreira profissional. A angústia de fim de curso provoca reações dessa natureza. O medo de, ao sair da Faculdade, não conseguir residência ou coisa parecida conduz a esse posicionamento, ou seja, não ousando contrariar aqueles que podem favorecer o destino profissional do médico iniciante. Além disso, há um certo deslumbramento com o fato de que "agora sou doutor" – o que muito pouco ajudará a elevar o nível da Medicina de aqui e agora. Uma Medicina destituída de humanismo e voltada para o benefício do próprio médico, não para a saúde da população que realmente precisa.*
>
> *Pois bem, para celebrar a coroação de mais uma turma médica, nada melhor que a anacrônica solenidade de formatura. É claro que muitos doutorados não acham importante essa cerimônia e dizem que até seria melhor se formar no gabinete do diretor. Porém, aí surge um argumento de peso: "Não é por mim, é para meus pais".*
>
> *Não há intenção aqui de contrariar um dos preceitos bíblicos, mas cabe considerarmos um enfoque interessante. Segundo o psicanalista R. May, em* Um homem à procura de si mesmo, *alguns pais, ao criarem os seus filhos, colocam muito de suas ansiedades e frustrações na educação destes. E, muitas vezes, o filho se sente compelido a seguir o que os pais esperam dele. É na vida adulta que vai ocorrer a ruptura com essas expectativas. Ou não, às vezes é mais fácil continuar sendo "a pupila dos olhos paternos". Isto é, fazendo o que se espera que seja feito: que se case com uma boa moça, que siga a carreira do pai, que tire boas notas no colégio, que corresponda às amenidades do grupo social em que vive, enfim, que seja "normal" em todos os sentidos. Às vezes, essa posição pode ser defendida racionalmente, porque precisa do dinheiro, do apoio paterno, ou simplesmente na base do "por que não?".*
>
> *Acontece, porém, que, num plano mais profundo, viver conforme as expectativas dos pais é a maneira de obter admiração e elogios e continuar sendo "um bom filho". Assim, o indivíduo abre mão de sua coragem e assume uma posição vaidosa e narcisista.*

> *A vaidade e o narcisismo podem ser definidos como necessidade compulsiva de ser elogiado: e para isso as pessoas renunciam à coragem. Quem é vaidoso e narcisista parece superficialmente proteger-se, não assumindo risco e agindo em outros sentidos como um covarde, por pensar demasiado bem de si próprio. Na verdade, porém, ocorre exatamente o oposto. Precisa preservar-se como um artigo com o qual comprará o elogio e os favores que necessita, precisamente porque sem o elogio dos pais (e da sociedade) se sente pessoa sem valor. Uma pessoa não é corajosa quando não tem um bom conceito de si mesma. Quem precisa que os outros digam continuamente: "ele é tão simpático" ou "tão inteligente" ou "tão bom" ou mesmo "aquele ali é um grande médico" cuida de si mesmo não porque se ama, mas porque todos esses requisitos são meios de obter aprovação. Isso conduz ao desprezo de si mesmo; é assim que muitas pessoas dotadas, cujas qualidades conquistaram pública aprovação, confessam em particular que se sentem impostoras. O que seria bem triste se acontecesse em tantos médicos do futuro.*

Como recorda Álvaro Merlo, a decisão final vai ocorrer em uma assembleia na Sala 60 do antigo prédio da Famed. Antes dela, alguns estudantes mobilizam-se fortemente para tentar assegurar que a maioria dos votos seja a favor da realização do protesto. Valter Duro Garcia relaciona, em uma folha de caderno, os nomes dos integrantes da turma e esquematiza os diferentes grupos existentes em termos de proximidade e afinidade, a fim de identificar quem pode influenciar quem e organizar uma estratégia de convencimento direto. No papel, contabiliza, um a um, os possíveis votos que vão sendo conquistados.

A decisão não é fácil. A assembleia geral, conforme recorda Blank, é marcada por um amplo debate, alguns enfrentamentos ásperos e duras críticas de muitos colegas por não ser prestada homenagem aos professores. Mas ressalta: "A bem da verdade, não me parece que os colegas que se colocaram contra a decisão tomada fossem apoiadores explícitos da ditadura, mas simplesmente gente que se interessava mais em homenagear certos mestres que tinham sido importantes para eles do que protestar contra o *status quo* nacional". "Tivemos que fazer duas votações para validar", afirma Castiel. Álvaro Merlo reforça: "Foi uma votação bem dividida, mas prevaleceu a vontade da maioria".

Vence a proposta do paraninfo e dos homenageados já falecidos.

O diretor da Famed, Álvaro Barcellos Ferreira, não se conforma. "A direção dizia: ficaram seis anos conosco e é assim que retribuem?", lembra Garcia. Segundo Merlo, o diretor e o secretário da Famed tentam pressionar os membros da Comissão de Formatura para que a decisão seja mudada: "Participei de duas reuniões. Mas a definição sobre o tipo de formatura ia muito além, porque representava um enfrentamento ao regime militar". Carvalho acrescenta: "O diretor não queria permitir aquela formatura. Acabou concordando com a exigência de que apresentássemos, antes, o discurso do orador, para aprovação".

Para que não haja perseguição ou punição a um colega que seja eleito orador, a turma opta pela formação de uma comissão para redigir o discurso, enquanto o formando Joelci Luís Tonet, dono de uma voz radiofônica, é indicado como seu leitor na solenidade. "Era comum que o Dops esperasse na saída do auditório o orador de turma que se formava ou até mesmo o paraninfo, para ser levado à delegacia para depor. Então, se optou por um discurso coletivo, que teria apenas um leitor", revela Merlo.

A polêmica chega aos jornais

Como acontecera no ano anterior, o impasse ocorrido em uma das mais tradicionais instituições de ensino gaúchas ganha a imprensa – porém, desta vez, com a divulgação de um amplo conjunto de informações que explicam, justificam e até se solidarizam com a iniciativa dos estudantes. O jornal *Folha da Manhã*, de Porto Alegre, em 8 de setembro, dedica duas páginas inteiras à reportagem intitulada *Os novos médicos do estado e sua preocupação: a saúde da população*. Na primeira delas, a matéria principal relata a decisão dos formandos de homenagear pessoas "que marcaram suas vidas por profundas pesquisas e trabalhos em benefício da medicina de massa" – o que, segundo o periódico, "mostra a preocupação da nova geração de médicos com as doenças que atingem toda a população e continuam matando no Brasil".

> *A escolha dos sanitaristas não foi coisa impensada ou uma forma de protesto, explicam eles. "Transcende a isso. Queremos mostrar à opinião pública que, mesmo com a falta de realidade do curso, os médicos que estão se formando estão conscientizados – pela vontade própria – dos problemas da população e é para atender a essa população que vão orientar seus trabalhos." (...) Os estudantes lembram que esse espírito de solidariedade vem crescendo nos últimos anos. E citam como*

Os novos médicos do Estado e sua preocupação: a saúde da população

Os formandos do curso de Medicina da Universidade Federal do Rio Grande do Sul elegeram Sarmento Leite para paraninfo, e Vital Brasil, Carlos Chagas, Adolfo Lutz, Osvaldo Cruz e Noel Nutels para homenageados. Todos falecidos e que marcaram suas vidas por profundas pesquisas e trabalhos em benefício da medicina de massa. Todos sanitaristas, ou generalistas — como preferem chamar os estudantes.

A escola destes sanitaristas mostra a preocupação da nova geração de médicos com as doenças que atingem toda a população e que continuam matando no Brasil. Em sua sede, no Centro Acadêmico Sarmento Leite, os estudantes explicam a escolha dos sanitaristas homenageados: "Durante todo o ano fizemos assembléias gerais, para mostrar às autoridades do ensino e à opinião pública a queda na qualidade de ensino no curso de Medicina, com prejuízos diretos à população. Destacamos, reiteradas vezes, a irrealidade do curso que ainda forma médicos especialistas — aquele tipo de médico apenas de consultório — quando o Brasil vive graves problemas de doenças endêmicas. E nenhum conceito existe no curso sobre isso".

Talvez mais responsáveis que os próprios encarregados de orientar o currículo de Medicina, os formandos da UFRGS começam a se revoltar contra essa situação irreal e até sorriem quando lhes perguntam sobre possíveis aulas de saúde pública. "Eu mesmo — diz um formando — já tentei no tempo de estudante, várias vezes, obter estágio na área da saúde pública. Mas as portas da Secretaria da Saúde estão fechadas".

A escolha dos sanitaristas não foi coisa impensada ou apenas uma forma de protesto, explicam eles. "Transcende a isso. Queremos mostrar à opinião pública que, mesmo com a falta de realidade do curso, os médicos que estão se formando estão conscientizados — pela vontade própria — dos problemas da população e é para atender a essa população que vão orientar seus trabalhos. Embora venhamos a sofrer grandes barreiras porque não existem cursos para atender à saúde pública".

Outro estudante — que está estagiando no Centro Médico São José do Murialdo — observa: "No trato diário com as pessoas, nós sentimos as impossibilidades. O povo vem a nós com vontade de receber o tratamento ideal. Nos recebe de braços abertos. Nós, por outro lado, carregamos conosco uma vontade imensa de ir ao encontro do povo. — Mas — entendam — os conceitos aprendidos ainda não estão voltados para essa população endêmica". E pergunta o estudante: "O que é mais importante, tratar apenas um cardiopata ou atender a milhares de pobres, infestados com vermes?" Ele não responde porque admite que nada pode fazer. "Apenas, junto com meus colegas, podemos desenvolver a conscientização de que o ensino da medicina está deslocado do foco, dos maiores problemas de saúde do povo brasileiro".

Os estudantes lembram que este espírito de solidariedade humana vem crescendo nos últimos anos. E citam como exemplo a revista ATM/74 (Associação Turma Médica de 74), publicada pelos formandos do ano passado. Em dois volumes, a maioria dos artigos trata de saúde pública, desde conceitos de epidemiologias até estudos de prevalências de alcoolismo em vilas de Porto Alegre. E é por tudo isso que a capa do convite de formatura dos estudantes desse ano traz a figura de Dom Quixote de La Mancha. "Um homem com profundo sentimento humanista", dizem os estudantes da Ufrgs.

Governo diz que há vagas no Interior

"As universidades ainda não estão com seus currículos voltados para a saúde pública. Há uma carência de médicos generalistas e poucos querem se interiorizar. A própria Secretaria da Saúde tem vagas em vários municípios."

A opinião do secretário Jair Soares confirma as queixas dos alunos dos cursos de Medicina, que vêm sistematicamente protestando contra a falta de adequação dos ensinamentos com a realidade brasileira. "O setor de saúde pública — diz o Secretário — tem identificado uma necessidade crescente de desenvolvimento de seus recursos humanos. Desenvolvimento no sentido de adequação da qualidade e distribuição desses recursos à realidade do Brasil. O sistema educacional responsável pela capacitação de recursos para a saúde tem lançado no mercado de trabalho elementos pouco capacitados a dar respostas às necessidades de saúde do país."

Para o secretário Jair Soares "este fato é mais evidente na área de Saúde Pública, que se utiliza de conceitos e técnicas que visam a solução de problemas coletivos. Os recursos humanos de nível superior, graduados nos moldes dos atuais currículos, têm demonstrado, nas instituições de saúde, empirismo administrativo, inaplicabilidade de técnicas de Saúde Pública e incompreensão de princípios preventivos. Esta situação provoca uma inadequação entre objetivos pessoais e institucionais que transforma o profissional numa restrição e não num facilitador da solução dos problemas de saúde da comunidade."

As doenças tropicais no País, por regiões

As doenças tropicais, por regiões, estão assim distribuídas no Brasil:

Norte: alta incidência de malária; elevada taxa de prevalência de lepra; febre amarela silvestre; e importante foco de filariose em Belém.

Nordeste: ampla disseminação da esquistossomose e da doença de Chagas; focos residuais de peste; grandes focos de tracoma; elevada incidência de malária no Maranhão, Piauí e Bahia; e importantes focos de Leishmaniose visceral na Bahia e no Ceará, e de filariose no Recife.

Centro-Oeste: alta incidência de malária, de bócio endêmico e de lepra; ocorrência de febre amarela; e ampla disseminação da doença de Chagas em Goiás.

Sudeste: ampla incidência de malária e esquistossomose mansônica, alta taxa de bócio e lepra, importantes focos de brucelose, alta disseminação da doença de Chagas, elevada taxa de prevalência de lepra.

Sul: áreas de bócio endêmico, larga disseminação da doença de Chagas, principalmente no Rio Grande do Sul, importante área de malária em Santa Catarina e foco de hidatidose no Rio Grande do Sul.

Os tipos de doença e suas manifestações

Bócio endêmico — Tumefação da glândula tireóide, também conhecida por papo ou papeira, podendo ser total ou parcial. Liga-se à escassez do iodo ambiente. Seu tratamento pode ser médico ou cirúrgico.

Brucelose — Doença transmitida ao homem por gado bovino, caprino ou suíno. Caracteriza-se por febre, arrepios, fraqueza, suores e dores. É causada por bactérias do gênero Brucella. Pode ser contraída pela ingestão de leite não pasteurizado, queijo fresco ou por contato direto.

Doença de Chagas — Enfermidade causada por um protozoário, o Trypanosoma cruzi, e transmitida ao homem por insetos hematófagos, como o barbeiro (Triatoma). A doença é endêmica na maior parte das áreas rurais da América Central e do Sul.

Esquistossomose — Provocada por diversas espécies de vermes. Infesta cerca de quatro milhões de pessoas no meio rural brasileiro.

Esquistossomose mansônica — Tipo de esquistossomose.

Febre amarela silvestre — Doença infecciosa aguda das regiões tropicais e subtropicais. É transmitida por um mosquito e no Brasil ocorre atualmente apenas nas zonas rurais.

Filariose — Causada por um verme chamado wuchereria bancroft. Esse parasito vive algum tempo no organismo de um mosquito (hospedeiro), que transmite ao homem através da picada.

Hidatiose — Denominada "doença do paralelo 35", porque as zonas próximas a esse paralelo são de intensa infestação. É transmitida ao homem por cães de pastoreio, de fazendas ou de matadouros. É provocada pelo equinococo (bactéria).

Leishmaniose — Provocada por protozoários, atinge os órgãos internos do homem (as vísceras). A forma visceral, quando não tratada, mata cerca de 80 por cento dos atingidos.

Lepra — Doença crônica, de contágio relativamente difícil, provocada pelo Mycobacterium leprae (bactéria). O maior número de casos encontra-se nos países tropicais e subtropicais. O período de incubação varia de um a 20 anos.

Malária — Infecção causada por diversas espécies de protozoários e transmitida ao homem pelo mosquito Anopheles.

Tracoma — Doença crônica dos olhos, causada pelo vírus Chlamydia trachomatis. A conjuntiva torna-se grossa e áspera e a passagem da moléstia à córnea pode causar cegueira. É transmissível pelo contato direto ou indireto (uma toalha infectada, por exemplo).

Em números, os casos confirmados

Dados fornecidos pela Divisão Nacional de Epidemiologia e Estatística da Saúde (de 1970) dá a seguinte relação de casos confirmados de doenças transmissíveis em todo o Brasil:

Gripe — 963.048
Ancilostomíase — 910.261
Disenteria — 636.347
Necatoríase — 274.408
Esquistossomíase — 274.496
Sarampo — 109.125
Tracoma — 90.054
Coqueluche — 81.014
Malária — 46.161
Febre amarela silvestre — 30.702
Varíola — 26.421
Doença de Chagas — 20.120
Paralisia infantil — 11.546

(Obs. O Brasil ainda não possui um serviço de estatística de saúde pública desenvolvido. Por isso, os dados são revelados com bastante atraso.)

Moléstias transmissíveis matam 40%

As moléstias transmissíveis, principalmente a diarréia infecciosa, a gripe, a tuberculose, o sarampo e o tétano, ainda ocasionam 40 por cento dos óbitos no Brasil. Além disso, cada ano, milhares de brasileiros ficam incapacitados por enfermidades como a esquistossomose, a doença de Chagas, a lepra e o tracoma. São comuns também as deficiências de nutrição, em especial no Nordeste e em bairros urbanos pobres.

A esse respeito, entre os muitos fatores responsáveis pelo nível de saúde no Brasil, podem-se citar o analfabetismo, da ordem de 39 por cento e a subalimentação (disponibilidade média de calorias/dia: 2.600; e de proteínas totais: 66,3 g/dia). Observa-se, também, a existência de déficit de saneamento básico, pois dos 3.950 municípios existentes em 1969, 43,3 por cento não possuem abastecimento de água e 89,3 por cento não têm esgoto. (Os dados são do Documento Preliminar de Diretrizes Gerais para a Política de Saúde Materno-Infantil, do Ministério da Saúde).

A incidência das doenças tropicais ou "doenças infecciosas e parasitárias" no País é maior hoje do que anos atrás. Os fluxos migratórios descontrolados e a má distribuição demográfica brasileira constituem sérios obstáculos ao seu combate. Existem apenas cinco institutos de pesquisa em Medicina Tropical e poucos médicos especializados. Reunindo fatores físicos e ambientais que favorecem a formação dos chamados "complexos patogênicos", o Brasil apresenta ainda a agravante das condições sociais negativas em que vive grande parte da população: pobreza, fome crônica, precariedade de assistência hospitalar.

Acervo pessoal de Valter Duro Garcia

***Folha da Manhã*, 8/9/1975**

exemplo a Revista ATM/74 *(Associação Turma Médica de 74), publicada pelos formandos do ano passado. Em dois volumes, a maioria dos artigos trata de saúde pública, desde conceitos de epidemiologia até estudos de prevalência de alcoolismo em vilas de Porto Alegre. E é por tudo isso que a capa do convite de formatura dos estudantes desse ano traz a figura de Dom Quixote de La Mancha. "Um homem com profundo sentimento humanista", dizem os estudantes da UFRGS.*

O paraninfo

Eduardo Sarmento Leite da Fonseca nasceu em sete de abril de 1868. Filho de pai português, José Leite da Fonseca, e de dona Maria Eduarda de Morais Sarmento Leite da Fonseca. Em março de 1885 ingressou na Faculdade de Medicina do Rio de Janeiro e cinco anos mais tarde (em 20 de dezembro de 1980) defendeu tese de doutoramento, apresentando o trabalho "Tratamento Cirúrgico da Oclusão Intestinal".

Desde a fundação da Faculdade de Medicina de Porto Alegre ocupou a cadeira de Anatomia. Em 1901, quando irrompeu a epidemia da peste bubônica em Porto Alegre, trabalhou intensamente, assumindo a chefia de uma zona compreendida pelas ruas Cristóvão Colombo e Barros Cassal.

De 1907 a 1911, exerceu o cargo de vice-diretor da Faculdade de Medicina de Porto Alegre. Em janeiro de 1915 assumiu a reitoria. Aí, permaneceu quase 20 anos.

Sarmento Leite

Em 1918, por ocasião da epidemia da gripe espanhola, passou a dirigir um hospital de emergência.

Sobre Sarmento Leite e sua dedicação à Faculdade de Medicina da Ufrgs, escreve o professor Elyseu Paglioli "Seu amor à faculdade foi de tal forma, que ele a considerava como sua **filha dileta.**" "À simplicidade de Sarmento Leite, juntava-se a nobreza de sua austeridade; ao seu amor e ao seu afeto o inquebrantável dever de um grande diretor; à sua serenidade, o impetuoso desejo de levar avante o sonho de engrandecimento da Escola. Lembramos com emoção seus feitos como diretor e professor, pois que sua vida oferecia maravilhosos exemplos a todos os que sabiam compreendê-lo."

Após rápida enfermidade, Sarmento Leite faleceu às 8h de 24 de abril de 1935 "Fitou a morte sem receio e, como um justo, adormeceu em paz", afirmou Sarmento Leite Filho.

Carlos Chagas

Carlos Chagas

No início do século XX, e ainda por muito tempo depois, nas regiões pantanosas do Novo Mundo o sertanejo foi obrigado a usar os bovinos como animal de sela. Não era questão de gosto, mas necessidade: os rebanhos equinos eram dizimados pelo chamado "mal das cadeiras", que paralisava os membros posteriores dos cavalos.

O agente dessa doença, Trypanosome equinum, foi isolado por Adolfo Lutz, que demonstrou ser o ciclo vital do parasito mantido por animais selvagens — no caso, a capivara. Mas a série de estudos mais brilhantes acerca dos tripanossomos foi realizada pela Escola de Manguinhos — hoje Instituto Osvaldo Cruz — onde se destaca Carlos Justiniano Ribeiro das Chagas.

Ele nasceu em nove de junho de 1879, na fazenda do Bom Retiro, em Oliveira, Minas Gerais. Sua série de investigações sobre os tripanossomos inica-se em 1908, com a descrição do T. minasense, parasito dos saguis. Nessa época ele está trabalhando na profilaxia da malária entre os operários que construíram linhas férreas ao norte de Minas Gerais.

Um dia sua atenção é despertada para a presença de um inseto sugador de sangue, conhecido pelo nome de "barbeiro" ou "chupão", que infestava as frestas das casas de pau e pique onde moravam sertanejos. Ele faz várias pesquisas com cobaiais infectadas por esse inseto até que consegue descrever o agente da doença: o Trypanozoma Cruzi. Após anos de trabalho, todo o quadro clínico da doença é definido. A "doença de Chagas" revela-se como uma das mais terríveis moléstias, espalhada desde o norte da Argentina até o sul dos Estados Unidos.

Carlos Chagas morre em oito de novembro de 1934, quando ainda exercia o cargo de diretor do Instituto de Manguinhos.

Noel Nutels

Noel Nutels

Ele foi o "médico dos índios". Noel Nutels nasceu em Ananiev, perto de Odessa, na Rússia, em 1913. Cinco anos mais tarde vinha para o Brasil. Formou-se em 1936. No ano seguinte naturalizou-se brasileiro.

Médico do Ministério da Agricultura, trabalhou na estação experimental de Botucatu, São Paulo. Participou em 1943 da expedição Roncador-Xingu, a partir da qual se devotou aos problemas sanitários do interior brasileiro, particularmente das populações indígenas.

Foi o idealizador e o sustentáculo do Susa - Serviço de Unidades Sanitárias Aéreas, criado em 1957 no Ministério da Saúde. Participou de congressos, conferências e simpósios nacionais e internacionais, de tisiologia e de indigenistas, com trabalhos publicados na Revista da Tuberculose, do Serviço Nacional de Saúde.

Noel Nutels morreu no ano passado.

Adolfo Lutz

Adolfo Lutz nasceu no Rio, em 18 de dezembro de 1855. Faz o curso de Medicina na terra dos pais, em Berna, Suíça. Passa por longos estágios nas universidades de Viena, Leipzig, Praga e hospitais de Paris e Londres.

No Brasil, revalida o diploma na Faculdade de Medicina do Rio e por seis anos clínica em Limeira, São Paulo. Em 1866, está em Hamburgo com Unna, descrevendo, juntamente com ele, as "granulações de Lutz" (bacilo da lepra). Em 1903, Adolfo Lutz assume a direção do Instituto Bacteriológico (mais tarde Instituto Adolfo Lutz).

As pesquisas de Lutz orientam-se em múltiplas direções: estudou as moscas das frutas (Drosophila), plantas brasileiras, malária, leishmanise, esquistossomose e muitos transmissores de doenças, dos quais chegou mesmo a mudar a classificação sistemática após ter-lhes fixado a biologia. Foi o pioneiro da medicina experimental, conselheiro sempre presente que nunca negava ajuda. Trabalhando quase sempre isolado em São Paulo, quando esteve em Manguinhos deixou marca indelével. Dele disse Osvaldo Cruz: "Tenho pelo Lutz a mais profunda veneração, porque não conheço ninguém mais puro, mais nobre e mais abnegado; não sei de outro que o exceda em predicados morais".

Entre 1897 e 1899 consegue debelar, com genial intuição, os surtos epidêmicos de febre amarela em Pilar, Pirassununga, São Caetano e Campinas. Enquanto todos ainda pensavam na transmissão por contágio, Lutz acreditava no mosquito como vetor. Junto com Emílio Ribas, em três de janeiro de 1903, deixa-se picar por mosquitos portadores de febre amarela, para provar que essa era a forma de transmissão da doença. Foi o iniciador da batalha no Brasil contra a moléstia.

Osvaldo Cruz

Osvaldo Cruz

Foi em Olinda, 1685, que a febre amarela pela primeira vez visitou o Brasil. Vinha trazida por um carregamento de carne podre procedente de São Tomé, conforme relata João Ferreira da Rosa no seu Tratado Único das Bexigas e Sarampo, publicado em Lisboa (1962). Em 1850, a epidemia dominava a capital do Império, Rio de Janeiro. O problema exigia uma solução imediata.

O presidente Rodrigues Alves chamou, então, para a Diretoria Geral de Saúde Pública um nome desconhecido: Osvaldo Gonçalves Cruz, médico de 30 anos. Ele nasceu em cinco de agosto de 1872, em São Luís do Paraitinga, São Paulo. Aos 14 anos entrou para o curso de medicina e em quatro anos concluiu um curso cuja duração era de seis anos. Mais tarde foi estudar bacteriologia, saúde pública e técnicas de pesquisa no Instituto Pasteur, de Paris. Recusa convites da Rússia e da Alemanha, e volta para trabalhar no Brasil.

Em Manguinhos, ele faz sua central de pesquisas. Pela frente três grandes problemas: febre amarela, varíola e peste. Osvaldo Cruz entra em contato com o Governo e pede "força e recursos". Promete eliminar a febre amarela no quadriênio do governo Rodrigues Alves. A opinião pública protesta contra o trabalho do médico e considera o "dinheiro gasto sem proveito". Mesmo assim, Osvaldo Cruz assume a Diretoria Geral de Saúde. Com 1.200 homens declara guerra contra os mosquitos. Esse número é logo reduzido para 300. O médico continua o trabalho: com suas equipes vasculha casas, jardins, e elimina águas estagnadas. O povo considera violação de domicílios e são impetrados vários habeas corpus para impedir a ação sanitária. Apesar disso, em três meses debela a epidemia de peste que campeava no Rio há três anos. Muitos outros trabalhos foram desenvolvidos por Osvaldo Cruz e vários legados seus ainda são profundamente usados, como o conceito da "vacinação obrigatória". A 11 de fevereiro de 1917 morre o grande batalhador da saúde pública brasileira.

Vital Brasil

Vital Brasil

Quando em 1899 o navio português "Rei de Portugal" traz ao porto de Santos a peste bubônica — de início confundida com febre amarela —, o governo federal incumbe Osvaldo Cruz de cuidar do caso. E de São Paulo, Adolfo Lutz envia seu assistente Vital Brasil. Diagnosticada a peste, Emílio Ribas (outro médico) logo cuida de produzir em São Paulo o soro e a vacina; nascia dessa maneira o Instituto Soroterápico, instalado na Fazenda Butantã. Lutz designa Vital Brasil para dirigi-lo.

Mineiro de Campanha (nasceu em 28 de abril de 1865), formado pela Faculdade de Medicina do Rio em 1891, em 1897 vai clinicar em Botucatu, mas logo passa a se interessar por cobras venenosas. Vem para São Paulo, onde procura o Instituto Bacteriológico, dirigido por Lutz. Lá produz os primeiros soros contra os venenos crotálicos e botrópicos. Na verdade, os soros antiofídicos produzidos em 1894 pelo francês Calmette — que trabalhara com cobras indianas — não servem para o Brasil. Há necessidade de se produzir soros capazes de neutralizar a peçonha de cobras autóctones. Foi a essa tarefa que o cientista se propôs.

O trabalho de Vital Brasil rapidamente transforma o Instituto Soroterápico em Instituto Butantã, famoso em todo o mundo pela fabricação de soros antiofídicos e pelos seus serpentários.

Em 1919, Vital deixa o Butantã e vai para Niterói, onde funda outro instituto, que mais tarde receberá seu nome. Dirige também o Instituto de Manguinhos (hoje Osvaldo Cruz). Em 1924 retorna à São Paulo para dirigir mais uma vez o Butantã, com um contrato de quatro anos. Morreu no Rio de Janeiro, em oito de maio de 1950.

Acervo pessoal de Valter Duro Garcia

Folha da Manhã, 8/9/1975

Na mesma página, textos complementares dedicam-se à abordagem de temas como as doenças transmissíveis prevalentes em cada região do país – malária, lepra, febre amarela, esquistossomose, doença de Chagas, bócio endêmico, disenteria, coqueluche, sarampo e paralisia infantil, entre outras –, destacando números de casos e a elevada taxa de mortalidade associada a elas. Há, ainda, entrevista com o secretário da Saúde do estado, Jair Soares, que admite: "As universidades ainda não estão com seus currículos voltados para a saúde pública. Há uma carência de médicos generalistas e poucos querem se interiorizar". De acordo com a matéria, "a opinião do secretário Jair Soares confirma as queixas dos alunos dos cursos de Medicina, que vêm sistematicamente protestando contra a falta de adequação dos ensinamentos à realidade brasileira".

A segunda página da reportagem é dedicada à apresentação do histórico e principais realizações do paraninfo e dos cinco homenageados eleitos pela ATM 1975.

Escolha dos paraninfos pode impedir formatura

Da Sucursal de PORTO ALEGRE

A formatura da Faculdade de Medicina da Universidade Federal do Rio Grande do Sul (UFRGS), marcada para o dia 13 de dezembro, está mais uma vez ameaçada. O diretor Alvaro Barcellos Ferreira, que chegou a proibir a solenidade por não concordar com a escolha de médicos já falecidos como paraninfos e homenageados, e depois exigiu a aprovação do discurso dos formandos pelo Conselho Departamental, resolveu agora denunciar que "elementos subversivos estão-se infiltrando nos meios universitários".

A denuncia de Alvaro Barcellos está relacionada com as várias assembléias realizadas pelos formandos desde o início do ano. Nelas, os estudantes decidiram escolher apenas pesquisadores já falecidos como paraninfos e homenageados (o paraninfo é Sarmento Leite, os homenageados Vital Brasil, Carlos Chagas, Adolfo Lutz, Osvaldo Cruz e Noel Nute'-), e prepararam o discurso de formatura, entregue ontem ao Conselho Departamental, para aprovação. Segundo o diretor, "este movimento de inquietação e rebeldia, que está ocorrendo entre os estudantes de Medicina, não é um fato isolado; faz parte de um movimento geral que está atingindo toda a Universidade. "Não podemos culpar os nossos estudantes por isso, porém devemos responsabilizar elementos subversivos que estão-se infiltrando nos meios universitários. Querendo atingir o governo, esses elementos acabam prejudicando os estudantes".

Alvaro Barcelos adverte, no entanto, que está decidido a evitar "possíveis confusões" na solenidade de formatura. "Caso eu considere o discurso dos estudantes inadequado, serei obrigado a tomar medidas mais sérias. Há 41 anos sou professor desta faculdade, nunca houve problemas e, enquanto for possível evitá-los, isso será feito".

Para os estudantes, a denuncia de subversão feita pelo diretor só tem uma explicação: ele deve estar tentando reforçar sua candidatura à reitor da UFRGS, na lista sextupla que será formada no início do próximo ano. Os formandos afirmam que suas atitudes não têm nenhuma relação com tentativas de subversão, e lembram que até foram bastante cuidadosos na preparação do discurso, para evitar que algum professor se sentisse atingido.

O discurso, que está desde ontem com o Conselho Departamental, realmente não tem qualquer alusão a professores da faculdade. Nele, os alunos justificam a escolha dos homenageados como um reflexo de seus desejos de "valorizar ações globais de saude que beneficiaram a população".

Na opinião dos estudantes, "os problemas de saude que afetam a grande maioria da população brasileira são próprios dos países subdesenvolvidos. Em nosso meio, deve ser dada ênfase especial à alimentação, já que se torna flagrante o círculo fatalista da miséria, em que homens e mulheres são doentes porque são pobres, e são pobres porque são doentes".

No discurso, os formandos citam um trabalho realizado pelo secretário da Saude de São Paulo, Walter Leser, relacionando a diminuição do salário-mínimo real dos ultimos 15 anos com o aumento da mortalidade infantil no mesmo período, e afirmam que, diante da realidade nacional, "a Universidade deve ser um centro de pensamento crítico e de pesquisa criadora". Ao contrário, garantem eles, "verifica-se a crescente alienação e desvinculamento da Universidade da realidade social".

Até agora, o Conselho Departamental não respondeu se aprova ou não o discurso. Mas o diretor Alvaro Barcellos diz que acredita na real'-ação da formatura: "Até o dia 13, tudo estará resolvido; espero que não aconteçam novos problemas". Os estudantes também têm esperanças de que os problemas sejam superados, pois tiveram uma conversa com o vice-reitor da UFRGS, Homero Jobim, que não fez nenhuma crítica às suas posições.

Acervo pessoal de Valter Duro Garcia

***O Estado de São Paulo*, 21/11/1975**

Mais tarde, à medida que se estabelece o conflito entre a Direção da Famed e os formandos, o fato também vira notícia nacional. No final de novembro, o jornal *O Estado de São Paulo* publica matéria que dá conta da polêmica e do tensionamento existentes:

> *A formatura da Faculdade de Medicina da Universidade Federal do Rio Grande do Sul (UFRGS), marcada para o dia 13 de dezembro, está mais uma vez ameaçada. O diretor Álvaro Barcellos Ferreira, que chegou a proibir a solenidade por não concordar com a escolha de médicos já falecidos como paraninfo e homenageados, e depois exigiu a aprovação do discurso dos formandos pelo Conselho Departamental, resolveu agora denunciar que "elementos subversivos estão se infiltrando nos meios universitários".*
>
> *(...) Segundo o diretor, este movimento de inquietação e rebeldia, que está ocorrendo entre os estudantes de Medicina, não é um fato isolado; faz parte de um movimento geral que está atingindo toda a Universidade. "Não podemos culpar os nossos estudantes por isso, porém devemos responsabilizar elementos subversivos que estão se infiltrando nos meios universitários. Querendo atingir o governo, esses elementos acabam prejudicando os estudantes".*
>
> *Álvaro Barcellos adverte, no entanto, que está decidido a evitar "possíveis confusões" na solenidade de formatura. "Caso eu considere o discurso dos estudantes inadequado, serei obrigado a tomar medidas mais sérias". (...)*
>
> *Para os estudantes, a denúncia de subversão feita pelo diretor só tem uma explicação: ele deve estar tentando reforçar sua candidatura a reitor da UFRGS, na lista sêxtupla que será formada no início do próximo ano. Os formandos afirmam que suas atitudes não têm nenhuma relação com tentativas de subversão, e lembram que até foram bastante cuidadosos na preparação do discurso, para evitar que algum professor se sinta atingido.*
>
> *O discurso, que está desde ontem com o Conselho Departamental, realmente não tem qualquer alusão a professores da Faculdade. Nele, os alunos justificam a escolha dos homenageados como um reflexo de seus desejos de "valorizar ações globais de saúde que beneficiaram a população". (...)*
>
> *Até agora, o Conselho Departamental não respondeu se aprova ou não o discurso. Mas o diretor Álvaro Barcellos diz que acredita na realização da formatura. "Até o dia 13, tudo estará resolvido; espero que não aconteçam novos problemas". Os estudantes também têm esperanças de que os problemas sejam superados, pois tiveram uma conversa com*

o vice-reitor da UFRGS, Homero Jobim, que não fez nenhuma crítica às suas posições.

A atribuição do protesto a "elementos subversivos" causa a reação indignada do colunista Sérgio Jockymann na *Folha da Tarde*, de Porto Alegre, em 22 de novembro:

> *Pois esbarrei com uma tristeza nos jornais de ontem. Um professor universitário anunciava que a Universidade está cheia de comunistas e que uma das provas dessa infiltração é a escolha de paraninfos mortos. Bem, eu poderia sair por aí dizendo que, depois de uma certa idade, ninguém tem mais o direito de acreditar em bicho-papão. Mas vou esquecer o bicho-papão, porque afinal esta página não é infantil. Nós estamos numa fase medonha do mundo, onde todos se esforçam para entender as crianças e desentender os jovens. Das crianças se quer um discernimento de adulto e dos jovens se deseja um conformismo de ancião. A impressão que se tem é que um bocado de gente já nasceu com cinquenta anos e jamais passou pela juventude.*
>
> *Nós temos também duas pragas no mundo moderno. A minoria destrutiva e a maioria apática. E entre as duas, a pior continua sendo a maioria apática. Pelo que todos nós sabemos, os estudantes universitários não andam jogando bombas, raptando professores ou assassinando catedráticos. Tampouco dinamitaram as faculdades, jogaram ácido nos laboratórios ou tocaram fogo nas salas de aula. Portanto, não há como enquadrar o universitário no grupo destrutivo. Muito pelo contrário, o que os professores reclamam mais é da apatia e da indiferença de seus alunos. Um deles me dizia na semana passada: "Às vezes, penso que se eu lhes der uma cuspida na cara, eles não reagem".*
>
> *Esses infelizes que estudam por estudar, que vivem por viver, que concordam por concordar, darão péssimos cidadãos. Aceitarão passiva e carneiramente qualquer transformação política sem levantar um dedo ou dizer uma palavra. Não são, portanto, o ideal desejado para o futuro do Brasil. Nossa esperança está justamente no contestador. É esse o homem intranquilo que deverá empurrar o progresso. E, na juventude, a contestação é indispensável. Se o jovem não contestasse, estaríamos até hoje pulando de galho em galho, comendo bananas e catando piolhos.*
>
> *Há comunistas na Universidade? Mas sim que deve haver. Se diariamente jornais, rádios e televisões discutem os problemas do mundo é absolutamente inevitável que existam vermelhos, verdes, cor-de-rosa, pretos, azuis, amarelos e violetas. O problema não é a ideologia que*

um jovem tenha, mas o modo como a expressa. Se o seu protesto é um discurso, aleluia, aí está um ser civilizado. Com esse é possível dialogar e discutir. Ele pensa (coisa que infelizmente a maioria não parece fazer) e, portanto, pode mudar. Afinal, já tivemos, de sessenta e quatro para cá, vários ministros que foram comunistas na juventude.

Mas nem acredito que esses rapazes sejam comunistas. Porque os paraninfos escolhidos não foram Marx, Lenine, Mao, Trotsky ou Fidel Castro, mas Sarmento Leite, Oswaldo Cruz, Vital Brasil e Carlos Chagas (para só citar alguns). Todos eles não apenas sólidos burgueses, mas também glórias da medicina brasileira. Por que os estudantes fizeram isso? Porque consideram deficiente o ensino universitário (em primeiro lugar) e porque acham que não há de momento alguém de renome que defenda seus ideais. Isso pode ser certo ou errado, aceitável ou discutível, justo ou injusto. Mas, mesmo sendo errado, discutível e injusto, é um direito que o jovem tem.

Em termos de futuro, é preferível que os jovens demonstrem respeito por um morto ilustre do que bajulem um vivo demagogo. Mesmo porque essa história de paraninfo estava meio apatifada neste país. Quanto ao discurso, pelo que consta, nenhum deles pregou a subversão, exigiu a queda do governo ou mandou os assistentes para a próxima barricada. Alguns que li eram meio desaforados, mas eu ainda prefiro um jovem que defende desaforadamente suas ideias do que

Sérgio Jockymann

Os paraninfos

Pois esbarrei com uma tristeza nos jornais de ontem. Um professor universitário anunciava que a Universidade está cheia de comunistas e que uma das provas dessa infiltração é a **escolha** de paraninfos mortos. Bem, eu poderia sair por aí dizendo que, depois de uma certa idade, ninguém mais tem o direito de acreditar em bicho papão.. Mas vou esquecer o bicho papão, porque afinal esta página não é infantil. Nós estamos numa fase medonha no mundo, onde todos se esforçam para entender as crianças e desentender os jovens. Das crianças se quer um discernimento de adulto e dos jovens se deseja um conformismo de ancião. A impressão que se tem é que um bocado de gente já nasceu com cinqüenta anos e jamais passou pela juventude.

Nós temos também duas pragas no mundo moderno. A minoria destrutiva e a maioria apática. E entre as duas, a pior continua sendo a maioria apática. Pelo que todos nós sabemos, os estudantes universitários não andam jogando bombas, raptando professores ou assassinando catedráticos. Tampouco dinamitaram as faculdades, jogaram ácido nos laboratórios ou tocaram fogo nas salas de aulas. Portanto, não há como enquadrar o universitário no grupo destrutivo. Muito pelo contrário, o que os professores reclamam mais é da apatia e da indiferença de seus alunos. Um deles me dizia na semana passada: «Às vezes, penso que se eu lhes der uma cuspida na cara, eles não reagem».

Esses infelizes que estudam por estudar, que vivem por viver, que concordam por concordar, darão péssimos cidadãos. Aceitarão passiva a carneiramente qualquer transformação política sem levantar um dedo ou dizer uma palavra. Não são, portanto, o ideal desejado para o futuro do Brasil. Nossa esperança está exatamente no contestador. É esse o homem intranqüilo que deverá empurrar o progresso. E na juventude, a contestação é indispensável. Se o jovem não contestasse, estaríamos até hoje pulando de galho em galho, comendo bananas e catando piolhos.

Há comunistas na Universidade? Mas sim que deve haver. Se diariamente jornais, rádios e televisões discutem os problemas do mundo e absolutamente inevitável que existam vermelhos, verdes, cor de rosa, pretos, azuis, amarelos e violetas. O problema não é a ideologia que um jovem tenha, mas o modo como a expressa. Se o seu protesto é um discurso, aleluia, aí está um ser civilizado. Com esse é possível dialogar e discutir. Ele pensa (coisa que a maioria infelizmente não parece fazer) e, portanto, pode mudar. Afinal, já tivemos de sessenta e quatro para cá, vários ministros que forma comunistas na juventude.

Mas nem acredito que esses rapazes sejam comunistas. Porque os paraninfos escolhidos não foram Marx, Lenine, Mao, Trotski ou Fidel Castro, mas Sarmento Leite, Osvaldo Cruz, Vital Brasil e Carlos Chagas (para só citar alguns). Todos eles não apenas sólidos burgueses mas também glórias da medicina brasileira. Por que os estudantes fizeram isso? Porque consideram deficiente o ensino universitário (em primeiro lugar) e porque acham que não há de momento alguém de renome que defenda seus ideais. Isso pode ser certo ou errado, aceitável ou discutível, justo ou injusto. Mas mesmo sendo errado, discutível e injusto, é um direito que o jovem tem.

Em termos de futuro é preferível que os jovens demonstrem respeito por um morto ilustre do que bajulem um vivo demagogo. Mesmo porque essa história de paraninfo estava meio apatifada neste país. Quanto ao discurso, pelo que consta, nenhum deles pregou a subversão, exigiu a queda do governo ou mandou os assistentes para a próxima barricada. Alguns que li eram meio desaforados, mas eu ainda prefiro um jovem que defende desaforadamente suas idéias do que um bolha que gentilmente confessa sua burrice. E depois, senhores, a Universidade tem que ser o grande exemplo do nosso tempo. Ela deve possuir a tolerância do conhecimento e os professores, por obrigação, devem ter confiança na liberdade. E depois, há a vida. E essa danada pode fazer com que, dentro de vinte anos, muitos desses jovens ouçam de seus filhos o que agora, na verdade, estão dizendo aos seus pais e não aos seus professores.

***Folha da Tarde*, 22/11/1975**

Acervo pessoal de Valter Duro Garcia

um bolha que gentilmente confessa sua burrice. E depois, senhores, a Universidade tem que ser o grande exemplo do nosso tempo. Ela deve possuir a tolerância do conhecimento e os professores, por obrigação, devem ter confiança na liberdade. E depois, há a vida. E essa danada pode fazer com que, dentro de vinte anos, muitos desses jovens ouçam de seus filhos o que, agora, na verdade, estão dizendo aos seus pais e não aos seus professores.

No mesmo jornal, o chargista Santiago ocupa seu espaço diário para produzir uma imagem satírica sobre a formatura.

Acervo pessoal de Valter Duro Garcia

***Folha da Tarde*, 1975**

Uma formatura dissonante

Como antecipara o jornal *O Estado de São Paulo*, se o discurso redigido coletivamente por um grupo de formandos é veemente na defesa de um ensino médico e de um sistema de saúde focados nas necessidades da população, não traz críticas diretas à Famed/UFRGS. Assim, e considerando a exposição negativa que a Universidade provavelmente continuará tendo na mídia se suspender a solenidade, o texto passa pelo crivo da Direção e a realização da formatura é confirmada.

Na noite de 13 de dezembro de 1975, um sábado, o palco do Salão de Atos da UFRGS está lotado por familiares e amigos dos 145 formandos – e formandas, que neste ano representam 30% da turma. Porém, a imensa mesa disposta no palco, para acomodar autoridades acadêmicas, paraninfo e homenageados, mostra 11 cadeiras vazias. Apenas o diretor Álvaro Barcellos e o secretário da Faculdade, Moacyr Santos Freire, ocupam suas posições, ao centro, para a condução da cerimônia. "Foi uma formatura dissonante", recorda Luis David Castiel.

O diretor não discursa, apenas pronuncia as falas protocolares que lhe são devidas e formaliza a concessão do grau de médicos e médicas a formandos e formandas. "O diretor Álvaro Chaves Barcellos foi um lorde na cerimônia, seguiu o roteiro, sem vacilar", ressalta Valter Duro Garcia. "Não discursou, mas se comportou bem", concorda Álvaro Crespo Merlo. "Compareceu impávido à formatura, postando-se solene no centro da mesa vazia, ao lado apenas do secretário. Cumpriram seu dever, ao contrário da administração central, que não se fez presente", confirma Danilo Blank, lamentando: "Lembro-me de pelo menos um dos nossos professores, importante na minha formação, que convidei para a formatura, mas que retrucou que não faria sentido comparecer, já que considerava que estávamos menosprezando o corpo docente. De fato, não compareceu, mas não passou disso e continuamos amigos até a sua morte".

A cerimônia começa com a execução do Hino Nacional. Seguem-se a leitura do juramento de Hipócrates e a colação de grau de cada estudante. Por fim, o então já médico Joelci Tonet lê o discurso escrito a várias mãos e é ovacionado por longo tempo. Quase 50 anos depois, este texto histórico segue guardado com zelo por Valter Duro Garcia, como testemunha de sua produção coletiva: as três folhas de papel amarelado pelo tempo possuem vários cortes, colagens e emendas, resultantes das diversas colaborações agregadas no processo.

Acervo pessoal de Álvaro Roberto Crespo Merlo

Ao mesmo tempo, apesar de, naquela época, as formaturas não serem, como hoje, profusamente registradas em vídeo e profissionalmente editadas, uma iniciativa singela e caseira do formando Álvaro Crespo Merlo acabaria possibilitando que trechos do áudio da formatura sobrevivessem ao tempo. Sentado na primeira fila da plateia, um amigo seu leva ao colo um gravador portátil de fita cassete e registra grande parte da cerimônia. Graças a isso, e à fita cuidadosamente preservada por quase cinco décadas, é possível resgatar a voz do orador a denunciar os problemas sociais, do ensino e da educação da época. E, infelizmente, constatar que parte deles também resistiu ao tempo e segue sem solução efetiva na segunda década do século 21:

> *Autoridades aqui presentes, senhores e senhoras.*
>
> *Este discurso é o produto do trabalho de um grupo de formandos e pretende expressar o pensamento da Associação Turma Médica de 1975.*
>
> *Aproveitamos a oportunidade de no final do curso manifestar em público nossos sentimentos e concepções frente à realidade médica e social em que vivemos.*
>
> *Os problemas de saúde que afetam a grande maioria da população brasileira são próprios dos países subdesenvolvidos, e por isso mesmo as realidades*

médicas e sociais compreendem, entre outros, grande risco de morte em idade jovem, a desnutrição, problemas de saneamento básico, a habitação, o analfabetismo e a desigual distribuição da renda nacional. Eivas especial em nosso meio deve ser dada à alimentação, uma vez que carências quantitativas e qualitativas de alimentos condicionam a desnutrição, com suas consequências tanto na esfera física como mental.

Dentro deste contexto, torna-se flagrante o ciclo fatalista da miséria. Homens e mulheres são doentes porque pobres, e são pobres porque são doentes. Ficaram mais pobres porque são doentes, e mais doentes porque mais pobres.

Compatível com esta visão é o trabalho realizado pelo atual secretário de Saúde do estado de São Paulo, doutor Walter Leser, publicado na revista Ciência e Cultura *de março do corrente ano, no qual relaciona a diminuição do salário mínimo real nos últimos 15 anos com o aumento da mortalidade infantil neste mesmo período. Segundo o secretário, como o salário mínimo real traduz a capacidade aquisitiva da população, com maior expressão nas classes de renda mais baixa, é inevitável que, com sua redução, sejam prejudicadas as condições de alimentação.*

Por outro lado, é fácil comprovar que a desnutrição, além de poder constituir causa direta de morte, representa fator predisponível e agravante de doenças infecciosas, aumentando de forma substancial os coeficientes de morbidade e de fatalidade das crianças.

E diante deste quadro, apenas parcialmente exposto, qual deveria ser o papel da Universidade? Como tem ela, realmente, se conduzido? Que tipo de médicos está sendo formado? Estará ele preparado para enfrentar a realidade social do país?

Pensamos que a Universidade deve ser um centro de elaboração de cultura autêntica, um local de ciência, de pensamento crítico e de pesquisa criadora. Significa, também, ser a consciência viva da comunidade à qual pertence. Tem obrigação de conhecer e diagnosticar a realidade social em que se envolve. Deve, também, ser um agente de mudanças, cumprindo, assim, um importante papel no desenvolvimento.

Estas características atribuem à sua ação uma perspectiva mais ampla do que a de simples transmissora ou conservadora de conhecimento. Seu real papel é o de ser parte dinâmica da sociedade onde suas pesquisas e avanços tecnológicos se realizam, devendo ser orientados em função da sociedade como um todo.

Contradizemos totalmente essa concepção da Universidade. Rejeitamos a sua presente alienação e desvinculamento da realidade social. Isso decorre de sua sujeição a uma política socioeconômica-cultural que não tem como objetivo atender às necessidades da maioria da população. A Universidade, como instituição inserida nesse sistema global de interesses, encontra-se, por isso mesmo, incapacitada de assumir o seu papel. Este modelo de relações se reflete, de maneira particular, em cada área de atividade do país. Cumpre salientar neste momento um aspecto que nos parece de vital importância para o entendimento de questões que nos tocam mais de perto, tais como educação e saúde. Tem ocorrido, nos últimos anos, o decréscimo de mais de 50% nas verbas destinadas a estas áreas, conforme dados fornecidos pelo próprio Ministério de Educação e Cultura e IBGE. Além disso, a dotação orçamentária para as áreas de transporte, defesa, segurança e administração é em muito superior àquela destinada à educação e saúde. Aliado a este fato, nota-se a ausência de um plano nacional de saúde compatível com as necessidades da população, e temos atualmente um sistema de previdência social que nem sequer atinge a totalidade dos brasileiros. Segundo os dados do Censo de 1970, 60% da população não dispõem de salário que suporte o desconto para o INPS, ou seja, não têm nem acesso a um tipo de assistência deficitária. Verifica-se uma falta de entrosamento entre as velhas entidades da área de saúde, isto é, Ministério da Saúde, Previdência Social, secretarias estaduais e municipais de Saúde. Estas entidades trabalham desvinculadas, o que acarreta, inclusive, superposição de serviços. Estes, no entanto, dão ênfase ao tratamento médico curativo em detrimento do preventivo, ou seja, sua atenção está voltada àqueles que já adoeceram.

Retornemos aqui ao questionamento por nós levantado: que tipo de médico está sendo formado? No ensino médico atual, é dada ênfase principalmente a uma Medicina curativa, esquecendo-se que a grande maioria dos problemas de saúde do nosso povo são endemias, desnutrição, doenças infecciosas e parasitárias, que só poderão ser combatidas mediante uma Medicina preventiva, além de melhores condições de vida.

Entende-se este foco do ensino de Medicina curativa à medida que as instituições vigentes carecem de programas preventivos, em consequência de uma política interna que não está voltada ao bem-estar social. Está sendo favorecida a formação de especialistas, sendo nítido que o treinamento de clínicos gerais tem deixado muito a desejar. O tipo de profissional que definimos é este: o de formação ampla, o que significa que saiba usar métodos clínicos, epidemiológicos, administrativos e sociais que lhe permitam proporcionar um cuidado personalizado, contínuo e integrado da saúde física, mental e social da população, valendo-se para isso, também, de medidas preventivas primárias, se-

cundárias e terciárias. Para que possam desempenhar este papel, devem ter, além disso, uma formação sociológica e humanista que lhe permita reconhecer a inter-relação doença versus fatores socioeconômico-culturais e identificar os vários níveis de atuação.

É triste constatar, entretanto, que este tipo de profissional ficaria totalmente marginalizado dentro do atual sistema.

Senhores, a escolha de nossos homenageados e paraninfo fala por si só.

No entanto, em face de todos os fatos expostos, nossa escolha por homens de saúde pública reflete o desejo de valorizar ações globais de saúde que beneficiaram a população.

Finalmente, ao encerrarmos, é necessário dizer do nosso sentimento a respeito da Universidade na qual todos os dias entramos. A consciência crítica que dela procuramos ter não impede que esta despedida, como todas, não seja fácil, principalmente se imaginarmos que aqui percorremos um longo e significativo período de nossas vidas. Amizades profundas aqui nasceram e se desenvolveram, fazendo com que crescêssemos com elas.

Acervo pessoal de Álvaro Roberto Crespo Merlo

OUÇA O ÁUDIO DA FORMATURA DA ATM 1975

Entrevistados

Álvaro Roberto Crespo Merlo é especialista em Saúde Pública pela Université Paris I (Panthéon-Sorbonne) e em Medicina do Trabalho pela UFRGS; mestre em Sociologia também pela UFRGS; e doutor em Sociologia pela Université Paris VII (Denis Diderot). Professor titular aposentado pela Famed/UFRGS e Programa de Pós-Graduação em Psicologia Social e Institucional da mesma universidade, é médico-docente do HCPA, atuando no Ambulatório de Doenças do Trabalho do Serviço de Medicina Ocupacional e na Residência em Medicina do Trabalho.

Danilo Blank cursou doutorado em Saúde da Criança e do Adolescente na UFRGS, na linha de pesquisa Educação e Saúde. É professor titular do Departamento de Pediatria da Famed/UFRGS, onde ingressou em agosto de 1978, e coordena, desde 2016, o Núcleo Docente Estruturante do curso, além de ser docente permanente do Curso de Pós-Graduação em Ensino na Saúde/Mestrado Profissional da Faculdade. No HCPA, é preceptor da Residência Médica do Serviço de Pediatria desde 1982.

Luis David Castiel é mestre em Medicina Comunitária pela University of London, doutor em Saúde Pública pela Fundação Oswaldo Cruz e pós-doutor pelo Departamento de Enfermería Comunitaria, Salud Pública y Historia de la Ciencia da Universidade de Alicante, Espanha. Até 2019, quando se aposentou, foi pesquisador vinculado ao Departamento de Epidemiologia e Métodos Quantitativos em Saúde da Escola Nacional de Saúde Pública/Fundação Oswaldo Cruz. Segue vinculado ao Programa de Pós-graduação em Saúde Pública, na área de concentração Determinação dos Processos Saúde-Doença: Produção/Trabalho, Território e Direitos Humanos.

Marcos Rovinski fez residência médica em Medicina Interna no Hospital Nossa Senhora da Conceição e, posteriormente, em Endocrinologia na Santa Casa de Porto Alegre. Atuou em consultórios de Endocrinologia nos hospitais Mãe de Deus e Ernesto Dornelles. Médico-legista concursado em 1986 para o Instituto de Medicina Legal do RS, em 1997, por ocasião da aprovação da lei complementar que criou o Instituto Geral de Perícias, foi nomeado diretor do recém-renomeado Departamento Médico-Legal, cargo que também exerceu de 2003 a 2006 e de 2011 a 2012, quando se aposentou. Atualmente, preside o Sindicato Médico do Rio Grande do Sul (Simers).

Paulo Carvalho possui mestrado e doutorado em Ciências Médicas: Pediatria pela UFRGS. É professor titular do Departamento de Pediatria da Famed/UFRGS e professor-orientador do Programa de Pós-Graduação em Saúde da Criança e do Adolescente da Universidade. Participou da implantação do Serviço de Pediatria do HCPA e da criação da Unidade de Tratamento Intensivo Pediátrica da instituição. No mesmo hospital, é médico assistente da UTI Pediátrica e também coordena a Comissão Intra-Hospitalar de Doação de Órgãos e Tecidos para Transplantes.

Valter Duro Garcia possui mestrado em Medicina: Nefrologia pela UFRGS e em Organización y Gestión de Trasplantes pela Universitat de Barcelona (Espanha) e doutorado em Medicina: Nefrologia pela Universidade de São Paulo. É médico e coordenador hospitalar de transplantes da Santa Casa de Porto Alegre. Atua como professor convidado na Fundação Universidade Federal de Ciências da Saúde de Porto Alegre, na Universidade de Caxias do Sul e na Universidade Federal de Pelotas. Preside o conselho consultivo da Associação Brasileira de Transplante de Órgãos e é consultor do Ministério da Saúde e da Fundação de Amparo à Pesquisa do Estado do Rio Grande do Sul, entre diversos outros órgãos.

Currículos e fotografias fornecidos pelos entrevistados.

1976

Um hospital como paraninfo simbólico

Não me peça que eu lhe faça uma canção como se deve
Correta, branca, suave, muito limpa, muito leve
Sons, palavras, são navalhas
E eu não posso cantar como convém
Sem querer ferir ninguém

Apenas um rapaz latino-americano,
Belchior

A música *Apenas um rapaz latino-americano*, uma das faixas do LP *Alucinação*, que Belchior lança neste ano, retrata a angústia dos músicos, censurados e perseguidos desde 1964, e a sua intenção de não se calarem, não se conformarem com o estado das coisas. Sentimentos e atitudes, aliás, que perpassam diversos outros segmentos da sociedade. Entre as reivindicações que surgem e se intensificam estão a anistia aos presos políticos e a elaboração de uma nova Constituição. A União Nacional dos Estudantes, embora ainda na clandestinidade, é uma das entidades que encabeça a luta, ao lado de outras, como a Ordem dos Advogados do Brasil, a Sociedade Brasileira para o Progresso da Ciência, a Associação Brasileira de Imprensa, o Comitê Brasileiro pela Anistia e as Comunidades Eclesiais de Base.

Em janeiro, o metalúrgico Manuel Fiel Filho, investigado por "crimes contra a segurança nacional", é encontrado morto, com evidentes sinais de tortura, nas dependências do DOI-Codi, em São Paulo. A exemplo do que ocorrera no ano anterior, no mesmo local, com Vladimir Herzog, o 2° Exército afirma que o trabalhador cometera suicídio, estrangulando-se com as próprias meias. O presidente Ernesto Geisel manda demitir o general Ednardo D'Ávila Mello, comandante da unidade. Estabelece-se uma crise militar e política, na qual a linha dura das Forças Armadas – que rejeita qualquer flexibilização do regime – vai perdendo força.

Em 15 de novembro, ocorrem eleições municipais para vereadores. Dois anos antes, o resultado do pleito para o Congresso Nacional fora desastroso para o governo, com o MDB conquistando 16 das 22 vagas em disputa no Senado e 161 das 364 cadeiras na Câmara dos Deputados, além de ampliar as vagas nas Assembleias Legislativas estaduais. Considerando que, na ocasião, a oposição fizera bom uso dos meios de comunicação em suas campanhas, em julho de 1976 Geisel sanciona a Lei Falcão, regulamentando o horário eleitoral no rádio e na televisão. Pelas novas regras, os candidatos não podem falar – é permitida apenas a leitura, por um locutor, de um breve currículo – nem utilizar músicas com letra ou discursos. Na televisão, a única imagem autorizada é a de uma fotografia pessoal.

É nesse cenário que a ATM 1976 da Famed/UFRGS se prepara para a formatura, programada para a noite de 11 de dezembro. Ingressando na Faculdade em 1971, a turma faz a primeira metade do curso durante os "anos de chumbo" do governo Médici e a segunda no período turbulento da gestão Geisel. "Era um tempo ditatorial, quando as manifestações pró-democracia dos estudantes eram reprimidas, gerando grande insatisfação em boa parte do grupo de alunos", recorda-se um dos integrantes da turma, Roberto Giugliani. Seu colega Cesar Gomes Victora acrescenta: "Era uma época em que não se podia protestar. Os colegas que eram mais de esquerda, como era o meu caso, sofriam ameaças de serem desligados da Faculdade por causa do Decreto-Lei 477, que expulsava alunos envolvidos em atividade política".

Os seis anos do curso têm seus percalços, principalmente a partir de 1972, com a implementação da reforma universitária. Giugliani lembra-se dos principais problemas enfrentados. "Nossa turma viveu um momento de profunda reforma do currículo e da própria estrutura da Universidade. Nessa época, foram criados os institutos básicos (no nosso caso, o Instituto de Biociências) e as disciplinas básicas deixaram de ser da Famed para serem centralizadas nos departamentos desses institutos, os quais atendiam vários cursos", conta. Segundo ele, "isso gerou alguma confusão, o curso passou por um período de reacomodação, com as turbulências inerentes às mudanças estruturais significativas. O currículo foi prejudicado em alguns conteúdos, por exemplo, em relação à Cirurgia e à Psiquiatria". Já Victora ressalta: "Nossa turma não teve disciplina nem de Dermatologia nem de Neurologia, disso não aprendemos nada, porque houve muita confusão na reforma curricular".

A ATM 1976 também é impactada pelo início do funcionamento do Hospital de Clínicas de Porto Alegre, com a abertura do Ambulatório em 1972 e, especialmente, no ano seguinte, a da primeira unidade de internação, no 4º andar Norte. No quinto semestre, a turma divide-se em seis grupos para a disciplina de Semiologia, cinco deles tendo aulas na Santa Casa e um no HCPA. "A turma ficou meio perdida", conta Cesar Victora. "A novidade do HCPA foi bem-vinda pela turma, a experiência na Santa Casa também foi boa, mas é inegável que as turmas dos dois hospitais tiveram experiências de ensino marcadamente diferentes, criando-se uma heterogeneidade adicional no currículo", ressalta Giugliani.

Outro fato relevante foi o aumento no número de estudantes. Como o Ministério da Educação e da Cultura havia promovido uma ampliação das vagas nos cursos superiores nas universidades federais, a ATM 1976 tem, inicialmente, 160 integrantes, e não mais 125, como as turmas anteriores. "Chegou perto de 180, com transferências de alunos de outras escolas para a UFRGS, amparadas pelos instrumentos legais vigentes na época", acresce Roberto Giugliani, lamentando: "Isso não foi acompanhado de aumento da capacidade docente nem da estrutura física, o que gerou uma situação de inconformidade por parte dos alunos e também do corpo docente". Cesar Victora corrobora: "Foi uma época complicada. Faltavam professores, faltavam laboratórios".

Em meio a tudo isso, uma notícia abala a Famed. No início dos anos 1970, o prefeito de Porto Alegre, Thompson Flores, promove uma reforma viária na cidade, incluindo a construção do Viaduto Imperatriz Leopoldina, sobre a Avenida João Pessoa, que ladeia o histórico prédio da Faculdade, e o projeto original prevê a necessidade de sua demolição. "Isso gerou protestos internos e externos à Universidade, que acabaram influenciando na decisão por sua preservação", relata Giugliani. O viaduto é concluído em 1974 e a "Casa de Sarmento" segue intacta, embora, a partir deste mesmo ano, deixe de pertencer à Faculdade, convertida em Instituto de Biociências.

Muitas assembleias para um consenso

Chegado o momento de tomar as decisões acerca de sua formatura, a ATM 1976 sente o peso das frustrações vivenciadas durante o curso e do inconformismo com a situação nacional. A exemplo do que ocorrera nos dois anos anteriores, parte dos formandos e das formandas questio-

Repositório Digital – Lume/UFRGS

Obras do viaduto no entorno da "Casa de Sarmento"

na a pertinência de realizar a cerimônia e, no caso de sua realização, de escolher paraninfo e homenageados. Porém, outra parcela deseja uma solenidade com todas as formalidades protocolares. São necessárias várias assembleias, nas quais acontecem grandes e acirradas discussões. "Chegamos a escolher um grupo de professores homenageados, que eram os da área de Saúde Pública, que estavam envolvidos na criação do primeiro programa de Medicina Comunitária do Brasil, no Centro de Saúde Murialdo", relata Cesar Victora, complementando: "Escolhemos esse pessoal, houve uma assembleia em que a proposta foi aprovada, mas depois a maioria da turma foi contra".

Ao final, oito professores da Famed são definidos como homenageados: João Francisco Xavier Mussnich, Manuel Adolpho May Pereira, Milton Pecis Abramovich, Paulo Duarte, Tauphick Saadi e Lúcio Bakos, na área de ensino médico; Hebe Tourinho, na de Saúde Pública; e Mario Rigatto, na de pesquisa médica.

Em uma das reuniões, são definidos o discurso a ser proferido e o orador da turma. "Tinha uma proposta mais moderada e outra mais contestadora, esta última acabou vencendo por uma pequena margem", recorda Roberto Giugliani, acrescendo: "A votação foi feita sem revelar quem tinha escrito os discursos propostos. O escolhido foi o que eu havia redigido, mas foi eleito como orador Ciro Simoni, que mais tarde viria a ter uma marcante carreira política".

Na escolha de paraninfo, depois de muitos debates, acaba vitoriosa a proposta do grupo que deseja manifestar seu protesto, denunciar seu descontentamento com o estado geral das coisas. Nenhum professor é eleito, mas, simbolicamente, a turma escolhe como "paraninfo", sob a designação de "homenageado especial", o local onde a maior parte da turma realizou o aprendizado prático: a Santa Casa de Misericórdia, que, mesmo passando por forte crise financeira, teve papel decisivo na formação dos e das estudantes. "Foi um ato de protesto contra o regime estabelecido no país e também em função da turbulência relacionada com o currículo, abalado por transformações profundas e ainda não bem estruturadas na época", diz Roberto Giugliani. "Nós não escolhemos paraninfo porque nossas condições de ensino eram muito precárias. Isso tudo gerou insatisfação na turma", referenda Victora.

Na solenidade, o diretor, Carlos Candal dos Santos, diploma os 172 estudantes que chegaram ao final do curso, mas não discursa. Mesmo assim, segundo Cesar Victora, "o clima foi de festa, todo mundo celebrando que tinha terminado a graduação, que os filhos tinham se formado, alguns parentes mais tradicionais estranhando um pouco a ausência de paraninfo, mas nada de mais".

Entrevistados

Cesar Gomes Victora começou a residência médica em Saúde Comunitária no Centro de Saúde do Murialdo, em 1976, e, no ano seguinte, passou a lecionar na Universidade Federal de Pelotas (UFPel). Em 1980, mudou-se para a Inglaterra, para cursar o doutorado em Epidemiologia da Assistência Médica na Escola de Higiene e Medicina Tropical de Londres. É professor emérito da UFPel e membro da Academia Brasileira de Ciências, com posições honorárias nas universidades de Harvard e Oxford, na Johns Hopkins e na Escola de Higiene e Medicina Tropical de Londres. Seus trabalhos definiram políticas internacionais de amamentação e nutrição infantil. Foi um dos coordenadores principais do Estudo Multicêntrico de Referência de Crescimento, que deu origem às curvas de crescimento infantil da OMS. Victora atuou e continua atuando em vários comitês internacionais para a OMS e o Unicef, nas áreas de saúde e nutrição infantil. Seu trabalho foi reconhecido por prêmios como o Richard Doll Prize in Epidemiology e o Prêmio Gairdner de Saúde Global.

Roberto Giugliani é professor titular do Programa de Pós-Graduação em Genética e Biologia Molecular da UFRGS, médico do Serviço de Genética Médica do HCPA, *head* de Doenças Raras da Dasa Genômica, coordenador do Instituto Nacional de Genética Médica Populacional e cofundador da Casa dos Raros, em Porto Alegre. Foi diretor do Centro Colaborador da OMS para o Desenvolvimento de Serviços de Genética Médica na América Latina, além de fundador e presidente de várias entidades científicas e médicas, incluindo a Sociedade Brasileira de Genética Médica e Genômica, a Rede Latino-Americana de Genética Humana e a Sociedade Latino-Americana de Erros Inatos do Metabolismo e Triagem Neonatal. É editor-chefe do *Journal of Inborn Errors of Metabolism and Screening*, coordenador da Latin American School of Human and Medical Genetics, pesquisador 1A do CNPq e membro titular da Academia Brasileira de Ciências e da Academia Sul-Riograndense de Medicina. Já supervisionou a formação de mais de 100 mestres e doutores e publicou cerca de 600 artigos em revistas científicas.

* O depoimento de Roberto Giugliani contou com a colaboração (revisão e sugestões) dos colegas de turma Guilherme Gaelzer Porciúncula, José Roque Guimarães, Luiz Carlos Diniz Barradas e Paulo Antônio Barros Oliveira.

Currículos e fotografias fornecidos pelos entrevistados.

1977

A maior ATM da história não abranda a crítica

Somos todos iguais nesta noite
Pelo ensaio diário de um drama
Pelo medo da chuva e da lama
É o circo de novo
Nós vivemos debaixo do pano
Pelo truque malfeito dos magos
Pelo chicote dos domadores
E o rufar dos tambores

Somos todos iguais esta noite,
Ivan Lins e Vitor Martins

Sob a metáfora da vida circense, a canção *Somos todos iguais esta noite,* faixa do LP de Ivan Lins lançado neste ano, denuncia o sofrimento, o medo e a insegurança vividos no ambiente repressivo do regime militar. De fato, 1977 é mais um ano difícil entre tantos anos difíceis, a exigir equilíbrio para, vivendo-se em uma corda bamba, seguir em frente.

Em 1° de abril, o presidente Ernesto Geisel, utilizando-se do AI-5, fecha o Congresso Nacional. Duas semanas depois, reabre-o e lança um conjunto de medidas que fica conhecido como Pacote de Abril. Trata-se de uma emenda constitucional e seis decretos-leis alterando as regras das futuras eleições, na tentativa de assegurar a manutenção da maioria governista. Isso porque, no pleito legislativo programado para 1978, o regime militar teme um novo revés, a exemplo do ocorrido em 1974. Assim, são criados os "senadores biônicos"[8], proporcionando que um

8. Forma pejorativa utilizada pelos críticos do regime militar para denominar os senadores escolhidos dessa forma indireta. Refere-se à série *O homem de seis milhões de dólares*, na qual o protagonista, após ficar gravemente ferido em um acidente, é reconstruído com membros biônicos e passa a trabalhar como agente secreto para o governo dos Estados Unidos.

terço do Senado seja integrado por candidatos não eleitos diretamente, mas sim referendados por um colégio eleitoral. Além disso, o mandato do próximo presidente da República é ampliado de cinco para seis anos, com manutenção da eleição indireta para este cargo e também para os governadores e prefeitos das capitais e outros municípios em áreas de "segurança nacional".

Cada vez mais descontrolada, a inflação brasileira vai chegar a 38,8% no final de 1977. Além disso, ao longo do ano explode o escândalo da manipulação dos índices inflacionários, aos quais está atrelado o reajuste dos salários. O Departamento Intersindical de Estatísticas e Estudos Socioeconômicos (Dieese) denuncia que, em 1973, a inflação real fora de 26,1%, e não de 15%, como divulgado pelo governo na ocasião, e o Banco Mundial reconhece a veracidade da denúncia. Calcula-se, a partir daí, uma perda acumulada de 34,1% nos salários. Vai ser o estopim para a retomada da mobilização dos trabalhadores. Em 2 de setembro, uma assembleia realizada no Sindicato dos Metalúrgicos de São Bernardo e Diadema reúne 5 mil operários, que deliberam pela greve como forma de reivindicar a reposicão das perdas. O governo, no entanto, recusa-se à discussão, o movimento vai se expandindo pelo país e os trabalhadores avisam: mesmo que o reajuste não seja concedido, não vão mais se calar diante dos problemas do país.

Se o circo armado no cenário nacional está conturbado, não é diferente no contexto da Famed/UFRGS – em especial para a ATM 1977. Afinal, é a primeira a fazer o Vestibular unificado e ingressa na Faculdade exatamente no momento em que a reforma universitária começa a ser implementada, em 1972, "inaugurando" o Ciclo Básico. Por uma série de circunstâncias, vai acabar sendo a maior turma na história da Famed, chegando a totalizar 209 integrantes, sem que haja aumento no número de professores ou ampliação de recursos didáticos, como laboratórios ou livros na biblioteca. Para completar, o grupo não está nem na metade do curso quando a Famed perde seu prédio histórico e muda-se para um pequeno espaço no HCPA – e, embora o hospital comece a funcionar no ano em que a turma entra no curso, ainda vai demorar muito a atender à totalidade das demandas de ensino prático.

Também ainda falta tempo para que a liberdade de pensamento e expressão seja retomada no país. Assim, os estudantes passam os seis anos do curso em meio ao ambiente de repressão e, ao mesmo tempo, de ebulição social. Como recorda o integrante da ATM 1977 Jorge Luiz Eltz de Souza, "entramos na Faculdade em 1972, ano de maior repressão da ditadura militar durante o governo do ditador Emílio Garrastazu Médici, com brasileiros presos, torturados, exilados e banidos do país. O medo dominava a sociedade brasileira".

Um início complicado

Nos vestibulares anteriores, os candidatos tinham que fazer uma redação e, de acordo com a área escolhida, testes específicos. A partir de 1972, independente do curso almejado, todos submetem-se às mesmas provas: Matemática, Ciências Físicas e Naturais, Língua Portuguesa, Língua Inglesa, Conhecimentos Gerais e Nível Intelectual.

As novidades não param por aí. O número de vagas na Famed aumenta para 180 e o acesso a elas é dividido em dois níveis. Metade é destinada aos 90 primeiros colocados no Vestibular, que ingressam diretamente no curso de Medicina. As outras 90 são disputadas de acordo com o desempenho nas cinco disciplinas do recém-introduzido Ciclo Básico, comuns a todos os cursos: Introdução à Metodologia Científica, Introdução ao Pensamento Matemático, Língua Portuguesa, Introdução ao Estudo do Homem e Estudos de Problemas Brasileiros (EPB).

O então estudante Ignacio Osorio Mallmann conta que, naquele ano de 1972, havia cerca de 600 candidatos à Medicina. "Os primeiros 90 entraram direto no curso, os demais disputaram as outras 90 vagas no Básico. Ficou muito competitivo. Havia três grupos de cinco provas e não podíamos ser reprovados em nenhuma disciplina. Os 90 melhor classificados foram para a Medicina, aos outros restou a possibilidade de optar por outros cursos da UFRGS, muitos deles sem nada em comum com a primeira opção".

Como resgatam Barros e Goldim (2023):

> *As provas eram compostas por questões objetivas de múltipla escolha, os candidatos eram então classificados para ingresso de acordo com a ordem decrescente da média harmônica dos escores padronizados. O uso da média harmônica e não o da média aritmética visava valorizar a regularidade do desempenho dos candidatos nas diferentes provas, ou seja, desestimulava o candidato a abandonar o preparo de uma ou mais disciplinas em favor de outras. O candidato tinha direito a concorrer a até 16 cursos.*

(...) É importante relembrar que, salvo na disciplina de Língua Portuguesa, as demais eram novidade não só para os alunos, mas também para os seus professores. Muitos confessaram em aula que não sabiam bem o que era a disciplina pela qual eram responsáveis. As aulas do Ciclo Básico, ou Primeiro Ciclo, como era denominado esse semestre, foram realizadas no prédio da UFRGS localizado na Rua Ramiro Barcelos, em frente ao recém-inaugurado Planetário (...). O prédio estava inacabado. Os alunos e professores conviviam com operários colocando pisos, revestindo paredes internas e externas, andaimes subindo e descendo pelas janelas da sala de aula, elevadores que não funcionavam.

Mallmann conta que, nesse contexto, cria-se uma situação inusitada. Entre os estudantes que almejam o curso de Medicina, mas não estão entre os primeiros 90 colocados no Vestibular nem, depois, entre as maiores médias no Ciclo Básico, alguns preferem não eleger outra graduação e seguir tentando entrar na Famed. A única alternativa, então, é fazer novo Vestibular em 1973. Um grupo é bem-sucedido nessa segunda tentativa, entra na Medicina e, como já passou pelo Ciclo Básico no ano anterior, é incorporado à ATM 1977, que então se encontra no terceiro semestre. "Como fizeram um semestre a menos, ficaram conhecidos como ATM 1977 e meio", relembra Malmann. E o fato faz a turma, já grande, aumentar ainda mais.

A estudante da ATM 1977 Beatriz Aparecida Fortes Perrenoud lembra-se, ainda, que "no Vestibular unificado do final de 1971, os aprovados para Medicina na Católica puderam desistir dessa vaga em favor do curso básico da UFRGS, onde disputariam as 90 vagas".

Jorge Eltz conta que, durante o Ciclo Básico, um grupo de universitários cria o *Mobral*[9], jornalzinho impresso em mimeógrafo que denuncia os prejuízos ao ensino causados pela implantação da reforma universitária e defende as liberdades democráticas. "A reforma, fruto dos acordos MEC/Usaid, já tinha tido uma grande resistência do movimento estudantil em 1968. Foi ela que liquidou com a qualidade do ensino primário e médio gratuito e levou à privatização do ensino no país", resgata, acrescentando: "Quando distribuíamos panfletos na fila do Restaurante Universitário

9. O título fazia uma ironia com a qualidade do ensino no Ciclo Básico. Mobral era a sigla do Movimento Brasileiro de Alfabetização, instalado pelo regime militar em 1967, que o apresentava como a solução para acabar com o analfabetismo no Brasil.

e na Universidade em geral, muitas vezes os estudantes se recusavam a pegar os panfletos por medo". Trecho de um texto da publicação é recuperado em artigo[10] sobre jornais estudantis durante a ditadura militar brasileira:

> *Quase todos os [alunos] das universidades de hoje saíram de um curso secundário decadente ou então fizeram os "famosos" supletivos – mas a verdade é que todos saíram de uma "porcaria" – quando pensaram em uma universidade, surgiu o Básico, diga-se de passagem uma outra "porcaria". O Básico taí – para quem acreditar ou não –, mais um fruto podre da reforma injusta que está contaminando as universidades – e na UFRGS, como não poderia deixar de ser, este frutinho já chegou trazendo muita dor de cabeça (e de barriga também) aos calouros que têm entrado nesses últimos anos. Menos da metade do pessoal que passou no Vestibular tem sua vaga assegurada – e ali estão só para "encher o saco" e fazer número. Os outros (se heróis ou infelizes, não sei) são os que, além de "encher o saco", vão "fundir a cuca".*

Uma turma enorme, enormes problemas

Se a ATM 1977 já começa sua trajetória com um tamanho superior ao habitual e ganha novos integrantes em 1973, esse número vai se tornar ainda maior, devido a diferentes causas. O ex-estudante Flavio Magajewski exemplifica: "O aumento da nossa turma decorreu das inclusões feitas após o primeiro ano de curso: revalidações e recuperações de disciplinas reprovadas e os 'paraquedistas', seja por transferências ou arapongagem". Recordação similar tem Mallmann: "Havia os infiltrados pelo Serviço Nacional de Informações para espiar os 'subversivos'"[11].

Considerando-se, ainda, a presença de alunos de intercâmbio de diferentes países latino-americanos, a ATM 1977 chega a somar 209 alunos. Ao final do curso, 182 nomes estão relacionados no convite de formatura, sendo 38% de mulheres.

---

10. CUNHA, Janaína Dias. *Contestação e contra-hegemonia:* publicações estudantis durante a ditadura. Disponível em: https://www.uel.br/grupo-pesquisa/gepal/terceirosimposio/janainadias.pdf.

11. Conforme já mencionado no capítulo sobre a ATM 1974, dispositivos legais criados pelo regime militar permitiam que militares ou civis que migravam entre cidades se transferissem de qualquer faculdade, pública ou particular, para outra. Além disso, cabe frisar que, na época, a UFRGS, assim como as demais universidades, possuía uma Assessoria Especial de Segurança e Informação (Aesi), extensão do SNI que exercia papel de vigilância sobre a comunidade universitária e seus dirigentes.

Evidentemente, um aumento tão expressivo no número de estudantes, sem o respectivo crescimento do corpo docente e dos recursos didáticos, tem um forte impacto sobre as condições de ensino, agravando os problemas existentes. Mallmann relata que um professor de Anatomia – disciplina inicial, de base –, inconformado com as mudanças que estavam acontecendo, recusou-se a ministrá-la. "Só fomos ter Anatomia no terceiro semestre", lamenta. Outra integrante da ATM 1977, Clotilde Druck Garcia, também recorda dos problemas enfrentados: "Nas aulas de Anatomia, em cada mesa de estudo éramos mais de 15 alunos, ficávamos apinhados, empoleirados uns sobre os outros, vendo o professor ou monitor mostrar músculos, vasos, órgãos etc. E assim foi, Histologia, Fisiologia, Bioquímica, as aulas práticas sempre superlotadas. E assim seguimos. Chegaram as disciplinas clínico-cirúrgicas e também éramos muitos. Lembro que fizemos uma busca sobre número de professores e verificamos que muitos nunca chegamos a conhecer".

Sobre esse último aspecto, a então estudante Solange Garcia Accetta corrobora que "poucos professores apareciam". E exemplifica: "Tínhamos oportunidades desiguais, dependendo da sorte ou azar, pois éramos alocados para o ensino prático de acordo com as iniciais dos nomes. Fiz a prática de Cirurgia na Cirurgia Pediátrica no Hospital Ernesto Dornelles, sem nenhum acompanhamento minimamente razoável. Saí de lá sem saber sequer me escovar para entrar em campo operatório".

Embora o HCPA entre em funcionamento no ano em que a ATM 1977 ingressa na Faculdade, a instalação de novos serviços é lenta e não dá conta das suas demandas pelo ensino prático ao longo do curso. Além disso, os estudantes consideram que o hospital universitário surgido no seio da Faculdade de Medicina acabou relegando o ensino a um segundo plano. Criticam, ainda, o fato de, em 1974, quando desalojada da "Casa de Sarmento", a Famed passar a ocupar um espaço físico ínfimo no hospital – e, ainda por cima, não ter ingerência sobre sua administração, uma vez que, como empresa pública, o HCPA responde diretamente à Reitoria e ao Ministério da Educação.

Essas questões serão mencionadas por Thomé no discurso de formatura:

> *O prédio de nossa Faculdade foi construído de 1911 a 1924. Muitos contribuíram com seu próprio dinheiro para que aquele sonho se concretizasse. E, no entanto, tudo isso parece ter sido esquecido. A reforma nos tirou esse prédio histórico, subitamente a Casa de Sarmento não é mais o centro de referência do ensino médico no Rio Grande do*

Sul. Hoje a Faculdade de Medicina ocupa poucos metros quadrados do Hospital de Clínicas de Porto Alegre, empresa que a hospeda com polida resignação. Na realidade, hoje, o Hospital de Clínicas, originariamente um filho da Faculdade de Medicina, está separado dela. Administrativamente, os destinos e a condução do Hospital de Clínicas são totalmente desvinculados da direção da Faculdade. (...) O ensino no hospital ficou relegado, e a consequência sofrem os estudantes, doutorandos e residentes. A estes, poucas chances são dadas de manifestar seu descontentamento.

O também formando de 1977 Manuel Antonio Ruttkay Pereira reforça: "Havia uma transição difícil e lenta das atividades de ensino e pesquisa da Santa Casa e suas enfermarias para dentro do prédio do HCPA, mesmo inacabado, o que sintetizava o sonho de inúmeros professores e alunos ao longo de décadas de existência da nossa Faculdade. Indiscutivelmente, percalços aconteceram, o que, junto à época de um governo militar indesejado por muitos, prejudicou a qualidade do ensino ministrado e das experiências médicas". Apesar disso, ressalta, "percebia-se que o caminho era inexorável: deixaríamos a vetusta Santa Casa nas nossas memórias e concretizaríamos a caminhada para o HCPA, o que efetivamente aconteceu, caracterizando um processo francamente consolidado. Algumas turmas, sem dúvida, 'pagaram um preço' mais elevado, ao conviverem com essa transição". Sobre isso, Ruttkay Pereira reflete: "O que se torna mais difícil de avaliar é a dimensão negativa desse 'preço mais elevado'. A ATM 1977 caracteriza-se por ser um grupo que ofertou profissionais muito talentosos e competentes, além de um número significativo de professores em nossa Famed. Terá sido apenas por capacidade individual desses colegas ou há também reflexo e mérito do pertencimento a uma turma que soube, galhardamente, suplantar obstáculos e limitações inerentes a uma época? Sem querer ser 'centrista', minha opinião fica no meio, reconhecendo o mérito individual, mas também o papel aglutinador e protetor da nossa turma".

Clotilde Garcia recorda-se de sua experiência na etapa dos estágios práticos: "Eu fiz estágio na Santa Casa, especialmente na antiga Enfermaria 2, que tratava mulheres e crianças com problemas renais, coordenada pelo querido professor Oly Lobato. Ali me encontrei. Era uma turma especial, uma família, sempre com muita preocupação com a relação médico-paciente e atenta à política e aos problemas sociais. Fazíamos reuniões à noite com grupos de política estudantil, com a iniciativa de criar uma organização de residentes e uma chapa de oposição ao Sindicato Médico, o Renovação Médica".

Durante esse estágio, Clotilde acompanha de perto as agruras da repressão. Seu chefe direto, Érico Dornelles, é preso devido ao posicionamento político e Clotilde, ainda graduanda, assume a responsabilidade pela sala das crianças com doenças renais. O médico detido supervisiona as atividades da estudante a distância, durante visitas que ela faz ao Presídio Central, levando os prontuários dos pacientes para discussão dos casos e das condutas a adotar: "Com a ajuda do dr. Oto Busatto, conseguimos mais tarde sua transferência para o Instituto Psiquiátrico Forense, onde as visitas ficaram mais fáceis, ele tinha uma sala para nossas reuniões. Ficou nove meses preso e foi absolvido. Mas nunca voltou para a Santa Casa".

"Eram tempos estranhos. Ficávamos sabendo de algum amigo preso ou até desaparecido. Vivíamos felizes, mas sempre paranoicos com a possibilidade de algum *rato* escutar nossas críticas ao governo", conta Clotilde, referindo-se aos agentes infiltrados pelo regime, como espiões, nas universidades. E relata uma história pessoal: "Em um protesto no largo da Prefeitura a favor da anistia, acho que em 1977, eu e o Valter Garcia [formado na ATM 1975] fomos presos no porão da Prefeitura e, após revista, encontraram no bolso do Valter uma lista de referências bibliográficas. Eles interpretaram como códigos comunistas! Ficamos detidos, horas depois veio um militar superior e acreditou que eram só referências e nos libertou".

A ex-estudante Erecina Figueiredo também faz sua formação na Santa Casa. "Estudei na Enfermaria 29, subvencionada pela Rockefeller Foundation. Ali, aprendi função pulmonar, com professores como Mario Rigatto e Rosemary Petrík Pereira. Tudo era calculado por gráficos a lápis e com calculadora, muito diferente de hoje, em que o paciente sopra e se tem os dados no minuto seguinte". Erecina ressalta que, embora cada aluno traçasse sua trajetória particular de formação ao longo do curso, um ponto era comum a todos e todas: o medo que dominava os *campi* universitários: "O ano em que entramos na Faculdade, 1972, foi de muita repressão e prisões, brasileiros que não aceitavam viver sob controle de ditadores de plantão foram presos, muitos torturados e outros mortos". Em sua avaliação, "aquela luta não teve vitórias, as pessoas expressaram sua revolta, não tínhamos condições de luta armada, uma parte importante de brasileiros defendia ditadores. Certamente, ter feito faculdade durante aqueles anos nos marcou, mudou a maneira de conduzirmos nossos estudos e a prática médica posterior".

O Decreto-Lei 477, em vigor desde 1969, define infrações disciplinares praticadas por professores, alunos e funcionários de estabelecimentos de ensino, bem como as respectivas punições, servindo frequentemente como ferramenta para a expulsão de pessoas consideradas "subversivas" das universidades. Jorge Luiz Eltz de Souza recorda-se de um episódio ocorrido na UFRGS, quando ele estava no meio do curso de Medicina e era vice-presidente do Diretório Central dos Estudantes (DCE). "Em 1974, o Diretório Acadêmico da Economia fez um jornal e toda sua diretoria foi expulsa. Fizemos muitas reuniões do Conselho dos Diretórios Acadêmicos, assembleias e um abaixo-assinado em toda a Universidade e conseguimos que os estudantes não fossem expulsos. Foi a primeira grande mobilização estudantil desde 1972".

Nesse movimento estudantil em renascimento, diversos integrantes da ATM 1977 destacam-se pela militância – e também pela liderança.

Em 1975, por iniciativa dos estudantes, ocorre a primeira eleição direta para o DCE da UFRGS após a implantação do AI-5 e a promulgação do Decreto-Lei 228, de 1967. Este reformulara a organização da representação estudantil, limitando a existência de organizações ao âmbito estrito de cada universidade, com a criação dos diretórios acadêmicos das unidades e os diretórios centrais das universidades[12]. Em seu artigo 7°, determinava que a eleição da diretoria dos DCEs deveria ocorrer de forma indireta, por meio de um colegiado formado por delegados dos DAs. Além disso, o artigo 11° vedava aos órgãos de representação estudantil "qualquer ação, manifestação ou propaganda de caráter político-partidário, racial ou religioso, bem como incitar, promover ou apoiar ausências coletivas aos trabalhos escolares".

Contrariando as disposições do Decreto-Lei, o DCE da UFRGS, para definir sua diretoria na gestão 1975-1976, resolve realizar uma consulta prévia aos estudantes e apenas referendá-la pelo colegiado dos DAs. Votam 3.566 estudantes, elegendo, como presidente, Jorge Luiz Eltz de Souza,

12. Em novembro de 1964, o regime militar extinguira legalmente a representatividade da União Nacional dos Estudantes (UNE) e das uniões estaduais (UEEs), por meio da Lei 4.464/1964, que ficou conhecida como Lei Flávio Suplicy de Lacerda (o ministro da Educação na época). Essas entidades, então, passaram a atuar na clandestinidade.

então conhecido como *Jorjão*. Na chapa vencedora, a Medicina é maioria: a Diretoria, composta por cinco pessoas, conta, além de Eltz, com sua colega de turma Beatriz Perrenoud e com o estudante da ATM 1978 Danilo Rolim de Moura. Segundo o presidente eleito, a iniciativa inspira outras universidades Brasil afora: "Depois que fizemos a prévia em Porto Alegre, o resto do país também fez, acabando, na prática, com o Decreto-Lei 228". Essa legislação seria oficialmente revogada apenas em 1979.

Jorjão resgata algumas das realizações da gestão. "Em 1975, realizamos um boicote ao aumento do preço das refeições no RU, com adesão maciça dos estudantes que o frequentavam, e conseguimos suspender a elevação", orgulha-se, acrescentando: "Em 1976, o DCE promoveu a Semana das Liberdades Democráticas, um ciclo de debates com presença de lideranças políticas de todo o país. Na primeira palestra realizada na Faculdade de Direito, com a participação do ator e diretor de teatro Plínio Marcos, com lotação total, surgiu o boato de que a Faculdade estava sendo cercada pela polícia. Suspendemos o debate e transferimos as palestras dos demais dias da semana para o Plenarinho da Assembleia Legislativa, onde tivemos casa cheia durante todas as noites".

Conforme Eltz, em 1977, ano da formatura, há uma explosão do movimento estudantil em todo o Brasil, com realização de assembleias e passeatas pela anistia ampla, geral e irrestrita e pelas liberdades democráticas. "Em decorrência dessas manifestações, eu e as demais lideranças do movimento muitas vezes tivemos que nos esconder para não sermos presos. Como forma de intimidação, fomos obrigados a prestar depoimento no Dops, órgão de repressão da ditadura militar", relata.

Na ATM 1977, também emerge outra liderança importante – e pioneira. Depois de já ter participado da direção do DCE, no final de 1976 Beatriz Perrenoud conquista um lugar na história, tornando-se a primeira mulher eleita presidente do Centro Acadêmico Sarmento Leite. Acaba não podendo assumir o cargo, no início de 1977, porque se muda para fazer estágio prático em São Paulo. Mas o fato de uma mulher vencer o pleito é mais uma mostra que, de fato, os tempos estão mudando.

Refletindo sobre essa época de militância, Beatriz considera que "eram tempos difíceis, mas, ao mesmo tempo, felizes. Difíceis pela conjuntura política que se fazia presente nos muros que denunciavam: 'Dops tortura Willy'; nos oponentes à nossa campanha ao DCE, que ostentavam armas durante a colocação de cartazes à noite. Mas felizes pela própria juventude. Da minha parte, na Medicina da UFRGS, encontrei meus semelhantes. Claro que encontrávamos as diferentes tendências do movimento estudantil nacional, mas, no geral, havia uma certa fraternidade em nossas relações". Beatriz destaca que essa mescla de dificuldade, felicidade e fraternidade se estendia também a outros aspectos, como a cultura, e exemplifica: "Amigos da ATM 1976 nos emprestavam seus livros e alguns nos ajudavam a estudar. A ATM 1979 criou um coral muito bom que cantava Violeta Parra[13]. Era protesto, mas era alegria. De viver e de cantar".

Os formandos da ATM 1977 preocupam-se com o que os espera após a conclusão do curso. A residência médica, que deveria ser uma etapa de pós-graduação, cada vez mais se torna uma tentativa de suprir as deficiências do ensino na Faculdade. As vagas são insuficientes e a disputa por uma delas é dura. Quem consegue a sua submete-se a um árduo regime de trabalho e baixa remuneração. Quem não consegue tem mais dificuldades para se inserir no mercado. Na formatura, Thomé destacará esse problema:

> *Nossa turma enfrenta atualmente uma árdua luta para conseguir vagas para residência médica. Muitos não obterão esse privilégio. No entanto, aqueles que tiverem oportunidade de obtê-lo deverão passar um, dois ou três anos em regime de dedicação exclusiva, submetendo-se a plantões semanais, e recebendo um salário aviltante. É isso um privilégio? Por quê? Infelizmente, a residência médica, originariamente criada para constituir-se em pós-graduação do ensino médico, hoje tem essa finalidade desvirtuada. Atualmente, ela se constitui uma tentativa de suprir as deficiências do ensino médico, oportunidade em que o recém-formado adquire experiências que já deveria ter recebido na escola. Por isso, ela se transforma praticamente numa obrigação para o formando, e constitui-se, na prática, o sétimo e o oitavo anos do curso médico. Desse modo, cada vez mais é difícil iniciar a vida profissional sem o título de residente. E a realidade é que a residência se transformou num meio de os hospitais atenderem os pacientes de acordo com suas conveniências, utilizando-se de serviços médicos de baixo custo. Dentro desse esquema, poucas vezes o ensino do pós-graduando é realmente valorizado.*

---

13. Cantora e compositora chilena, considerada a mais importante folclorista e fundadora da música popular daquele país. Seu legado artístico inclui canções como *Volver a los 17* e *Gracias a la vida*.

Também não passam em branco, para os formandos da ATM 1977, a precarização das condições socioeconômicas da população brasileira e a inadequação do sistema assistencial para atender suas reais necessidades de saúde. Assim, o discurso do orador da turma retomará a preocupação com as questões da saúde pública que já haviam preponderado na formatura da ATM 1975:

> *A saúde de uma dada população é determinada essencialmente pelas suas condições de vida. E ela depende fundamentalmente de certos requisitos básicos, e não dos avanços da tecnologia ou do número de médicos. Assim, as condições de alimentação, moradia, educação e saneamento básico de uma dada população, e, portanto, o seu poder aquisitivo, repercutem necessariamente na sua problemática da saúde. Assim, vê-se que a diminuição do salário real nos últimos anos gerou um nítido aumento na mortalidade infantil. (...) São nesses problemas que se deve centrar qualquer análise de saúde. Constatamos problemas que atingem grande faixa da população, retratando suas más condições de vida: desnutrição, falta de saneamento básico, analfabetismo, e uma alarmante desigualdade na distribuição de renda. Isso por si só demonstra péssimos níveis de saúde no país.*
>
> *É num povo carente dos requisitos mínimos para obtenção de saúde, ligado em grande parte a uma mal estruturada organização previdenciária, que nós, médicos, vamos atuar. O atendimento pela previdência social baseia-se praticamente no aspecto negativo da saúde. Esse atendimento, com necessidades cada vez mais da tecnologia moderna, leva a um gasto que acaba excedendo as contribuições dos associados. Enquanto for mantida essa tônica no atendimento médico, as verbas nunca serão suficientes. Esse tipo de atendimento não leva a uma melhora da saúde, principalmente num país como o Brasil, onde as necessidades são, sem dúvida, de Medicina Social.*

Mesa vazia

Quando se aproxima o final de 1977, os formandos marcam uma assembleia para tomar as decisões necessárias. A maior parte da turma entende que, considerando o contexto do país e os problemas do ensino universitário, não há motivos para realizar uma solenidade com toda a pompa e circunstância. Pesa, também, o fato de que as três turmas que a antecederam marcaram suas formaturas por alguma forma de protesto relacionado à escolha de paraninfo e homenageados.

"Teve proposta de homenageados com paraninfo, homenageados sem paraninfo, várias opções. Eu propus o professor Paulo Duarte, de Ginecologia e Obstetrícia, como paraninfo. Não passou. Também sugeri homenagear residentes, mas não foi aprovado, fui vaiado. A ideia de protesto na formatura já estava consolidada", recupera Ignácio Mallmann. Ao final, vence a proposta de repetir o protesto da ATM 1974, não elegendo paraninfo nem homenageados. Clotilde Garcia conta que "não teve oposição, foi uma grande reunião, mas nenhum grupo defendeu paraninfos com muita ênfase".

Cada formando tem suas lembranças e percepções sobre os motivos que levaram à decisão. "Estávamos descontentes com o número excessivo de alunos sem terem sido ampliadas as condições para os receber, com os *paraquedistas*, com a ditadura militar e o MEC. Além disso, eu achava a formatura muito careta, nem do quadro de formandos eu quis participar", afirma Clotilde. Já sua colega Solange Accetta avalia: "Foi devido ao nosso descontentamento em relação ao curso, excesso de alunos, falta de liberdades democráticas e, por conseguinte, exposição a uma sociedade tensa e muito desigual. Os pacientes na Santa Casa eram pobres, submissos, e alguns professores, autoritários, preconceituosos. Foi um desabafo de uma turma sufocada pela conjuntura social e com temor do futuro". Na visão de Jorge Kalil, "vivíamos um momento difícil no Brasil, em plena ditadura militar, sem perspectivas de mudanças. Decidimos não ter uma formatura normal e igual às anteriores por um protesto contra o momento que vivíamos, com repressão e falta de liberdade de expressão. O protesto não era contra professores, Direção, Faculdade ou Reitoria". Para Jorge Eltz, "foi um protesto contra a reforma universitária e a forma abrupta com que ela foi implementada, sendo a nossa turma usada como cobaia, e também pela situação de falta de liberdades democráticas no país".

Por sua vez, a então formanda Dea Suzana Miranda Gaio considera que o protesto "foi uma forma de demonstrar nossa revolta com o pouco comprometimento dos professores em relação às más condições que a Faculdade nos ofereceu, principalmente devido ao número excessivo de alunos e quantidade de *paraquedistas*. Não lembro de outras motivações, mas foi uma época de muita repressão e falta de liberdade". Para Fernando Thomé, "o pano de fundo era o regime ditatorial vigente, mas o protesto se estendia à perda do prédio da Medicina, à reforma do ensino que provocou ser nossa turma a maior da história da Faculdade, à precariedade do ensino assistencial no recém-inaugurado HCPA e outros temas". E acrescenta: "Havia uma simpatia de grande parte da comunidade acadêmica pelas causas que defendíamos. Mas muitos professores e alguns colegas ficaram frustrados e até desgostosos pela atitude. Lembro de um professor muito querido que me confrontou no bar do Centro Acadêmico Sarmento Leite, questionando nosso protesto".

No entendimento de Manuel Ruttkay Pereira, "havia a crença de que uma atitude como essa, e que já não era original, incluía-se entre as poucas que poderiam ser usadas para chamar a atenção para os problemas então vividos pelo ensino superior e pelo curso médico da UFRGS em particular". Ele, porém, não estava de acordo: "Minha opinião pessoal, já na época discordante da maioria do grupo, era a de que não conseguiríamos sensibilizar os responsáveis por muitas das nossas mazelas e que, ainda por cima, deixaríamos insatisfeito e triste um grupo significativo de professores que eram quase tão prejudicados quanto nós pelo *status quo* vigente e que, a despeito disso, lutavam contra as dificuldades e limitações existentes no ensino superior e no curso que estávamos perto de concluir". Mesmo assim, conta que, como sempre se considerou um democrata, "tentava entender a posição do outro e o contraditório que porventura se estabelecesse, me perguntava se parte da minha opinião não se devia ao fato de ser filho e sobrinho de dois de nossos professores [Manuel May Pereira e Oscar May Pereira] e por testemunhar o talento, o esforço e a dedicação de ambos no exercício da docência. Essa condição certamente fez com que me mantivesse discreto nas discussões e diálogos havidos no seio da turma, exercendo apenas o direito ao voto, sempre que possível e necessário".

Ruttkay Pereira acredita que a decisão dos formandos não tenha sido bem recebida pela Direção da Famed, mas nunca ouviu uma manifestação formal a respeito: "Tanto o diretor, Carlos Candal dos Santos, quanto o vice-diretor, Ivo Kuhl, eram extremamente polidos e de conduta muito ponderada. Pelo menos com nossa ATM parece que foram tolerantes". Por outro lado, revela que recebeu uma mensagem curta do então reitor da UFRGS desejando felicidades e justificando sua ausência na solenidade por não ter tido seu nome incluído na relação de autoridades citadas no convite para a cerimônia. E esclarece: "Em verdade, nosso convite não mencionava qualquer autoridade universitária, não levando em consideração que, na época, a cerimônia de colação de grau era uma sessão solene da Congregação da Faculdade de Medicina. Hoje, parece-me uma infantilidade sem resultados mensuráveis, mas provavelmente tínhamos uma intenção, já que não quero crer que tenha sido esquecimento".

O orador ressaltará em seu discurso:

> *Esta mesa está vazia de homenageados, e não temos paraninfo. Devemos esclarecer nossa intenção com esse gesto, a fim de evitar que algumas pessoas, movidas por evidente incompreensão do problema, deduzam interpretações que não sejam as nossas. Tivemos bons mestres; homens e mulheres que, por sua devoção ao ensino, nos cativaram e nos apontaram o seu exemplo. Esse grupo de mestres é anônimo, pois é a soma de 182 considerações subjetivas, individuais. A reforma universitária fragmentou a possibilidade de homenagens coletivas, espontâneas e óbvias, por impedir que aprofundássemos vínculos com nossos professores. Hoje em dia não nos é permitido ter um Sarmento Leite! Além disso, se tivéssemos decidido render homenagem a alguns mestres, isso seria abrandar a crítica que queremos deixar patente à estrutura da Universidade e aos professores coniventes com ela. Trairíamos nossas ideias, nossos colegas que lutam desde 1974, nossos colegas que permanecem no curso.*

Beatriz Perrenoud relaciona outros dois pontos definidos pela turma. "Reduzimos o tempo da cerimônia, chamando os formandos de dois em dois, e eliminamos a subida dos pais médicos ao palco para a entrega do canudo aos filhos formandos, porque chegamos à conclusão de que todos os pais mereciam a mesma atenção na formatura dos filhos".

Manuel Ruttkay Pereira guarda lembranças da cerimônia de um ponto de vista mais pessoal, considerando fatores particulares vivenciados naquele momento. "Em meio ao curso de Medicina, conheci minha esposa, colega de turma, com quem estou casado desde poucos meses antes da colação de grau. Recebermos o diploma (um canudo vazio) conjuntamente tornou o evento muito agradável para nós e nossos familiares. Lidar com meu pai e meu tio, democratas por excelência, foi muito fácil, apesar da atitude da nossa ATM sempre 'sugerir' que não tivemos docentes capazes e merecedores de reconhecimento formal. Demonstraram satisfação e contentamento com mais um membro da família seguindo a nobre profissão de seu pai, tio, primos, avós e tio-avô".

A formatura é breve, com um único discurso, o do orador da turma – submetido previamente a aprovação, por exigência do diretor da Famed,

Carlos Candal dos Santos. "Foi um discurso bastante forte de um grupo de jovens, a maioria vinda de uma classe mais privilegiada, mas que, em seis anos de curso, colocou-se frente à realidade social existente no país, agravada pelo sistema político. A realidade econômica, além da falta de liberdade, foi-nos apresentada durante o curso e certamente foi marcante para cada um de nós, nas enfermarias, nas aulas de Anatomia, no Hospital São Pedro e nas vilas de Porto Alegre", comenta Erecina Figueiredo.

O Salão de Atos da UFRGS vem abaixo, com uma forte e prolongada ovação dos recém-formados e da plateia, quando Fernando Thomé encerra o discurso lembrando a data comemorativa que marca o dia da formatura, 10 de dezembro:

> *Liberdade é certamente a mensagem que queremos transmitir neste final. A resolução dos problemas de saúde da população brasileira está vinculada à busca de condições sociais mais justas, sendo estas só alcançadas na medida em que houver liberdade para que todas as aspirações da sociedade possam ser democraticamente discutidas.*
>
> *Isso é o que tínhamos a dizer, hoje, dia 10 de dezembro, Dia Internacional dos Direitos Humanos.*

Entrevistados

Beatriz Aparecida Fortes Perrenoud é médica sanitarista (especializada pela Faculdade de Saúde Pública da USP), especialista em Administração de Serviços de Saúde pela mesma instituição, acupunturista (especialista pela Faculdade de Medicina da USP) e mestre em Saúde Pública/Epidemiologia pela FSP/USP.

Clotilde Druck Garcia é mestre em Medicina/Nefrologia e doutora em Ciências Médicas pela UFRGS. Chefia o Serviço de Nefrologia Pediátrica da Santa Casa de Porto Alegre e é professora titular do Departamento de Clínica Médica/Nefrologia e da Pós-Graduação em Pediatria da UFCSPA. Coordena, ainda, o Departamento de Transplante Pediátrico da Associação Brasileira de Transplante de Órgãos.

Dea Suzana Miranda Gaio é especialista em Ginecologia e Obstetrícia e mestre em Clínica Médica pela UFRGS. Desde 1980, possui consultório na especialidade. É consultora do Ministério da Saúde na área de Doenças Sexualmente Transmissíveis e Aids para Prevenção da Transmissão Vertical do HIV.

Erecina Figueiredo fez residência em Pneumologia e mestrado em Medicina/Ciências Médicas pela UFRGS. Foi médica pneumologista na UFRGS até 2015 e atualmente atua em consultório.

Fernando Saldanha Thomé é doutor em Medicina/Nefrologia pela UFRGS, *moniteur de recherche clinique* pela Université de Montréal e fez *fellow* em Nefrologia pela University of Toronto, Canadá. É médico do Serviço de Nefrologia do HCPA e professor adjunto do Departamento de Medicina Interna da Famed/UFRGS.

Flavio Ricardo Liberali Magajewski fez mestrado em Administração/Planejamento e Políticas Governamentais pela Universidade Federal de Santa Catarina (UFSC) e doutorado em Engenharia de Produção/Ergonomia. É médico pediatra, sanitarista e do trabalho e professor do curso de Medicina da Universidade do Sul de Santa Catarina (Unisul).

Ignacio Osorio Malmann é especialista em Coloproctologia e em Cirurgia Geral. Atua, desde 1982, como médico no Serviço de Cirurgia Geral do Hospital de Clínicas de Porto Alegre.

Jorge Kalil fez mestrado em Imunologia e Imunogenética e doutorado em Ciências/Biologia Humana pela Universidade de Paris. É professor titular de Imunologia Clínica e Alergia da Faculdade de Medicina da USP e professor adjunto das faculdades de Medicina das Universidades George Washington e Case Western Reserve, ambas nos Estados Unidos. Em São Paulo, dirige o Serviço de Imunologia Clínica e Alergia do Hospital das Clínicas e o Laboratório de Imunologia no Instituto do Coração.

Jorge Luiz Eltz de Souza fez residência em Pediatria na UFRGS. Foi médico da UTI Neonatal da Santa Casa de Porto Alegre, da Secretaria Estadual da Saúde do RS, da Prefeitura de Porto Alegre e do corpo clínico dos hospitais Moinhos de Vento, Mãe de Deus, Divina Providência e Ernesto Dornelles. Presidiu a Associação Gaúcha de Médicos Residentes (AGMR) e a Associação Nacional de Médicos Residentes (ANMR), sendo que, nesta última, representou os médicos na Comissão Nacional da Residência Médica (CNRM). Foi, ainda, presidente do Comitê de Proteção à Criança e ao Adolescente da Sociedade de Pediatria do RS, diretor do Sindicato Médico do estado e diretor da Federação Nacional dos Médicos (Fenam), nesta também representando a entidade na CNMR.

Manuel Antonio Ruttkay Pereira fez residência em Pediatria no Hospital Ernesto Dornelles e *clinical and research fellow* pelo Health Sciences Centre, Universidade de Manitoba, Canadá. É especialista em Pediatria e em Neonatologia pela Sociedade Brasileira de Pediatria, mestre e doutor em Pediatria e Saúde da Criança pela Escola de Medicina da PUCRS. Atua como professor adjunto do Núcleo de Formação Específica em Pediatria da Escola de Medicina da PUCRS e do Departamento de Pediatria da Famed/UFRGS.

Solange Garcia Accetta é mestre e doutora em Medicina/Ciências pela UFRGS. Atua como professora associada de Ginecologia e Obstetrícia da Famed/UFRGS e, no HCPA, coordena o Setor de Ginecologia Infanto-Puberal.

Currículos e fotografias fornecidos pelos entrevistados.

Íntegra do discurso do orador

Fonte: Acervo pessoal de Fernando Saldanha Thomé

Deparamo-nos hoje com uma rara possibilidade, a de nos manifestarmos publicamente sobre nosso curso. O papel de formandos nos confere uma posição adequada para visualizarmos a instituição que estamos deixando e a sociedade na qual ingressamos, agora não como estudantes, mas como médicos. Isso nos impõe a necessidade de colaborarmos, relatando nossas experiências, frustrações, vitórias e ideais. Além disso, devemos ressaltar a seriedade com que enfrentamos esse momento. Esta é a primeira ideia que queremos transmitir: seriedade. Todos nós concordamos que esta não é apenas uma festa. É também uma solenidade em que o conteúdo deve suplantar a forma.

Nossa turma sempre escolheu o caminho do debate, da análise e da democracia, disso resultando a sensatez e a ponderação com que enfrentamos os problemas colocados à nossa frente nesses seis anos, e, também, neste final de curso, sendo este discurso reflexo do pensamento da Associação Turma Médica 1977.

Nossa Faculdade de Medicina, em sua história, sempre apresentou lutas carregadas de idealismo, como na sua fundação, em 1898, por Protásio Alves, movida pelos ideais dos que discordavam do governo positivista, que permitia o exercício profissional por pessoas não habilitadas; como também dois anos mais tarde, quando foi oficializada, com a glória dividida entre castilhistas e federalistas. A intenção que temos em relembrar esses fatos é que o passado muito tem a ensinar. Muito se erigiu e muito foi destruído em épocas de transformações. As atuais alterações provenientes da reforma universitária e da reformulação do currículo médico nos fizeram a primeira turma a enfrentar o Vestibular unificado, o Primeiro Ciclo, disciplinas efêmeras que duraram apenas o suficiente para nós – ponta de lança – verificarmos que eram inúteis. E assim, com reformas e contrarreformas, nossa turma avançou, sofrendo o turbilhonamento de reformulações apressadas.

Nossa atuação foi significativa. Lutamos com as forças que conseguíamos, uma turma enorme, recebendo ainda acréscimos constantes, que esgotavam as já saturadas condições de ensino. Mesmo assim, nossas lutas não desonraram os ideais históricos dos contemporâneos de Protásio Alves.

Apontamos erros, tentamos corrigir distorções. Assim, duas disciplinas que hoje fazem parte do currículo médico se devem aos nossos esforços de reivindicação. A desesperança do início se transformou no empenho, a confusão cedeu lugar a uma mentalidade receptiva, livre e científica. Nosso desempenho como grupo serve para confirmar nossas palavras. E nosso legado é a liberdade de pensamento que nos norteou.

Erros ainda existem e se perpetuam. E a mesma seriedade e ponderação com que lutamos durante nosso curso nos fez tomar outra atitude que não é nova em formaturas de nossa Faculdade. Esta mesa está vazia de homenageados, e não temos paraninfo. Devemos esclarecer nossa intenção com este gesto, a fim de evitar que algumas pessoas, movidas por evidente incompreensão do problema, deduzam interpretações que não sejam as nossas. Tivemos bons mestres; homens e mulheres que, por sua devoção ao ensino, nos cativaram e nos apontaram o seu exemplo. Este grupo de mestres é anônimo, pois é a soma de 182 considerações subjetivas, individuais. A reforma universitária fragmentou a possibilidade de homenagens coletivas, espontâneas e óbvias, por impedir que aprofundássemos vínculos com nossos professores. Hoje em dia não nos é permitido ter um Sarmento Leite! Além disso, se tivéssemos decidido render homenagem a alguns mestres, isso seria abrandar a crítica que queremos deixar patente à estrutura da Universidade e aos professores coniventes com ela. Trairíamos nossas ideias, nossos colegas que lutam desde 1974, nossos colegas que permanecem no curso.

Temos outro ponto a considerar. O prédio de nossa Faculdade foi construído de 1911 a 1924. Muitos contribuíram com seu próprio dinheiro para que aquele sonho se concretizasse. E, no entanto, tudo isso parece ter sido esquecido. A reforma nos tirou esse prédio histórico, subitamente a "Casa de Sarmento" não é mais o centro de referência do ensino médico no Rio Grande do Sul. Hoje a Faculdade de Medicina ocupa poucos metros quadrados do Hospital de Clínicas de Porto Alegre, empresa que a hospeda com polida resignação. Na realidade, hoje, o Hospital de Clínicas, originariamente um filho da Faculdade de Medicina, está separado dela. Administrativamente, os destinos e a condução do Hospital de Clínicas são totalmente desvinculados da direção da Faculdade. A relação administrativa é mantida com o Ministério e com a Reitoria. O ensino no hospital ficou relegado, e a consequência sofrem os estudantes, doutorandos e residentes. A estes, poucas chances são dadas de manifestar seu descontentamento.

Nossa turma enfrenta atualmente uma árdua luta para conseguir vagas para residência médica. Muitos não obterão esse privilégio. No entanto, aqueles que tiverem oportunidade de obtê-lo deverão passar um, dois ou três anos em regime de dedicação exclusiva, submetendo-se a plantões semanais, e recebendo um salário aviltante. É isso um privilégio? Por quê? Infelizmente, a residência médica, originariamente criada para constituir-se em pós-graduação do ensino médico, hoje tem essa finalidade desvirtuada. Atualmente, ela se constitui uma tentativa de suprir as deficiências do ensino médico, oportunidade em que o recém-formado adquire experiências que já deveria ter recebido na escola. Por isso, ela se transforma praticamente numa obrigação para o formando, e constitui-se, na prática, o sétimo e o oitavo anos do curso médico. Desse modo, cada vez mais é difícil iniciar a vida profissional sem o título de residente. E a realidade é que a residência se transformou num meio de os hospitais atenderem os pacientes de acordo com suas conveniências, utilizando-se de serviços médicos de baixo custo. Dentro desse esquema, poucas vezes o ensino do pós-graduando é realmente valorizado. Em 5 de setembro deste ano, foi formada a Comissão Nacional de Residência Médica, a fim de regularizar e ditar normas sobre a residência médica no país. Fazem parte desta dez membros, com apenas um representante da Associação Nacional dos Médicos Residentes. No entanto, essa associação foi criada com o objetivo de defender os interesses dos médicos residentes, fazendo respeitar os padrões mínimos de qualidade de residência por ela estipulados. Poucas perspectivas há de que tenha sucesso nesta tarefa, já que será minoritária numa comissão cujas prioridades parecem ser desvinculadas da realidade socioeconômica do país, e que deveria enfrentar dois grandes desafios: eliminar o uso do residente como mão de obra barata e estimular a formação de generalistas em vez de especialistas. Enfim, cremos ser a Associação Nacional de Médicos Residentes a legítima representante dos interesses dos residentes, e que portanto deve ser o órgão fiscalizador e reivindicador, a fim de que haja um aprimoramento real na qualidade da residência médica.

Não podemos esquecer que as mudanças efetuadas no ensino médico decorrem das transformações socioeconômicas da sociedade brasileira na última década. Do mesmo modo como a sociedade voltou-se para a abertura a grandes empresas, com um modelo econômico concentrador de rendas, a Universidade voltou-se para a formação de profissionais capazes apenas de manipular uma tecnologia alheia aos interesses do povo. Assim, passou-se a atender um mercado cada vez mais restrito e elitista. Por outro lado, vemos a gradativa diminuição de verbas para a educação, passando o estudante a arcar com o ônus desta, o incentivo ao ensino privado e o rebaixamento do nível de ensino. Na área biomédica, vemos o ensino voltar-se para uma medicina curativa e sofisticada, ao invés de estimular a medicina preventiva, de maneira a conseguir reais melhoras na saúde da população.

Temos agora que analisar o problema da saúde no Brasil, nossa reta final como médicos. A saúde de uma dada população é determinada essencialmente pelas suas condições de vida. E ela depende fundamentalmente de certos requisitos básicos, e não dos avanços da tecnologia ou do número de médicos. Assim, as condições de alimentação, moradia, educação e saneamento básico de uma dada população, e, portanto, o seu poder aquisitivo, repercutem necessariamente na sua problemática da saúde. Assim, vê-se que a diminuição do salário real nos últimos anos gerou um nítido aumento na mortalidade infantil. Uma criança desnutrida é fisicamente frágil, e sua desnutrição deve ser enfocada sempre que desejarmos curá-la, sem o que quaisquer drogas ou técnicas requintadas serão supérfluas. São nesses problemas que se deve centrar qualquer análise de saúde. Constatamos problemas que atingem grande faixa da população, retratando suas más condições de vida: desnutrição, falta de saneamento básico, analfabetismo, e uma alarmante desigualdade na distribuição de renda. Isso por si só demonstra péssimos níveis de saúde no país.

É num povo carente dos requisitos mínimos para a obtenção de saúde, ligado em grande parte a uma mal-estruturada organização previdenciária, que nós, médicos, vamos atuar. O atendimento pela previdência social baseia-se praticamente no aspecto negativo da saúde. Esse atendimento, com necessidades cada vez mais da tecnologia moderna, leva a um gasto que acaba excedendo as contribuições dos associados. Enquanto for mantida essa tônica no atendimento médico, as verbas nunca serão suficientes. Este tipo de atendimento não leva a uma melhora da saúde, principalmente num país como o Brasil, onde as necessidades são, sem dúvida, de medicina social. Em consequência, os médicos, a população e os próprios hospitais, vítimas dessa situação, mostram seu descontentamento, o qual se reflete no dia a dia do atendimento previdenciário no país.

Nesse sentido, a política nacional de saúde tem um nítido caráter de privatização da assistência médica, delegando a grupos privados atendimento que deveria ser feito pelo INPS. Tais grupos privados não têm interesse na resolução da saúde da população. Seu objetivo é o lucro, e as escassas verbas governamentais para a área da saúde terminam por servir-lhes de pagamento, reforçando uma medicina curativa, não preventiva, inadequada aos nossos problemas fundamentais. Vemos a necessidade da formulação de um plano nacional de saúde não afastado da nossa realidade, que inclua tanto a equipe de saúde quanto a população, verdadeiros interessados em resolver nosso problema mais crucial: a saúde do nosso povo. Não é ditando ideias, mas debatendo-as e trabalhando que poderemos alcançar a meta pretendida.

Cremos ter conseguido expressar nosso pensamento. Ele foi forjado de acordo com o espírito que sempre norteou nossa turma, a liberdade de opinião. E esta liberdade é certamente a mensagem que queremos transmitir neste final. A resolução dos problemas de saúde da população brasileira está vinculada à busca de condições sociais mais justas, sendo estas só alcançadas na medida em que houver liberdade para que todas as aspirações da sociedade possam ser democraticamente discutidas.

Isso é o que tínhamos a dizer, hoje, dia 10 de dezembro, Dia Internacional dos Direitos Humanos.

1978

Um paraninfo que não anda, não sente, não pensa e não fala

Como é difícil acordar calado
Se na calada da noite eu me dano
Quero lançar um grito desumano
Que é uma maneira de ser escutado

Esse silêncio todo me atordoa
Atordoado eu permaneço atento
Na arquibancada pra qualquer momento
Ver emergir o monstro da lagoa

Cálice,
Chico Buarque e Milton Nascimento

Depois de ficar cinco anos proibida pela censura, a música *Cálice*, composta em 1973, finalmente é liberada e lançada em 1978. O LP *Chico Buarque*, que também inclui *Apesar de você*[14], em apenas um ano vende 150 mil cópias e ganha o Disco de Ouro. Mas, mesmo com alguma flexibilização da censura, o ano de 1978 segue no "afrouxa-aperta" que caracteriza a gestão de Ernesto Geisel, acompanhado de crescente mobilização da sociedade contra a repressão e a crise econômica. Cada vez menos a sociedade aceita calar-se e proclama que amanhã vai ser outro dia.

Em 12 de maio, cerca de 2 mil metalúrgicos de uma fábrica de caminhões de São Bernardo do Campo, no ABC paulista, entram em greve, protestando contra as políticas de arrocho salarial e reivindicando liberdade

---

14. Em 1970, durante o governo Médici, a música foi liberada pela censura e lançada em compacto simples, graças ao drible dado pelo artista, convencendo os censores que a letra falava de uma briga de casal. Quando, posteriormente, o governo se deu conta de que se tratava de críticas ao regime, proibiu sua execução nas rádios, e *Apesar de você* só apareceria em LP em 1978.

e autonomia sindical. O movimento logo alastra-se para outras montadoras e, nos anos seguintes, contará com a adesão de diversas categorias. Em 4 de agosto, o presidente assina decreto-lei que proíbe greve nos setores de segurança nacional e serviços públicos em todo o país.

Nas eleições legislativas de 15 de novembro, graças às manobras introduzidas no Pacote de Abril, de 1977, o governo consegue garantir uma maioria de integrantes políticos favoráveis à situação – incluindo os "senadores biônicos", eleitos indiretamente para o período 1979-1987. Já no processo para a escolha do próximo presidente da república, o representante da linha dura das Forças Armadas, general Sylvio Frota, é derrotado em sua pretensão de suceder Geisel, que indica o também general João Baptista Figueiredo. Concorrendo contra o general Euler Bentes Monteiro, associado ao MDB, Figueiredo recebe 61,1% dos votos do colégio eleitoral.

O ano termina com a extinção do AI-5 e a promulgação da nova Lei de Segurança Nacional (Lei 6.620), um pouco mais branda que as versões anteriores. Em 15 de março de 1979, Figueiredo toma posse, prometendo "fazer deste país uma democracia", e será o último presidente do regime militar.

Nesse ano, em 25 de julho, a Faculdade de Medicina da UFRGS comemora seu 80º aniversário. Embora a data seja amplamente celebrada, incluindo eventos que resgatam e valorizam sua história, a situação presente preocupa. Nos últimos anos, principalmente em decorrência da reforma universitária, houve uma desestruturação do ensino, a Famed perdeu sua sede e a responsabilidade pelas disciplinas básicas para o Instituto de Biociências. Ao mesmo tempo, o funcionamento ainda parcial do HCPA não

1898 1978 80 anos da MEDICINA

Dia 25 a Faculdade de Medicina da Universidade Federal do Rio Grande do Sul completou 80 anos de existência.

Reunidos na Sala da Direção, o corpo docente e demais convidados ouviu do Prof. Candal, atual Diretor da Faculdade, uma alocução sobre a efeméride. Seguiu-se a inauguração da galeria dos ex-diretores da entidade e a abertura da exposição de peças históricas.

De imediato os participantes se dirigiram para o andar térreo onde o Prof. Candal solicitou a Dª Zilah Milano, esposa do ex-Reitor José Carlos Milano, que descerrasse uma placa de bronze alusiva ao evento. Antes disto, o Prof. Rubens Maciel fez um retrospecto sobre os acontecimentos mais importantes que possibilitaram tornar realidade a Empresa Pública Hospital de Clínicas de Porto Alegre.

pag. 6

Flagrante da inauguração da Exposição de Peças Históricas, dia 25 de julho, quando a Faculdade de Medicina da UFRGS completou 80 anos de fundação.

Acervo pessoal dos autores

Fatos em Foco, **julho de 1978**

proporciona todas as condições para o ensino prático e este também sofre o impacto da crise financeira da Santa Casa.

Na página que a Famed mantém no *Fatos em Foco*, jornal interno do HCPA, o diretor Carlos Candal dos Santos aborda, em diferentes edições, alguns dos problemas enfrentados e as iniciativas desenvolvidas para fazer frente a eles. Em março, por exemplo, menciona:

> *Neste ano letivo que se inicia a Faculdade se faz octogenária. O fato é profundamente significativo para todos nós. E a melhor maneira de comemorá-lo há de ser a de nos concentrarmos na problemática do ensino. Se é certo que o bom ensino faz parte de nossa tradição e nos coloca entre as mais prestigiadas escolas médicas do país, isso não justifica que deixemos de nos preocupar com seu constante melhoramento. Seria uma insensatez fixarmos os nossos parâmetros nas faculdades congêneres. Teremos de idealizar o próprio modelo segundo o ditarem as nossas próprias potencialidades.*
>
> *Dispomos de um corpo docente excepcionalmente qualificado. Podemos, sem dúvida, render bem mais do que estamos rendendo. É necessário, para tanto, redefinir nossa filosofia de ensino, estabelecer uma política adequada, introduzir a metodologia consentânea e enraizar mais profundamente na consciência de cada um o sentimento vocaciona do magistério. (...) Cumpre que não nos limitemos a conservar e transmitir às gerações vindouras pura e simplesmente o que os antepassados nos deixaram. Seria a derrota de nossa geração.*

O diretor da Famed volta à pauta na edição de maio:

> *Na atual conjuntura, não são poucos os problemas que nos atingem na Faculdade, nem pequenos, se levarmos à risca os compromissos que o dever nos faz assumir com um passado de 80 anos. Diversos deles escapam à nossa alçada, limitando-nos à condição de pleiteadores de providências junto a instâncias superiores. Mas, de outros, a solução está em nossas mãos. Destes, selecionaram-se alguns pelo grau de importância, de urgência e de viabilidade a curto ou médio prazo. E o exame de cada um deles foi entregue a uma comissão especial.*
>
> *Dadas as peculiaridades culturais, o senso de responsabilidade e o espírito comunitário já sobejamente demonstrados pelos componentes dessas comissões, muito espera a Faculdade das importantes tarefas que lhes foram confiadas e aceitas com tão espontâneo e manifesto desejo de cooperação. Igual cooperação esperam por certo as comissões por parte dos demais professores. Todo esse diversificado esforço é feito*

com vistas a um objetivo que estaremos eterna e incansavelmente buscando: a melhoria do ensino.

Candal complementa que são sete comissões, focadas nos problemas mais prementes: sede da Faculdade, política de ensino, metodologia do ensino, regimento interno, mão de obra, acervo histórico e biblioteca. Para presidir cada uma, é designado um professor. Em maio, a página da Famed no *Fatos em Foco* destaca a importância do trabalho da comissão responsável pela biblioteca, presidida pelo professor Raul Krebs e integrada, ainda, pelo docente Jorge Luiz Gross e pela funcionária Célia Copstein. Isso porque, quatro anos antes, com a perda da "Casa de Sarmento" e a instalação da Direção da Famed em uma pequena área do HCPA, o enorme acervo bibliográfico permanecera no antigo prédio, distante do hospital cerca de dois quilômetros, o que diminui consideravelmente seu uso pelos estudantes. O diretor revela que tem feito vários contatos com o reitor e outras autoridades da UFRGS reivindicando a construção de uma sede para instalar o acervo e oferecer um local adequado de estudo para os alunos.

Ainda os impactos da reforma

Ingressando na Faculdade em 1973, a ATM 1978 convive com tais problemas desde o segundo ano do curso. Um dos integrantes da turma, José Ricardo Guimarães, recorda-se, em especial, do impacto causado pela transferência das cadeiras básicas para o Instituto de Biociências e pela perda da sede da Famed. Além disso, ressalta os agravantes impostos à vida estudantil pelo contexto nacional. "Nós pegamos o final do período de ditadura militar e de restrição importante de liberdades. Um exemplo disso era a presença de pessoas a quem chamávamos de *dedo-duros* ou *paraquedistas*, que eram suspeitas de serem informantes dos órgãos repressivos". O período, acrescenta Guimarães, é marcado pelo início das manifestações estudantis contra a ditadura.

Outro formando de 1978, Ruy Silveira Moraes Filho, corrobora o incômodo causado pela presença de pessoas infiltradas pelo regime. "Tinha um brigadiano[15] na turma, era mais velho, todo mundo pegava no pé dele, um dia chegou a chorar". Opina, porém, que também havia uma pressão

15. Termo utilizado, no Rio Grande do Sul, para designar os integrantes da Brigada Militar.

desconfortável por parte dos estudantes que faziam algum tipo de militância política. "O ambiente era ruim. Os grupos eram muito separados. Eu me sentia oprimido". Sobre os problemas no ensino, Moraes enfatiza que, embora a Faculdade contasse com alguns excelentes mestres, outros "eram complicados", e exemplifica: "Em uma disciplina, o professor exigiu que a gente levasse papel de casa para responder uma prova. Nossa turma se revoltou, ninguém levou. Aí ele, em represália, escreveu umas questões muito fáceis, disse que aquelas teriam sido as questões, mas apagou tudo e em seguida escreveu novas questões, desta vez muito difíceis. Nos demos mal, todos tiraram notas baixas".

Em seu sétimo ano de funcionamento, o HCPA conta com dois ambulatórios, somando pouco mais de 100 consultórios; Emergência; algumas unidades de internação clínica e cirúrgica; Bloco Cirúrgico e Centro Cirúrgico Ambulatorial; unidades de Hemodiálise e de Hemodinâmica e serviços de Radiologia, Medicina Nuclear e Imunologia, entre outros. Realiza, anualmente, cerca de 100 mil consultas, 7 mil cirurgias e 6,5 mil internações e já deu início ao seu programa de transplante renal. A assistência é prestada tanto aos segurados do Instituto Nacional de Assistência Médica da Previdência Social (Inamps)[16] quanto a pacientes particulares[17].

Como recorda José Ricardo Guimarães, "na época, o HCPA era uma fração do que é hoje: tínhamos somente as unidades de internação do 3° Norte, 4° Norte, 5° Norte, 6° Norte e 7° Norte funcionando. Os demais andares eram obras. O Centro de Tratamento Intensivo era um quarto no 4° Norte, com três leitos. A Emergência era muito menor do que na atualidade".

Na Santa Casa, por outro lado, a crise agrava-se ano após ano. Com a falta de verbas para manutenção, as instalações entram em decadência, os equipamentos ficam obsoletos e muitos membros do corpo clínico, sem condições de trabalho, deixam o hospital.

16. Autarquia federal criada no final de 1977, pela Lei n° 6.439, que instituiu o Sistema Nacional de Previdência e Assistência Social, transferindo parte das funções até então exercidas pelo Instituto Nacional de Previdência Social (INPS) para duas novas instituições: o Inamps, responsável pela assistência médica aos segurados, e o Instituto de Administração Financeira da Previdência e Assistência Social (Iapas), ao qual cabia a gestão financeira.

17. A Lei 6.604/1970, que criou a empresa pública HCPA, faculta a destinação de parte dos atendimentos a pacientes privados.

Na década de 70 e no início dos anos 80, a Santa Casa de Misericórdia de Porto Alegre viveu sob condições precárias de funcionamento: instalações pobres e sucateadas; verbas escassas; administração amadora; funcionários desanimados; médicos prescrevendo apenas medicamentos disponíveis etc. A mídia noticiava, periodicamente, ameaças de fechamento. Havia pouco auxílio governamental, e a sobrevivência da Santa Casa correu sério risco. (XAVIER,1997)

A fim de suprir lacunas da graduação e agregar novos conhecimentos, Guimarães relata que "estágios de férias eram muito procurados em vários locais. Um lugar que todos buscavam, muito disputado, era o cargo de interno do Hospital de Pronto Socorro. Havia um concurso e os selecionados eram contratados pelo HPS e lá passavam por todos os serviços de atendimento de urgências. Muitos colegas ficavam dias enfurnados lá dentro, assumindo plantões de outros, aprendendo e ganhando um dinheirinho a mais".

Ressentimento contra o paraninfo inanimado

Apesar de todos os problemas enfrentados, pelo menos a ATM 1978 volta a ter um tamanho mais razoável, com 144 estudantes se formando nesse ano. O percentual de mulheres é o mesmo da turma anterior – 38%. E, a exemplo

Repositório Digital – Lume/UFRGS

O "paraninfo" da ATM 1978

Acervo pessoal dos autores

Capa do convite de formatura

do que ocorrera em anos prévios, as decisões acerca da solenidade de colação de grau não são unânimes nem pacíficas. "Obviamente, a turma se dividia entre simpatizantes ou contrários ao *status quo*", resgata José Ricardo Guimarães, acrescendo que "no momento da formatura essa divergência veio à tona". Parte da turma deseja dar sequência aos protestos iniciados em 1974 e continuados nos três seguintes, mas outra parte prefere uma solenidade de acordo com todas as formalidades. Segundo Ruy Silveira Moraes Filho, "nas reuniões de formatura teve muita briga".

Ao final, a maioria define que a turma desse ano também fará seu protesto. A forma escolhida para realizá-lo é similar às das ATMs 1975 e 1976: eleger, sim, paraninfo, mas um que represente uma ruptura da tradição solene e, ao mesmo tempo, simbolize os problemas vividos durante o curso. Como lamentará, mais tarde, o diretor da Famed, Carlos Candal dos Santos, é um paraninfo que "não anda, não sente, não pensa e não fala": o antigo e perdido prédio, a "Casa de Sarmento". "Foi nitidamente um protesto contra o fato de que a Faculdade de Medicina tinha passado a não ter prédio próprio, com o advento do Instituto de Biociências, fato que só seria sanado na década de 1990", enfatiza José Ricardo Guimarães. Ruy Silveira Moraes Filho acrescenta que a turma optou, ainda, por não escolher nenhum professor homenageado.

A formatura acontece na noite de 9 de dezembro. O formando Luiz Antônio Labert Garcia é o orador, que lê um discurso elaborado conjuntamente por diversos colegas. O tom é bastante crítico em relação à situação do país e ao ensino da Famed. Lembrando do episódio, Ruy pondera: "Eu aprovei o discurso, mas hoje acho que poderíamos ter sido mais sutis. Faltou marketing, nos 'vendemos' como médicos que fizeram um curso ruim".

José Ricardo Guimarães relata que a maioria dos professores não recebeu bem a escolha dos estudantes, embora "o protesto não fosse especificamente contra eles, era mais contra o sistema". Apesar disso, conta que não houve um clima hostil na solenidade.

Mas se não há hostilidade, uma profunda mágoa transparece no discurso de Carlos Candal dos Santos. Rompendo o silêncio mantido nas últimas formaturas, o diretor da Famed se pronuncia na da ATM 1978. Destaca que a realização ou não de atos solenes de formatura é uma prerrogativa exclusiva da Faculdade, a qual, mesmo sem ser obrigada, a promove como uma espécie de presente de despedida aos estudantes. Assim, lamenta a atitude dos formandos desde 1974, que considera injusta e ofensiva ao corpo docente.

> *Deveis estar notando a ausência das altas autoridades civis, militares e religiosas que aqui costumavam aparecer, realçando sobremodo, com suas presenças, o brilho dessa festividade. Elas não aparecem mais por motivos de constrangimento. Delas, em estar presente, e nosso, em insistir no convite. É que, de alguns anos para cá, instalou-se aqui um modismo que tem trazido os formandos a esta solenidade totalmente desacompanhados de homenageados e paraninfo, simplesmente porque não mais os elegem. Ora, por aceitáveis que possam ser as justificativas e as explicações em contrário, o gesto jamais deixará de ser interpretado em nosso público como um ostensivo agravo ao corpo docente da Faculdade.*
>
> *Esta inédita quebra da tradição deixa a todos perplexos porque persistem ainda em nosso corpo docente muitos professores que foram amiudada e calorosamente homenageados por turmas anteriores à de 1974. Ora, os méritos daqueles ilustres mestres não se deterioraram nesses quatro anos. Ao contrário, homens válidos que ainda são e operantes, estarão hoje mais enriquecidos em experiência e saber. (...)*
>
> *Então o que realmente deverá ter mudado são os critérios de julgamento. Mas que critérios são esses que jogam inapelavelmente à expiação pública logo uma das mais respeitadas e renomadas escolas médicas do país?*

(...) Neste preciso instante em que vos falo, deveria estar passando a palavra ao paraninfo da turma para que, com o fulgor costumeiro em nossos paraninfos quando bem escolhidos, encerrasse com chave de ouro esta solenidade. Mas onde está o vosso paraninfo? Onde estão os homenageados que, como manda a tradição, vos deveriam receber no vestíbulo e, entre aplausos, introduzir-vos neste recinto? Vós não os quisestes escolher entre os humanos. Só o velho e saudoso prédio que, por 50 anos, serviu como Casa de Sarmento mereceu ser contemplado com vossa homenagem. Mas este não anda, não sente, não pensa e não fala.

Ao final de sua fala, Carlos Candal dos Santos reforça que, mesmo que os professores considerem os protestos um "desacerto" dos estudantes e sintam-se injustiçados, não vão guardar nenhum ressentimento.

(...) Sem rancor, mas com a lealdade que procuro fazer uma das minhas características mais típicas, devo confessar-vos que muito nos magoa, por injusta e incabível, mesmo que não intencionalmente agressiva, esta forma de tratamento.

(...) Compreender é perdoar. Ninguém nesta escola ficará vos querendo mal por esse desacerto que já vem se repetindo e nos é perfeitamente compreensível. Mas todos lamentamos que, em consequência de um gesto que não partiu de nós nem de cada um de vós considerado individualmente, tanto se tenha embaciado o brilho da festa de despedida que vos preparamos (...).

Apesar das aparentes mostras de compreensão,
uma ruptura está prestes a acontecer.
Depois que as luzes do Salão de Atos da UFRGS se apagarem
naquela noite de sábado, no final de 1978, só voltarão a iluminar
uma formatura oficial da Faculdade de Medicina
quatro anos mais tarde.

Entrevistados

José Ricardo Guimarães fez residência em Cirurgia Geral no Hospital de Clínicas de Porto Alegre, de 1979 a 1981. Desde que a concluiu, é cirurgião contratado do HCPA, onde assumiu diversas posições ao longo dos anos. Também é mestre em Gastroenterologia pela Faculdade de Medicina da UFRGS.

Ruy Silveira Moraes Filho possui doutorado em Ciências da Saúde/Cardiologia e Ciências Cardiovasculares pela UFRGS. É professor adjunto da Famed/UFRGS, integrando também o corpo clínico do HCPA.

Currículos e fotografias fornecidos pelos entrevistados.

Íntegra do discurso do diretor

Fonte: Jornal Fatos em Foco, *do HCPA (acervo pessoal dos autores)*

Chegou por fim o instante tão anelado. As breves palavras com que acabo de vos conferir o grau realizaram o milagre: sois médicos. Tão poderosas como o "abre-te, sésamo" das lendas árabes, afastaram o último obstáculo que ainda vos obstruía o acesso ao objetivo buscado. Em breve, quando descerdes estas escadas, estareis baixando, também e pela primeira vez, a um mundo que ainda vos é desconhecido, a grande arena onde se trava a batalha da vida. Pelos tipos de plena vivência que só ali se encontram e vos esperam, tereis oportunidades múltiplas de enriquecer os vossos conhecimentos de causa. E chegará então a vez das decisivas reformulações de conceitos e das reconsiderações de juízo. Quem de longe espia a batalha, antes de nela engajar-se, só vê inépcia em quem a dirige e inoperância nos que a executam. Mas quando chega a hora de participar das cargas e contracargas, dos avanços cautelosos, das retiradas estratégicas e das longas esperas, aquela visão enganosa começa a se transformar. A inépcia chega a converter-se em genialidade estratégica e a inoperância em valentia e denodo; porque se descerra então o primeiro grande ensinamento da vida, para o qual vos peço especial atenção: o importante é fazer-se, não o que se deva, mas sim o que se possa.

Os problemas médicos brasileiros são imensos, e os pedagógicos desta Faculdade, como em todas mais, não são pequenos. Mas os meios de que dispomos não comportam uma resolução sequer a médio prazo e posso assegurar-vos que o que se possa fazer está sendo feito. Quando estiver pesando sobre os vossos ombros a responsabilidade que vos aguarda, estareis repetindo a mesma coisa aos que apenas vos espiam e vos criticam.

Quero agora falar-vos de coração e, se ainda permitis, como um pai fala aos filhos.

O ato formal que aqui vos traz, em seus aspectos essenciais, é um imperativo da lei para que válida seja a outorga do título. Não é obrigatória, porém, a solenidade, isso é, a pompa festiva com que, por tradição, o ato costuma revestir-se nesta Casa desde 1904, ano em que aqui se efetivou a primeira formatura.

Pela reza estatutária da Universidade, a solenização do ato é facultativa. Fica ao arbítrio de cada unidade de ensino. A legislação pertinente não sai arranhada se a outorga do título é feita em ato separado a cada formando ou despida de qualquer pompa. Assim se procede com frequência sempre que convenha ao interessado. Tudo ocorre então sem hino, sem a apoteose de introdução ao recinto, sem vestes talares, sem paraninfo e homenageados, sem discursos.

A solenização deste ato de hoje resulta, como sempre, de uma decisão exclusivamente nossa. Quisemos, os vossos professores, repetir mais uma vez o que invariavelmente se fez com as 74 turmas que, ano a ano, vos precederam. Motivou-nos não tanto o respeito pela tradição e sim a valorização do que nela ainda se inclui: o carinhoso gesto de despedida aos que nos deixam depois de seis anos de íntima convivência, levando um pouco de cada um de nós na modelagem médica que receberam.

Contudo, atentai bem para este ato de justiça. O que mais particularmente tivemos em vista, com esta festa, foi criar um instante de exaltação e de congraçamento com os vossos pais. Com aqueles que – embora nunca tenham estado conosco no convívio das salas de aula e das enfermarias – foram sem dúvida os principais artífices de vossa formação profissional. Com aqueles que, entre lágrimas mal contidas, vos contemplam em silêncio e vivem agora o momento triunfal de suas vidas. Sem eles, não estaríeis aqui. O fato de vos terem dado existência é, no caso, o que menos os realça. Seu mérito imenso está no tipo de consciência que vos implantaram; no saber transformar, à custa de todos os sacrifícios e com amorosa constância, o tosco antropoide, que todos somos ao nascer, no tipo humano singularmente diferenciado que agora sois. Eles vos humanizaram, vos forjaram o caráter, vos forçaram ao estudo numa longa fase em que ainda não podíeis entender o que isso valia. Foram eles que vos arrastaram pela mão até as portas da Faculdade e que ainda vos sustentaram o corpo e o espírito até este momento que nos deixais. Foram eles que, com a excelência do exemplo e da predicação constantes, cultivaram em vossas almas aquele tipo nobre de sentimento sem o qual vos seria impossível a opção pela Medicina. E isso é tudo. Porque nesse divinizado mister, por mais avantajadas que sejam a formação científica e a habilitação tecnicista, ambas a nosso encargo, elas em si nada valem para caracterizar um profissional de respeito. Ao contrário, convertem-se contraproducentemente em perigosas armas de agressão social quando respaldadas em um coração mal-formado.

Maior, muito maior que o nosso e até o vosso é o mérito de vossos pais na vitória que hoje celebramos. Deles, portanto, é esta festa. Difícil ser-nos-

-ia imaginar uma forma de solenidade que correspondesse plenamente às dimensões da homenagem que lhes gostaríamos de prestar. Dentro de nossas limitações, nada mais poderíamos oferecer-lhes além do ritual que a tradição nos legou.

Lamentavelmente, porém, nem este ficou a nosso alcance.

Deveis estar notando a ausência das altas autoridades civis, militares e religiosas que aqui costumavam aparecer, realçando sobremodo, com suas presenças, o brilho dessa festividade. Elas não aparecem mais por motivos de constrangimento. Delas, em estar presente, e nosso, em insistir no convite. É que, de alguns anos para cá, instalou-se aqui um modismo que tem trazido os formandos a esta solenidade totalmente desacompanhados de homenageados e paraninfo, simplesmente porque não mais os elegem. Ora, por aceitáveis que possam ser as justificativas e as explicações em contrário, o gesto jamais deixará de ser interpretado em nosso público como um ostentivo agravo ao corpo docente da Faculdade.

Esta inédita quebra da tradição deixa a todos perplexos porque persistem ainda em nosso corpo docente muitos professores que foram amiudada e calorosamente homenageados por turmas anteriores à de 1974. Ora, os méritos daqueles ilustres mestres não se deterioraram nesses quatro anos. Ao contrário, homens válidos que ainda são e operantes, estarão hoje mais enriquecidos em experiência e saber. E, dado que a afetividade e o caráter são atributos da personalidade modificáveis somente em casos extremos de doença e eles não estão doentes, só se pode concluir que deverão se encontrar agora mais meritórios do que antes.

Então o que realmente deverá ter mudado são os critérios de julgamento. Mas que critérios são esses que jogam inapelavelmente à expiação pública logo uma das mais respeitadas e renomadas escolas médicas do país? Deve ser de vosso conhecimento que das oito faculdades que com a nossa compõem a rede de ensino médico em nosso estado nenhuma nos bate em eficiência. Estão aí para comprová-los os quadros analíticos que, há oito anos, vêm sendo extraídos do famoso Exame Amrigs, pelo qual a Associação Médica do Rio Grande do Sul pode perfeitamente avaliar o rendimento de cada escola no estado. Em todos esses cotejos ficamos sempre em primeiro lugar.

Nossos arquivos estão igualmente abertos para que se possam averiguar as frequentes solicitações de vagas para estágio e residência que nos chegam de todos os recantos do país bem como de diversas nações latino-americanas, inclusive o México. Para muita honra nossa, cumpre informar que até a Faculdade de Medicina da Universidade se São Paulo se alista entre os solicitantes. Fazem, ainda, parte do nosso dia a dia frequentes viagens de professores da Faculdade às mais diversas e adiantadas escolas médicas de todo o mundo. E todos estão concordes em que, em matéria de graduação, o curso que ministramos pouco fica a dever ao das melhores entre elas.

Sem rancor, mas com a lealdade que procuro fazer uma das minhas características mais típicas, devo confessar-vos que muito nos magoa, por injusta e incabível, mesmo que não intencionalmente agressiva, esta forma de tratamento.

Quem leu *A psicologia das multidões*, de Gustave Lebon, entende perfeitamente este fato.

Compreender é perdoar. Ninguém nesta escola ficará vos querendo mal por esse desacerto que já vem se repetindo e nos é perfeitamente compreensível. Mas todos lamentamos que, em consequência de um gesto que não partiu de nós nem de cada um de vós considerado individualmente, tanto se tenha embaciado o brilho da festa de despedida que vos preparamos e da homenagem que reservamos àqueles em cujos ombros pesou a inteira responsabilidade pela conquista do diploma que, com justo orgulho, agora ostentais.

Neste preciso instante em que vos falo, deveria estar passando a palavra ao paraninfo da turma para que, com o fulgor costumeiro em nossos paraninfos quando bem escolhidos, encerrasse com chave de ouro esta solenidade. Mas onde está o vosso paraninfo? Onde estão os homenageados que, como manda a tradição, vos deveriam receber no vestíbulo e, entre aplausos, introduzir-vos neste recinto? Vós não os quisestes escolher entre os humanos. Só o velho e saudoso prédio que, por 50 anos, serviu como Casa de Sarmento mereceu ser contemplado com vossa homenagem. Mas este não anda, não sente, não pensa e não fala. Nem goza de *status* jurídico para outorgar procuração a quem devesse falar por ele.

Assim, nada mais me resta senão – mesmo sendo quem fica – salvar a cordialidade de nossa despedida vos dizendo adeus. O adeus que esquecestes.

Ide. Exercei a Medicina. Que ela vos cubra de bênçãos.

1979

"Viemos do tempo do medo,
mas hoje é o nosso dia"

Meu Brasil
Que sonha com a volta do irmão do Henfil
Com tanta gente que partiu
Num rabo de foguete
Chora
A nossa pátria mãe gentil
Choram Marias e Clarisses
No solo do Brasil

Mas sei que uma dor assim pungente
Não há de ser inutilmente
A esperança
Dança na corda bamba de sombrinha
E em cada passo dessa linha
Pode se machucar

O bêbado e o equilibrista,
Aldir Blanc e João Bosco

Embora Aldir Blanc e João Bosco tenham começado a compor *O bêbado e o equilibrista* como uma homenagem ao comediante e cineasta Charles Chaplin, falecido no dia de Natal de 1977, a música aos poucos vai mudando de foco, em sintonia com o crescimento de uma das principais reivindicações da sociedade brasileira: a anistia ampla, geral e irrestrita aos presos, perseguidos e exilados pela ditadura militar. A canção é lançada no LP *Essa mulher*, de Elis Regina, em 1979, e acaba se tornando uma espécie de hino informal da anistia. É tocada nos aeroportos, em gravadores de fita cassete portáteis que diversas pessoas levam em mãos, para receber de volta *tanta gente que partiu*, como o sociólogo Herbert de Souza – o Betinho, *o irmão do Henfil* –, Fernando Gabeira, Leonel Brizola, Miguel Arraes e Luís Carlos Prestes. Porque, em agosto desse ano, finalmente, é promulgada a Lei da Anistia. Embora não tão ampla, geral ou irrestrita e tenha aspectos questionáveis: não concede o perdão aos presos políticos considerados terroristas (condenados por sequestros ou homicídio em ataque ao regime), mas absolve os militares que cometeram abusos em nome do Estado desde o golpe de 1964, incluindo a tortura e a execução de adversários.

É o primeiro ano do último governo do regime militar e a esperança, ainda andando na corda bamba, tem que cuidar para não se machucar.

Chove torrencialmente em Porto Alegre na noite de sábado, 8 de dezembro de 1979. O mau tempo, porém, não é empecilho para que familiares e amigos dos formandos da ATM 1979 da Faculdade de Medicina da UFRGS prestigiem, orgulhosos, a solenidade de formatura. Cerca de 1,5 mil pessoas, algumas inclusive em pé, lotam o local – mas não é o Salão de Atos da UFRGS, tradicional palco das solenidades de colação de grau, e sim o Auditório da Assembleia Legislativa do Estado do Rio Grande do Sul. Os 157 formandos festejam o ciclo que se encerra para dar lugar a uma nova etapa de suas vidas – mas não vestem a beca, não portam o capelo. Na solenidade, têm seus nomes lidos – mas não recebem o canudo que simboliza a posse do diploma, pois não há nenhuma autoridade acadêmica presente para o entregar nem para lhes conferir formalmente o grau de médicos e médicas. Também não há paraninfo, apenas homenageado – mas este não é uma pessoa, e sim um prédio...

Dentro do automóvel que percorre as alagadas ruas de Porto Alegre, rumo à Praça da Matriz, o jovem formando Gilberto Schwartsmann recorda-se dos primeiros tempos da graduação em Medicina e da sucessão de fatos que levou a uma cerimônia de formatura tão peculiar.

Cresce a tensão

Quando a ATM inicia o curso, em 1974, os estudantes da Famed ainda têm parte das aulas práticas na Santa Casa de Misericórdia, em especial na Enfermaria 2, de Medicina Interna, e na 38, de Cardiologia, onde convivem com expoentes médicos e grandes mestres. Dois anos antes, o Hospital de Clínicas começara a funcionar, inicialmente com atendimentos ambulatoriais. Seguem-se, nos próximos anos, o início das internações, cirurgias e transplantes e a inauguração do Centro de Tratamento Intensivo. No princípio, são estruturadas apenas atividades assistenciais, mas, gradualmente, vão sendo introduzidas também as de ensino e pesquisa, inerentes a um hospital-escola.

Criado por meio de uma lei federal idealizada, na década anterior, pelo então reitor Eduardo Zaccaro Faraco, o HCPA é uma empresa estatal, com autonomia administrativa em relação à Famed e à UFRGS, e, para o desenvolvimento da assistência, conta com um corpo clínico próprio, integrando o quadro de funcionários contratados. Já para a coordenação das atividades acadêmicas, inicia-se a transferência progressiva de docentes da Universidade para o HCPA, por meio de assinatura de convênios de prestação de serviços entre as duas instituições.

Esse processo é acompanhado de perto pelos alunos da ATM 1979, com entusiasmo e grandes expectativas – mas também com um olhar vigilante. Querem garantias de que tudo ocorra da forma mais democrática e transparente possível, assegurando que todos – inclusive aqueles mestres da Santa Casa que tanto admiram – tenham iguais oportunidades de optar pela ida para o HCPA, se assim o desejarem. Por isso, formam uma comissão de líderes, que pressiona a Direção da Famed nesse sentido. "Foi um movimento que acabou ajudando a consolidar um grupo muito importante de professores que se dedicaram ao HCPA nos anos subsequentes", orgulha-se Gilberto Schwartsmann. Mas que gera, inevitavelmente, um certo nível de tensão entre estudantes e Direção.

Ao longo dos seis anos do curso, a turma também manifesta seu inconformismo frente à perda, pela Famed, do histórico prédio da Rua Sarmento Leite, transferido para a gestão do Instituto de Biociências justamente no ano em que a ATM 1979 ingressou na Faculdade. E a tensão vai aumentando. Pressiona os dirigentes, ainda, por melhorias nas condições de ensino. "A qualidade das aulas era variável. Um professor muito bom foi Alberto Rosa, de Semiologia, que tinha muita paciência para ensinar. Mas lembro que havia um outro péssimo, que levava o conteúdo anotado em umas fichas velhas, amareladas, e ficava simplesmente lendo uma após a outra", relata a então estudante Lygia Ohlweiler. Sua colega Beatrice Guaragna Neumann acrescenta que havia professores que sequer apareciam para dar aula. "Era uma época conturbada. Fizemos greves reclamando das condições de ensino e também, disfarçadamente, contra o contexto, porque ainda havia muita repressão. Não deram muito resultado, mas achamos que era importante nos manifestarmos", relata Lygia. A última greve ocorre em abril do ano derradeiro da graduação[18]. A tensão aproxima-se do limite.

E vai ultrapassá-lo quando a ATM 1979 tomar a decisão de, em sua formatura, manter a sequência de protestos iniciada pela ATM 1974.

Schwartsmann, eleito orador da turma, também aproveita o percurso para repassar, pela última vez, o discurso preparado com esmero para esta noite.

Bem que gostaria que seu conteúdo fosse diferente...

E, assim como grande parte dos colegas, também preferiria desfrutar de uma cerimônia de formatura com paraninfo, homenageados, beca e colação de grau oficial.

Mas as circunstâncias acabam fazendo com que as coisas se encaminhem de outra forma.

No final do primeiro ano do seu curso, a ATM 1979 vê os veteranos de 1974 formarem-se sem paraninfo nem homenageados, como forma de protestar contra a precarização das condições de ensino, em meio à implantação da reforma universitária. Na ocasião, o então vice-diretor da Famed, Carlos Candal dos Santos, representando a Direção, proferira um discurso que revelava certa empatia com os estudantes.

Em 1979, o professor Candal é o diretor da Faculdade e já viu mais quatro turmas subsequentes realizarem protestos em suas formaturas, de diferentes formas, mas sempre incluindo a recusa em escolher um paraninfo ou elegendo mortos e prédios. Vem manifestando crescente descontentamento diante dessas repetidas atitudes, que considera injustas

---

18. Em abril de 1979, os estudantes da Famed fazem uma greve de 28 dias, apresentando reivindicações relacionadas, principalmente, ao HCPA. Uma delas diz respeito ao temor de que o hospital seja privatizado, pois é anunciada a destinação de dois andares para a instalação de leitos privados. Por outro lado, os estudantes não aceitam que o Clínicas, nascido no seio da Famed, não seja administrado pela Faculdade. Desejam, ainda, a transferência de todos os pacientes e alunos da Santa Casa para o HCPA e que o ambulatório possa ser plenamente utilizado para atividades de ensino, sob a supervisão de professores.

com o corpo docente e prejudiciais à imagem da Famed. Por isso, entendendo que a situação atingiu o limite, reage firmemente, não acatando a decisão dos formandos de 1979 de seguirem na mesma linha.

"O professor Candal era um patologista de alto nível, uma pessoa que tinha muito conhecimento, um humanista, um homem que estudava muita Filosofia, muito interessante de se conversar. Eu tive muitas conversas com ele na minha vida acadêmica como aluno, o respeitava muito. Mas, naquele momento, era a pessoa que representava a Faculdade e foi quem assinou um documento dizendo que a Reitoria não iria fazer a cerimônia nos moldes que nós queríamos", relata Schwartsmann, acrescentando: "Era um período de muito pouco diálogo entre as direções das instituições universitárias e os alunos. Havia uma certa tensão no ar, porque era um momento difícil, ainda de falta de liberdade de expressão. A gente ouvia falar de pessoas que eram presas, algumas que até desapareciam, inclusive líderes do movimento estudantil". Assim, naquele contexto histórico, a convicção de que era preciso protestar falou mais forte. "Era uma luta muito legítima e que nos fez acabar por ter um rompimento temporário com a Direção da Faculdade", sintetiza.

O orador da ATM 1979 deixa claro que o fato de a turma não escolher paraninfo ou homenageados não significa que não existissem excelentes mestres a destacar. "Lembro-me que um dos professores que sempre fazia parte das nossas comissões e nos ajudava, com muita coragem, era Nelson Porto, diretor do Pavilhão Pereira Filho da Santa Casa, um dos maiores médicos e professores de Medicina que eu conheci. O professor José Baldi[19], por sua vez, era um cardiologista muito preparado, que havia retornado do exterior e era também cria da Enfermaria 38. O professor Carlos César de Albuquerque[20] era um cardiologista igualmente formado na Enfermaria 38. E o professor Oly Lobato, que até hoje é um grande exemplo para nós, com mais de 100 anos um homem ainda ativo, exercendo a Medicina, foi uma pessoa que nos deu muitos exemplos e muita segurança no sentido de como um professor deve se comportar frente aos seus alunos".

---

19. O professor José Baldi, formado pela ATM 1966 da Famed/UFRGS, foi transferido da Santa Casa para o Hospital de Clínicas, onde teve atuação marcante. Falecido precocemente, foi homenageado com a designação de um dos auditórios do HCPA com seu nome.

20. O professor Carlos César de Albuquerque, formado pela ATM 1966 da Famed/UFRGS, presidiu o HCPA por três gestões, de 1984 a 1996, e foi ministro da Saúde em 1997, no governo do presidente Fernando Henrique Cardoso. O anfiteatro do hospital leva seu nome.

Schwartsmann reserva espaço especial em suas memórias do tempo de estudante ao professor Rubens Maciel[21] – segundo ele, provavelmente, o grande nome da Medicina gaúcha no século 20. "Ainda que estando, digamos, do lado da Reitoria, porque nela exercia funções, era uma pessoa encantadora, um homem cultíssimo, sensível, engajado e com quem aprendia muito, porque sentia nele um ex-líder estudantil. Quando morre Sarmento Leite, é Rubens Maciel que representa os alunos e até a comunidade médica no discurso de despedida no cemitério". Entre as lembranças do contato com o mestre, uma em especial ficou marcada: "Em um certo momento, ele disse que nós devíamos aprender que não se consegue todas as conquistas ao mesmo tempo e que já tinha havido conquistas importantes daqueles vários movimentos".

O formando da ATM 1979 José César Boeira recorda-se que havia muitos bons professores e outros relapsos: "Estes dedicavam menos tempo ao ensino e aos alunos do que deveriam, principalmente nas aulas práticas nos hospitais". Isso frustra as expectativas do jovem que, vindo de Vacaria, no Nordeste do Rio Grande do Sul, chega a Porto Alegre apenas com uma pequena mala que, segundo ele, "continha mais sonhos do que roupas". Mas, por sorte, enfatiza Boeira, havia também excelentes mestres, que reuniam grande conhecimento e acolhiam os estudantes. "Era o caso do professor Alcyr Kramer, de Fisiologia, que ficava além do seu tempo conversando com os alunos", exemplifica.

Questão de lealdade e coerência

No Auditório da Assembleia, a Comissão de Formatura ajusta os últimos detalhes para a solenidade programada para as 20h. Não há muitas providências a tomar, pois a cerimônia vai ser breve e simples.

21. O professor Rubens Mário Garcia Maciel, formado pela ATM 1937 da Famed/UFRGS, criou e dirigiu a Enfermaria 29 da Santa Casa de Misericórdia, escola de diversas gerações de médicos. Em 1968, presidindo a comissão nomeada pelo reitor Eduardo Faraco para definir as características, a estrutura e as normas administrativas do HCPA, teve atuação decisiva para elevar a instituição à condição de hospital universitário de excelência e referência. Na entrada do prédio principal do hospital, uma placa rende homenagem ao professor, que costumava dizer: "O aluno não é o complemento do verbo ensinar, mas o sujeito do verbo aprender".

Não foi fácil, porém, chegar a este momento. Enquanto se certifica de que os slides a serem projetados estão na ordem correta e que a música de fundo está no ponto, a presidente da Comfor, Beatrice Guaragna Neumann, recorda-se da tumultuada trajetória percorrida até ali.

A ATM 1979 conta com diversos integrantes atentos a questões culturais, sociais e políticas vivenciadas naqueles tempos. A turma cria e mantém um coral de grande qualidade, com dezenas de participantes, e organiza *peñas* folclóricas – encontros com música sul-americana ao vivo, em que se destaca a execução de canções de expoentes da música latino-americana de protesto, como a argentina Mercedes Sosa e a chilena Violeta Parra. Também toma a iniciativa de realizar atividades práticas junto a comunidades carentes – por exemplo, a coleta de amostras para a disciplina de Parasitologia na Ilha Grande dos Marinheiros. José César Boeira destaca que "era um grupo de pessoas muito versáteis e diferenciadas" e traz outro exemplo de uma atividade da turma que marcou época: a elaboração de polígrafos com conteúdos atualizados das disciplinas: "Naquela época, os artigos científicos demoravam a chegar. Então, alguns colegas abnegados e dedicados organizavam os conteúdos, escreviam, faziam cópias no mimeógrafo, encadernavam e disponibilizavam para quem quisesse utilizar. Esses polígrafos ficaram sendo usados por muitos anos". As capas desses materiais, acrescenta Boeira, eram ilustradas com a figura de Dom Quixote, utilizando desenho que o colega Henrique Grazziotin Gazzana (que, por questões pessoais, acaba não se formando com a turma, mas no ano seguinte) produz, em 1976, como logomarca do jornalzinho da ATM 1979, denominado *Rocinante*[22].

Diversos componentes da ATM 1979 também se envolvem em atividades do Centro Acadêmico Sarmento Leite. Uma delas, Maria Gorete Gonçalves Selau, integra a Diretoria do Diretório Central dos Estudantes (DCE) na gestão 1977-1978, pela tendência Perspectiva.

O desenrolar do curso coincide com a totalidade do governo do general Ernesto Geisel – que anuncia uma reabertura política "lenta, gradual e segura", mas pouco realiza neste sentido – e o primeiro ano do manda-

22. Nome do cavalo de Dom Quixote.

to do também general João Baptista Figueiredo – quando se inicia uma transição lenta e cheia de percalços para a democracia.

Quando chega o ano da colação de grau, Beatrice Neumann, uma das estudantes mais ativas, é escolhida para presidir a Comfor. Iniciam-se os debates sobre o formato da cerimônia. Nas reuniões, o grupo concorda que é impossível não levar em consideração dois fatores. De um lado, o histórico de manifestações críticas e ativismo da turma. De outro, o fato de que as cinco ATMs que se formaram ao longo da permanência do grupo na Faculdade tiveram a atitude corajosa de promover algum tipo de protesto em suas cerimônias, apesar do contexto político desfavorável e, consequentemente, dos riscos envolvidos.

Os formandos não se esquecem, ainda, do convívio com os colegas formados nessas turmas, de 1974 a 1978 – a quem devem, inclusive, parte de seu aprendizado. Afinal, ao longo dos anos, muitos deles foram se tornando médicos residentes ou profissionais contratados nos hospitais em que os estudantes da ATM 1979 realizam sua formação prática. Gilberto Schwartsmann exemplifica: "Na Enfermaria 2 da Santa Casa, conheci o dr. Valter Duro Garcia [formado pela ATM 1975], que na época era um jovem líder daquela enfermaria. Acho que foi com ele que eu aprendi realmente a estudar. Foi a primeira pessoa que vi consultar artigos científicos, o que era muito raro naquela época".

Por tudo isso, conta Beatrice, "quando chegou a nossa vez, não queríamos cortar a tradição de protestos e manifestações. Era uma questão de lealdade e coerência. Estávamos fazendo história e tínhamos muito orgulho daquele movimento por política, por cultura, pelo ensino de qualidade, daquela resistência. Eram os anos 1970, havia muita coisa contra o que lutar".

É guiado por esse espírito que o grupo toma suas decisões. Não elege um paraninfo e, como homenageado, em vez de um professor, escolhe o antigo e saudoso prédio da Faculdade de Medicina. O convite de formatura, a exemplo do que ocorrera em 1975, traz a figura de Dom Quixote, utilizando a ilustração do colega Henrique Gazzana, que já é uma espécie de "marca registrada" da turma. Ela mostra o cavaleiro idealista que luta contra tudo e contra todos, sem arrefecer mesmo diante de grandes dificuldades, montado sobre Rocinante, seu fiel companheiro – fraco, desengonçado, mas de uma lealdade incomparável mesmo nas aventuras mais arriscadas.

Momento de ruptura

Quando a Direção toma conhecimento dessas definições, convoca a Comfor para uma reunião e tenta dissuadi-la. O professor Candal insiste que escolham paraninfo e homenageados entre o corpo docente. E deixa claro que, caso isso não ocorra, a realização da formatura está ameaçada. A Comissão relata a pressão sofrida à assembleia geral da ATM 1979, que, indignada com a ameaça, aprova a manutenção da decisão original. "Alguns colegas não gostaram do movimento, mas a maioria esteve de acordo", lembra Beatrice.

Diante desse fato, a Congregação, órgão deliberativo máximo da Famed, reúne-se para debater a situação. Do encontro, resulta uma decisão inédita nos 81 anos de existência da Famed: a formatura oficial da Medicina é suspensa. Em nota divulgada no dia 31 de outubro, a Congregação apresenta os motivos que levaram à radical ruptura:

> *A Congregação da Faculdade de Medicina da Universidade Federal do Rio Grande do Sul, no uso de suas atribuições e considerando:*
>
> *– que, a partir de 1974, os formandos do curso de graduação desta Faculdade vêm, turma após turma, mantendo a decisão de não mais se fazer acompanhar de paraninfo e homenageados ou, eventualmente, de escolher entre outros seres quaisquer que não os seus professores em atividades;*
>
> *– que tal atitude não comporta outra interpretação válida a não ser a de frontal agressão, ostensiva e pública, ao corpo docente da Faculdade;*
>
> *– que o referido gesto dos formandos vem repercutindo no seio da comunidade, com evidente efeito de desprestígio para a instituição que, inquestionavelmente, se esforça em proporcionar-lhes uma boa formação;*
>
> *– que semelhante atitude mutila, desfigura e avilta o ato público tradicional, esvaziando-o do caráter solene que se lhe pretende dar e criando uma geral condição de constrangimento a que não escapam até as autoridades presentes e os próprios pais dos formandos;*
>
> *– que a solenização da formatura é uma festa de despedida com que a Faculdade recebe os novos egressos, em congraçamento com seus familiares, e que se converte num contrassenso promovê-la, uma vez que o anfitrião irá receber desfeita pública e ostensiva por parte precisamente daqueles a quem dedica a homenagem;*
>
> *– que a atitude de tolerância manifesta, cada ano, pelos diretores que presidiram os atos públicos de formatura e neles se pronunciaram – ca-*

> *racterizando a improcedência, a inadequação, a injustiça e a descortesia daquele gesto – de nada serviu para sensibilizar as novas turmas;*
>
> *– que, advertida através de seus representantes, a Comfor/79 se manteve irredutível quanto ao mesmo desiderato;*
>
> *– que a outorga do título não é imperativa que se proceda em ato solene (artigo 205 do Regimento da Universidade);*
>
> *decide por unanimidade:*
>
> *– não mais aceitar as mutilações do ato solene que, novamente, os formandos recalcitram em efetivar;*
>
> *– que, para o ano letivo de 1979, a Faculdade se alheará totalmente de qualquer ato público ou solene que envolva a outorga dos diplomas de formatura, admitindo que a mesma se reduza à simples entrega individual do título ao respectivo titulado, na forma da lei;*
>
> *– dar ciência imediata desta decisão à Reitoria e aos componentes da Comfor/79.*

O fato repercute na imprensa da capital gaúcha. No dia 6 de novembro, o jornal *Zero Hora* dedica metade da página 33 ao assunto:

> *Ainda não há nada decidido quanto à realização ou não da formatura dos estudantes de Medicina este ano. Enquanto a Congregação da Faculdade exige para a realização do ato solene que os formandos escolham o paraninfo e o homenageado, os estudantes mantêm sua decisão de não homenagear ninguém nem escolher paraninfo como forma de denunciar o baixo nível do curso, mas insistem na realização da cerimônia. A Congregação da Medicina considera, entretanto, que isso é uma agressão ostensiva e pública ao corpo docente da faculdade. Caso a Congregação mantenha sua posição, resta ainda a alternativa de que o reitor da UFRGS, Homero Só Jobim, resolva presidir a cerimônia ou delegar poderes a outra pessoa para fazê-lo. Para debater a situação e decidir o que irão fazer, os formandos marcaram para ontem, às 20h, uma reunião no prédio da própria Faculdade.*
>
> *As denúncias dos formandos de Medicina sobre o baixo nível de ensino, durante a formatura, vêm de há muito tempo. Desde 1974, entretanto, eles vêm mantendo a tradição de não escolher nem paraninfo e nem professor homenageado, explicando essa atitude aos presentes à cerimônia como uma forma de protesto contra a falta de condições de estudo na Faculdade de Medicina da UFRGS. Antes disso, porém, outras formas de protesto foram utilizadas, como, por exemplo, o ano em que, em vez de um professor, foi homenageada a Santa Casa de Misericórdia.*

A notícia questiona a informação, contida na nota da Congregação, de que a decisão foi aceita unanimemente pelo corpo docente:

> *Embora o documento assinado pelo professor Candal – que dá a posição da Congregação, tomada numa reunião realizada no dia 31 de outubro – afirme que a decisão foi tomada por unanimidade, é sabido que há professores, dentro do curso, que discordam dessa posição. Alguns deles, inclusive, conforme o comentário de estudantes, teriam sido convidados para paraninfar a turma ou mesmo como homenageados por terem apoiado os alunos da Faculdade em sua greve no primeiro semestre deste ano. Ainda segundo os estudantes, esses professores teriam recusado o convite, alegando que a existência de paraninfo e homenageado poderia dar a impressão que o curso de Medicina vai muito bem.*

Ao final do texto, é reproduzida, na íntegra, a nota emitida pela Congregação.

Embora a matéria de *Zero Hora* avente a possibilidade de que o então reitor, Homero Só Jobim, tome para si a presidência da cerimônia ou a delegue para outra autoridade acadêmica, a fim de assegurar a realização da formatura, isso não vai se confirmar.

ENSINO

ZERO HORA — Terça-feira, 6.11.79 — PÁGINA 33

REITOR DECIDE FORMATURA DOS MÉDICOS

Estudantes não querem paraninfo, nem homenageado. Mas, insistem na realização da cerimônia

Ainda não há nada decidido quanto à realização ou não da formatura dos estudantes de Medicina este ano. Enquanto a congregação da faculdade exige para a realização do ato solene que os formandos escolham o paraninfo e o homenageado, os estudantes mantém sua decisão de não homenagear ninguém e nem escolher paraninfo como uma forma de denunciar o baixo nível do curso, mas insistem na realização da cerimônia. A congregação da Medicina considera, entretanto, que isto é uma agressão ostensiva e pública ao corpo docente da faculdade. Caso a congregação mantenha sua posição, resta ainda a alternativa de que o reitor da UFRGS, Homero Só Jobim, resolva presidir a cerimônia ou delegar poderes a outra pessoa para fazê-lo. Para debater a situação e decidir o que irão fazer, os formandos marcaram, para ontem às 20h, uma reunião no prédio da própria faculdade.

As denúncias dos formandos de Medicina sobre o baixo nível de ensino, durante a formatura, vêm de há muito tempo. Desde 1974, entretanto, eles vêm mantendo a tradição de não escolher nem paraninfo e nem professor homenageado, explicando esta atitude aos presentes à cerimônia como uma forma de protesto contra a falta de condições de estudo na Faculdade de Medicina da UFRGS. Antes disso, porém, outras formas de protesto foram utilizadas como, por exemplo, o ano em que, em vez de um professor, foi homenageada a Santa Casa de Misericórdia.

DIVERGENCIAS

Este ano, depois de uma longa reunião para discutir se iam ou não realizar a cerimônia, os formandos de Medicina decidiram manter o ato solene, insistindo, porém, na tradição de não escolher nem paraninfo e nem professor homenageado. A congregação da faculdade, constituída pelos professores e pelo diretor do curso, Carlos Candal dos Santos, por sua vez, não aceitou esta decisão e decidiu se manter alheia totalmente "a qualquer ato público ou solene que envolva a outorga dos diplomas de formatura, admitindo que a mesma se reduza à simples entrega individual do título ao respectivo titulado, na forma da Lei".

Embora o documento assinado pelo professor Candall — que dá a posição da congregação, tomada numa reunião realizada no dia 31 de outubro — afirme que a decisão foi tomada por unanimidade, é sabido que há professores, dentro do curso, que discordam desta posição. Alguns deles, inclusive, conforme o comentário de estudantes, teriam sido convidados para paraninfar a turma ou mesmo como homenageados por terem apoiado os alunos da faculdade em sua greve no primeiro semestre deste ano. Ainda segundo os estudantes, estes professores teriam recusado o convite, alegando que a existência de paraninfo e homenageado poderia dar a impressão que o curso de Medicina vai muito bem.

REITOR

De qualquer forma, com a decisão da congregação, a maneira como as coisas irão se desenvolver está na dependência do reitor da UFRGS, Homero Só Jobim. Pelo Regimento da Universidade, é ele quem indica a pessoa que irá presidir a cerimônia de formatura e esta indicação, até o momento, vinha recaindo sobre o diretor da faculdade. Este ano, Jobim poderá tomar a presidência da cerimônia para si. Caso, porém, ele concorde com a posição da congregação a formatura dos estudantes de Medicina, em 79, deverá se restringir apenas à entrega do título aos formandos.

Ontem à noite, a turma dos formandos se reuniu para debater o assunto. Uma das propostas que foi colocada, nesta reunião, é a de aceitação da entrega oficial dos títulos, mas com uma cerimônia pública posterior que seria organizada pelos estudantes. "Se nós já tivemos que fazer tudo sozinho durante o curso, então vamos nos formar sozinhos também", disse um deles. Hoje, deverá se reunir, como em todas as terças-feiras, a comissão de carreira da Medicina. A reunião é no 2º andar da Reitoria, entre 11h e 11h30min, e, nela, poderá ser debatida também a questão da formatura.

DOCUMENTO

A decisão da congregação sobre a cerimônia de formatura da Medicina, este ano, assinada pelo professor Candal, na íntegra é a seguinte:

"A congregação da Faculdade de Medicina da Universidade Federal do Rio Grande do Sul, no uso de suas atribuições e considerando:

— Que, a partir de 1974, os formandos do curso de graduação desta Faculdade vêm, turma após turma, mantendo a decisão de não mais se fazer acompanhar de paraninfo e homenageados ou, eventualmente, de escolher entre outros seres quaisquer que não os seus professores em atividades;

— Que tal atitude não comporta outra interpretação válida a não ser a de frontal agressão, ostensiva e pública, ao corpo docente da Faculdade;

— Que o referido gesto dos formandos vem repercutindo no seio da comunidade com evidente efeito de desprestígio para a instituição que, inquestionavelmente, se esforça em proporcionar-lhes uma boa formação;

— Que semelhante atitude mutila, desfigura e avilta o ato público tradicional, esvaziando-o do caráter solene que se lhe pretende dar e criando uma geral condição de constrangimento a que não escapam até as autoridades presentes e os próprios pais dos formandos;

— Que a solenização da formatura é uma festa de despedida com que a Faculdade recepciona os novos egressos, em congraçamento com seus familiares e que se converte num contra-senso promovê-la, uma vez que o anfitrião irá receber desfeita pública e ostensiva por parte precisamente daqueles a quem dedica a homenagem;

— Que a atitude de tolerância manifesta, cada ano, pelos diretores que presidiram os atos públicos de formatura e neles se pronunciaram — caracterizando a improcedência, a inadequação, a injustiça e a descortesia daquele gesto — de nada serviu para sensibilizar a novas turmas;

— Que, advertida através de seus representantes, a Confor/79 (Comissão de Formatura) se manteve irredutível quanto ao mesmo desiderato;

— Que a outorga do título não é imperativo que se proceda em ato solene (artigo 205 do Regimento da Universidade);

Decide por unanimidade

— Não mais aceitar as mutilações do ato solene que, novamente, os formandos recalcitram em efetivar;

— Que, para o ano letivo de 1979, a Faculdade se alheiará totalmente de qualquer ato público ou solene que envolva a outorga dos diplomas de formatura, admitindo que a mesma se reduza à simples entrega individual do título ao respectivo titulado, na forma da Lei.

— Dar ciência imediata desta decisão à Reitoria e aos componentes da Confor/79".

Homero Jobim se reúne com alunos

***Zero Hora*, 6/11/1979**

Acervos pessoais de Beatrice Neumann, Gilberto Schwartsmann e Carlos Alberto Hoff Petersen

A Comfor reage, também buscando espaços na imprensa para questionar as atitudes, que considera arbitrárias, da Congregação, e expor os pontos de vista dos estudantes. Uma nota é encaminhada aos jornais e publicada na íntegra por vários deles, como o *Correio do Povo*, na página 13 da edição de 13 de novembro[23]:

> *A Comissão de Formatura da Turma Médica de 1979 da Universidade Federal do Rio Grande do Sul divulgou, ontem, um comunicado à imprensa onde repudia a atitude da Congregação da Faculdade, que através de decisão de seus membros resolveu ficar alheia a qualquer ato público ou solenidade que envolva a outorga dos diplomas de formatura. A decisão da Congregação aconteceu depois que os alunos decidiram, da mesma forma que as turmas anteriores, não escolher para paraninfos e homenageados de honra membros do corpo docente da Faculdade.*
>
> *A íntegra do comunicado dos formandos é a seguinte:*
>
> *Os formandos da Faculdade de Medicina da UFRGS de 1979, de acordo com decisão tomada em Assembleia Geral de 5 de novembro de 1979, vêm de público manifestar e esclarecer seu posicionamento em relação às notícias recentemente veiculadas pela imprensa no que diz respeito à suspensão de sua solenidade de formatura.*
>
> *1. A Comfor-79 vem manifestar seu repúdio pela atitude tomada pela Congregação da Faculdade de Medicina da UFRGS, em 31 de outubro de 1979, suspendendo a tradicional solenidade de formatura. Outrossim, registra sua profunda surpresa ao constatar ser esta a primeira decisão oficial tomada por tal Congregação em um ano marcado por acontecimentos da maior relevância no contexto universitário dos últimos tempos, como o foram os movimentos grevistas que paralisaram esta Escola por cerca de um mês em favor de melhores condições de ensino e hospital-escola.*
>
> *2. A decisão de não serem escolhidos paraninfo e homenageados foi efetivada com ampla maioria de votos entre os doutorandos, em assembleia geral realizada no corrente ano.*
>
> *3. A atitude de não homenagear nenhum professor, como em anos anteriores, não significa que não encontremos em nossa vida universitária professores cujo trabalho mereça homenagem. O que queremos salientar é que a instituição como um todo mostrou-se sempre relutante em melhorar seu nível de ensino, chegando mesmo a desprestigiar aqueles professores que se mostraram abertos ao debate e à renovação de ideias.*

23. Documento consultado no acervo pessoal de Beatrice Neumann.

4. A homenagem a professores nos parece algo que deva surgir espontaneamente na turma de formandos. Não acreditamos ser legítima a escolha de nomes, apenas em resposta a medidas punitivas de parte da Congregação desta Faculdade. Lamentamos as possíveis repercussões que atitudes semelhantes possam ter em decisões de colegas de anos seguintes, quiçá impregnados pelo caráter repressivo e teatral que se pretende impor com decisões como esta.

5. No momento em que os formandos se defrontam com dificuldades oriundas da qualidade do ensino, necessitando de complementação através da residência médica, alcançável apenas por uma pequena parcela dos formandos, egressos de um curso desvinculado da real situação de saúde da população brasileira, e considerando que 1979 foi um ano marcado pela tentativa dos estudantes de dialogar e modificar os padrões de ensino desta Faculdade, lamentamos que mais uma vez se reafirme o total fechamento de portas da direção, através de semelhantes atitudes. Esta intolerância à crítica e ao debate caracterizou a Faculdade de Medicina e sua direção no decorrer do curso médico que vivenciamos. Este é o desfecho tragicômico de um reiterado descompromisso com o ensino de boa qualidade.

Um périplo para viabilizar a cerimônia

Inconformados por lhes ser negada uma solenidade de encerramento do curso, os formandos decidem organizar uma cerimônia simbólica por conta própria. O Salão de Atos da Reitoria já está reservado desde antes da decisão da Congregação e os convites estão impressos. Só que a Comfor recebe, então, um novo baque: é comunicada que a turma não terá o direito de utilizar o espaço da UFRGS. "Sequer tivemos acesso às togas, que naquela época eram emprestadas pela Universidade aos formandos", lamenta Lygia Ohlweiler.

Inicia-se, a partir daí, o périplo em busca de um auditório disponível na noite de 8 de dezembro e com capacidade para comportar uma turma com 157 formandos, seus familiares e amigos. Pensam no Araújo Vianna, no Parque Farroupilha, mas este, na época, não possui cobertura – portanto, uma eventual chuva na data inviabilizaria a solenidade. Após muitas buscas, conseguem alugar, em 22 de novembro – a pouco mais de duas semanas da cerimônia –, por 3 mil cruzeiros, o auditório do Colégio Rosário. Dois dias depois, porém, Beatrice recebe uma ligação da Direção da escola, informando, sem dar mais explicações, que o contrato assinado está suspenso e o dinheiro será devolvido.

Ocorre aos formandos, então, a ideia de tentarem o auditório da Palácio Farroupilha, sede da Assembleia Legislativa do Rio Grande do Sul. Em 29 de novembro, a presidente da Comfor encaminha ofício à Presidência da casa, solicitando a cessão do espaço. O pedido é visto com bons olhos pelo presidente interino, deputado Ibsen Pinheiro, do MDB, mas ainda há um obstáculo a vencer: na mesma data e horário, o local já está reservado, a partir das 21h, para a encenação de uma peça teatral pelo Grupo Serafin. Beatrice imediatamente entra em contato com o diretor do grupo, Zé de Abreu, em busca de negociação. Ainda no dia 29, o artista informa, em carta de próprio punho ao deputado Ibsen Pinheiro, que chegaram a um acordo e submete a proposta a sua apreciação:

> *A solenidade de formatura será realizada às 20 horas. A apresentação do espetáculo sofreria um atraso de 30 minutos, iniciando-se, portanto, às 21h30. Comprometo-me em divulgar, juntamente com a comissão da Faculdade, a alteração do horário, a fim de não prejudicar o nosso público.*

A negociação para a cessão do espaço pelo grupo teatral inclui, ainda, a aquisição de parte dos ingressos da peça pelos formandos, que desembolsam 20 mil cruzeiros. Finalmente, no dia 30, a pouco mais de uma semana da data marcada para a solenidade, chega a resposta formal do presidente interino da Assembleia:

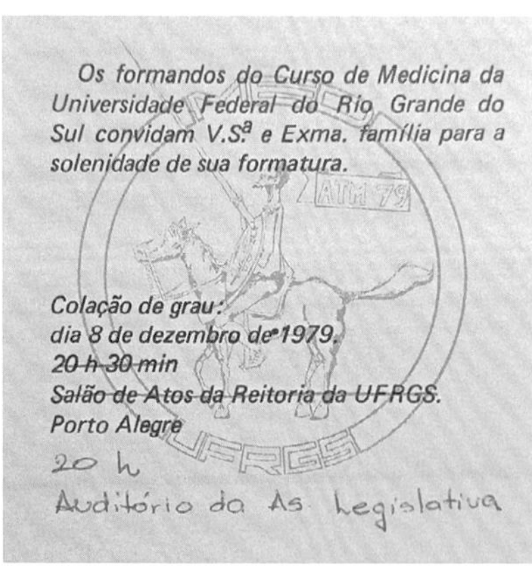

Acervo pessoal de Beatrice Neumann

> *Em nome do Senhor Presidente, deputado Carlos Giacomazzi, tenho a satisfação de comunicar a Vossa Senhoria que o Auditório desta Casa encontra-se a sua disposição no dia 8 de dezembro do corrente ano, a partir das 20h30, para a realização de um encontro da Associação da Turma Médicos de 1979 (UFRGS)*[24].

Resta agora, a cada formando, riscar nos convites (que voltam, a exemplo da ATM 1975, a ostentar

24. Os documentos mencionados – recibo de pagamento ao Colégio Rosário, correspondências entre os estudantes e a Presidência da Assembleia Legislativa e carta de Zé de Abreu a Ibsen Pinheiro – foram consultados no acervo pessoal de Beatrice Neumann.

a figura de Dom Quixote) o nome do Salão de Atos da Reitoria da UFRGS e escrever à mão o novo local da solenidade.

Um discurso poético

Quando está quase chegando à Assembleia Legislativa, Gilberto Schwartsmann recebe uma recomendação de seu pai, que tem as mãos um tanto tensas sobre o volante:

– Meu filho, por favor, toma cuidado.

O conselho paterno soaria estranho se dado momentos antes de uma formatura convencional. Mas tem razão de ser nesta da ATM 1979, forjada em um contexto de tensão e conflito. A noite é de festa, de celebração, mas não está isenta de riscos.

A decisão dos estudantes de manter o protesto em sua formatura foi entendida como uma "afronta" – palavra que, naqueles tempos difíceis, facilmente poderia ser traduzida como "subversão" e desencadear repressão policial. Para completar, a solenidade simbólica acontece na Assembleia graças à chancela de deputados do Movimento Democrático Brasileiro (MDB), partido de oposição ao regime militar. E caberá ao orador ser o porta-voz da mensagem da turma "subversiva".

Naquele sábado extremamente chuvoso (ainda bem que o Araújo Vianna fora descartado!), a ATM 1979 protagoniza uma solenidade breve e com absoluta ausência dos símbolos do rito tradicional de formatura – as vestes talares, os discursos de autoridades acadêmicas, o paraninfo, os homenageados e até mesmo a colação de grau individual, com a entrega do canudo. Mas, apesar de tudo e dos fatos que antecederam este momento, o clima é de festa e celebração. Familiares e amigos comparecem em peso, apoiando os entes queridos e comemorando a conquista que aquele ato, embora sem validade oficial, representa. "Eu vinha do interior, minha família queria muito ver a filha médica se formando com toda pompa, mas não foi possível, e todos entenderam, me apoiaram", conta Lygia.

O formando Jairo Tromka é o mestre de cerimônias e inicia convidando os integrantes da Comfor a exporem ao público os motivos daquela cerimônia tão peculiar.

Somos a 76ª turma de médicos que a Faculdade de Medicina da UFRGS forma nos seus 81 anos de funcionamento. Extraordinariamente, esta não é a nossa solenidade de formatura. Uma aguda consciência de que este era o momento de manifestarmos nossa preocupação em relação ao nível de ensino na nossa faculdade, assunto já levantado pela greve ocorrida em abril de 1979, nos levou a não escolher paraninfo e homenageados, decisão embasada principalmente no fato de que um esquema clássico simboliza um bem-estar de coisas inexistentes.

Estabelecido isso, fomos pressionados pela Direção de nossa Faculdade no sentido de voltarmos atrás em nossa decisão, sob o risco de termos cancelada a nossa solenidade de formatura.

Fortemente convictos de nossas razões, não voltamos atrás.

Assim, historicamente, a Congregação da Faculdade de Medicina tomou a decisão de suspender nossa solenidade de formatura. Esta decisão foi tomada no dia 31 de outubro de 1979. Chama-nos a atenção o fato de ser esta a primeira resolução tomada por esta Congregação num ano marcado por uma greve de alunos da Medicina, que reivindicava seu hospital-escola e, consequentemente, um melhor padrão de ensino e exercício da Medicina.

Em vista de tal arbitrariedade, mantivemo-nos decididos a realizar um ato público – um encontro nosso com as pessoas que gostariam de estar conosco neste momento. O salão da Reitoria continuava à nossa disposição e, com base nisso, os preparativos tiveram início. Alguns dias mais tarde, fomos comunicados de que não poderíamos usar o salão da Reitoria e nos aconselharam a procurar outro lugar.

O nosso próximo passo, então, foi alugarmos o Salão de Atos do Colégio Rosário. Depois de tudo acertado, contrato firmado, recebemos a comunicação do Colégio Rosário de que a nossa presença em seu estabelecimento não lhes seria conveniente. Deixaram de honrar, assim, o compromisso assumido.

Esses acontecimentos nos levaram a procurar esta casa, onde encontramos pessoas capazes de nos ajudar, apesar de possíveis pressões externas.

Esta é a explicação que nos sentimos no dever de prestar aos senhores[25].

25. O documento integra o acervo pessoal de Beatrice Neumann.

Na sequência, são lidos os nomes dos 157 formandos, sob palmas calorosas do público. Finalizando o evento, também com longos aplausos, o orador profere um dos discursos mais emblemáticos da história das formaturas da Faculdade de Medicina da UFRGS[26]. Seu autor, Gilberto Schwartsmann, resgata: "Era todo em rimas, falando sobre as nossas memórias no antigo prédio da Sarmento Leite, lembrando daquele ambiente e pedindo não só mais atenção à qualidade do ensino, como também mais igualdade, mais justiça, mais cuidado com os pobres. Que o nosso país olhasse para os mais necessitados. Era um discurso politizado, mas, na minha opinião, mais poético do que militante, e fazia uma homenagem àquele prédio, com todo seu simbolismo, que estávamos deixando, porque a nossa turma foi uma das que viveu essa transição".

Saudamos a todos presentes
Na noite da cerimônia,
Obrigado por terem vindo
Compartilhar desta nossa insônia
Antes deixemos bem claro
Que optamos pela rima:
Ela atenua o disparo,
E dá um ar de doçura
A um tempo que pouco se anima
A versos de formatura.
Já sabem bem os senhores
Que esta não é nossa casa,
Posto que há muito a perdemos.
E a que tínhamos nesta noite
Nos negaram alguns professores.
Não estão aqui as autoridades
Por receio a desacatos,
Eles não querem saber dos fatos
Que falam de dissabores.
Perdoem estes nossos tutores
Que optaram pela omissão
A ouvirem os nossos clamores.
Talvez respiremos um misto
De ausência e descompromisso
Qual a fuga e o desatino
De um medo já previsto
Mas por que haverá de doer tanto
Nos ombros destes senhores
O peso de nossas palavras?
Que culpa será esta
Que suscita tanto ódio
Em nossos diretores?
Falta-lhes tranquilidade
De virem sentar nesta mesa
E ouvirem as nossas verdades
Mas como não temos a honraria
Da Direção de hoje em dia,
E nem do palco da Reitoria,
Pedimos licença à plateia
Para em nossas mentes
Criarmos uma homenagem
Ao prédio e aos competentes.
Àqueles tantos que optaram
Por outras serventias.
Pelo ensino correto,
Sem esperanças de prêmio
Ou falsas regalias.
Figuras um pouco mais belas

26. O discurso integra o acervo do Museu da História da Medicina do Rio Grande do Sul e os acervos pessoais de Gilberto Schwartsmann, Beatrice Neumann e Carlos Alberto Hoff Petersen.

E alheias às corruptelas
Correntes em nossos dias.
Que entrem nesta noite
As lembranças passadas,
Venha cá dentro, velha turma,
Jorre o sangue Sarmento Leite
Antes que a plateia durma
Que chegue aqui contente,
Doce prédio antigo,
Salão Nobre, velho amigo,
Palco de dias distantes
Entrem amigos, pais e parentes,
Vamos mostrar que aprendemos
O preço de nossa trilha,
Queremos de volta a mobília
Da casa que escolhemos.
Escola, meus senhores,
Tem de ter também alunos,
Não apenas professores.
Mas entre sim,
Em todos os cantos da sala,
Velho prédio do passado
Que já não existe hoje em dia,
Balance no teto os seus lustres
Dos tempos dos velhos mestres.
Pouco sobrou da esquina
Em que tanto cruzavam alunos
Nos dias de Anatomia.
Hoje o local é distinto:
É uma nova moradia.
Venha cá dentro logo,
Doce Salão Nobre faceiro,
Puxe junto o prédio inteiro
Que os formandos o auxiliam.
Viemos do tempo do medo
Mas hoje é o nosso dia.
A revolta é o testemunho
Do valor do nosso punho
No combate à hipocrisia
Hoje estamos nas ruas,
E ainda há poucos meses
Corremos em bandos aos gritos
Pelas praças, pradarias.
E estava tão bonito,
Aquela montanha de alunos
Saindo de suas salas,
Trazendo bandeiras, denúncias,
Tão nobre em suas falas.
Houve uma greve de alunos,
Senhores diretores,
E a luta nos deu um indício
Que nossas fileiras se armaram.
Não nos basta mais o silêncio
Dos tempos dos acintes.
Quantos colegas ausentes,
Tanto terror nas esquinas.
A luta foi nosso soluço
E também nosso requinte
E a resposta veio engasgada,
Do jeito como se deve,
E temos para esta noite
Uma turma de após-greve.
Parida em luta imperfeita,
O futuro dará conta disto.
E ao cabo de novas jornadas,
Embora talvez não se aceite,
Veremos com corpos eretos
A massa Sarmento Leite.
Queremos a implantação
De um ensino brasileiro
Abaixo aos vícios do cativeiro.
Cuidemos de nossas chagas
E não das dos estrangeiros.
Na terra em que tantos não comem,
Voltemos os nossos olhos
Para a dor do nosso homem.
Amigos aqui presentes,
A direção desta Faculdade
Ao invés de enxergar as verdades
Prefere não vir esta noite.
O que temos em nossas bocas
E que causa tanto temor,
Talvez seja nosso amor
Por esta comunidade

Muitos de nós, formandos,
Irão procurar trabalho
Nas zonas de interior.
Alguns não fizeram partos,
Outros não viram urgências.
E em meio a tantas carências,
Ao invés de dialogarmos
Em busca de solução,
Não somos sequer ouvidos.
E ainda acabamos punidos
Por nossa Congregação.
Mas não vale lamentar agora,
o instante não é de tropeços.
Nosso basta à monotonia
Dos que têm a direção,
Esta Escola é um turbilhão
Que na greve reinicia
Um brinde aos novos colegas,
Que darão fim ao chicote.
Que mantenham o boicote
Que esta noite anuncia.
Adeus, velho Salão Nobre,
Escadarias e salas,
Tetos mofados de tempo,
Doce Escola da esquina.
Eles ainda não nos levaram
O que restou de poesia.
Um último aceno ao vitral,
Que tantas vezes olhamos distraídos
Quando entrávamos no prédio.
Quantos companheiros deixaram saudades,
A luta, lição do silêncio que custou tão caro,
Deixamos na memória dos presentes.
Os nossos passos
Lançamos com carinho aos mestres.
E por fim,
O sonho e a garra,
Mas com doce fantasia,
Que os receba você,
Velho prédio da esquina.
Casa de Sarmento Leite.
Escola de onde se ouvem novos ecos de luta.
São os nossos próprios ecos
Brindando à formatura.

A cerimônia é encerrada com um agradecimento, feito pelo mestre de cerimônias, à Bancada da oposição da Assembleia Legislativa. "A gente teve medo de a polícia aparecer na formatura para reprimir aquele 'ato subversivo', mas felizmente nada aconteceu", rememora Lygia, que reforça: "Não me arrependo de nada, faria tudo de novo".

Na segunda-feira, dia 10, o jornal *Folha da Manhã*[27] dedica toda a página 24 para narrar o acontecimento. Na metade superior desta, publica uma descrição detalhada do ato, acompanhada de fotografia:

> *A solenidade não tinha caráter oficial. Nem havia autoridades, paraninfos, porta-vozes oficiais da Reitoria ou do MEC. Mas nem por isso deixou de ser brilhante. Com muita emoção, muita alegria e uma lição de consciência diante do futuro que os espera, os 157 novos médicos que concluíram o curso na Universidade Federal do Rio Grande do Sul*

27. O documento integra os acervos pessoais de Beatrice Neumann e Carlos Alberto Hoff Petersen.

fizeram sua cerimônia no sábado à noite, na Assembleia Legislativa, onde reuniram-se cerca de 1.500 pessoas.

A turma de formandos de Medicina da UFRGS deste ano recusou-se a indicar um paraninfo ou professores para que fossem homenageados. Diante disso, a Direção da Faculdade cancelou a formatura oficial. Os estudantes, que pretendiam realizar apenas uma cerimônia simples e sem os aparatos tradicionais, saíram em busca de um local para realizar seu ato de conclusão do curso.

A comissão de formatura afirma que tentaram conseguir o Salão de Atos, mas a Reitoria negou. Depois tentaram o salão do Colégio Rosário e novamente o local lhes foi negado. Foram então até a Assembleia Legislativa e, por intervenção dos deputados, conseguiram assegurar a realização da cerimônia no Plenário daquela casa, para o sábado, a partir das 20h.

CERIMÔNIA

A cerimônia foi rápida. Durou apenas 45 minutos. Os novos médicos iniciaram o ato com a projeção de slides sobre o antigo prédio da Faculdade – Instituto de Biociências – na Rua Sarmento Leite, ao som da ópera O Guarani. *Através dos slides, os estudantes denunciaram a desestruturação da sua Faculdade e a perda do prédio da Sarmento Leite. Segundo os estudantes, "o curso está confinado a uma salinha no Hospital de Clínicas". Foi lida, então, uma nota explicativa sobre o porquê da cerimônia estar sendo realizada naquele recinto e sem as características das formaturas tradicionais. O orador da turma explicou que "não é que não tivéssemos nomes para indicar para paraninfo ou professores homenageados; é que este ano foi tão tumultuado com greves e movimentos reivindicatórios que não achamos oportuno tecer homenagens. O clima estava mais para críticas".*

DENÚNCIAS

Após a explicação, foram lidos os 157 nomes dos novos médicos da Federal. A seguir, foi lido o discurso elaborado pelos formandos, com características bem diversas dos que geralmente são pronunciados nessas oportunidades. O discurso foi declamado em versos e, nele, foram feitas sérias denúncias sobre a qualidade do ensino recebido na Faculdade.

Após a cerimônia, os formandos foram abraçados por parentes e amigos que lotavam o saguão da Assembleia, apesar da forte chuva que caía naquela noite. Havia em todos muita emoção e a certeza de terem feito a melhor escolha, pois optaram por uma cerimônia sem pompas e formalismos, bem adequada à formação recebida, que terá que ser completada no duro dia a dia da prática.

Uma nota de apoio do Movimento de Renovação Médica traduzia em um de seus parágrafos a verdadeira situação dos formandos: "A realidade vista hoje é bem diferente da época em que tais solenidades eram consonantes com os projetos de vida dos futuros médicos. Uma medicina liberal, uma prática autônoma, um futuro rosado. Hoje, o que se tem é uma medicina voltada para o lucro, uma prática médica desvinculada dos problemas sociais, uma prática de exploração e desvalorização do trabalho médico, paradoxalmente ao lado de uma sofisticação e medicalização que interessa a grupos multinacionais e nacionais, que veem na saúde fontes de lucros e de ganhos políticos. Reforçando esta estrutura, está o ensino, que privilegia a especialização e direciona o estudante na reprodução do sistema".

Na metade inferior da página, o discurso do orador é reproduzido na íntegra.

Dias depois, cada formando ou formanda vai individualmente até a Reitoria, assina um documento protocolar, retira seu diploma.

Um mero ato burocrático, sem nenhuma cerimônia.

Só assim conclui-se, formalmente, a transição da condição de estudante para a de médico ou médica.

Durante um certo tempo, alguns integrantes daquela turma terão dificuldades em ser admitidos em programas de residência médica, cujo processo seletivo, na época, acontece basicamente por meio de entrevistas.

Em diversas delas, a primeira pergunta é:

Qual foi a sua participação nos protestos da formatura?

Dependendo da resposta, a entrevista é sumariamente encerrada.

"Subversivos" não são bem-vindos.

Medicina: Formatura sem formalidades

A solenidade não tinha caráter oficial. Nem havia autoridades, paraninfos, porta-vozes oficiais da Reitoria ou do MEC. Mas nem por isso deixou de ser brilhante. Com muita emoção, muita alegria, e uma lição de consciência diante do futuro que os espera, 157 novos médicos que concluíram o curso na Universidade Federal do Rio Grande do Sul fizeram sua cerimônia sábado à noite, na Assembléia Legislativa, onde reuniram-se cerca de 1.500 pessoas.

A turma de formandos de Medicina da UFRGS deste ano recusou-se a indicar um paraninfo ou nomes de professores para que fossem homenageados. Diante disso, a Direção da Faculdade cancelou a formatura oficial. Os estudantes, que pretendiam realizar apenas uma cerimônia simples e sem os aparatos tradicionais, saíram em busca de um local para realizar seu ato de conclusão de curso.

A comissão de formatura afirma que tentaram conseguir o Salão de Atos, mas a Reitoria negou. Depois, tentaram o salão do Colégio Rosário e novamente o local lhes foi negado. Foram então, até a Assembléia Legislativa e, por intervenção dos deputados, conseguiram assegurar a realização da cerimônia no plenário daquela casa, para o sábado passado, a partir das 20h.

Num ano de greves, denúncias e reivindicações, formandos não tinham homenagens a

CERIMÔNIA

A cerimônia foi rápida. Durou apenas 45 minutos. Os novos médicos iniciaram o ato com a projeção de slides sobre o antigo prédio da Faculdade — Instituto de Biocências — na Rua Sarmento Leite, ao som da ópera "O Guarani". Através dos slides, os estudantes denunciaram a desestruturação da sua Faculdade e a perda do prédio da Sarmento Leite. Segundo os formandos, "o curso está confinado a uma salinha do Hospital de Clínicas".

Foi lida, então, uma nota explicativa sobre o "porquê da cerimônia estar sendo realizada naquele recinto e sem as características das formaturas mais orador da turma, explicou que "não é que não tivéssemos nomes para indicar para paraninfo ou professores homenageados; é que este ano foi tão tumultuado com greves e movimentos reivindicatórios que não achamos oportuno tecer homenagens. O clima estava mais para críticas"

DENÚNCIAS

Após a explicação, foram lidos os 157 nomes dos novos médicos da Federal. A seguir, foi lido o discurso, elaborado pelos formandos, com característica bem diversas dos que geralmente são pronunciados nestas oportunidades. O discurso foi declamado em versos e, nele, foram feitas sérias denúncias sobre a qualidade de ensino recebido na Faculdade.

Após a cerimônia, os formandos foram abraçados por parentes e amigos que lotavam o saguão da Assembléia, apesar da forte chuva que caía naquela noite. Havia em todos muita emoção e a certeza de terem feito a melhor escolha, pois optaram por uma cerimônia sem pompas e formalismos, bem adequada à formação recebida, que terá que ser completada no duro dia-a-dia da prática.

Uma nota de apoio do Movimento de Renovação Médica, traduzia em um dos seus parágrafos a verdadeira situação dos formandos: "A realidade vista hoje é bem diferente da época que tais solenidades eram consonantes com os projetos de vida dos futuros médicos. Uma medicina liberal, uma prática autônoma, um futuro rosado. Hoje, o que se tem é uma medicina voltada para o lucro, uma prática médica desvinculada dos problemas sociais, uma prática de exploração e desvalorização do trabalho médico, paradoxalmente ao lado de uma sofisticação e medicalização que interessa a grupos multinacionais e nacionais, que vêem na saúde fontes de lucro e de ganhos políticos. Reforçando esta estrutura, está o ensino, que previlegia a especialização e direciona o estudante na reprodução do sistema".

No discurso, a mágoa e a incerteza

No discurso, feito em versos, os novos médicos lembram com saudade e mágoa o velho prédio de sua faculdade e o tempo de estudantes, suas lutas, suas reivindicações, seus medos, as pressões, e a insegurança de um ensino deficiente e desvinculado da nossa realidade.

Saudamos a todos presentes
Na noite da cerimônia,
Obrigado por terem vindo
Compartilhar desta nossa insônia
Antes deixemos bem claro
Que optamos pela rima:
Ela atenua o disparo.
E dá um ar de doçura
A um tempo que pouco se anima
A versos de formatura.
Já sabem bem os senhores
que esta não é nossa casa,
Posto que há muito a perdemos.
E a que tínhamos nesta noite
Nos negaram alguns professores.
Não estão aqui as autoridades
Por receio a desacatos,
Eles não querem saber dos fatos
Que falam de dissabores.
Perdoem estes nossos tutores
Que optaram pela omissão
A ouvirem os nossos clamores.
Talvez respiremos um misto
De ausência e descompromisso
Qual a fuga e o desatino
De um medo já previsto
Mas porque haverá de doer tanto
Nos ombros destes senhores
O peso de nossas palavras?
Que culpa será esta
Que suscita tanto ódio
Em nossos diretores?
Falta-lhe tranquilidade
De virem sentar nesta mesa
E ouvirem as nossas verdades
Mas como não temos a honraria
Da Direção de hoje em dia,
E nem do palco da Reitoria,
Pedimos licença à platéia
Para em nossas mentes
Criarmos uma homenagem
Ao prédio e aos competentes.
Aqueles tantos que optaram
Por outras serventias.
Pelo ensino correto,
Sem esperanças de prêmio
Ou falsas regalias.
Figuras um pouco mais belas
E alheias às corruptelas
Correntes em nossos dias.
Que entrem nesta noite
As lembranças passadas,
Venha cá dentro, velha turma,
Jorre o sangue Sarmento Leite
Antes que a platéia durma
Que chegue aqui contente,
Doce prédio antigo,
Salão Nobre, velho amigo.
Palco de dias distantes
Entrem amigos, pais e parentes,
Vamos mostrar que aprendemos
O preço de nossa trilha.
Queremos de volta a mobília
Da casa que escolhemos.
Escola, meus senhores,
Tem de ter também alunos,
Não apenas professores.
Mas entre sim,
Em todos os cantos da sala,
Velho prédio do passado
Que já não existe hoje em dia.
Balance no teto os seus lustres
Dos tempos dos velhos mestres.
Pouco sobrou da esquina
Em que tanto cruzavam alunos
Nos dias de Anatomia.
Hoje o local é distinto:
É uma nova moradia.
Venha cá dentro logo,
Doce Salão Nobre faceiro,
Puxe junto o prédio inteiro
Que os formandos o auxiliam.
Viemos do tempo do medo
Mas hoje é o nosso dia.
A revolta é o testemunho
Do valor do nosso punho
No combate à hipocrisia
Hoje estamos nas ruas,
E ainda há poucos meses
Corremos em bandos aos gritos
Pelas praças, pradarias.
E estava tão bonito,
Aquela montanha de alunos
Saindo de suas salas,
Trazendo bandeiras, denúncias,
Tão nobre em suas falas.
Houve uma greve de alunos.
Senhores diretores.
E a luta nos deu um indício
Que nossas fileiras se armaram.
Não nos basta mais o silêncio
Dos tempos dos assintes.
Quantos colegas ausentes,
Tanto terror nas esquinas,
A luta foi nosso soluço
E também nosso requinte
E a resposta veio engasgada,
Do jeito como se deve,
E temos para esta noite
Uma turma de após-greve.
Parida em luta imperfeita,
O futuro dará conta disto.
E ao cabo de novas jornadas,
Embora talvez não se aceite,
Veremos com corpos eretos
A massa Sarmento Leite.
Queremos a implantação
De um ensino brasileiro.
Abaixo aos vícios do cativeiro.
Cuidemos de nossas chagas
E não das dos estrangeiros.
Na terra em que tantos não comem.
Voltemos os nossos olhos
Para a dor do nosso homem.
Amigos aqui presentes,
A direção desta Faculdade
Ao invés de enxergar as verdades
Prefere não vir esta noite.
O que temos em nossas bocas
E que causa tanto temor,
Talvez seja o nosso amor
Por esta comunidade
Muitos de nós, formandos,
Irão procurar trabalho
Nas zonas de interior.
Alguns não fizeram partos,
Outros não viram urgências.
E em meio a tantas carências,
Ao invés de dialogarmos
Em busca de solução,
Não somos sequer ouvidos.
E ainda acabamos punidos
Por nossa Congregação
Mas não vale lamentar agora,
O instante não é de tropeços.
Nosso basta à monotonia
Dos que tem a direção.
Esta Escola é um turbilhão
Que na greve reinicia
Um brinde aos novos colegas,
Que darão fim ao chicote.
Que mantenham o boicote
Que esta noite anuncia.
Adeus, velho Salão Nobre,
Escadarias e salas,
Tetos mofados de tempo,
Doce Escola da esquina.
Eles ainda não nos levaram
O que restou de poesia.
Um último aceno ao vitral,
Que tantas vezes olhamos distraídos
Quando entrávamos no prédio.
Quantos companheiros deixarão saudades.
A luta,
Lição do silêncio que custou tão caro,
Deixamos na memória dos presentes.
Os nossos passos
Lançamos com carinho aos mestres verda-
E por fim,
O sonho e a garra,
[illegible]sia,
Que os receba você,
Velho prédio da esquina.
Casa de Sarmento Leite.
Escola de onde se ouvem novos ecos de luta.
São os nossos próprios ecos
Brindando a formatura,

24 • FM 10 DE DEZEMBRO DE 1979 SEGUNDA-FEIRA

Acervo pessoal de Beatrice Neumann

Folha da Manhã, 10/12/1979

Vinte e cinco anos após a conclusão do curso, a UFRGS promove, no Salão de Atos da Reitoria, uma solenidade para homenagear os formandos que chegam ao Jubileu de Prata.

A ATM 1979 finalmente tem o seu momento de celebração oficial e dentro de casa. E com um "paraninfo afetivo": o professor Clóvis Wannmacher, homenageado por toda contribuição dada aos estudantes durante a graduação.

Repercussões

A repercussão do protesto da ATM 1979 extrapola os muros da Universidade. Ocupa páginas e páginas de jornais diários; também sensibiliza e mobiliza instituições. Um exemplo disso é a carta de apoio do Movimento de Renovação Médica, citada na reportagem da *Folha da Manhã*. Este movimento é integrado por grupos que lutam pela renovação das entidades da categoria e, desde sua criação, em 1977, passou a ocupar um espaço cada vez maior no cenário sindical e político da sociedade brasileira. A íntegra da nota de apoio[28] enviada aos formandos diz o seguinte:

> *Colegas:*
>
> *A atitude que vocês tomaram nos leva a refletir.*
>
> *Talvez pela primeira vez, uma turma médica tem sua solenidade de formatura impedida de realizar-se pelas autoridades universitárias. Uma solenidade de formatura, com seu paraninfo e homenageados, a sua pompa e formalidade, sempre foi cultivada como forma de compromissar os formandos com as normas vigentes, o status quo.*
>
> *A prática estudantil de reivindicações de melhoria do ensino não encontra eco nas autoridades, já que as diretrizes são impostas do poder central e os estudantes nunca são consultados, tal qual o resto da população, quanto às suas necessidades de ensino e saúde.*
>
> *A realidade vista hoje é bem diferente da época em que tais solenidades eram consonantes com os projetos de vida dos futuros médicos. Uma Medicina liberal, uma prática autônoma, um futuro rosado. Hoje o que*

28. O documento integra o acervo pessoal de Beatrice Neumann.

se tem é uma Medicina voltada para o lucro, uma prática médica desvinculada dos problemas sociais, uma prática de exploração e desvalorização do trabalho médico, paradoxalmente ao lado de uma sofisticação e medicalização que interessa a grupos multinacionais e nacionais, que veem na saúde fonte de lucro e de ganhos políticos. Reforçando esta estrutura, está o ensino médico, que privilegia a especialização e direciona o estudante na reprodução do sistema. Também conivente com isso, a corporação médica, através de suas entidades, não representativas da maioria da categoria, antidemocráticas e continuístas, faz de seu discurso privatizante a reprodução da ótica do lucro.

Colegas, uma atitude como esta que assumiram merece nosso respeito e nossa solidariedade, pois é corajosa e consequente, e para que não caia no vazio, são necessárias entidades médicas identificadas com tais proposições, capazes de interpretar corretamente nossas aspirações e intenções, enfim, entidades que façam eco às palavras dos colegas.

Outro exemplo remete à identificação de profissionais recentemente graduados com o protesto da ATM 1979. Em seu tempo de acadêmicos, vivenciaram dificuldades semelhantes; posteriormente, na etapa da residência médica, enfrentam outros tantos. O jornal *Ágora*, da Associação dos Médicos Residentes do HCPA, reproduz, em página inteira de sua edição de dezembro de 1979, a íntegra do discurso do orador Gilberto Schwartsmann. O editor-chefe da publicação é Ruy Moraes Filho, formado na ATM 1978 da Famed/UFRGS.

Se extrapolou os limites espaciais, o protesto daquela turma também o fez na dimensão temporal, posicionando-se – junto aos de outras ATMS do período – em uma dimensão histórica.

Em 2023, quando a Faculdade de Medicina da UFRGS celebrou seu 125° aniversário, o Museu de História da Medicina, em Porto Alegre, organizou uma mostra comemorativa sobre a trajetória da instituição. Entre os documentos históricos expostos no *hall* principal, figuraram alguns dos peculiares convites de formatura de ATMs que protagonizaram protestos. E, em lugar de destaque, emoldurado em um quadro, o poético discurso do orador de 1979, Gilberto Schwartsmann.

Entrevistados

Beatrice Neumann fez residência médica em Psiquiatria no Hospital São Lucas, da Pontifícia Universidade Católica do Rio Grande do Sul, e mestrado e doutorado no Departamento de Psicobiologia da Escola Paulista de Medicina (Unifesp), com ênfase em Psicofarmacologia. Especializou-se, ainda, em Medicina do Sono, iniciada na Universidade de Toronto, Canadá, e concluída na Unifesp. Atua como médica psiquiatra em consultório particular. É consultora da Organização das Nações Unidas (ONU) em diferentes projetos de prevenção e intervenções breves em casos de abuso de álcool e outras drogas.

Gilberto Schwartsmann aposentou-se como professor titular da Faculdade de Medicina da UFRGS. Como docente, também se dedicou, por vários anos, ao Serviço de Oncologia do HCPA. É professor emérito da Escola Latino-Americana de Oncologia, membro titular da Academia Nacional de Medicina, membro e ex-presidente da Academia Sul-Riograndense de Medicina e membro honorário da Real Academia de Medicina da Espanha. Realizou sua especialização no Middlesex Hospital e Royal Marsden Hospital, em Londres; PhD pela Free University, em Amsterdã; e pós-doutorado pelo National Cancer Institute & EORTC Liaison Office, em Bruxelas, e Bethesda, EUA. Publicou vários livros médicos e mais de 250 artigos científicos originais e é autor de diversas patentes de medicamentos no país e no exterior. Em paralelo, sempre se dedicou às artes e à cultura. É escritor de ficção, com obras traduzidas para o espanhol e o francês, dramaturgo, cronista e ensaísta, exercendo também a curadoria de exposições literárias. Presidiu a Fundação Bienal de Artes Visuais do Mercosul, a Bach Society Brasil, a Associação de Amigos do Theatro São Pedro e a Associação de Amigos da Biblioteca Pública do Rio Grande do Sul. Atualmente, é presidente da Orquestra Sinfônica de Porto Alegre.

José César Boeira fez residência em Ginecologia e Obstetrícia. Atuou como plantonista de Obstetrícia por mais de 30 anos. É técnico em Contabilidade e pós-graduado em Administração Hospitalar pela Associação dos Hospitais do Rio Grande do Sul/PUC-RS e em Auditoria em Saúde pela Universidade Gama Filho/Unimed. Também é bacharel em Direito pela PUCRS, perito médico-legista aposentado e *coaching* executivo. Integrou o Programa de Desenvolvimento em Gestão para Resultados (Fundação Dom Cabral), a missão de estudos Sistema de Crédito Cooperativo da Alemanha, a missão técnica ao Vale do Silício (EUA) e a missão técnica ao Sistema Desjardins (Canadá). É presidente da Unicred Porto Alegre.

Lygia Ohlweiler é mestre e doutora em Pediatria pela Faculdade de Medicina da UFRGS. Foi a primeira residente de Neurologia Infantil do Hospital de Clínicas de Porto Alegre e, atualmente, é médica neurologista infantil na instituição, além de coordenadora e preceptora de sua residência médica na especialidade. Atua, ainda, como professora convidada da UFRGS.

Currículos e fotografias fornecidos pelos entrevistados.

1980-1984

Sem paraninfo e sem beca

Quero falar de uma coisa
Adivinha onde ela anda?
Deve estar dentro do peito
Ou caminha pelo ar
Pode estar aqui do lado
Bem mais perto que pensamos
A folha da juventude
É o nome certo desse amor

Já podaram seus momentos
Desviaram seu destino
Seu sorriso de menino
Quantas vezes se escondeu
Mas renova-se a esperança

Nova aurora a cada dia
E há que se cuidar do broto
Pra que a vida nos dê flor e fruto

Coração de estudante,
Milton Nascimento e Wagner Tiso

"Prometo fazer deste país uma democracia", declara João Baptista Figueiredo ao tomar posse na Presidência da República. A sociedade não apenas está atenta para evitar que essa promessa caia no vazio: assume, ela própria, o protagonismo no processo de reconquista de seus direitos, da liberdade de se expressar e de escolher seus dirigentes. A mobilização e a pressão de cidadãos e cidadãs, artistas, intelectuais e instituições vão ser fundamentais para que a ditadura militar brasileira chegue ao fim. Entre os protagonistas, estão os estudantes universitários, os quais, justamente no ano da posse de Figueiredo, realizam um congresso visando à reconstrução da União Nacional dos Estudantes (UNE), colocada na clandestinidade em 1964. E que unem sua voz à de milhões que gritam nas ruas, em 1984: diretas já!

Enquanto isso, o governo do presidente que declara preferir o cheiro de cavalos ao do povo resulta desastroso para a economia. A inflação, que estava na casa dos 40% no início do mandato de Figueiredo, ultrapassa 200% ao seu final. A renda *per capita* cai, junto com o poder aquisitivo da população, enquanto a dívida externa aumenta. No cenário de recessão, os partidos de oposição ao regime crescem, ao mesmo tempo em que sindicatos e entidades de classe se fortalecem. Por todos os lados, pipocam greves – inclusive, nas universidades federais.

Em 1980, é extinto o sistema bipartidário instituído pelo AI-2 em 1967. A partir daí, são criados o Partido do Movimento Democrático Brasileiro (PMDB) e o Partido Democrático Social (PDS) – sucessores, respectivamente, do MDB e da Arena –, além do Partido Trabalhista Brasileiro (PTB), Partido Popular (PP), Partido Democrático Trabalhista (PDT) e Partido dos Trabalhadores (PT).

Em 1981, um episódio enfraquece substancialmente a autoridade do governo Figueiredo. Trata-se da tentativa de atentado no centro de eventos Riocentro, no Rio de Janeiro, durante um espetáculo musical que inicia as comemorações do Dia do Trabalhador. É um entre tantos atos terroristas protagonizados, ao longo do mandato, por integrantes da linha dura das Forças Armadas, inconformados com a ameaça de perda de poder. A intenção é detonar uma série de bombas no local e responsabilizar grupos de esquerda; uma delas, porém, explode antes do tempo, dentro do carro que a transporta, no estacionamento, matando um sargento e ferindo gravemente outro oficial. Meia hora depois, uma segunda explosão atinge a casa de força do Riocentro. Posteriormente, outras bombas são localizadas e desarmadas. Um inquérito policial militar é instaurado pelo Exército, mas sua condução envolve uma série de farsas, omissões e desaparecimento de provas, motivando uma forte pressão da sociedade. A situação acaba levando a uma divisão das Forças Armadas, entre os que apoiam o ataque e os que exigem justiça contra os terroristas, e à renúncia do general Golbery do Couto e Silva, chefe da Casa Civil.

Nas eleições gerais de 1982, que incluem o primeiro pleito direto para governadores desde 1965, são eleitos nove governadores do PMDB e um do PDT, enquanto o PDS é vitorioso em 12 estados.

Mas ainda falta ser devolvido, a cidadãs e cidadãos, o direito de eleger o presidente da República.

"Tô vendo uma esperança!", declara, reiteradamente, a ave Graúna, nas tiras do cartunista Henfil. A pequena e faminta ave reflete o sentimento de grande parte da população brasileira nesse início de década, em que a ditadura militar parece prestes a acabar. É uma esperança que cresce quando, em 1983, o deputado federal peemedebista Dante de Oliveira apresenta ao Congresso Nacional uma emenda constitucional que tenta reinstaurar as eleições diretas para presidente. A sociedade mobiliza-se em apoio à sua aprovação e nasce, assim, o movimento Diretas Já! (nome, aliás, cunhado por Henfil nas páginas do jornal *O Pasquim*[1]).

Em março de 1983, começam a acontecer comícios com a presença de representantes de diversos partidos. A participação popular, inicialmente, não é expressiva, mas aumenta à medida que cresce a adesão de lideranças políticas e entidades – entre elas, a UNE – e a crise econômica se agrava, com a inflação fechando o ano acima de 200%. Em 25 de janeiro de 1984, um comício na Praça da Sé, na capital paulista, reúne mais de 300 mil pessoas, e manifestações similares vão ocorrendo nos diversos estados. *Coração de estudante* torna-se uma espécie de hino do movimento.

Em 25 de abril, a Emenda Dante de Oliveira é apreciada pela Câmara, necessitando de votos favoráveis de dois terços da casa (320 deputados)

1. Desejando uma frase de efeito para encerrar a reprodução de entrevista com o senador Teotônio Vilela, Henfil criou um diálogo imaginário, em que pergunta "E aí, Teotônio, diretas quando?", e o entrevistado responde: "Diretas já!".

para ser encaminhada ao Senado. Mas consegue apenas 298. A eleição para presidente em 1985 ainda será indireta.

Em meio a ferrenhas disputas internas, o PDS indica o deputado federal Paulo Maluf para concorrer, decisão que desagrada parcela dos pedessistas (inclusive o presidente do partido, José Sarney), levando à sua dissidência e à criação da Frente Liberal (FL). Já a oposição tem, inicialmente, dois concorrentes, Ulysses Guimarães (PMDB) e Tancredo Neves (PP), mas, com a incorporação do PP pelo PMDB, Tancredo fica como candidato único. Em torno de sua candidatura, forma-se a Aliança Democrática, resultado de um pacto entre o PMDB e a FL, que inclui a definição de Sarney como vice.

Em 15 de janeiro de 1985, Tancredo Neves é eleito presidente – ainda que indiretamente, o primeiro civil desde 1964. É o fim do regime militar, que deixa, entre outras heranças, o saldo de pelo menos 434 pessoas assassinadas pelas forças de segurança por razões políticas, sendo que os corpos de 210 nunca foram encontrados, conforme apuraria, décadas depois, a Comissão da Verdade.

Seguem os protestos. E com novidades

As turmas que se formam na Famed/UFRGS na primeira metade da década de 1980 têm algumas peculiaridades. Ingressando no curso a partir de 1975, não tomam contato com nenhuma formatura convencional: uma turma escolhe pessoas já falecidas como paraninfo e homenageados, outras distinguem prédios no lugar de professores, uma não homenageia ninguém e outra sequer tem uma solenidade oficial. Também não vivenciam, em nenhum momento, a experiência de desfrutar de uma Faculdade com sede própria; a "Casa de Sarmento" é, desde o princípio do curso, apenas o local onde frequentam algumas disciplinas. O hospital de ensino já funciona quando iniciam a graduação, mas não está plenamente ocupado nem oferece as condições ideais para a aprendizagem prática de todos os estudantes; a Santa Casa segue recebendo alunos, mas enfrenta uma crise econômica sem precedentes. Ao mesmo tempo, o cenário nacional vai migrando dos anos ainda pesados da ditadura para outros marcados pelo início da reabertura política e por ampla mobilização da sociedade, incluindo sucessivas e longas greves nas universidades.

Em meio a tudo isso, a organização do ensino na Faculdade de Medicina segue, em diversos aspectos, deixando a desejar, ainda impactada pela reforma universitária da década anterior e, cada vez mais, pela escassez de verbas para a educação.

Nesse quadro, as ATMs de 1980 a 1984 continuam mantendo viva a tradição de protestos nas formaturas iniciada em 1974. Nenhuma elege um professor como paraninfo. Algumas, a exemplo do que ocorrera em 1979, sequer contam com uma solenidade oficial, realizando atos simbólicos por conta própria.

E introduzem, ainda, uma nova forma de contestação: deixam de usar as vestes talares nas cerimônias.

1980

Entre o nada e o apenas simbólico, a turma rachou

Já sonhamos juntos
Semeando as canções no vento
Quero ver crescer nossa voz
No que falta sonhar

Já choramos muito
Muitos se perderam no caminho
Mesmo assim, não custa inventar
Uma nova canção que venha trazer
Sol de primavera
Abre as janelas do meu peito
A lição sabemos de cor
Só nos resta aprender

Sol de primavera,
Beto Guedes

A Famed/UFRGS recebe os calouros de 1980 com uma mudança. Buscando minimizar o impacto causado pelo aumento no número de estudantes sem o respectivo acréscimo na infraestrutura de ensino, o curso é semestralizado: metade dos 180 aprovados no Vestibular ingressa na Faculdade no início do ano e integra a ATM 1985; os demais iniciam o curso apenas no segundo semestre e compõem a ATM 1986/1.

O Centro Acadêmico Sarmento Leite prepara, em junho, uma edição especial do jornal *O Bisturi* apresentando aos recém-chegados informações como a de que um novo currículo está em discussão:

> *Se chegou à conclusão de que o atual currículo, dando ênfase a um atendimento hospitalar e à prevenção secundária (diagnóstico e trata-*

> *mento), tem formado médicos especialistas, os quais atendem somente a uma pequena parcela da população, deixando a maioria sem um atendimento médico adequado. Os médicos aprendem a tratar de doenças menos frequentes na comunidade, deixando de saber como cuidar das necessidades reais. É para curar esse "vício especialista" que haverá mudança de currículo, com a meta de formar médicos generalistas que atendam aos problemas de saúde do povo brasileiro.*

A proposta elaborada pela Comissão de Carreira (Comcar) está focada em um atendimento ambulatorial mais próximo da população e na assistência comunitária, de base domiciliar, resguardando o atendimento especializado nos hospitais para os casos não solucionados na rede de cuidados primários. Se aprovada, vai levar à criação de disciplinas como Acompanhamento de Família, Diagnóstico de Saúde na Comunidade, Prática Hospitalar, Medicina Ambulatorial, Reabilitação Médica e Internato, além de modificar o nome e o foco das cadeiras existentes. O CASL enfatiza que, para implantar o novo currículo, serão necessárias diversas mudanças e, também, o comprometimento dos estudantes:

> *Deve-se ultrapassar os obstáculos que são certos departamentos com professores que se recusam a perder o seu status, e até mesmo o emprego por incompetência didática (...). Para tal os alunos devem se unir, e com a força dessa união cobrar e forçar a mudança nos departamentos e no nível de ensino. Os objetivos da Comissão de Carreira são os mais louváveis possíveis e ela propõe uma alternativa para a mudança; agora, cabe a nós, estudantes, analisar, discutir e criticar essa opção, dando novas propostas para melhorar cada vez mais a prática dessa política de ensino.*

Em paralelo com a expectativa de melhorias no ensino, a edição especial do jornal mostra aos *bixos* de 1980 um retrato não tão positivo da situação vigente. Relata, por exemplo, que, além de enfrentarem problemas comuns a todos os universitários – "certos professores incompetentes, falta de verbas para as cadeiras básicas, material didático caríssimo" –, os estudantes de Medicina ressentem-se de dificuldades peculiares, como a falta de material para as aulas de dissecação em Anatomia I. Segundo *O Bisturi*, esta é causada pela mudança no contrato com o Hospital Psiquiátrico São Pedro, que fornecia cadáveres em quantidade suficiente até julho de 1979, mas estabelece novas condições para as entregas e as reduz significativamente.

Ao mesmo tempo, a edição especial informa aos *bixos* quais as disciplinas específicas da Medicina que os aguardam no início do curso, por exemplo:

> *Anatomia I estuda o aparelho motor. A cadeira é suprida de professores que dominam satisfatoriamente a matéria, mal distribuída ao longo do semestre. A matéria abrange o estudo dos ossos e seus acidentes, dos membros superior e inferior, pescoço e face. A primeira metade do semestre é dedicada ao estudo dos ossos e membros superiores, que não chega a um terço da matéria a ser dada. Além disso, não é dada muita ênfase às aulas práticas e o método de avaliação é precário, não exigindo muito do aluno.*
>
> *Histologia e Embriologia I tenta estabelecer uma relação entre a matéria dada em Anatomia I e a dada nesta cadeira, uma tentativa frustrada. As aulas teóricas são ministradas por dois professores que também dominam satisfatoriamente a matéria. É dada alguma importância às aulas práticas em Histologia, mas Embriologia prima pela exclusividade das aulas teóricas. A avaliação na cadeira é inadequada, exigindo do aluno muita memorização.*

O texto aborda, ainda, algumas disciplinas do Ciclo Básico, comuns a todos os cursos:

> *Língua Portuguesa é outra do rol das inúteis. O ensino completo da Língua Portuguesa deveria ser dado ao indivíduo durante o 2º grau. E, muito mais do que isso, a leitura deveria ser estimulada na sua mais ampla gama de ofertas literárias para que o ensino de português não se esvaziasse dentro do indivíduo. Além disso, tudo que se tenta ensinar nessa cadeira é completamente esquecido um mês depois de terminado o semestre. Com uma revisão crítica do ensino de 1º e 2º graus podemos chegar à conclusão da inutilidade dessa cadeira.*
>
> *Introdução à Sociologia tem uma proposta bem interessante: aquela de que mostraria ao aluno de Medicina como se compõe a sociedade, como se move, como o fator econômico influencia sua composição. E o aluno, que deveria ter uma visão crítica de tudo o que ocorre, veria nessa cadeira que tipo de Medicina exercer, a que classe servir. Mas, de forma lamentável, isso não acontece. Não acontece pela incompetência dos professores que ministram tal cadeira e pela falta de capacidade do ensino de 2º grau formar no aluno uma consciência da sociedade que o cerca.*
>
> *Estudo dos Problemas Brasileiros I é uma cadeira que surgiu da reforma do ensino de 1969. Vocês,* bixos *da Medicina, poderão comentar isso com*

todos na Universidade, hão de ver a imbecilidade da cadeira. A cadeira por si só é uma lei, imposta de cima para baixo, uma mentira que não tem nada a ver com a realidade social, econômica e política brasileira. Só presenciando o aluno pode ver a inutilidade total de EPB. Há, inclusive, padres ou ex-padres que ministram a cadeira. Fora isso, representa uma visão de Brasil totalmente desvinculada da realidade.

Se esse é o cenário encontrado pelos calouros, os formandos da ATM 1980, que ingressaram na Faculdade em 1975, vivenciam seus próprios problemas, que vêm se repetindo ano após ano, principalmente após a reforma universitária. Como relata a então doutoranda Márcia Lorena Fagundes Chaves, "muitos professores não eram comprometidos, alguns a gente nunca via; outros eram desatualizados ou sem qualificação; e o currículo foi ficando cada vez pior". Uma das experiências mais negativas ocorre na disciplina de Anatomia, ministrada por uma professora da área de Artes, cujo conhecimento do corpo humano se restringe à sua representação visual. "Foi horrível. Fizemos um abaixo-assinado para mudar isso, nossa turma sempre foi muito ativa", conta Márcia.

Seu colega João Werner Falk recorda: "Nossa turma era grande e o grupo se tornou muito competitivo. O número de cadáveres era insuficiente para tantos alunos, assim como os microscópios na Histologia e na Patologia. Não cabíamos todos juntos no auditório da Anatomia e, assim, quem chegava antes do horário conseguia sentar-se em uma cadeira ou no chão, mas quem se atrasava nem conseguia entrar". Segundo ele, esse "espírito competitivo" só foi diminuindo a partir do quarto semestre, quando os alunos passaram a ser distribuídos em grupos para as atividades práticas, "que eram principalmente na Santa Casa e só um pouco no Hospital de Clínicas".

Sandra C. Fuchs, também integrante da ATM 1980, ressalta as dificuldades enfrentadas quando se inicia o ciclo do ensino prático. "Parte da turma fez as aulas de Semiologia nas enfermarias da Santa Casa, que possuíam instalações precárias. Outra parte fez no HCPA, que ainda estava sendo equipado, enquanto finalizava a nova Ala Sul, que conteria quartos com leitos privados, aos quais os alunos não teriam acesso. A turma anterior fez greve para que isso não acontecesse, porque reduziria o número de pacientes disponíveis para o ensino", relata, acrescentando: "Também fizemos reivindicações, como a de acolhimento de professores que vinham da Santa Casa para se estabelecerem no HCPA".

Acervo do Museu da História da Medicina do RS

No *Bisturi*, o contraste entre as expectativas dos *bixos* e a frustração dos doutorandos

Alguns professores de Semiologia, destaca Sandra, sequer compareciam às aulas para ensinar os estudantes. Assim, o primeiro contato com a prática é frustrante para a jovem que, apesar de não ter nenhum médico na família, aos 15 anos de idade já havia tomado a decisão irrevogável de um dia exercer essa profissão, que aprendeu a admirar na condição de paciente. "Quando criança, tomei vacina contra a varíola, minha mãe colocou um curativo para proteger e infeccionou, então me levou ao médico. Ele conversou, examinou, arrancou o curativo e disse que era para lavar bem o local que iria cicatrizar. Só isso, mas o modo como me atendeu, a atenção, a maneira de explicar, tudo isso me impactou, ali comecei a decidir que seria médica", conta. Após a decepção na Semiologia, Sandra determina-se a alinhar, por conta própria, o rumo de sua formação com aquele ideal da infância. Ao constatar que, para a disciplina de Clínica Médica I, embora haja alguns excelentes docentes, está alocada para um de "perfil não muito dedicado", apresenta-se ao professor Leonel Lerner: "Falei sobre a experiência do semestre anterior e pedi para ser sua aluna. Explicou que não era assim que funcionava, mas acabou me aceitando. Fiquei numa alegria só, aprendi muito com ele".

Outra experiência muito positiva é vivenciada pela estudante na disciplina de Pediatria Ambulatorial, ministrada na Santa Casa. Os professores Gilberto Eckert e Danilo Blank entregam um artigo científico, escrito em língua inglesa, para cada estudante ler e apresentar à turma em um seminário na aula seguinte. "Isso não era comum na época, a gente não estava acostumada com a leitura de artigos científicos nem a ler em inglês. Li com dicionário ao lado", relata Sandra, acrescentando: "Foi marcante, porque descobri que o conhecimento não estava só nos livros, que existiam artigos com conteúdos atualizados. Até então, a gente dependia só de livros e muitos não estavam disponíveis na versão mais atualizada na biblioteca da Faculdade". Mais uma experiência impactante é protagonizada junto ao professor Renato Soibelmann Procianoy, que havia sido transferido da Universidade Federal de Pelotas para a UFRGS, após regressar do exterior, onde fizera um *fellow*[2] em Neonatologia: "Cada discussão de casos, na UTI Neonatal, era uma aula de atualização baseada em artigos científicos publicados recentemente. Esses exemplos de profissionais que mostraram que Medicina era baseada em conhecimento científico aplicado ao exercício assistencial foram, provavelmente, aqueles que me levaram a fazer Pediatria", diz Sandra.

A própria Direção da Famed faz críticas ao comportamento de alguns professores. A departamentalização instituída pela reforma universitária, que começa a ser implementada na Famed em 1972, oito anos depois ainda não atinge o grau desejado de organização e funcionamento. No entendimento do diretor Carlos Candal dos Santos, isso ocorre devido à omissão de docentes que não se engajam ao processo decisório, limitando-se a "resmungar", como escreve em texto publicado na edição de agosto de 1980 na página da Famed no *Fatos em Foco*, o jornal do HCPA:

> *A reforma universitária parece ter tornado mais frequente aqui a resmungação que, aliás, é peculiar a todo grupamento humano organizado. Válvula natural de escape destinada ao alívio de tensões emocionais de variegada origem, esta envolve pessoas e setores administrativos numa forma de hostilidade, destituída, em regra, de consequências maiores.*
>
> *Como seria de esperar-se, depois da reforma seus alvos preferenciais passaram a concentrar-se no âmbito dos departamentos. Erros e omissões, personalismos autocráticos, panelinhas oligárquicas, "eminências pardas" perniciosas, locupletação de vantagens, favoritismos pessoais, congelamento dos que não pactuam, incontinências disciplinares, infidelidade nas representações efetivas: eis alguns dos tópicos habitualmente presentes nos cochichos de corredor.*

---

2. *Fellowship*, ou simplesmente *fellow*, é um treinamento especializado realizado em uma área específica da saúde.

Com seu puro e simples resmungar o professor não constrói. Nada promove em benefício da instituição, embora demonstre não ser um alienado total dos problemas do seu setor. Se fosse interrogado sobre que providências tomou para sanar os vícios por ele apontados, na maioria das vezes não haveria resposta. No entanto, a pergunta dar-lhe-ia a oportunidade para reconhecer nele próprio, na sua sistemática inoperância, o mal de origem de quase tudo que em seu ver são desacertos e tanto o desencantam.

É que ainda não adquirimos plena consciência da índole estrutural introduzida pela reforma da universidade brasileira. Nem do papel que, direta ou indiretamente, cumpre agora aos professores desempenhar junto aos diferentes escalões de comando de sua instituição. Em regra, quem está fora de chefia ou de colegiado não participa, não interfere, nada opõe nem propõe. Não mobiliza os direitos e até deveres que a lei, o estatuto e os regimentos lhe asseguram ou lhe impõem.

(...) A universidade hoje vive num mundo novo. Num sistema comunitário, consensual e elevadamente democrático. Em regime de cogestão ou cogoverno docente que, de forma direta ou representada, engaja todo o professorado nas funções opinativas e decisórias.

Ao longo do curso, fatores não relacionados ao ensino, mas sim ao cenário nacional, têm impacto sobre os estudantes da ATM 1980, a exemplo do ocorrido com as turmas que a antecederam. O então formando Artur Seabra menciona a pressão, sempre presente e combatida, dos decretos-leis 228/1967 e 477/1969[3], os quais, respectivamente, modificaram o sistema de representação estudantil e estabeleceram perseguição e possibilidade de expulsão de pessoas consideradas "subversivas" nas universidades.

João Werner Falk, por outro lado, recorda-se que era frequente aparecerem alunos novos, que ninguém conhecia: "Como chegavam de repente, alguns os chamavam de *paraquedistas*. Eram muito quietos, não informavam de onde vinham e eram muito observadores. Com o tempo, foi ficando evidente que eram pessoas da Polícia Federal que estavam lá para descobrir quem eram os alunos 'subversivos' (os que eram contrários ao governo da ditadura militar da época), os que defendiam a democracia e, principalmente, os que participavam de grupos comunistas ou similares. Houve colegas que 'sumiram por um tempo', que voltaram muito quietos,

3. Ambos só são revogados em meados de 1979, quando a ATM 1980 se aproxima do final do curso.

e outros que não voltaram mais. A maioria dos 'novos alunos' esteve por pouquíssimo tempo, mas pelo menos um permaneceu até o final e concluiu o curso junto com os demais".

Um novo elemento vem se somar a esse cenário no último ano da graduação. Em um país mobilizado pela tentativa de reinstaurar o regime democrático e, ao mesmo tempo, abalado pela crescente recessão econômica, com perda significativa de poder aquisitivo pela população, estouram greves em diferentes setores. Em 16 de novembro de 1980, começa o primeiro de uma série de movimentos que vão paralisar as universidades federais nos próximos anos. Durante 26 dias, até 11 de dezembro, 26 instituições federais de ensino superior fazem greve reivindicando reposição salarial e reajuste semestral, envio ao Congresso Nacional de anteprojeto de carreira do magistério, revogação da lei que determina a nomeação de reitores pelo presidente da República e destinação de 12% do orçamento da União para a educação. Apenas uma delas é atendida: em dezembro, o *Diário Oficial da União* publica legislações que estabelecem um novo plano de carreira docente.

Como a paralisação coincide com o encerramento do período letivo, os professores não entregam as notas finais dos estudantes dentro do prazo regulamentar. Sem elas, a Direção entende não poder considerar que os alunos do último semestre concluíram o curso. E a formatura da ATM 1980, programada para 5 de dezembro, tem que ser adiada.

Educação & Realidade

Macarthy terá encontro hoje com o novo Ministro em Brasília
REITORIA DA UFRGS ADIA FORMATURAS
)ocentes reafirmam decisão
le não entregarem conceitos
Assembléia Geral dos professores da Ufrgs foi realizada na Reitoria

***Zero Hora*, 28/11/1980 e 17/11/1980**

"Quando a Universidade entrou em greve, tínhamos tudo organizado. Diversos colegas do interior do estado já haviam programado a vinda dos familiares e a importância de 'formar um filho médico pela Universidade Federal' tinha um impacto muito maior do que atualmente, especialmente famílias que teriam o primeiro médico na família, entre outras situações", relembra Artur Seabra. Márcia Chaves reforça: "Estávamos com tudo pronto, convite impresso. Mas, com a greve, a Universidade não tinha estrutura para fazer a formatura". Conforme João Werner Falk, "devido à greve, os professores não entregaram os conceitos dos estudantes, o que impedia a realização de uma formatura com validade legal".

Sandra Fuchs relata que muitos estudantes estavam apoiando o movimento grevista. "Eu participava ativamente, porque julgava os motivos válidos. Não só as demandas salariais dos professores, mas principalmente a reinvindicação de mais verbas para a educação e melhorias no ensino. E a greve tinha que ter adesão nacional para funcionar, por causa dessas questões, que diziam respeito à universidade brasileira como um todo. Na UFRGS, havia ainda o pleito local de que o HCPA se consolidasse como hospital-escola, oferecendo amplo acesso à população e aos estudantes". Mas ressalta que, para os estudantes de Medicina, o adiamento da solenidade de colação de grau acaba se tornando um problema: "Normalmente, duas semanas depois a gente já começava a residência, não dava para esperar. Porém, o diretor Candal não reconsiderou, não se achava responsável pela greve e se sentia ofendido com ela".

Cria-se, então, um dilema na ATM 1980: suspender a solenidade programada e sem validade oficial ou mantê-la, em caráter apenas simbólico? Nesse momento, diz Sandra, "a turma rachou": "Cerca de 50 formandos, inclusive eu, propuseram não fazer nada, como parte da greve". Márcia Chaves também foi contra a formatura simbólica, mas por motivo diferente: "Muitos ficaram chateados por não ter a solenidade e resolveram fazer uma por conta própria, proforma. Fui radicalmente contra, fazer formatura daquele jeito não tinha sentido, não tinha legitimidade. Não aderi por isso". Seabra contrapõe: "Vivíamos tempos difíceis do ponto de vista político e colegas com posicionamento mais firme decidiram se solidarizar com a greve da Universidade, mas a maioria, entre as quais eu me incluía, optou por fazer uma solenidade simbólica".

A decisão final é firmada em assembleia geral, na qual a posição majoritária, obtida por escassa maioria, é pela realização, na data prevista, de uma cerimônia extraoficial, sem participação da Diretoria da Famed nem uso de vestes talares. E, também, sem paraninfo – como enfatiza Sandra, em solidariedade às turmas anteriores e, principalmente, por coerência com os princípios norteadores das reivindicações que geraram a greve.

Como homenageados, são escolhidos os professores César Amaury Ribeiro da Costa, Egomar Lund Edelweiss, Ernesto de Freitas Xavier Filho, Isaac Pechansky, José Silveira Osório, Manoel Adolpho May Pereira e Roberto Correa Chem. A turma introduz a inédita homenagem a uma disciplina, sendo escolhida a de Psiquiatria. São lembrados, ainda, postumamente, os colegas Adilson Jacob Pundrich e José Américo Muniz Vazquez e os professores Arthur Garcia Pereira, Joaquim Assumpção Osório e Tauphick Saadi. Por fim, Cláudio Humberto Zasso, integrante da ATM 1980, é escolhido como homenageado especial. "Zasso foi o presidente da Comissão de Formatura e o responsável pela arrecadação de fundos, o que fazíamos desde a metade do curso, e operacionalizou a maioria das ações relativas à cerimônia e baile", explica Artur Seabra.

Como se trata de uma solenidade extraoficial, o Salão de Atos da UFRGS não é colocado gratuitamente à disposição da turma, que paga por sua locação. A ATM 1980 também não pode contar com o apoio da Faculdade ou da Reitoria para a organização e condução da solenidade, e o formando Marco Antônio Both faz as vezes de mestre de cerimônias.

Na noite de 5 de dezembro de 1980, parte da ATM 1980 participa da formatura informal, sem uso de vestes talares, sem presença de autoridades acadêmicas e sem colação formal de grau. Artur Seabra reconstitui como foi a solenidade: "O orador foi Renato Saltz, que leu um discurso escrito em conjunto por alguns formandos, falando especialmente da turma, dos colegas, das amizades e casamentos que ocorreram, das famílias, dos desafios que enfrentaríamos dali para a frente. Usou um tom bastante leve e apenas tangenciou os assuntos políticos que vivemos durante os seis anos de curso". Na lembrança de quem esteve presente, foi um discurso muito bonito. Seabra segue: "Um dos professores homenageados, Ernesto de Freitas Xavier Filho, falou em nome dos demais. E foram chamados nominalmente todos os colegas, que apenas levantavam de suas cadeiras no palco e eram aplaudidos pela plateia. O clima era alegre, de conquista, de orgulho".

Além dos professores homenageados, outros assistem à solenidade na plateia. Repentinamente, um deles surpreende a turma, ao se levantar e pedir a palavra, fazendo um discurso não programado: o professor Rubens Maciel[4], um dos mais renomados mestres da Famed/UFRGS, que discorre sobre a carreira médica e também dá um "puxão de orelhas" nos formandos e no movimento grevista, criticando-os.

4. Sobre a importância de Rubens Maciel na Medicina gaúcha, na Famed/UFRGS e no HCPA, ver capítulo da ATM 1979.

Após a solenidade, acontece um baile no Teresópolis Tênis Clube, onde fotógrafos levam as tradicionais becas pretas para que quem desejar faça a foto individual clássica.

"Foi uma cerimônia muito emotiva para os estudantes, seus familiares e amigos que estavam na plateia. Eu e meus familiares nos emocionamos muito", sintetiza João Falk. Já Sandra Fuchs, que não compareceu ao evento, lamenta não ter podido desfrutar daquele momento de confraternização dos alunos de Medicina com suas famílias. Mas reforça sua convicção de que, naquela ocasião, era mais importante apoiar a greve: "Havia uma grande mobilização nacional. Nós vivemos isso, fizemos manifestações, corremos da polícia. Existia um componente de altruísmo, se preocupar com os professores, com o futuro da Famed e assegurar que o HCPA se consolidasse como o hospital-escola da nossa Universidade. Fez parte de nossa formação como pessoas".

Apenas depois de encerrada a greve, os formandos e as formandas da ATM 1980 fazem a colação de grau oficial.

O ato burocrático necessário para que sejam formalmente reconhecidos como médicos e médicas ocorre no Hospital de Clínicas de Porto Alegre.

Entrevistados

Artur Seabra é cirurgião-geral, com MBA em Gestão em Saúde pela Fundação Getúlio Vargas (FGV). Chefia o Serviço de Cirurgia Geral do Hospital Moinhos de Vento, em Porto Alegre, além de, na mesma instituição, coordenar o Programa de Pós-Graduação em Cirurgia Minimamente Invasiva e atuar como gestor médico da área cirúrgica.

João Werner Falk, mestre e doutor em Medicina: Ciências Médicas pela UFRGS, é professor titular do Departamento de Medicina Social da Famed e pesquisador com ênfase na Atenção Primária à Saúde e em Medicina de Família e Comunidade. Foi presidente, em cinco gestões, da Sociedade Brasileira de Medicina de Família e Comunidade e, na mesma entidade, diretor de Titulação e Certificação em duas gestões.

Márcia Lorena Fagundes Chaves, professora aposentada da Famed/UFRGS, é mestre em Ciências Biológicas/Fisiologia e doutora em Medicina (Clínica Médica) pela UFRGS, com bolsa-sanduíche Capes na Universidade da Califórnia e bolsa CNPq de pesquisadora visitante na Johns Hopkins University, ambas nos EUA. Integrou e chefiou o Serviço de Neurologia do HCPA, onde também desenvolveu projetos na área de envelhecimento e demência. É membro do Departamento Científico de Neurologia Cognitiva e do Envelhecimento da Academia Brasileira de Neurologia.

Sandra Cristina Pereira Costa Fuchs, professora titular do Departamento de Medicina Social da Famed/UFRGS, iniciou sua carreira como pediatra, migrando progressivamente para a pesquisa. Possui pós-doutorado na School of Public Health, Johns Hopkins University, e foi professora visitante no Departamento de Nutrição da Harvard School of Public Health, ambas nos EUA. Entre os vários ensaios clínicos randomizados que coordenou ou dos quais participou, destaca-se o Estudo Prever, constituído por dois ensaios clínicos randomizados. O Prever-Prevenção investigou a prevenção do desenvolvimento e o controle da hipertensão, por meio de medicamentos anti-hipertensivos em baixa dose. O Prever-Tratamento investigou a efetividade do tratamento da hipertensão. Atualmente, o destaque é para o Estudo Optimal, que inclui dois ensaios clínicos randomizados, o Optimal Diabetes e o Optimal Stroke, ambos em andamento.

* O depoimento de Sandra Fuchs contou com a colaboração de colegas que contribuíram para assegurar a fidedignidade das informações: Marco Antônio Both, Antonio Fernando Furlan Pinotti e Paulo Dornelles Picon.

Currículos e fotografias fornecidos pelos entrevistados.

1981

Uma abstração onírica como paraninfo

Quero a utopia, quero tudo e mais
Quero a felicidade dos olhos de um pai
Quero a alegria, muita gente feliz
Quero que a justiça reine em meu país

Assim dizendo a minha utopia
Eu vou levando a vida, eu vou viver bem melhor
Doido para ver o meu sonho teimoso um dia se realizar

Coração civil,
Milton Nascimento e Fernando Brant

No ano da formatura da ATM 1981, já faz uma década que o estatuto do Hospital de Clínicas de Porto Alegre foi publicado no *Diário Oficial da União*, autorizando a empresa pública a entrar em funcionamento. Serviços foram sendo abertos aos poucos, a partir de 1972, mas ainda não há plena ocupação dos espaços. No entender de muitos estudantes da Famed/UFRGS, tampouco a instituição está sendo cumpridora, naquela quase uma década de atividades, de sua missão primordial: a formação de recursos humanos para a área da saúde.

"Havia uma grande frustração pela subocupação do HCPA. O perfil assistencial também era incipiente pela ausência de muitas especialidades; os internatos eram feitos em especialidades específicas. O modelo do hospital era a Medicina privada e para poucos, e o doente, uma mera ferramenta assistencial, salvo honrosas exceções, disputadíssimas pelos alunos", analisa a estudante daquela turma Rosana Reis Nothen. Seus colegas Rogério Friedman e Roberto Ceratti Manfro também compartilham lembranças sobre a situação: "O HCPA era um hospital jovem e não totalmente ocupado. Ainda não comportava todas as turmas e carecia de vários recursos e facilidades necessários ao ensino. Muitos professores da Famed atuavam em outros locais e lá recebiam seus alunos. Temos boas e más lembranças. Tudo dependia muito do professor, em alguns estágios os alunos eram negligenciados e em outros eram estimulados e participativos".

Outra integrante da ATM 1981, Beatriz Graeff Santos Seligman (na época, sem o último sobrenome), relata: "O nosso internato foi distribuído de forma casuística, como era a regra, e ficamos randomicamente alocados na Santa Casa ou no HCPA. Nas enfermarias da Santa Casa, principalmente, tínhamos aulas de Semiologia, Medicina Interna e algumas áreas da Cirurgia. Era quase uma regra fazer estágios de férias, ficar nas enfermarias acompanhando casos e 'filar' discussões de casos de professores que não eram necessariamente os nossos. O Hospital de Clínicas era uma área onde os alunos passavam mais como exceção do que como regra".

Diante desse quadro, que ano após ano não evolui satisfatoriamente, os estudantes seguem mobilizando-se, reivindicando melhorias. Beatriz recorda-se, em especial, de um episódio, ocorrido no Salão Nobre do antigo prédio da Faculdade: "Vínhamos de uma greve recente, na qual a Famed parou completamente, com discussões sobre o ensino médico e a reivindicação de que alguns excelentes professores pudessem atuar no HCPA. Em uma assembleia geral, o vice-presidente médico do hospital, corajosamente, inscreveu-se e manifestou-se dizendo que os motivos de uma greve por melhoria do ensino médico eram, em sua natureza, totalmente oníricos. Eu tive a sorte de ser a próxima inscrita e retruquei que seria um fato único: todos os alunos de todos os anos sonhando coletivamente com a melhoria do ensino, mais transparência na contratação de professores e alocação dos alunos, mais disciplinas práticas, mais contato com a realidade brasileira, e que o hospital-escola prometido fosse uma realidade e não um discurso. O Salão Nobre foi sacudido por palmas prolongadas e silenciosas. Eram outros tempos, anos rebeldes, e havia uma identidade de turma muito forte".

Friedman e Manfro acrescentam que, ao mesmo tempo, "a relação da Famed com a Santa Casa vinha se deteriorando. A Santa Casa, enquanto espaço de ensino, estava em estado de quase abandono, com nítida decadência física e material". Os dois colegas relembram outros problemas vivenciados durante a graduação: "O curso não era bem organizado e havia muita disparidade em relação à qualidade do ensino em diferentes departamentos. As várias disciplinas, principalmente as do Ciclo Clínico, pecavam pela falta de organização e o envolvimento e comprometimento dos docentes era muito heterogêneo". Assim, acrescentam, "acreditamos que a maioria dos alunos da ATM 1981 tenha buscado algum tipo de complementação do ensino. Em mais larga escala, isso ocorria com estágios complementares de férias na metade e no final do ano".

Rosana Nothen conta que boa parte de sua formação prática como pediatra foi no HCPA, mas não teria sido completa sem o apoio de outras instituições em que havia a possibilidade de desenvolver atividades, como a Santa Casa, a rede de atenção básica, o Hospital São Pedro e clínicas privadas. "No sexto ano, tivemos mais acesso ao HCPA e a outros hospitais, como o Instituto de Cardiologia e o Santo Antônio, que naquela época ainda não estava fisicamente no Complexo Hospitalar da Santa Casa. Também o Hospital de Pronto Socorro, onde ingressamos como internos bolsistas no quinto ano, foi fundamental para as três faculdades de Medicina de Porto Alegre à época, porque era o único hospital que tratava urgências dentro do conceito de emergência aberta e com vocação para trauma", relata, acrescentando que buscou, ainda, diversas outras experiências ao longo do curso: "Fui monitora, bolsista de iniciação científica do CNPq[5] e fiz muitos estágios de férias voluntários. Nossa geração considerava essas experiências imprescindíveis".

Como não pode deixar de ser, o contexto nacional tem seus impactos sobre a trajetória da ATM 1981, desde o ingresso, em 1976, até o final do curso. "Vivíamos os duros tempos da ditadura e o movimento estudantil se expressava de uma maneira muito mais contundente do que hoje em dia. Éramos vigiados e monitorados pelos órgãos de repressão e na nossa ATM 81 tínhamos diversas lideranças ligadas formalmente aos movimentos da época, inclusive com correntes políticas definidas que acabaram sendo embriões de futuros partidos políticos na redemocratização", exemplifica Rosana, acrescendo: "A censura imperava e qualquer reunião de pessoas poderia ser uma oportunidade de ouro para denunciar e criar as pequenas fissuras alcançáveis no *establishment*. A voz dos alunos era tão pouco ouvida que muitos movimentos estudantis pregavam o boicote

5. Conselho Nacional de Desenvolvimento Científico e Tecnológico.

às participações discentes por entendê-las inúteis e validadoras de uma participação inexistente na prática". Paradoxalmente, destaca, "foi o importante vínculo de um presidente militar com um reitor da UFRGS[6] e com o Rio Grande do Sul que garantiu ao sonhado hospital-escola um modelo jurídico e financeiro visionário e excepcional em relação aos vigentes à época e por muito tempo depois. Isso contribuiu para que o HCPA se tornasse, mais tarde, referência nacional e expoente internacional entre hospitais públicos e privados".

Entendendo que é preciso "conhecer a besta por dentro do ventre", quando estudante Rosana participa da Comissão de Carreira da Medicina: "Era uma Comcar progressista para a época, e afinal nós, estudantes, participamos ativamente da mudança de currículo em 1981, que se mostrou uma importante conquista em relação aos moldes vigentes de uma saúde elitista e sectária". Segundo ela, "este currículo foi uma das iniciativas que deixavam clara a necessidade de mudança na atenção aos vulneráveis. Lembremos que as políticas de inclusão só vieram com a Constituição de 1988[7], e a saúde coletiva era uma importante célula de resistência à ditadura. Até hoje, as universidades públicas se ressentem dos desmontes e desprestígio infligidos por aqueles governantes ilegítimos, que viam como fundamentais, para a sua continuidade, a manutenção do povo no obscurantismo e na doença. A saúde era responsabilidade do INPS, depois Inamps, cujas vocações vinham da Previdência Social, e não da Saúde. Basicamente, visava à reposição da força de trabalho, por meio da assistência médica. Não havia cobertura para os atendimentos multiprofissionais e somente trabalhadores urbanos formalizados tinham acesso. Na maior parte do tempo, aprendíamos em corpos de indigentes ou trabalhadores rurais, com escassa supervisão e precárias instalações. E isso nos insultava e indignava".

---

6. A Lei 5.604, de 2 de setembro de 1970, que criou a empresa pública de direito privado Hospital de Clínicas de Porto Alegre, com uma configuração jurídica diferenciada, foi idealizada pelo então reitor Eduardo Zaccaro Faraco e promulgada pelo presidente à época, Emílio Garrastazu Médici. Faraco era cardiologista do general natural de Bagé. Médici e seu antecessor na Presidência, Artur da Costa e Silva, receberam da UFRGS, nos anos 1970, o título de doutor *honoris causa*. As honrarias concedidas a ambos foram cassadas pelo Conselho Universitário da UFRGS em 2022, por recomendação do Ministério Público Federal, uma vez que seus nomes figuravam no relatório da Comissão Nacional da Verdade (colegiado instituído pela presidenta Dilma Rousseff para investigar violações de direitos humanos durante a ditadura).

7. O artigo 196 da Constituição de 1988 definiu que a saúde é direito de todos e dever do Estado. Com base nessa premissa, em 19 de setembro de 1990 foi promulgada a Lei 8.080, que instituiu o Sistema Único de Saúde (SUS), proporcionando o acesso universal ao sistema público de saúde.

Friedman e Manfro destacam: "Era um período de exceção, vivíamos sob a égide de um governo não democrático. Na Universidade e, por conseguinte, na Famed, havia uma grande insatisfação com a maneira com que a sociedade era conduzida". "O país vinha de governos autoritários, o reitor era escolha dos presidentes militares, e vivemos as manifestações dos estudantes da UFRGS contra a ditadura, principalmente nos anos de disciplinas básicas", complementa Beatriz Seligman.

Em 1981, nova greve ocorre nas universidades, dessa vez com duração de 20 dias. As reivindicações abrangem reposição salarial de 45%, retroativa a março; reajuste semestral; enquadramento dos professores e servidores que haviam sido discriminados na reformulação do quadro de carreira de 1980; e destinação de 12% do orçamento federal para a educação. Ao final, as conquistas incluem reposição salarial de 30% para os docentes das instituições de ensino superior autárquicas, reenquadramento dos servidores discriminados e fixação de um prazo de seis meses para discutir a reestruturação da Universidade – uma nova reforma universitária.

Chega o ano final do curso e, com ele, as decisões sobre a formatura. Conforme Beatriz Seligman, a turma era muito unida. "Éramos 126 alunos aprovados no Vestibular da UFRGS para a Faculdade de Medicina. Quando entramos, não havia a semestralidade: iniciava e terminava todo mundo junto, se não parasse no caminho. Isso com certeza foi construindo uma identidade de grupo inequívoca".

Várias reuniões são realizadas para discutir como será a solenidade. "A primeira foi para decidir se faríamos uma cerimônia tradicional, com toga, representantes das autoridades, paraninfo, homenageados. Foram muitas discussões, e, embora nem todos estivessem de acordo, acabou sendo votado pela maioria que seria uma cerimônia menos litúrgica, menos pomposa, queríamos apenas um ato de encerramento – na Reitoria, sem toga", conta Beatriz.

Mas, quando essa decisão é comunicada à Reitoria, a resposta é categórica: o Salão de Atos serve às cerimônias de formatura tradicionais e não vai ser cedido para um evento que não obedeça ao rito vigente. Por outro lado, conforme relatam Rogério Friedman e Roberto Manfro, "os professores mais envolvidos com o ensino e mais interessados no progresso dos alunos se dividiram em dois grupos: os que questionavam a decisão em detrimento de um momento mais solene e os que a apoiavam, por concordarem com as denúncias e demandas dos formandos. Os demais docentes ficaram indiferentes".

Segundo Beatriz Seligman, o impedimento de uso do Salão de Atos "paradoxalmente, tornou a turma mais unida, e divisões que havia em relação à toga e ao formalismo foram deixadas de lado".

A ATM 1981, assim, está mais decidida do que nunca a fazer uma solenidade com as características desejadas, ainda que sem validade oficial, e parte para a busca de um local adequado. Ao final, os formandos conseguem a cessão do auditório da Assembleia. "A Assembleia aceitou servir de palco para a formatura porque considerou que nossa escolha caracterizava uma manifestação política importante (única condição, pelo seu regimento da época, que permitiria ceder o auditório principal da casa para um evento dessa ordem). A Assembleia era vista como um espaço democrático no contexto do regime de exceção e esse 'protesto' foi acolhido pelos deputados", narram Friedman e Manfro.

"A escolha da Assembleia Legislativa falava da nossa posição libertária, de apoio ao estabelecimento da normalidade nos parlamentos e à convocação de uma Assembleia Constituinte. Também era um espaço grande e acolhedor, com boas acomodações e acústica, e com alguma proteção em relação a alguma truculência que a ditadura pudesse perpetrar", diz Rosana, enfatizando: "Foi uma manifestação pública de descontentamento com a Faculdade de Medicina. Refletíamos uma sociedade emudecida, em muitos casos ferida, pelos anos de exceção. Não queríamos que professores elitistas se projetassem em uma cerimônia, a nosso ver, dissimulada e descolada da realidade social do país. Os reitores eram escolhidos pelo regime e não representavam a Universidade em ebulição que vivíamos naquele momento. Teve um custo pessoal enorme para cada um de nós no enfrentamento da vontade dos pais e de parte dos colegas que sonhavam com as formalidades".

O próximo passo é definir detalhes, como o convite, o roteiro do evento, o orador da turma, seus homenageados e o paraninfo. E, em muitos desses aspectos, a ATM 1981 vai ser inovadora e pioneira.

O convite, muito simples, é uma folha em tamanho A4 dobrada ao meio. Em seu interior, constam a lista de 100 formandos e formandas e as informações sobre o evento, denominado não formatura, mas "cerimônia de encerramento do curso". É reproduzido, ainda, um trecho da canção *Coração civil*, de Milton Nascimento e Fernando Brant, traduzindo os sentimentos de uma turma que deseja viver a utopia de uma vida mais feliz e uma sociedade mais justa e está "doida para ver seu sonho teimoso um dia se realizar".

Na capa, o convite introduz uma novidade, que virá a ser replicada por inúmeras ATMs ao longo dos anos, e mesmo décadas, seguintes: a inserção de uma fotografia da turma. Captada pelo colega Ricardo Melzer Tisser, a imagem mostra os e as estudantes, vestindo roupas informais, sentados na escadaria externa do Instituto de Biociências – o antigo prédio da Famed –, que ajuda a compor, ele próprio, um retrato daquele tempo e do espírito do grupo, com pichações e cartazes conclamando à mobilização estudantil.

Acervo pessoal de Rosana Nothen

Foto da ATM 1981 no convite de formatura

A solenidade contempla o mínimo de formalidades e é conduzida pelos estudantes Nelson Telichevesky e Vera Beatriz de Freitas Nickele, que fazem as vezes de mestres de cerimônia. Os nomes dos formandos e formandas são lidos um a um. E há um único discurso: o do orador da turma.

Ou melhor, da oradora.

A ATM 1981, que tem cerca de 40% de integrantes do sexo feminino, é pioneira na Faculdade de Medicina ao escolher uma mulher, Beatriz Graeff Santos, para representar a turma no discurso de despedida. "Vários colegas mandaram esboços de discurso de formatura, e no final, o meu acabou sendo o mais votado. Fui a oradora. Não havia tantas formandas mulheres e, portanto, oradoras, e não sabíamos, na época, se era um ato inédito. Nos parecia uma questão menos importante do que a discussão de um ensino voltado para a realidade, na qual tivéssemos a oportunidade de vivenciar tanto pesquisa quanto assistência. Queríamos sair como médicos, aptos a reconhecer e modificar no que fosse possível o sofrimento das pessoas e a dura realidade do país", destaca Beatriz.

A existência de um único discurso na cerimônia passa pelas decisões tomadas, durante as reuniões da Comissão de Formatura, em relação à eleição de homenageados e paraninfos. A turma decide, no lugar de escolher professores como homenageados, destacar dois colegas falecidos durante o curso, Artur Paulo Pietsch e José Luiz Brufatto, apresentando-os, no convite e no evento, como "Nossas lembranças".

Já para paraninfo, diversos nomes chegam a ser sugeridos, mas, após sucessivas votações, a turma não chega a um consenso. "Isso não significa que não houvesse professores que tivessem o nosso reconhecimento, mas havia descontentamento com as condições de ensino", explicam Rogério Friedman e Roberto Manfro.

Como os problemas relacionados ao ensino no Hospital de Clínicas haviam estado em pauta ao longo de toda a graduação, os formandos têm a ideia de fazer, em sua formatura, alguma menção ao assunto. Turmas anteriores já haviam escolhido prédios como "paraninfos" – a antiga sede da Famed, a Santa Casa –, mas a ATM 1981 opta por algo um pouco diferente. Seu "paraninfo" será não o HCPA, mas sim o que Beatriz Seligman classifica como *uma abstração onírica* – "O Sonho do Hospital-Escola": "Acabamos decidindo que o verdadeiro homenageado teria que ser um ensino médico comprometido com os alunos, com o aprendizado calcado em aulas práticas e com o uso integral do hospital-escola como área de ensino. Assim, foi decidido que não teríamos toga, paraninfo, homenageados, mas que essas categorias seriam representadas de forma única pelo 'Sonho do Hospital-Escola'".

Aquela noite de 14 de dezembro de 1981 mescla alegria e temor, protesto e amizade. "Foi uma cerimônia curta, um manifesto. Cantamos juntos *Canção da América*[8] ao final, com todos os formandos no palco.

8. Versão em português, escrita por Fernando Brant, para a música *Unencounter*, composta em inglês por Milton Nascimento, em homenagem a seu amigo Ricky Fataar, músico sul-africano.

Uma torrente de lágrimas e sorrisos, abraços, despedidas e promessas. Estávamos apreensivos e excitados, felizes e com medo ao mesmo tempo. Poderíamos ser interrompidos e eventualmente presos. Isso também contou para a emoção e a choradeira incontida que se deflagrou ao final", conta Rosana Nothen.

Amigo é coisa pra se guardar debaixo de sete chaves
Dentro do coração
Assim falava a canção que na América ouvi
Mas quem cantava chorou ao ver seu amigo partir (...)
Amigo é coisa pra se guardar no lado esquerdo do peito
Mesmo que o tempo e a distância digam: Não
Mesmo esquecendo a canção
O que importa é ouvir a voz que vem do coração
Pois seja o que vier, venha o que vier
Qualquer dia, amigo, eu volto a te encontrar

Beatriz Seligman reforça: "O auditório da Assembleia estava lotado de amigos, familiares e muitos professores por quem nutríamos afeto, respeito, embora achássemos que era necessário um ensino mais discutido e transparência nos critérios de alocação de docentes e alunos. A formatura foi muito emocionante, todos os presentes aplaudiram de pé de forma prolongada". Rogério Friedman e Roberto Manfro recordam: "A decisão por esse tipo de solenidade não oficial foi bastante discutida em assembleias da ATM e as decisões foram pacificadas. Assim, no rito de passagem para a etapa seguinte de nossas vidas, o clima era de camaradagem, de amizade".

Algum tempo após a solenidade simbólica, ocorre a colação oficial de grau. A formatura em gabinete, à qual habitualmente recorrem alguns poucos estudantes que não podem ou não desejam participar da solenidade de formatura, dessa vez tem que receber a turma inteira, que não cabe no gabinete do diretor da Famed no HCPA.

Assim, a Sala 160 do hospital, misto de sala de aula e auditório, é o local de cumprimento do ato formal e burocrático necessário para que os e as integrantes da ATM 1981 sejam formalmente reconhecidos como médicos e médicas.

Anos mais tarde, um dos formandos da ATM 1981 segue alimentando o "Sonho do Hospital-Escola". O HCPA, nesse momento, é um dos melhores do país e opera sempre acima do limite de sua capacidade para dar conta das demandas, cada vez maiores, da população, dos estudantes e dos pesquisadores. E o ex-estudante Amarilio Vieira de Macedo Neto, presidente eleito do Hospital de Clínicas de Porto Alegre por duas gestões (2008-2016), ousa sonhar com a preparação da instituição para o futuro – e lidera sua concretização.

Após a elaboração de um plano diretor, mobilização da comunidade interna e da sociedade e incansável busca de recursos, dois novos prédios são construídos, ampliando as instalações do HCPA em cerca de 70%.

Um deles leva, hoje, o nome de Professor Amarilio Vieira de Macedo Neto (foto), em homenagem ao sonhador formando da ATM 1981, falecido em 2022.

Acervo pessoal dos autores

Memorial HCPA

O HCPA em 2024

Entrevistados

Beatriz Graeff Santos Seligman tem especialização em Nefrologia, mestrado em Clínica Médica e doutorado em Ciências Cardiovasculares pela UFRGS. Aprovada em concurso público para professora de Medicina Interna, foi alocada por um ano na Santa Casa de Misericórdia e, posteriormente, chefiou o Serviço de Medicina Interna do HCPA. Após 32 anos como professora da Famed/UFRGS e médica assistente do HCPA, solicitou sua aposentadoria e, de 2023 em diante, exerce atividades em consultório e internação como médica internista. Continua gostando das músicas de Nascimento e Brant.

Roberto Ceratti Manfro fez residência em Medicina Interna e Nefrologia no HCPA, mestrado em Medicina/Nefrologia na UFRGS e doutorado na mesma especialidade na Universidade Federal de São Paulo, além de *fellow* do Serviço de Transplantes da Universidade da Califórnia e pós-doutorado pelo Departamento de Imunologia Clínica do Beth Israel Hospital, na Universidade de Harvard. É professor titular do Departamento de Medicina Interna da Famed/UFRGS, chefe do Serviço de Transplantes do HCPA e coordenador do Colegiado dos Programas de Transplantes da instituição.

Rogério Friedman é mestre e doutor em Medicina/ Ciências Médicas pela UFRGS, com modalidade sanduíche na Universidade de Londres, onde estagiou na Unit for Metabolic Medicine do Guys Hospital. É professor titular da Famed/ UFRGS, chefe do Serviço de Endocrinologia e Metabologia do HCPA e membro de entidades como a Associação Brasileira para Estudo da Obesidade e da Síndrome Metabólica, a Câmara Técnica de Endocrinologia do Conselho Regional de Medicina do RS, a Comissão de Autorização de Uso Terapêutico da Autoridade Brasileira de Controle de Dopagem do Ministério do Esporte e a Sociedade Brasileira de Endocrinologia e Metabologia.

Rosana Reis Nothen é especialista em Pediatria pelo HCPA, com exercício em assistência ambulatorial geral e hospitalar em Neonatologia, Cuidados Intensivos e Internação Pediátrica e Emergência Pediátrica. Além do master Internacional en Donación y Trasplante de Tejidos, Células y Órganos del Transplant Procurement Management Project, da Universidade de Barcelona, Espanha, possui títulos de especialista em Medicina do Tráfego (Associação Brasileira de Medicina do Tráfego) e em Medicina Intensiva Pediátrica (Associação de Medicina Intensiva, Sociedade Brasileira de Pediatria e Associação Médica Brasileira). Foi coordenadora da Comissão Intra-Hospitalar de Transplantes do HCPA, do Sistema Nacional de Transplantes do Ministério da Saúde, da Central de Transplantes do RS e de Gestão da Rede de Hospitais Universitários Federais da Empresa Brasileira de Serviços Hospitalares (Ebserh).

Currículos e fotografias fornecidos pelos entrevistados.

1982

Um paraninfo de ultimíssima hora

Eu vejo a vida melhor no futuro
Eu vejo isso por cima de um muro
De hipocrisia que insiste em nos rodear

Eu vejo a vida mais clara e farta
Repleta de toda satisfação
Que se tem direito
Do firmamento ao chão

Tempos modernos,
Lulu Santos

Na Faculdade de Medicina da UFRGS, um novo currículo está em vigor desde o ano anterior, buscando uma maior proximidade do ensino da Medicina com a realidade brasileira. Mesmo quem já está se formando sente os impactos da mudança. "Foram implementados quatro estágios básicos para os doutorandos: Medicina Interna, Cirurgia, Pediatria e Ginecologia e Obstetrícia. Com opção de troca de um deles por outras áreas, desde que tivessem relação com a opção do aluno na prova de residência", conta o então doutorando Mauro Weiss, exemplificando: "No meu caso, escolhi Cirurgia Geral e troquei Pediatria por Patologia. Foi excelente essa possibilidade".

Apesar das melhorias no sexto ano do curso, os formandos da ATM 1982, como nos anos anteriores, não chegam a um consenso na hora de eleger um paraninfo entre seus professores. Na opinião do então estudante Gilberto Friedman, "foi mais em função do contexto político da época, foi uma forma de protesto contra a falta de liberdade. Apesar disso, nossa turma era muito agradecida pelo ensino recebido, todos eram orgulhosos de terem sido alunos da UFRGS". São escolhidos, porém, homenageados: os professores Guenther von Eye, Clóvis Wannmacher, Gilberto Barbosa, José Cândido Rosa, Paulo Padilha Duarte e Oly Lobato e, postumamente, Celso Aquino. Três departamentos, o de Bioquímica, o de Farmacologia e o de Psiquiatria, também recebem homenagens.

Da mesma forma que ocorrera em 1980, o fim do ano letivo coincide com uma greve de professores e servidores, que, aderindo a um movimento nacional, paralisam a Universidade durante 32 dias, de 18 de novembro a 20 de dezembro[9]. Por outro lado, os formandos de 1982 repetem a decisão da turma do ano anterior, votando por não escolher paraninfo nem usar a beca e demais vestes talares na solenidade. Apesar de ambos os fatos – que, nos dois anos anteriores, impediram a realização de cerimônias oficiais de colação de grau no Salão de Atos da Reitoria da UFRGS –, dessa vez as autoridades acadêmicas reagem de forma diferente, não interpondo obstáculos para a realização da formatura na data programa-

Acervo pessoal de Mauro Weiss

A ATM 1982 também se reúne para fotografia em frente ao antigo prédio da Famed

9. Nenhuma das reivindicações salariais ou de mudança no quadro de carreira é atendida nesse ano; em compensação, o movimento provoca o recuo do governo na implementação do ensino pago nas instituições federais de ensino superior e na transformação das autarquias em fundações.

da e no espaço oficial da Universidade. "O diretor, professor Ivo Adolpho Kuhl, respeitou a decisão, que era nossa. Os homenageados não se ofenderam e prontamente aceitaram a honraria", relata Friedman. Assim, em 10 de dezembro, 115 formandos e formandas recebem a colação de grau formal, no Salão de Atos da UFRGS.

O diretor Ivo Kuhl comparece à formatura e entrega o canudo simbólico. O vice-diretor, Carlos Mallmann Filho, também está presente. A cerimônia é lembrada por Gilberto Friedman como "festiva e alegre". Weiss concorda: "O clima foi maravilhoso em toda solenidade". E orgulha-se de ter sido escolhido como orador da turma, lendo o discurso redigido por uma comissão de dez doutorandos. "Em resumo, o discurso enalteceu a mudança do currículo da UFRGS para o sexto ano de Medicina. Foi muito bem aceito pelo corpo docente e pelos colegas".

Mauro Weiss compartilha uma lembrança curiosa. Nas votações realizadas durante as reuniões da Comissão de Formatura, a maioria dos estudantes havia decidido não escolher um paraninfo. Consequentemente, no convite, não há menção a essa distinção, apenas aos homenageados. Porém, na solenidade, um destes, o professor Oly Lobato, acaba sendo apresentado como padrinho da ATM 1983. "Se decidiu de ultimíssima hora escolher um paraninfo. Não sei exatamente o que aconteceu. Tinha sido combinado sem paraninfo. De alguma forma, isso foi mudado pela Comfor. Ao fim e ao cabo, foi bem aceito. O professor Oly Lobato fez um discurso adequado e elogiado".

Entrevistados

Gilberto Friedman, doutor em Cardiologia pela UFRGS, é professor titular do Departamento de Medicina Interna da Famed/UFRGS, coordenador do Programa de Pós-Graduação em Ciências Pneumológicas da Universidade e médico assistente do Serviço de Medicina Intensiva do HCPA.

Mauro Weiss é membro ativo do corpo clínico do Hospital Moinhos de Vento, de Porto Alegre, desde 1985. Atua no Serviço de Urologia e já foi diretor clínico da instituição.

Currículos e fotografias fornecidos pelos entrevistados.

1983

Mais liberdade, menos formalidade

Guerreiros são pessoas
São fortes, são frágeis
Guerreiros são meninos

No fundo do peito
Precisam de um descanso
Precisam de um remanso
Precisam de um sono
Que os torne refeitos

Um homem também chora (Guerreiro menino),
Luiz Gonzaga Jr.

Em 1983, a Santa Casa de Misericórdia de Porto Alegre atinge o momento de maior gravidade em sua crise financeira[10], passando, inclusive, pela ameaça de se ver obrigada a fechar as portas. O Centro Acadêmico Sarmento Leite chama a atenção sobre o fato na edição de junho de *O Bisturi*, conclamando os alunos da Famed a se mobilizarem em defesa do hospital:

10. A solução da crise começa a ser encaminhada quando o cardeal Dom Vicente Scherer assume a Provedoria da Santa Casa e o hospital passa a contar com a cooperação do governo do estado, que cede um grupo de administradores para conduzir a gestão de maneira profissional. A partir daí, até 1987, a Santa Casa busca soluções para seus problemas básicos, muda o modelo da estrutura diretiva e o quadro de gerências, racionaliza os serviços e investe em infraestrutura. Assim, vai reconquistando a saúde financeira, o crédito e a credibilidade junto aos fornecedores, o reconhecimento como hospital-escola, o suprimento das necessidades básicas e o desenvolvimento de recursos humanos. Entre 1988 e 1992, a instituição priorizará a modernização de sua estrutura organizacional, implementando um planejamento estratégico.

Acervo do Museu da História da Medicina do RS

***O Bisturi*, junho de 1983**

A situação precária da Santa Casa revela que os responsáveis pela política brasileira estão completamente divorciados da realidade. Nosso hospital-escola, a melhor escola de Medicina da qual podemos nos servir, está prestes a fechar. Não é um absurdo completo? É mais do que isto, é a manifestação clara, cristalina, de o quanto estamos longe de sermos um país grande e responsável. É a manifestação inequívoca do subdesenvolvimento, da irresponsabilidade crescente dos que detêm o poder. E nós, passivamente, "engolimos tudo isso". Será que as pessoas responsáveis por esse caos não se dão conta que lá, na Santa Casa, estão seres humanos que já não têm mais a quem recorrer, precisando de ajuda? E que lá é o local onde aprendemos a Medicina do dia a dia? (...) Nossos colegas da Santa Casa, funcionários e principalmente os pacientes precisam urgentemente da união de todos nós, precisam que cada um tome uma posição firme e definitiva, para que não só a Santa Casa não acabe, mas para que não acabem conosco como povo independente, livre e soberano.

O estudante da ATM 1983 José Augusto Bragatti recorda as experiências nesse cenário: "Tivemos aulas no HCPA e na Santa Casa. A experiência teórico-prática que a turma vivenciou teve uma complementaridade entre uma instituição recém-inaugurada, dispondo de maiores recursos, com a outra, já centenária na época, atravessando uma grave crise financeira, porém oferecendo aos alunos uma grande variedade de enfermidades, hoje raras na prática médica urbana como a nossa, e um grande diferencial na relação médico-paciente, no qual aprendemos a importância da humanidade e do respeito no trato dos doentes". Como de praxe, complementa Bragatti, os alunos buscam experiências também em outras instituições. "Penso que esse é um fenômeno natural. A escola não podia suprir todas as necessidades de todos os alunos. Assim, buscamos estágios suplementares em áreas de interesse próprio, reforçando a prática de nossas futuras especialidades, bem como estágios em serviços particulares de emergência, que, se não primavam pelo espírito científico, nos davam experiência no manejo de um paciente em estado de emergência, muitas vezes dentro de sua própria residência".

Sua colega Cristina Rolim considera que as aulas práticas, tanto na Santa Casa quanto no HCPA, "foram ótimas, assim como as de Pediatria na Vila Maria da Conceição. Fiz vários estágios, mas não para suprir problemas com a escola de Medicina". O também formando de 1983 José Geraldo Lopes Ramos concorda: "As condições de ensino eram boas. Em 1979, tivemos uma greve de estudantes para reivindicar o ensino ser realizado dentro do Hospital de Clínicas. A greve foi efetiva e em seguida tivemos aulas nos ambulatórios e andares do HCPA. Não tínhamos carências explícitas. Fazíamos estágios de férias no Hospital de Pronto Socorro, no próprio Clínicas e Santa Casa. Havia estágios nos hospitais Fêmina e Conceição. O aluno de Medicina é muito competitivo e os estágios faziam parte da trajetória de formação de currículo".

Porém, outro integrante da ATM 1983, Marcelo Pio de Almeida Fleck, embora ratificando a importância de "ver realidades em diferentes contextos, experiência de autonomia que era buscada e valorizada pelos colegas e professores", entende que isso, em grande parte, era necessário porque o curso apresentava deficiências. No seu caso, busca supri-las de diferentes formas: "Participação em Grupos Balint[11], estágios de férias na Santa Casa, Curso de Instrumentação Cirúrgica do Serviço Social do Comércio (Sesc) e estágio de férias no Hospital da Criança Santo Antônio, entre outras". Conta, ainda, que "havia, no quinto ano da Faculdade, um concurso para interno bolsista do Hospital de Pronto Socorro em que fazíamos plantões remunerados de 24 horas, por um ano. Ali, éramos expostos (de forma até irresponsável) a trabalhar como médicos aprendendo 'na marra'. Mas tinha um salário muito bem-vindo. E muitos de nós foram bolsistas de iniciação científica dos departamentos que faziam pesquisa na época (Bioquímica e Genética, fundamentalmente)".

Como fora negociado durante a greve das instituições federais de ensino superior de 1981, o MEC lança, em 1983, o Programa de Avaliação da Reforma Universitária (Paru), prometendo promover um balanço sobre os

11. Grupos de reflexão em que são compartilhadas dificuldades enfrentadas no processo assistencial, especialmente questões relacionadas às interações entre profissionais, pacientes e suas famílias.

impactos da reforma universitária implementada na década anterior. Entre os tópicos a serem discutidos, está o processo de gestão das universidades e suas estruturas de poder – pois, ao mesmo tempo em que a sociedade cada vez mais aumenta a pressão para que possa voltar a eleger o presidente da República, também a comunidade acadêmica de todo o país manifesta o desejo de escolher diretamente reitores, diretores de unidades e, no caso da Famed/UFRGS, o presidente do Hospital de Clínicas.

Em 1984, o Paru já terá caído no esquecimento. E as eleições diretas para a UFRGS e o HCPA ainda vão demorar algum tempo para se tornarem realidade.

Ainda que parte da ATM 1983 esteja satisfeita com as condições de ensino na Famed, no momento das decisões acerca da formatura a maioria da turma vai pender para fazer algum tipo de protesto – o décimo de uma sequência iniciada em 1974 –, excluindo a escolha de um paraninfo e o uso da beca pelos formandos. "Não foi escolhido um paraninfo porque a turma não queria uma formatura formal. Acredito que seria uma manifestação contra a ditadura. Um fato muito discutido era o uso da toga. Foi uma votação acirrada e ganhou nos formarmos sem ela", diz Lopes Ramos. "Foi um protesto contra a ditadura militar", avalia Cristina. "Estávamos vivendo, no país, um momento político de transição entre uma longa ditadura militar e um lento processo de abertura. A nossa turma aproveitou o evento para usar de uma maior liberdade de expressão que se instaurava. Certamente, ocorreram muitas lacunas na nossa formação na época, porém, no geral, penso que havia uma satisfação geral com o ensino recebido", acresce Bragatti.

Fleck, porém, tem uma interpretação distinta: "A turma tinha muito espírito crítico e era atenta a questões políticas. Fizemos greve todos os anos do curso de Medicina, sem exceção, reivindicando mais cadáveres para as aulas de Anatomia e melhores condições de ensino, reclamando do sucateamento da universidade pública, do preço do Restaurante Universitário etc. Essa trajetória era incompatível com homenagear a instituição UFRGS. Fizemos uma formatura sem toga, que era considerada uma coisa retrógrada e conservadora, e não tinha sentido escolher um paraninfo em um curso com tantos problemas. A ideia foi homenagear indivíduos que se destacaram pela dedicação ao ensino e uma visão crítica em relação ao que acontecia no país e na Universidade naquela época".

Outro integrante da turma, Francisco Silveira Benfica, destaca: "As discussões políticas e manifestações contra a ditadura militar sempre estiveram presentes no meio universitário durante o período entre o final dos anos 1970 e início da década de 1980. As greves eram constantes e pelos motivos mais variados. E, dentro desse clima de permanente protesto, a formatura surgiu como um momento importante para uma manifestação política de maior visibilidade". Segundo Benfica, a discussão sobre o uso ou não da beca foi muito acirrada, gerando, inclusive, alguns atritos entre os colegas: "Talvez tenha sido este o momento mais tenso nas relações entre membros da turma. A questão foi decidida finalmente, não por assembleia, mas após uma votação nominal, com todos os alunos. A opção por não nos formarmos com toga ganhou por uma pequena margem, revertendo uma expectativa, que era a 'vitória da toga'. Até hoje esse episódio é relembrado nos encontros e ainda gera discussões".

A exemplo do que ocorrera no ano anterior, a Direção da Famed não se opõe à decisão dos formandos e o uso do Salão de Atos da UFRGS é autorizado. "Fiz parte da Comissão de Formatura e lembro que o diretor nos recebeu em sua sala, locada no HCPA, e não fez maiores reparos, apenas solicitando que não 'pegássemos muito pesado' e fizéssemos uma festa bonita", relata José Bragatti. Conforme José Geraldo Lopes Ramos, "a Direção recebeu de forma tranquila. Já estava acostumada ao fato de as decisões serem tomadas pelas turmas". Marcelo Fleck corrobora: "Não me lembro de qualquer problema. Era considerado normal, 'coisa de es-

Acervo pessoal dos autores

Capa do convite da ATM 1983

tudante da UFRGS'". E Benfica ressalta: "Não lembro de qualquer tomada de atitude por parte da Direção da Famed ou da Reitoria em relação a essa decisão. Tudo foi tratado de forma muito respeitosa e as decisões dos alunos foram mantidas".

Os homenageados escolhidos pela turma são os professores Diogo de Souza, Gilberto Barbosa, José Cândido Rosa, Lenita Wannmacher e Paulo Duarte; o funcionário Antenor Gigoski; as disciplinas de Farmacologia e Internato de Medicina Interna; e, de forma inovadora – iniciando uma nova tradição –, os médicos residentes, que recebem um agradecimento especial. Diogo de Souza pronuncia um discurso em nome desse grupo. "Ele falou sobre a ditadura, me lembro que gostei e agradeci a ele a fala", conta Cristina.

Para a escolha do orador, são apresentadas diferentes propostas de discursos. Uma delas é de José Augusto Bragatti, que fica em segundo lugar. A mais votada é a do estudante Sérgio Roithmann, eleito, então, para se pronunciar em nome da turma. Segundo Cristina Rolim, "ganhou o discurso do Sérgio porque era mais ameno, lembrava os pais, irmãos". Na lembrança de Marcelo Fleck, "houve críticas ao ensino, aos problemas, mas também um foco no clima afetivo".

O convite, seguindo a tradição que começa a se instituir em 1981, traz uma fotografia dos formandos e formandas, dessa vez na escadaria do *hall* de entrada do antigo prédio da Famed. Em seu interior, relaciona, além dos homenageados e dirigentes acadêmicos, os nomes de formandos e formandas, em menor número nesse ano – são 102.

A solenidade acontece na quente noite de 17 de dezembro, com o Salão de Atos lotado. "O roteiro foi muito simples, com chamamento individual dos formandos e sem manifestações durante o recebimento dos diplomas. Seguiram-se os discursos, que não foram longos", conta Francisco Benfica.

O sentimento geral é de comemoração, de festa, de alegria. Exceto por um detalhe, pela triste lembrança da recente perda de um colega de turma. Que, poucos dias antes da formatura, ao saber que não fora aprovado na seleção para a residência médica do HCPA, comete suicídio.

Entrevistados

Cristina Rolim Neumann é médica de Família e Comunidade e professora adjunta do Departamento de Medicina Social da Famed/UFRGS, na área da Atenção Primária. Possui mestrado e doutorado em Clínica Médica, ambos pela UFRGS.

Francisco Silveira Benfica é cirurgião-geral e médico-legista. Atua como assessor da Diretoria Médica do HCPA e professor de Medicina Legal nas escolas de Direito e de Medicina da Universidade do Vale do Rio dos Sinos (Unisinos) e da Universidade Feevale.

José Augusto Bragatti, mestre e doutor em Ciências Médicas pela UFRGS, é neurologista e neurofisiologista clínico. Chefia a Unidade de Neurofisiologia Clínica do Serviço de Neurologia do HCPA.

José Geraldo Lopes Ramos foi diretor da Famed/UFRGS de 2012 a 2016. Mastologista, ginecologista e obstetra, é professor titular do Departamento de Ginecologia e Obstetrícia da instituição e preceptor na residência médica nesta especialidade no HCPA.

Marcelo Pio de Almeida Fleck, mestre e doutor em Medicina: Ciências Médicas pela UFRGS e pós-doutor na Universidade McGill, do Canadá, é professor titular no Departamento de Psiquiatria e Medicina Legal da Famed e docente permanente no Pós-Graduação de Psiquiatria e Ciências do Comportamento da Universidade. Coordena o Programa de Transtornos de Humor do HCPA e o World Health Organization Quality of Life Group (Grupo WHOQOL) no Brasil.

Currículos e fotografias fornecidos pelos entrevistados.

1984

Uma pompa que não combina com a realidade do país

Eu já ultrapassei a barreira do som
Fiz o que pude às vezes fora do tom
Mas a semente que ajudei a plantar já nasceu

Eu vou me embora apostando em vocês
Meu testamento deixo minha lucidez
Vocês vão ter um mundo bem melhor que o meu

Quando algum profeta vier lhe contar
Que o nosso Sol tá prestes a se apagar
Mesmo que pareça que não há mais lugar
Vocês ainda têm
A velocidade da luz pra alcançar

A geração da luz,
Raul Seixas

Em 1984, a sociedade mobiliza-se intensamente pelas Diretas Já!. Mas o próximo presidente da República ainda será escolhido de forma indireta – embora, finalmente, entre candidatos civis, e não mais militares. A ditadura, que completa duas décadas, está em seus estertores.

Nas universidades, ocorre a mais longa greve da década. São 84 dias de paralisação, que não resultam em nenhuma conquista concreta imediata.

Faz 60 anos que o antigo prédio da Faculdade de Medicina da UFRGS foi inaugurado. E dez que deixou de pertencer a ela.

A ex-estudante Sandra Pinho Silveiro, da ATM 1984, afirma que o fato de ter feito o curso ainda sob o regime militar e em meio ao processo de redemocratização do país não teve impactos sobre sua vida acadêmica. Seu colega Mauro Soibelman complementa: "Para mim, esse impacto foi de uma maneira mais indireta, não definitiva. Pessoalmente, não fui envolvido com o CASL e com política estudantil, mas estava atento a tudo que se passava. Como turma, tínhamos pessoas com orientações, origens e histórias de vida diferentes, e o contexto político afetava de forma diferente cada um desses grupos. Alguns se posicionavam mais à esquerda, outros mais à direita, para outros prevalecia não necessariamente uma vinculação política, mas sim suas motivações pessoais para não arriscar um atraso na formatura, porque já tinham planos bem definidos para o pós-faculdade". Em função dessas diferenças, destaca Soibelman, "houve até embates internos na turma. Os professores também mostravam uma gama de posicionamentos políticos. Uns mais engajados na redemocratização, outros apoiadores do que estava acontecendo, não tenho lembrança de grande impacto nesse sentido".

Mauro Soibelman relata que, em alguns momentos, surgia um certo clima de desconfiança relacionado à situação política do país: "Desconfiávamos de colegas com mais idade e de uns poucos *paraquedistas* que não fizeram Vestibular conosco e surgiam não sabíamos de onde. Seriam pessoas 'colocadas' no curso para vigiar os mais engajados?". E exemplifica com um episódio ocorrido na formatura, em dezembro, bem no finalzinho do regime militar, que mostra possíveis mecanismos de vigilância ainda presentes. "Fui o orador da turma. Ao final da cerimônia, os formandos saíram em fila, e no caminho fui abordado por um desconhecido que pretensamente elogiou o meu discurso e começou a indagar sobre a minha vida política, o meu partido – e na verdade eu não tinha. Percebi que poderia ser um agente da segurança e disse a verdade: não faço política partidária, mas acho que todos os nossos atos, cada dia, todos os dias, são atos políticos; nesse sentido sim, mas não faço política partidária. Dei as costas e fui embora. Mas é bem possível que haja uma ficha minha lá no Dops".

Sobre as condições de ensino na Famed, as opiniões são diversas. Para Sandra Silveiro, foram excelentes. Mauro Soibelman, por sua vez, opina: "No geral, tivemos ótimas condições. Já mais para o final do curso, variava a habilidade de cada professor, a capacidade de poder criar um ambiente favorável ao nosso aprendizado. Era variável, como sempre é, dependia da pessoa". Segundo ele, "houve greves, houve reclamações, tinha falhas em setores específicos. A gente sempre conversou com a Direção para tentar resolver esses problemas, dar sugestões. Numa avaliação geral, foi um bom curso". Conforme a lembrança de outro integrante da ATM 1984, Sergio Pinto Ribeiro, "alguns professores não cumpriam com sua tarefa de ensinar, com faltas frequentes. Mas o ensino prático no HCPA – quase o total de nossa prática foi nesse hospital, inclusive com ambulatórios específicos para doutorandos – foi muito adequado".

Enquanto isso, o CASL segue mobilizado em torno de causas conjunturais do país – em especial, a defesa das Diretas Já! – e do meio acadêmico – como o apoio à greve dos docentes e servidores da UFRGS e à dos médicos residentes do HCPA ou a luta por melhores condições de ensino na Famed. Outra reivindicação ganha força em suas pautas: a exigência de eleições diretas para diretor da Faculdade, reitor da Universidade e presidente do HCPA. Ao mesmo tempo, o CASL alerta, por meio do jornal *O Bisturi*, sobre o esvaziamento de muitas atividades e a necessidade de maior engajamento dos estudantes.

A ATM 1984 consegue articular-se para retomar uma prática interrompida em 1977: a edição anual da *Revista ATM*, publicação científica dos estudantes. Os professores Alceu Migliavacca, Cláudio Eizirik, Ernani Miúra, Ernesto Xavier Filho, Hermes Berger, Luiz Roberto Marczyk, Paulo Soares e Rui Lara colaboram como revisores dos artigos, enquanto o professor Waldomiro Carlos Manfroi é o editor convidado. Os doutorandos que editam a publicação são Arlindo Alfredo Silveira D'Ávila, Carla Franceschini, David Saitovitch, Elza Daniel de Mello, Fernando Meirelles de Meirelles, Gilberto Lahorgue Nunes, Luciano Castro Gomes de Mello, Marcus Vinícius Martins Collares e Renato Roithmann. Para viabilizar a impressão da revista, são buscados recursos junto a empresas privadas.

O editorial recupera a história da revista:

> *Há 20 anos, o grupo de formandos da Medicina da UFRGS teve a iniciativa de publicar uma revista científica própria. No ano seguinte, isso voltou a ser feito, mas por intermédio do Centro Acadêmico Sarmento Leite. Finalmente, em 1966, estabeleceu-se a* Revista de Medicina Associação Turma Médica *como tal. Até 1970, havia recursos oficiais da Universidade disponíveis para a sua publicação; a partir de então, as turmas seguintes tiveram que elaborar soluções alternativas para possibilitar a edição. Em 1977, foi publicada a última* Revista ATM, *pela ATM*

76. (...) Agora, no 20º aniversário do lançamento da primeira revista de doutorandos, e sete anos após o da última Revista ATM, *a turma de 1984 reassume o compromisso com essa tradição.*

Esta é a nossa revista e, como tal, veículo para expressão de nossa produção científica. Sendo importante reiterar, aqui, as dificuldades existentes para a publicação de trabalhos acadêmicos em nosso meio. Assim, ao contrário de números anteriores, onde os autores eram médicos e professores, este volume é composto, principalmente, de artigos de colegas.

Um texto do professor Mario Rigatto incluído na edição celebra o renascimento do periódico:

Das coisas boas que podem marcar a conclusão de um curso médico, nenhuma – nem quadro, nem discurso, nem churrasco, nem baile, nem missa – traduz de forma mais ampla e representativa o desenvolvimento alcançado pela turma que se gradua do que uma publicação deste jaez. Ela tem a longevidade do quadro, a elegância do baile, o pragmatismo do churrasco, o vigor e a fluência do discurso, o compromisso da missa – tudo isso, a um só tempo. Ela representa, também, a melhor homenagem que os que aprenderam podem prestar aos que ensinaram. Pois é o desejo de perpetuar a mensagem que calou e construiu que leva ao convite para a participação na revista.

O ressurgimento, através da ATM 84, da nossa revista médica acadêmica deve-se ao trabalho qualificado de líderes estudantis que esta turma tem a felicidade de reunir.

As referências feitas por Mario Rigatto, colocando a importância da revista científica acima da dos ritos e homenagens das formaturas, guardam relação com a prática que já completa dez anos, abrangendo 11 turmas: a ausência de paraninfos nas formaturas da Medicina.

E não vai ser diferente com a ATM 1984, que também não escolhe um padrinho entre seus professores. "Não havia consenso na turma sobre isso", explica Sandra Silveiro. De acordo com Sergio Pinto Ribeiro, "decidimos não homenagear um professor específico como revolta contra algumas condições de ensino". Mauro Soibelman contrapõe: "Optamos por não escolher um paraninfo como uma posição política contra o que estava acontecendo no país como um todo". E acrescenta que "por razões muito parecidas, também decidimos não vestir toga, como uma maneira de protestar contra toda uma formalidade que, por exemplo, não correspondia à nossa crítica quanto ao baixo engajamento da Universidade e da Faculdade com os problemas reais do país. Na época, parecia, para nós, haver um certo contrassenso entre toda a pompa de uma formatura e as necessidades que o povo enfrentava". Na opinião de Soibelman, "a vestimenta que uma pessoa decide usar também fala sobre sua identidade, seus valores, seu entorno, seu meio, mesmo considerando as diferenças nas condições financeiras de cada um. Talvez qualquer formalidade, como a toga, ainda fosse percebida como símbolo de opressão".

Na solenidade, os formandos não apenas abolem as vestes talares. Alguns deixam de lado, inclusive, roupas muito formais – entre os homens, por exemplo, há quem prefira, no lugar de trajes sociais de cores escuras, composições multicolores com tons mais claros e alegres.

Acervo pessoal dos autores

Foto do convite da ATM 1984

O convite de formatura da ATM 1984, a exemplo das turmas anteriores, traz uma fotografia dos formandos e formandas – mas, desta vez, não nas escadarias do antigo prédio da Famed, e sim em frente ao prédio do HCPA, que pouco a pouco vai sendo visto, também, como "a casa" dos estudantes de Medicina.

A solenidade é realizada na noite de 28 de dezembro de 1984, no Salão de Atos da UFRGS. O diretor Ivo Kuhl faz um breve discurso e a colação de grau individual de cada formando e formanda, encerrada com o tradicional "Ide e exercei a Medicina". São homenageados cinco professores – Antonio Carlos Kruel Pütten, Gilberto Venossi Barbosa, João Carlos Tavares Brenol, José Antônio de Azevedo Magalhães e Rui Lara de Carvalho –, o funcionário da biblioteca Antenor Gigoski e, a exemplo da turma anterior, de forma especial, os médicos residentes do HCPA.

O discurso proferido pelo orador da turma, Mauro Soibelman, conta ele, é resultado de um pedido de parte da turma: "Havia uma proposta de texto de outro colega, que estava mais dentro da formalidade, contemplando os aspectos práticos e positivos da formatura, do esforço das pessoas, das famílias. Várias pessoas me pediram para fazer um discurso mais contextualizado. Mas também sabíamos que se fôssemos enfáticos demais nos protestos e nas questões políticas, ele não venceria". O formando encara o pedido como um desafio pessoal, ao qual vai se dedicar com esforço. Assim, recorda-se que "o discurso, de uma maneira equilibrada, educada, abordava as tantas coisas boas do curso, mas, também, deficiências e eventuais falhas que tivemos, e falava sobre a nossa trajetória, conciliação, respeito, que o mais importante eram os nossos futuros pacientes, e a eles a gente agradecia". Para encerrar sua fala, o orador pronuncia uma adaptação do lema dos Alcoólicos Anônimos[12], a Oração da Serenidade. "Só fiz uma pequena modificação, porque no original ela remete a Deus e eu sabia que havia algumas resistências na turma, então tirei essa questão e botei mais ou menos assim: que eu tenha forças para lutar pelas coisas que eu possa mudar; resignação para aceitar aquelas que não posso mudar; e sabedoria para poder diferenciar umas das outras".

Mauro Soibelman considera que foi um privilégio ter protagonizado esse momento como orador. "É uma das emoções e prazeres que vou lembrar pela vida toda. O fato de encarar o desafio, me propor a escrever o discurso e me expor para toda a turma foi também um fator de crescimento pessoal e uma oportunidade para exercitar o respeito a outras pessoas e opiniões. Até hoje, nas reuniões de turma, isso aparece. Apesar das mais diferentes trajetórias e das diferenças de posicionamentos políticos e valores, entre outras, a gente consegue curtir o que tem em comum, respeitando as diferenças e promovendo a convivência".

"O clima da formatura foi muito bom, alegre, divertido e emocionante. Provavelmente, um dos momentos mais importantes de minha vida", diz Sergio Pinto Ribeiro. Mauro Soibelman concorda que prevaleceu o clima de alegria. "Apesar dos elementos de protesto que mantivemos", diz, referindo-se à ausência de paraninfo e da beca e também a um outro detalhe: de tempos em tempos, quebrando o aspecto solene do momento, ouve-se o espocar de uma rolha de espumante, vindo da área onde estão sentados os formandos.

A lista de egressos da Faculdade de Medicina da UFRGS ano após ano, disponível no site da instituição e também em suas publicações históricas, registra 12 ex-estudantes como sendo integrantes da ATM 1985/1.

12. "Concedei-nos, Senhor, a serenidade necessária para aceitar as coisas que não podemos modificar, coragem para modificar aquelas que podemos e sabedoria para distinguir umas das outras."

Um deles, Luís Fernando Ilha, contesta essa classificação: "Eu colei grau em gabinete, nos primeiros dias de janeiro de 1985, juntamente com outros colegas. Todos éramos da ATM 1984 e cada um teve um motivo para não comparecer à formatura, por isso nos formamos em gabinete logo em seguida. Inclusive eu fui, da turma, um dos primeiros a fazer registro no Conselho Regional de Medicina, porque precisava do carimbo para poder trabalhar".

Os mesmos registros apontam para a existência de uma ATM 1985/2, com 75 integrantes. Mas quem se formou nesse ano considera-se, simplesmente, como integrante da ATM 1985.

Em ambos os casos, os formandos estão com a razão. Não existem duas ATMs em 1985. A confusão passa pelo início da semestralização do curso, em 1980, quando metade dos aprovados no Vestibular ingressa na Faculdade no primeiro semestre e vai compor a ATM 1985 – única turma a se formar naquele ano. O pequeno grupo identificado como ATM 1985/1 pertence, de fato, à ATM 1984 e concluiu o curso com ela, tendo se formado em gabinete no início de 1985.

A outra metade dos estudantes que ingressa em 1980 tem o início de suas aulas no segundo semestre, integrando a ATM 1986/1. E a partir daí, sim, haverá duas turmas de formados por ano – a /1 e a /2.

Entrevistados

Luís Fernando Ilha de Souza é especialista em Medicina do Trabalho. Atuou como médico do trabalho na Petrobras, entre outras empresas, e como médico perito no Tribunal de Justiça do Rio Grande do Sul e no Instituto Nacional de Seguridade Social (INSS).

Mauro Soibelman é especialista em Medicina Interna e em Medicina do Trabalho e mestre em Clínica Médica pela UFRGS. Atuou como médico da Prefeitura Municipal de Porto Alegre (Hospital de Pronto Socorro), perito médico do Ministério Público do Trabalho e assessor de Pesquisa da Santa Casa de Misericórdia de Porto Alegre.

Sandra Pinho Silveiro, mestre e doutora em Medicina: Ciências Médicas pela UFRGS, é professora titular da Famed/UFRGS. Possui formação na área de Endocrinologia, atuando como professora orientadora no Programa de Pós-Graduação em Ciências Médicas: Endocrinologia da Universidade e preceptora da residência nesta especialidade.

Sergio Pinto Ribeiro, mestre em Ciências Pneumológicas pela UFRGS e doutor pelo Institute of Medical Sciences da Universidade de Toronto, Canadá, é professor do Departamento de Medicina Interna da Famed/UFRGS. Chefiou os serviços de Medicina Intensiva e de Pneumologia do HCPA e foi vice-presidente médico da instituição.

Currículos e fotografias fornecidos pelos entrevistados.

1985-1989

A ocupação lúdica do espaço público

Meu partido
É um coração partido
E as ilusões estão todas perdidas
Os meus sonhos foram todos vendidos
Tão barato que eu nem acredito

Que aquele garoto que ia mudar o mundo
Frequenta agora as festas do "Grand Monde"

Meus heróis morreram de overdose
Meus inimigos estão no poder

Ideologia
Eu quero uma pra viver

Ideologia,
Cazuza

Em 15 de janeiro de 1985, Tancredo Neves é eleito presidente da República pelo Colégio Eleitoral, com José Sarney como vice. Mesmo com a escolha ainda indireta, acabaram-se os governos militares e vislumbra-se o retorno da liberdade, o fim dos atos institucionais, da censura, das perseguições, da tortura, dos desaparecimentos. Nas universidades, quiçá, não mais espiões infiltrados em caça de "subversivos", não mais expurgos, não mais jornaizinhos mimeografados na calada da noite e distribuídos com medo da polícia.

A posse de Tancredo está marcada para 15 de março, mas, na véspera, é internado às pressas, devido a fortes dores abdominais, e submetido a várias cirurgias. Sarney é empossado interinamente. Às 22h29 do dia 21 de abril, o porta-voz da Presidência, Antônio Britto, anuncia, na sala de imprensa do hospital: "Lamento informar que o excelentíssimo senhor presidente da República Tancredo de Almeida Neves faleceu esta noite, no Instituto do Coração, às 10 horas e 23 minutos".

Empossado definitivamente na Presidência, José Sarney permanece no cargo por cinco anos, período em que o país dará sequência ao processo de redemocratização. Em 1987, instala-se a Assembleia Nacional Constituinte. No âmbito da saúde, é criado o Programa de Desenvolvimento de Sistemas Unificados e Descentralizados de Saúde nos Estados (Suds), etapa importante para a futura implantação do Sistema Único de Saúde (SUS), cujas diretrizes são definidas pela nova Constituição brasileira, promulgada em outubro de 1988. Esta também estabelece que "a educação, direito de todos e dever do Estado e da família, será promovida e incentivada com a colaboração da sociedade, visando ao pleno desenvolvimento da pessoa, seu preparo para o exercício da cidadania e sua qualificação para o trabalho" e assegura que "as universidades gozam de autonomia didático-científica, administrativa e de gestão financeira e patrimonial e obedecerão ao princípio de indissociabilidade entre ensino, pesquisa e extensão".

Após a promulgação da Carta, iniciam-se as discussões para a elaboração de uma nova Lei de Diretrizes e Bases da Educação Nacional. Esta tramita durante oito anos no Congresso Nacional. Já o SUS é formalmente instituído em 19 de setembro de 1990, com a assinatura da Lei 8.080, que dispõe sobre as condições para a promoção, proteção e recuperação da saúde, a organização e o funcionamento dos serviços correspondentes.

Durante a gestão de Sarney, o país sofre diante de uma altíssima inflação, que o governo tenta reduzir com sucessivos planos econômicos: Plano Cruzado, Plano Cruzado II, Plano Bresser e Plano Verão. Estes passam, entre outras medidas, por duas mudanças de moeda – primeiro para cruzado e, depois, para cruzado novo –, congelamento de salários e de preços. Mas todos fracassam. Ao fim do mandato de Sarney, a inflação chega a quase 2.000% ao ano e o país está mergulhado em uma profunda recessão econômica.

Em 1989, finalmente os brasileiros voltam a eleger seu presidente, escolhendo entre 22 candidatos. No segundo turno, Fernando Collor de Mello, do Partido da Reconstrução Nacional (PRN), derrota Luiz Inácio Lula da Silva, do Partido dos Trabalhadores (PT). É o primeiro presidente eleito por voto direto desde 1960. Dois anos depois, afundado em denúncias de corrupção, Collor é afastado temporariamente por um processo de *impeachment*, antes de renunciar ao cargo, em dezembro de 1992.

Na segunda metade da década de 1980, as universidades seguem protagonizando grandes greves por melhores condições de ensino e de trabalho. São 45 dias de paralisação em 1985, 44 em 1987 e 66 em 1989.

A Santa Casa de Misericórdia de Porto Alegre dá continuidade ao processo de modernização administrativa e recuperação financeira e estrutural. Aos poucos, vai retomando a realização de investimentos.

No Hospital de Clínicas de Porto Alegre, em 1985, o presidente Carlos César de Albuquerque lança um plano de ação destinado a viabilizar a conclusão da ocupação de sua estrutura, convidando a Faculdade de Medicina e a Escola de Enfermagem a se engajarem nas discussões sobre o tema. O Centro Acadêmico Sarmento Leite é, então, presidido pelo estudante de Medicina Marcos Azevedo[1], que manifesta a posição da entidade no jornal interno do HCPA:

> *Consideramos que o Hospital de Clínicas, sendo um hospital de ensino, público, tecnicamente de excelência, referencial do sistema de saúde,*

1. O estudante ingressa na Famed em 1981, integrando a ATM 1986/2, mas se formará junto com a ATM 1987/1.

possui uma grande responsabilidade pública. Responsabilidade antes de tudo com a população, à qual deve servir.

Ressaltamos, contudo, que não é qualquer população a que necessita dos recursos do hospital universitário. De acordo com as novas orientações da formação médica, a nossa escola deverá dirigir a atenção à saúde para as prioridades regionais e nacionais. Sendo o Hospital de Clínicas um hospital público, é preciso que parcela significativa de sua clientela seja representativa entre os setores e classes da população onde prevalecem os maiores problemas de saúde, em especial os segmentos assalariados e os despossuídos e empobrecidos da cidade e do campo. (...)

Outro motivo de responsabilidade pública é sua qualificação como hospital de ensino. O HCPA deve significar um local de atividade universitária. (...) Não se trata de definir se a assistência é prioritária ao ensino ou vice-versa. Num hospital de ensino, ambas devem ser vistas como uma unidade. A atividade assistencial de um hospital universitário é essencialmente uma atividade de produção científica e um aprendizado tanto do aluno como do professor. A universidade é um centro da crítica e da criatividade, renovadora por excelência da prática científica e social. O ensino deve dar-se, pois, como tal e também como assistência à saúde, bem como enquanto pesquisa e descoberta científica.

Em 1985, pela primeira vez, estudantes, professores e servidores votam para escolher o diretor da Famed/UFRGS. O eleito é o professor Waldomiro Carlos Manfroi, que define, como principais objetivos de sua gestão, a reestruturação do currículo e o desenvolvimento de ações junto à Reitoria, visando à construção de um novo prédio para a Faculdade. Ainda nesse ano, o reitor Francisco Luiz dos Santos Ferraz anuncia, em sessão solene realizada na sala de reuniões do Conselho Departamental e da Congregação da Faculdade: "Venho aqui dizer-vos que tereis a vossa casa e que ela se viabilizará em meio às incertezas e riscos, pela determinação livremente assumida, como dever de praticar um ato de justiça". Segundo Ferraz, a futura sede da Famed, a ser construída no Campus da Saúde da Universidade, próximo ao HCPA, vai contar com salas de aula, departamentos, Biblioteca, laboratórios para graduação e pós-graduação, setor de recursos audiovisuais, núcleo de informática médica, administração, local para encontros científicos e sede do CASL. Em 1988, no final de sua gestão, com o apoio do reitor e do Escritório Técnico da Universidade,

Manfroi consegue aprovar, junto ao Conselho Diretor do HCPA, a planta do novo prédio.

Parece um sonho para a Faculdade,
que desde 1974 não possui instalações próprias.
E, por um bom tempo, será mesmo apenas um sonho.
A nova sede só vai se tornar realidade dez anos mais tarde, quando a Faculdade de Medicina comemora seu centenário.

Em 1988, chega a vez de professores, alunos e funcionários do HCPA participarem da escolha do presidente do hospital. Na consulta, o médico cardiologista e professor da Famed Carlos César de Albuquerque, que presidira o HCPA desde 1984, é indicado para um segundo mandato e tem seu nome homologado pelo reitor.

E por fim, no mesmo ano, ocorrem também as primeiras eleições diretas para a indicação do reitor da UFRGS. "Indicação" porque, na realidade, se trata de uma consulta à comunidade acadêmica para a composição de uma lista sêxtupla, de acordo com o número de votos obtido por cada candidato, para que o presidente da República nomeie o novo reitor – acatando, espera-se, a vontade da maioria. Porém, a escolha do presidente José Sarney não recai sobre o mais votado, o professor da Faculdade de Educação Alceu Ferrari, mas sim sobre o então vice-reitor, Gerhard Jacob. Isso vai gerar uma revolta interna, principalmente entre parcela dos estudantes, que promovem assembleias e mobilizações, culminando com a invasão da reunião do Conselho Universitário em que Jacob vai tomar posse. Os conselheiros são detidos durante quatro horas, até que ocorre intervenção da polícia militar, como relata matéria no jornal *O Bisturi*:

> *No dia da posse de Gerhard como reitor da UFRGS, um grupo de, inicialmente, cem estudantes "invadiu" (quem será que invadiu primeiro) o Conselho Universitário, exigindo a renúncia do interventor, que já havia sido intimado mediante a entrega de uma carta por centenas de estudantes que subiram até seu gabinete. Naquele dia, Gerhard deveria tomar posse oficial perante o Conselho, mas, receoso da manifestação dos estudantes, lavrou instantaneamente a ata de posse, resultando na entrada dos mesmos no recinto. Os estudantes mantiveram os integrantes do Conselho Universitário, os quais, diretamente ou por omissão, compactuavam com toda a situação, juntamente com o interventor, durante quatro horas, exigindo a manifestação*

de Gerhard, que recusou-se a se manifestar. E a sua manifestação se deu ao chamar a polícia militar para interferir na Universidade, numa atitude rara mesmo na época da ditadura militar. A polícia invadiu o Conselho com machadinhas e pontapé, pedindo, "delicadamente" e preservando o patrimônio da Universidade, que os estudantes se retirassem, usando de meios pacíficos como o gás lacrimogêneo e empurrões. Algumas pessoas foram presas num banheiro cheio de gás lacrimogêneo, obrigando os estudantes a derrubarem a porta, a fim de respirar, atingindo a central telefônica.

É bem verdade que a invasão ao Conselho e a manutenção de pessoas presas lá dentro foi uma atitude desorganizada, na medida que a liderança do movimento não sabia o que fazer, e que, com a entrada da polícia, alguns estudantes entraram em pânico, quebrando janelas e mesas.

Passado esse acontecimento, o movimento perdeu progressivamente suas forças, caindo no descrédito a possibilidade de renúncia.

A Comcar debate a reforma curricular, focada, principalmente, em identificar que tipo de médico a Faculdade deseja formar e corrigir distorções ainda decorrentes da reforma universitária dos anos 1970, em especial a existência de disciplinas desarticuladas entre si e desvinculadas do futuro exercício da profissão. O novo currículo entra em vigor em 1988.

Em 1987, a Comissão Especial do Conselho Universitário para Estudo da Reestruturação da Universidade apresenta o documento *Reestruturação da UFRGS à luz de uma nova sociedade*, no qual o relator, Waldomiro Manfroi, sintetiza as diretrizes que devem orientar o processo:

> *(...) Além de mudanças políticas corajosas no país, torna-se indispensável definir qual o papel da universidade pública brasileira para esse novo reordenamento social. (...) Dentro desse novo processo achamos indispensável que a Universidade seja identificada como um dos instrumentos de participação nessas transformações sociais. Certamente, assim posicionada, ela teria muito a contribuir na descoberta, na adaptação e na difusão de novos conhecimentos e na preparação de recursos humanos comprometidos com essas transformações da nação.*
>
> *(...) Além desses compromissos sociais com o desenvolvimento dos conhecimentos científicos, tecnológicos e culturais, a Universidade deve continuar mantendo suas linhas de pesquisa independente, no sentido de manter o espaço criativo e crítico, como fonte permanente da procura do saber, das descobertas científicas, da verdade e da justiça. (...)*

Com essa postura, a nosso ver, a Universidade estaria bem mais próxima de desempenhar sua função social e no atendimento dos anseios do país. Finalmente, ao admitir que um dos papéis da Universidade é o de produzir e difundir conhecimentos, torna-se oportuno perguntar: qual deve ser sua atuação na formação de recursos humanos, da ciência e tecnologia, da cultura, da filosofia, das artes e da promoção das transformações e bem-estar social? Mais especificamente, qual poderia ser sua contribuição para aumentar a produção de alimentos, para descoberta ou aprimoramento das fontes de energia, na descoberta ou no encaminhamento de propostas para a solução de problemas de habitação, de educação, de saúde, da cultura, da política etc.

(...) Uma das funções mais importantes da Universidade é a de criar profissionais que venham satisfazer as necessidades sociais em todas as suas dimensões. Como a sociedade é mantenedora do sistema de formação de recursos humanos, é lícito admitir que ela espera retorno favorável para solucionar seus inúmeros problemas que necessitam encaminhamento. Ocorre, entretanto, que a Universidade não tem entendido a globabilidade dessa dimensão social e tem se interessado predominantemente em satisfazer aos anseios somente dos que a ela acorrem, sem se preocupar com as necessidades integrais da sociedade. Ao formar o profissional, toda a estrutura da Universidade é montada para que se obtenha, na aplicação de seus conhecimentos, o retorno e os benefícios que, na maioria das vezes, representam a concretização de um projeto individual, e com isso a Universidade vai repetindo os modismos das estruturas dominantes da sociedade: os poucos privilegiados que a ela chegam provêm, em sua maioria, de camadas sociais mais favorecidas, e estes, ao se integrarem ao mercado de trabalho, vão reforçar a política dominadora do sistema, com pouca retribuição de contrapartida quanto às necessidades de toda a sociedade.

(...) Em relação aos recursos financeiros, sua liberação e correta distinção requerem uma profunda reestruturação administrativa. É preciso adotar uma política de investimento no saber, a médio e longo prazo, e criar condições estruturais para que os professores possam desenvolver suas potencialidades em tempo integral geográfico, dentro da Universidade.

(...) Internamente, a Universidade há de sofrer uma profunda reestruturação administrativa, para torná-la menos burocratizada, mais autônoma, mais ágil, mais econômica, mais efetiva e mais eficaz. Para isso, as condutas a serem tomadas, em forma de nova legislação, dentre muitas outras, deveriam centrar-se: na unificação das estruturas administrativas e acadêmica; na valorização do aspecto acadêmico,

em todas as atividades; na promoção da pesquisa integrada em todos os níveis do ensino; no fortalecimento das unidades de ensino; na valorização da carreira docente; na integração entre graduação, a pós-graduação, os conselhos e a Direção; na definição dos programas plurianuais mínimos de cada unidade quanto ao ensino e as suas linhas de pesquisa; na criação do tempo integral geográfico e na valorização da profissão de professor; na participação do corpo técnico e administrativo nos órgãos colegiados; na reintegração das disciplinas básicas às profissionalizantes, quando for o caso; num sistema de avaliação permanente que abarque os aspectos administrativos e os acadêmicos.

Ao longo de toda segunda metade da década, as formaturas da Famed/UFRGS seguem não tendo a presença de paraninfos. Para grande parte dos formandos, porém, isso já não possui qualquer conotação de protesto. Muitos nem cogitam em fazer tal escolha, pois, tendo ingressado na Faculdade a partir de 1980, nunca viram essa representação presente nas solenidades; a maioria ignora, inclusive, a história daqueles protestos que agitaram as solenidades na década anterior. As formaturas também seguem ocorrendo sem o uso das vestes talares – este quesito, sim, ainda causa certa polêmica em algumas turmas, divididas entre os que desejam vestir a beca e os que rejeitam a pompa desse traje.

O que vai marcar, de forma significativa, as solenidades do período é a crescente introdução, por parte dos estudantes, de inovações no cerimonial, incluindo elementos cênicos, música ao vivo e até mesmo falas individuais de cada formanda e cada formando. É uma espécie de ocupação lúdica do espaço público, em que as turmas desejam despedir-se da Faculdade e comemorar a transição para um novo ciclo de vida à sua maneira, com liberdade e uma boa dose de irreverência.

1985

Uma ideia inédita para a formatura acaba "bailando na curva"

Sessenta e quatro, sessenta e seis
Sessenta e oito, um mau tempo talvez
Anos setenta, não deu pra ti
E nos oitenta eu não vou me perder por aí.

Horizontes,
Flávio Bicca Rocha
(para a peça Bailei na curva, de Júlio Conte)

"De muito boa participação na vida acadêmica de nossa Faculdade, deu presidente, vice, secretário-geral, tesoureiro, secretário científico, secretário de Esportes e outros diretores para o Centro Acadêmico Sarmento Leite. E, na formatura, entre os homenageados estava o CASL. A 85 também foi uma turma de bons boleiros, que agora causam desfalques em nossas equipes." É dessa forma que, em fevereiro de 1986, matéria publicada em *O Bisturi* apresenta a ATM 1985, recém-formada.

Se a formatura realizada na noite de 13 de dezembro de 1985, no Salão de Atos da UFRGS, repete fórmulas dos anos anteriores, como a ausência de um paraninfo e das togas, por pouco não se torna a mais original cerimônia realizada em toda a história da Famed. E a "culpa" foi do maior sucesso do teatro gaúcho de todos os tempos: a peça *Bailei na curva*.

Nas entrevistas publicadas pelo *Bisturi*, um dos estudantes da ATM 1985 refere-se à Famed como "uma das faculdades mais ativas em termos políticos" e comemora o momento de abertura e liberdade que se descortina. Outro não poupa críticas ao curso, afirmando: "A gente levou pouco em termos de conhecimento médico, humanístico e político. O pouco que a gente tem se deve a nossa turma, que não é uma turma comum de Medicina, se deve ao nosso Centro Acadêmico, que está se reerguendo, e também ao momento que está se vivendo de votar para diretor, para chefe de Departamento e, quem sabe, para reitor".

Anos mais tarde, recordando-se de suas experiências pessoais como aluno daquela turma, Antônio Carlos Oppermann Thomé relata: "No período da Faculdade, às vezes eu escrevia para o jornal do Centro Acadêmico, mas não sobre assuntos da política partidária brasileira. Muitos colegas da ATM 1985 eram declaradamente de esquerda e alguns desses se envolviam ativamente no combate à ditadura militar e faziam parte do CASL". Sua colega Jacqueline Custódio, enfatizando ter muito orgulho de ser da ATM 1985, destaca que "o ano de 1985 foi o término oficial da ditadura civil-militar. Mas a preparação de uma e a transição de outra foram eventos intensos. Vivemos a presença de agentes infiltrados em algumas aulas, alguns talvez imaginados, e a longa agonia hospitalar do primeiro presidente civil em anos. O Centro Acadêmico da Medicina era bastante ativo e a nossa ATM era composta por muitos participantes dele, ao longo dos seis anos de curso". Em meio a esse contexto, acrescenta Jacqueline, "o teatro gaúcho explode com *Bailei na curva*, o desabafo de uma geração que acompanhou a ascensão e o declínio da censura".

Júlio César Conte, autor e diretor da peça, é aluno da Famed desde 1975, mas, ano após ano, vai retardando a formatura, pois o sucesso de *Bailei na curva* exige muito envolvimento e constantes viagens. Assim, revela Jacqueline, "o destino nos brindou com a presença do Júlio, que por conta da peça, acabou 'caindo' na nossa turma, para completar o curso".

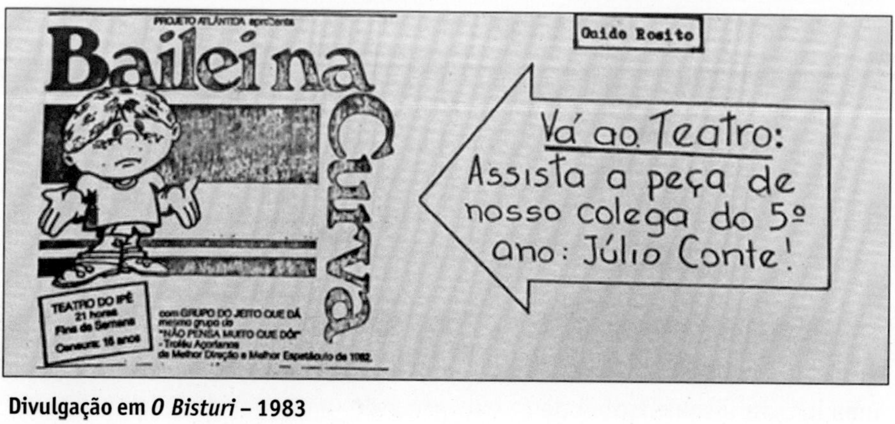

Acervo do Museu de História da Medicina do RS

Divulgação em *O Bisturi* – 1983

Quando os formandos e as formandas de 1985 começam a organizar sua formatura, as decisões, especialmente a de não usar as vestes talares na solenidade, refletem diferentes descontentamentos experimentados ao longo da graduação. "Naquele tempo, o reitor era escolhido pelo presidente, e realizar todo o rito oficial de formatura da UFRGS era como se fosse uma submissão passiva ao sistema político autoritário que detinha o poder. Dizer não ao formalismo acadêmico significava dizer sim à liberdade, sim ao futuro, sim à coragem de embarcar na mudança", conta Thomé, resumindo: "Éramos jovens e acreditávamos que podíamos transformar o mundo". Seu colega Eduardo Sprinz acrescenta: "Nós estávamos inconformados com toda a situação. Além disso, não tínhamos uma Faculdade de Medicina na sua forma física. Havia o Instituto de Biociências, o qual não era mais a nossa Faculdade. Por isso, nos formamos sem ninguém usar toga".

Os sentimentos e percepções individuais têm impacto sobre a escolha do discurso a ser lido pelo orador da turma. Vence a proposta elaboradora pelo formando Miguel Gus, que, no entendimento de Jacqueline, "acabou escrevendo um texto mais combativo do que de costume". Conforme recorda Sprinz, "o discurso do orador era mais ou menos sobre nossas decepções e o sucateamento da Famed". Thomé complementa que, entre as opções apresentadas à turma, "havia algumas com forte cunho político esquerdista e a proposta de Miguel Gus, que contemplava mais a postura médica e humanitária. Por mérito e por sorte, ganhou o discurso do Miguel, que representava a alma genuína da nossa ATM". O ex-estudante conta que, em meio aos debates que a turma teve nessa etapa, "fiquei triste por perceber que a visão adolescente do funcionamento da nossa ATM, como uma grande família de amigos, começou a mostrar rachaduras causadas pela competitividade, por um certo egoísmo, por um retraimento em pequenos grupos que compartilhavam interesses comuns. Se eu tivesse escrito um discurso, certamente seria expondo essa mazela e criticando a atitude de antecipação da competitividade e a perda do coleguismo fraterno dos primeiros anos da Faculdade, enaltecendo a importância da afetividade e da amizade no desempenho da profissão futura. Certamente, teria um viés poético".

O desejo de fugir à excessiva formalidade na formatura leva a maioria do grupo a optar por um convite pouco convencional, como relata Jacqueline Custódio. "Ele deixou o tradicional de lado. Foi idealizado por uma artista visual, Isabel de Castro, irmã de uma querida colega nossa,

Inês Alencar de Castro, e feito no formato de um fôlder, com desenho na capa e com as cores verde e branco, remetendo à cor-símbolo da Medicina. Dentro, além dos nomes dos formandos, a ausência da indicação de paraninfo. E o homenageado especial foi o povo brasileiro, que custeou a nossa formação médica".

A homenagem é mencionada, no convite, com o seguinte texto:
Aos trabalhadores que, sem oportunidades, com sua força de trabalho garantem nossa passagem pela universidade pública.

As homenagens incluem, ainda, os médicos residentes e médicos contratados do HCPA; o Centro Acadêmico Sarmento Leite; e os professores Clóvis Milton Duval Wannmacher, José Adroaldo Oppermann, Luiz Rohde, Oly Lobato, Paulo Padilha Duarte e Sérgio Saldanha Menna Barreto.

Enquanto parte da turma defende que o formato da cerimônia de colação de grau mantenha, ao menos, o rito do cerimonial acadêmico tradicional, outra parte insiste com a realização de uma formatura diferente, menos protocolar e mais criativa. Em uma reunião realizada no anfiteatro do HCPA, em meio ao burburinho desponta uma ideia original: substituir o formato convencional pela representação de uma peça teatral que encene os problemas vividos ao longo do curso. Conforme Jacqueline, "houve, de um lado, a defesa do encerramento do curso de forma inédita e, de outro, a de manter a tradição, especialmente por ser uma turma médica e toda mística que isso envolve", e prevalece a primeira opção: "Não foi uma vitória 'de lavada', mas a votação da peça contava com as pessoas mais envolvidas com os aspectos sociais e, por isso, mais articuladas e dispostas a levar o projeto adiante. A possibilidade contagiou a maioria da turma, começamos a redigir o texto e a fazer alguns exercícios teatrais, sob a orientação do nosso colega Júlio Conte".

Acervo pessoal de Beatriz Valiati, da ATM 1985

Júlio Conte ensaia os colegas

Conte também se entusiasma com a ideia. Afinal, após sucessivos adiamentos de sua formatura, acredita que nesse ano de 1985 conseguirá colar grau, e fazê-lo em meio a uma representação cênica agrega ainda mais valor ao ato. Porém, com o sucesso crescente de *Bailei na curva*, seu grupo teatral recebe um convite irrecusável: encenar a peça no Rio de Janeiro. "O Júlio acabou não se formando conosco. Sem a sua direção e expertise, houve a desmobilização, até porque os formandos não se sentiam seguros para prosseguir", lamenta Jacqueline. Para Conte também foi uma lástima não ter podido dar sequência ao projeto: "Perdi o último trimestre e não pude me formar no final do ano. Embora a ida ao Rio de Janeiro tenha me conferido a premiação do Serviço Nacional de Teatro da Funarte, deixou uma lacuna. A Comissão de Formatura estava gestando uma ideia inovadora. Faríamos uma peça de teatro contando a trajetória de vida de pessoas que, de certa forma, representavam a turma. A encenação se daria no palco da formatura e seria realizada em lugar dos tradicionais discursos. Comecei a trabalhar com os colegas e já estávamos com quatro cenas ensaiadas quando vieram o convite e a minha ida para o Rio e o projeto desidratou. Lamentei muito não ter feito essa formatura, provavelmente seria um evento que estaríamos lembrando hoje".

Acervo pessoal de Jacqueline Custódio

A ATM 1985 em frente à "Casa de Sarmento"

A partir daí, conclui Jacqueline, "voltamos à questão da colação de grau: como fazer a crítica social àquele período? Como demonstrar a indignação com a falta de democracia? Como lembrar a importância das lutas, especialmente do movimento estudantil? Pouca coisa restava, mas negar a tradição da colação começava por renegar o uso da toga. O uso de uma roupa comum, ainda que 'de festa', foi uma escolha aceita por todos".

A sombra de um sonho: tradução do intraduzível

Depoimento de Júlio César Conte

Como traduzir em algumas palavras 11 anos vividos na Faculdade de Medicina, na extensão de sua complexidade, ora dentro envolvido, ora fora decepcionado, procurando alguma coisa que pudesse dar sentido nas idas e vindas, entre livros e aulas, entre vivos e mortos, subindo e descendo escadas do Hospital de Clínicas, perdido em corredores na imensidão da Santa Casa, subindo e descendo a Avenida Salgado Filho em direção à escola de teatro, mas voltando, invariavelmente, para o prédio da Biociências, na época em que o prédio era o ícone maior da Faculdade de Medicina, exibindo, com sua arquitetura, toda a pompa e circunstância daquela faculdade que representava a mais estável e valorizada das profissões?

Minha trajetória na faculdade, assim como qualquer pessoa que mergulha neste universo inacabado da Medicina, neste infindável esforço de avançar sobre o território do desconhecido, foi para mim extremamente particular, singular e inexplicável. Há uma vivência coletiva e comum a qualquer aluno de qualquer faculdade, pois está se forjando não apenas uma profissão, mas um sistema ético, sensível, cultural, singularmente humano, em processo.

No meu caso, acabei sofrendo várias intercorrências e desvios de rota, de modo que, quando eu me permiti me perder neste caminho, em desvios inesperados, pude me encontrar onde não pensava existir. Foi como se as cordas do acaso se organizassem de tal modo que minhas decisões, sempre precárias, alterassem o próprio destino, tecendo a trama do desejo em direção ao inesperado. Aquilo que me guia e me surpreendeu e surpreende, a cada dobra do tempo.

No segundo ano de Faculdade, foi uma das muitas encruzilhadas. Criamos um grupo de teatro na nossa ATM 1980. O teatro deveria servir mais para aliviar as angústias frente ao tamanho da incógnita que o mundo médico abria em nossa frente do que para a arte dramática em si. Junto com esses sentimentos angustiantes, tivemos a greve da Medicina, cujo fator desencadeante foi a prisão de um colega que, ingenuamente, resolveu atravessar a rua no meio de uma manifestação estudantil que ocorria ao lado da Faculdade. A ilusão desse aluno de que, pelo fato de ter sido sempre a favor do sistema militar vigente, estaria livre da violência da ditadura. Fato que se revelou ilusório, sendo a prisão realizada quando, no meio da uma manifestação, resolveu atravessar a rua em direção ao Restaurante Universitário da UFRGS. A indignação por parte do meio acadêmico da época foi significativa e carregada de certa ironia que a vida nos proporciona. A prisão desencadeou aderência à greve, a primeira de muitas.

Durante a paralisação, foram organizadas atividades culturais, políticas e sociais. A partir dessa trama, me vi preparando uma apresentação, uma pequena cena em que recitava um poema de minha autoria. Poesia criada durante as soníferas aulas de Histologia, na sala 4, enquanto meu estômago tentava vencer o sono pós-prandial dos gordurosos almoços no restaurante universitário. Escrevia poemas sufocados entre bombas de sódio e potássio, mitocôndrias, aparelho de Golgi, hepatócitos e sistemas simpáticos e parassimpáticos. Poemas para me manter vivo emocionalmente e superar a opressão da monocórdia voz do autoritarismo.

A poesia sempre salva.

A consequência dessa experiência me impulsionou ao teatro e, a partir de então, dividi minha vida acadêmica, nos anos que se seguiram, entre a Medicina e o teatro, ou seja, entre a Rua Sarmento Leite e a Avenida Salgado Filho, subindo e descendo a Praça Argentina, alternando entre o jaleco e a roupa de ensaio.

Foram tantos anos que quase fui jubilado.

A vida acadêmica de outsider *foi uma experiência marcante. Atravessando os anos de formação sendo colega de várias turmas que passaram por mim voando rumo à formatura, enquanto eu seguia no meu ritmo, exercendo a dupla jornada de formação entre a arte e a ciência, navegando entre turmas, criando um filho, casando e me separando e encontrando amigas e amigos, parceria solidária.*

Sendo de tantas turmas, quando finalmente eu me formei, a ironia quis que estivesse sozinho, ou quase.

Nada podia ser mais coerente.

Foi uma formatura em gabinete. Estavam o dr. Waldomiro Manfroi, diretor da Faculdade de Medicina, um colega de cujo nome não lembro e também meu pai e minha mãe. Foi a melhor das formaturas que poderia ter, expressão da singularidade do trajeto, que, mesmo no limite do jubilamento e da saúde mental, foi salvo por anos de psicanálise. Arrisco-me a dizer que, se eu pudesse escolher, optaria por viver tudo de novo, nas mesmas circunstâncias. Mas não sei se seria verdadeiro comigo se o fizesse.

A cerimônia realizada em gabinete, apesar de tudo, carregava o rigor e a simplicidade de uma grande formatura. O dr. Manfroi assumiu a palavra como se fosse o paraninfo e fez um discurso cheio de humanidade e experiência. Parecia que estávamos no Salão de Atos lotado. Lembrou ele que, nos inícios da Faculdade de Medicina, as formaturas se realizavam assim, em gabinetes, com poucos médicos formados na intimidade e na abnegada busca do conhecimento, avançando sempre sobre o país do desconhecido, na ampliação da vida. Naquela manhã, sol do outono pela janela, eu vi e vivi a extensão do que viria a seguir na minha vida. A vida teatral e a médica, ambas abençoadas pela sensibilidade do dr. Manfroi, abriram a essência humana da minha formação, que iria se conjugar, anos depois, em minha carreira psicanalítica.

Enquanto minha turma de entrada na Faculdade, a ATM 1980, se aproximava da formatura, novamente uma greve explodiu, bem no exato momento em que viajava para uma importante turnê apresentando Bailei na curva *para o Brasil – criada durante um semestre no qual, por ter rodado em Medicina Interna, não pude me matricular em outras disciplinas, uma vez que era pré-requisito a todas outras. Por dois décimos, fiquei um ano parado. Aproveitando o tempo ocioso, comecei a ensaiar todos os dias e criei, junto com um grupo de atores, a peça* Bailei na curva, *que conta a história de sete crianças que crescem sob a ditadura brasileira. A encenação se revelou um sucesso nacional, rendendo certo prestígio desde aqueles dias até hoje. Mais de 40 anos se passaram e a peça continua viva e atualizada de tempos em tempos. O texto segue sendo um dos mais montados do Brasil.*

Hoje, tenho para mim que, se não houvesse essa segunda greve da Medicina, eu não estaria aqui contando esta história. Iniciada no exato dia que entrei no avião para o Rio de Janeiro para, dois dias depois, estrear no Teatro Cacilda Becker. Meses mais tarde, quando o avião pousou de volta, no Aeroporto Salgado Filho, voltei às aulas, pois naqueles dias a greve terminara.

Outro desvio aconteceu três meses antes da formatura. Um novo convite: dirigir a peça no Rio de Janeiro. Fui e, com isso, perdi o último trimestre e não pude me formar no final do ano, com a ATM 1985. Embora a ida ao Rio de Janeiro tenha me conferido a premiação do Serviço

Nacional de Teatro da Funarte, deixou uma lacuna. A Comissão de Formatura da ATM 1985 estava gestando uma ideia inovadora. Faríamos uma peça de teatro contando a trajetória de vida de pessoas que, de certa forma, representavam a turma. A encenação se daria no palco da formatura e seria realizada em lugar dos tradicionais discursos. Comecei a trabalhar com os colegas e já estávamos com quatro cenas ensaiadas quando vieram o convite e a minha ida para o Rio, e o projeto desidratou. Lamentei muito não ter feito essa formatura, provavelmente seria um evento que estaríamos lembrando hoje.

Então, quando voltei, três meses depois, a formatura em gabinete se realizou.

Como toda lembrança é encobridora, toda memória é quase ficção e o homem, a sombra de um sonho, estas narrativas são nada mais do que tentativas de se aproximar do mistério da vida, que tem vários nomes: inconsciente, alma, destino, moira ou escolhas. Prefiro pensar que sejam como brumas que nos embalam neste imenso mare nostrum, *mundo líquido da modernidade, móvel, instável, movendo-se de forma constante na falta da âncora da certeza que, estoico, acolho. Navego ao sabor daquilo que me embala, daquilo que me sonha, que me amanhece, nos braços cálidos do simbólico colo materno. Acolhidos neste mar de turbulências, cheio de tempestades, som e fúria, jogados ao sabor de correntes para ilhas de desamparo, mas com praias reparadoras, sol dos nossos afetos mais íntimos.*

Tudo o que escrevi aqui é a ponta de um iceberg emocional, cujo núcleo se encontra mergulhado em águas profundas e turvas onde nasce a complexidade singular que nos constitui. Objeto de análise e sonhos compartilhados em consultórios, divãs e palcos. Nesse trajeto através da Faculdade de Medicina, carregando meus mortos, fui extraído desse líquido primordial que guarda semelhança com o líquido amniótico dos sonhos. No afeto intersticial do qual somos feitos. Foi um longo parto, multifacetado e partido, solitariamente acompanhado, formando um quebra-cabeças com peças que nunca se encaixam totalmente, e chegando em portos muitas vezes não muito alegres e com tantas partidas quanto chegadas. Posso dizer que, depois de tudo, foi assim que nasci para a Medicina, para o teatro e para a psicanálise. Revisitei pedaços da minha vida que andavam dispersos como ilhas flutuantes que se descolam do continente, ao estilo Saramago e seu Portugal flutuante.

Ao encontrar as invariantes desses pensamentos, ficou claro que a formação médica é um trajeto árduo e único. Por mais que tenhamos uma turma, amigos que nos acompanham, colegas que nos auxiliam, estamos sós, radicalmente sós, em luta contra nossa ignorância. Ao mesmo tempo, temos dois parceiros essenciais. O primeiro é a pessoa que aparece na nossa frente, sofrendo, se queixando, morrendo e vivendo, que tem os mesmos sentimentos que nós, as mesmas doenças e funcionamento e é nosso maior aliado. Uma pessoa que, em Medicina, costuma-se chamar de paciente. O qual desperta a solidão necessária para pensar e solidariedade do médico de agir frente ao mistério. O aprender depende de querer conhecer um objeto desconhecido, tanto quanto o objeto se permitir ser conhecido. Esse dito paciente pode ter outros nomes. Alguém que se oferece para conhecer, e conhecimento é o outro nome do amor. Respeito e amor ao desconhecido é uma forma de conhecer a vida.

Por fim, na mente de cada médico, tem sempre um personagem que ajuda a pensar, a sentir, refletir, uma sombra de alguém que veio antes de nós, que passou pelo mesmo desamparo que nós e, com paciência, nos estende a mão, esse sim paciente, à espera até que tenhamos condições de suportar a verdade. Mestre é aquele que ensina e, de repente, aprende. Com ele, aprendemos a cuidar e ser cuidados, observando os fatos até que surja um padrão, até que a nuvem do desconhecimento se abra como sol de primavera, despertando as condições de cuidar do outro e de sermos finalmente médicos, no turbulento exercício da incerteza. Assim cheguei à psicanálise que exerço até hoje.

E essa foi a minha odisseia de voltar para mim mesmo.

Este texto é uma homenagem ao dr. Waldomiro Manfroi – ao maestro, com carinho – e para o dr. Abrão Slavutzky e o dr. Renato Trachtenberg, sombras de sonhos.

Entrevistados

Antônio Carlos Oppermann Thomé, especialista em Pediatria e em Terapia Intensiva Pediátrica, é médico na Unidade de Terapia Intensiva do HCPA. Também é poeta e escritor de literatura infantil, tendo vencido diversos concursos nessas modalidades.

Eduardo Sprinz, mestre e doutor em Medicina: Ciências Médicas pela UFRGS, é professor associado do Departamento de Medicina Interna da Famed/UFRGS, docente do curso de pós-graduação em Ciências Médicas da Universidade e coordenador do ambulatório de HIV/Aids do HCPA.

Jacqueline Custódio não seguiu a carreira médica. É advogada especialista em Direito Público, mestre em Museologia e Patrimônio pela UFRGS, doutoranda no Programa de Pós-Graduação em Planejamento Urbano e Regional pela mesma Universidade e ativista pela preservação do patrimônio cultural brasileiro.

Júlio Conte identifica-se como "psicanalista, dramaturgo e diretor de teatro, ator etc.". Sua peça *Bailei na curva*, maior sucesso do teatro gaúcho de todos os tempos, ao comemorar 40 anos em cartaz, no final de 2023, teve ingressos esgotados em todas as sessões no Theatro São Pedro. A peça apresenta a trajetória de sete crianças que, em abril de 1964, moram na mesma rua, mostrando como enfrentam as transformações do final da infância, adolescência e juventude e os reflexos do golpe militar em suas vidas adultas.

Currículos e fotografias fornecidos pelos entrevistados.

1986

A informalidade e a irreverência
em cena no Teatro da Ospa

De todo o meu passado
Boas e más recordações
Quero viver meu presente
E lembrar tudo depois
Nessa vida passageira
Eu sou eu, você é você
Isso é o que mais me agrada
Isso é o que me faz dizer
Que vejo flores em você

Flores em você,
Ira

Em 1986, a Famed/UFRGS passa a formar duas turmas por ano – a /1, no primeiro semestre, e a /2, no segundo.

1986/1

Em meio a muitas mudanças, uma turma conturbada

A ATM 1986/1 segue tendo aulas práticas no HCPA e na Santa Casa, principalmente. "A Psiquiatria foi na Unidade Melanie Klein do Hospital São Pedro e a Pediatria, em diferentes postos de saúde, em Porto Alegre e em Canoas", acrescenta o então estudante Nicolino César Rosito, para quem "uma etapa marcante foi a passagem do internato no Hospital de Pronto Socorro, durante o quarto ano do curso". Conforme Rosito, "em geral, a experiência foi muito boa, a partir da Semiologia passamos a frequentar cada vez mais as enfermarias e ambulatórios dos hospitais.

Na época, algumas áreas do HCPA não estavam funcionando, mas a Santa Casa supria muito bem, com as enfermarias e os ambulatórios coordenados pelos professores da UFRGS. Lembro bem da empolgação dos alunos, principalmente, a partir do quarto ano".

Segundo outra integrante da ATM 1986/1, Eunice Beatriz Martin, a turma foi "um pouco conturbada", devido ao fato de ser não só a primeira semestralizada, mas também a última do currículo em vigor – o grupo ingressa no curso no segundo semestre de 1980, quando a Faculdade se prepara para a introdução de significativas mudanças curriculares, no início de 1981. "Muitos alunos que rodaram durante a Faculdade, viajaram, tiveram algum tipo de problema ou trancaram o curso acabaram se formando ou transitando, em algum momento, na ATM 86/1", complementa Rosito.

A cerimônia de formatura acontece em 11 de julho, no Teatro da Ospa, que conta com 1.230 lugares. Mas, diferentemente do ocorrido com as turmas de 1979 e 1981, que tiveram que recorrer a locais externos à Universidade pelo fato de a Reitoria tê-las proibido de usar o Salão de Atos, agora é apenas porque esse espaço se encontra em reforma. Assim, três

Acervo pessoal dos autores

A ATM 1986/1

turmas sucessivas terão sua colação de grau no palco de um dos principais espaços culturais da capital gaúcha, anteriormente designado Teatro Leopoldina e, desde 1984, mais conhecido como Teatro da Ospa por abrigar a Orquestra Sinfônica de Porto Alegre.

O convite de formatura da ATM 1986/1, dobrado em três partes, traz, em uma das abas externas, o bastão de esculápio e, em outra, uma fotografia da turma em frente ao HCPA. Internamente, constam as informações sobre a cerimônia. Não há paraninfo. Os homenageados são os professores José Antônio Azevedo Magalhães, Sérgio Menna Barreto, Dorothéa Ferlin e Tânia Weber Furlanetto. "Não tivemos paraninfo, mas a professora Dorothéa Ferlin nos conduziu até o palco", conta Eunice, que complementa: "A música de entrada foi *Going home*, da banda britânica Dire Straits, sugerida pela formanda Rosaura Rolim Cavalheiro e acolhida pela turma".

Sobre a ausência de paraninfo, Rosito recorda que "foi uma forma de protestar contra a Universidade. As obras do Salão de Atos da Reitoria não ficaram prontas e tivemos que nos formar no Teatro da Ospa, que na época ficava na Avenida Independência". O presidente da Fundação Ospa, naquele momento, é Ivo Nesralla[2], diretor-presidente da Fundação Universitária de Cardiologia/Instituto de Cardiologia, formado na ATM 1962 da Famed/UFRGS, que auxilia a turma na obtenção da reserva do espaço. Por isso, o convite também registra um agradecimento a ele. A ATM 1986/1 agradece, ainda, às funcionárias do HCPA Consuelo e Neusa Helena e "aos pais, familiares e amigos pelo apoio".

Na cerimônia, uma novidade é que, na mesa de autoridades, uma das cadeiras é ocupada, a convite dos formandos, pelo presidente do Centro Acadêmico Sarmento Leite, Marco Azevedo. O que já não é novo é a ausência das vestes talares – embora alguns desejassem usá-la. "Eu queria a formatura com toga, mas a maioria votou contra. Lembro que meus pais ficaram chateados. Isso aconteceu talvez por protesto e/ou imaturidade de parte da turma, e outros alegavam que as togas estavam velhas e malcuidadas. Hoje, provavelmente, muitos que votaram contra a toga

2. Ivo Nesralla teve diversos papéis pioneiros na Medicina gaúcha. Na Faculdade, participou da primeira equipe de Cirurgia Torácica e Cardiovascular e, uma vez formado, foi o primeiro médico residente do Serviço de Cirurgia Torácica e Cardiovascular da Universidade. Mais tarde, destacou-se como precursor no uso de diversas técnicas de cirurgia cardíaca no Rio Grande do Sul e responsável pelo primeiro transplante de coração realizado no estado.

estejam arrependidos", diz Nicolino Rosito, acrescentando: "Outra manifestação que achei estranha foi a turma decidir, por votação, que os pais médicos não poderiam entregar os diplomas aos formandos".

Apesar de tudo, afirma Rosito, "o clima da solenidade foi muito bom, de confraternização da turma e com os familiares". O discurso do diretor Waldomiro Manfroi, conta, abordou o futuro da Medicina, os desafios para conquistar um espaço no mercado de trabalho e a situação de mudanças que poderiam ocorrer no Brasil.

Entrevistados

Eunice Beatriz Martin fez residência em Ginecologia e Obstetrícia no HCPA, pós-graduação em Medicina do Trabalho, mestrado e doutorado em Clínica Médica na UFRGS. Médica contratada do HCPA desde 1990, chefia a Unidade de Saúde dos Funcionários do Serviço de Medicina Ocupacional.

Nicolino César Rosito fez residência em Cirurgia Geral e em Cirurgia Pediátrica no HCPA e *fellow* em Urologia Pediátrica na instituição. É mestre em Cirurgia Pediátrica, doutor em Medicina e pós-doutor em Cirurgia. No HCPA, é responsável pelo Setor de Urologia Pediátrica, cirurgião pediátrico do Programa de Anomalias Sexuais (Pads) e do Grupo de Urologia Reconstrutiva Infantil (Guri). Também coordena o Centro de Aperfeiçoamento em Urologia Pediátrica da Associação Brasileira de Cirurgia Pediátrica (Cipe) e do HCPA e é professor adjunto de Cirurgia Pediátrica da UFCSPA.

Currículos e fotografias fornecidos pelos entrevistados.

1986/2

"Resolvemos experimentar algo feito por nós e para nós"

No final do ano, a ATM 1986/2 vai promover uma das formaturas em que se faz mais evidente o desejo dos estudantes de protagonizarem um evento isento de formalidades e repleto de elementos lúdicos. Em 11 de dezembro, o palco do Teatro da Ospa sedia uma solenidade com muitas inovações, irreverência e surpresas – algumas destas, inclusive, para os próprios formandos, já que a Comfor introduz alguns elementos que haviam sido previamente vetados pela maioria da turma.

A origem dessa formatura peculiar passa pelo contexto do país e da Famed ao longo do curso. Como recorda o então estudante Adão Machado, "entramos na Faculdade ainda no período de regime militar no Brasil, no início do terceiro ano da presidência do general João Baptista Figueiredo. A Universidade estava em crescente efervescência relacionada à possibilidade de, em breve, termos um governo civil, algo de que nós, nascidos no início da década de 1960, não tínhamos lembrança". Nesse cenário, ressalta, "a Comissão de Carreira da Faculdade de Medicina não ficou alheia ao movimento geral das universidades e elaborou um novo currículo, marcadamente voltado para a formação de médicos capazes de entender os determinantes sociais e econômicos da saúde, sem descuidar dos conhecimentos básicos clássicos".

"Fomos a primeira turma do novo currículo, implementado em 1981", complementa seu colega Francisco Arsego Quadros de Oliveira, citando que, entre as disciplinas introduzidas, está a de Acompanhamento de Família, obrigatória e com elevada carga horária. Cada estudante deve acompanhar, ao longo de todo o curso, uma família – recrutada em postos de saúde com os quais a Famed mantém acordos –, em sua residência, a fim de monitorar vários aspectos da saúde dos adultos e crianças que a compõem. "A gente acompanhava a situação, depois discutia com os professores. Mas íamos sozinhos, ficávamos meio desamparados", relata Arsego.

Adão Machado traz detalhes: "Entre os muitos problemas, estavam a nossa imaturidade, nossa falta de conhecimentos para levar algo de proveitoso às famílias e, muito grave, o despreparo dos professores orientadores. Estes eram das mais variadas especialidades, muitos deles psiquiatras ou professores de disciplinas básicas, que não conseguiam nos orientar de modo a tornar a disciplina minimamente gratificante para nós ou para as famílias acompanhadas". Segundo ele, "pequenos grupos de alunos eram supervisionados por professores marcadamente diferentes entre si. As visitas às famílias e as sessões de supervisão com nossos orientadores eram, muitas vezes, constrangedoras e frustrantes para todos os envolvidos. Os semestres se sucediam, e a história se repetia; muitas vezes, no primeiro encontro com o professor este nos perguntava como funcionava a disciplina e o que havíamos feito no semestre anterior. Aquilo nos desgastou muito e, ao mesmo tempo, tínhamos que estudar intensamente para matérias com elevado conteúdo teórico, como Anatomia, Histologia, Fisiologia e tudo mais que corria paralelamente a Acompanhamento de Família".

Inconformados com a situação, estudantes da ATM 1986/2 participam de diversas reuniões com a Comissão de Carreira (Comcar) para tentar melhorar a "contestada e improdutiva disciplina", como define Machado, que relata o desenlace da situação: "A coisa chegou a tal ponto que nos rebelamos: ao final do quarto semestre, resolvemos, por unanimidade, não nos matricular no quinto semestre de Acompanhamento de Família. Em reunião com a Comcar, informamos que nossa turma não mais aceitaria aquela disciplina e, se nos dois semestres faltantes isso fosse exigido, estaríamos dispostos a chegar ao final do sexto ano e não nos formar, criando um vácuo bombástico e provavelmente escandaloso na história não só da Faculdade de Medicina, mas da própria UFRGS. Como resultado, "os professores recuaram: os dois últimos semestres de Acompanhamento de Família saíram do currículo e, posteriormente, a disciplina foi extinta como um todo. Não conheço precedentes de algo desse tipo na Faculdade de Medicina da UFRGS", destaca Machado.

Segundo o também integrante da ATM 1986/2 Ricardo Becker Feijó, "a turma era politizada, com representação discente ativa, muitas lideranças, e se mobilizou para dizer o que era bom ou não para o curso". Arsego concorda que "foi uma turma experimental e muito participativa" e acrescenta que havia boa receptividade por parte da Direção da Faculdade: "O diretor, professor Waldomiro Manfroi, era muito próximo da gente, nos ouvia. Seu colega Marcelo Krieger Maestri, porém, tem uma visão diferente: "Não sentíamos um acolhimento mais assertivo por parte da Direção para demandas da turma que estava inaugurando um novo currículo, que necessitava de ajustes".

Narrando uma história repleta de imprevistos e "aventuras", Adão Machado ilustra "o grau de improvisação que permeou o nosso período de graduação":

> *O segundo semestre do quinto ano começou a incluir estágios de tempo integral, como os de doutorandos. Um deles chamava-se Estágio de Medicina Comunitária em Meio Rural, a ser realizado na forma de verdadeiro internato, com os alunos morando durante a semana numa casa em Itapuã, município de Viamão, entrando na segunda-feira e saindo na sexta. Foi mais uma disciplina nova e experimental. Intrépidos, eu e mais quatro colegas (totalizando três homens e duas mulheres) topamos aquela aventura: partimos numa segunda-feira pela manhã na Kombi que levava, duas vezes por semana, o médico e alguns outros profissionais da Secretaria Estadual da Saúde para o posto de atendimento comunitário naquela região. Teríamos suporte desse médico nesses dias e receberíamos supervisão por professor da Famed uma vez por semana. Chegando lá, estrutura nenhuma: a casa em que moraríamos ficava longe do posto, estava cercada de mato na altura do peito, não tinha energia elétrica (!!!) e a iluminação era a gás. Em pleno inverno, não tínhamos aquecimento e o chuveiro era aquecido por um sistema à base de álcool, que tínhamos de inflamar para tentar aquecer a água. Era perigoso e ineficaz: os banhos eram terrivelmente frios. Para nos livrar do mato, pegamos foices, enxadas e ancinhos: nós mesmos limpamos o terreno. A casa ficava próximo ao aviário Avipal, e isso levava a uma tremenda infestação por moscas. As moscas e insetos rasteiros, incluindo também grandes aranhas, nos obrigavam a manter janelas e portas fechadas a maior parte do tempo. Numa das noites, vimo-nos às voltas com um morcego que entrou e ficou voando junto ao teto.*
>
> *Dividíamos os cuidados com a casa: a cada dia, um de nós ficava arrumando o ambiente e preparando o almoço, enquanto os outros iam ao posto de saúde trabalhar junto com a única profissional que ficava lá por toda a semana, uma auxiliar de Enfermagem que foi muito atenciosa (embora tímida, pois éramos "doutores"). Nem telefone fixo tínhamos no início! Só algum tempo depois. Usávamos o do posto de saúde. Celular e internet? Nem em ficção científica... era o ano de 1985!*
>
> *Com esforço, boa vontade e nossa juventude, conseguimos nos integrar à comunidade e, tenho certeza, prestamos bons serviços aos moradores, dentro de nossas limitações. Aprendemos muito com eles e com nossos estudos pessoais. Ensinamos muito uns aos outros também. Há muito mais coisas sobre esse estágio, que registramos num caderno, por nós chamado de* Diário de Itapuã.

O ex-estudante fecha sua narrativa com uma constatação: "Não havia como tudo isso não se refletir em nossa formatura".

A Pinça nº 2

Acervo pessoal de Francisco Arsego

A ATM 1986/2 edita um jornalzinho, cujo nome – *A Pinça* – brinca com o título do periódico do CASL, *O Bisturi*[3]. Ao longo do curso, diversas edições são lançadas, e, como informa o editorial da primeira, usadas para "brincadeiras, coisas sérias, reivindicações, contos, poesias, colunas etc. e mais ainda. Tudo o que pode ser escrito e divulgado e tudo o que precisamos saber sobre o currículo". No número 2, o editorial reforça os objetivos da publicação e alerta para problemas de integração entre a turma no meio da graduação:

> A Pinça *foi criada com o objetivo de trazer à nossa turma algo pelo que lutar: alguma coisa que nos levasse a trabalhar juntos, a interagir, a buscar algo positivo.* A Pinça *seria alguma coisa do grupo, um motivo de orgulho para nós. Isso tem especial importância neste momento em que atingimos o auge de nossa dispersão: nunca fomos tão pouco TURMA como agora. Competição, intrigas, brigas abertas e por trás dos bastidores, tudo isso ocorre com apenas 50 pessoas! E ainda mal atingimos o meio do curso, vejam só.*

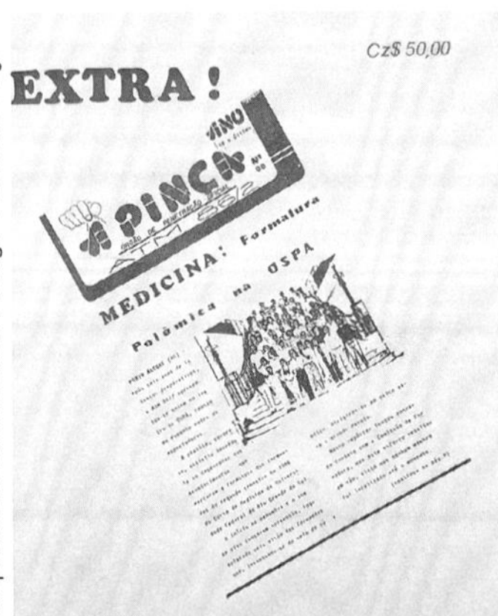

Edição especial de formatura

Acervos pessoais de Francisco Arsego e Ricardo Feijó

A última edição de *A Pinça* é lançada no final do curso. Nas páginas internas, são apresentados os formandos e as formandas, com seus "currículos" – textos humorísticos sobre suas características e trajetórias durante a Faculdade, acompanhados de caricaturas produzidas pelo desenhista Bayard Christ. Na capa, um texto narrando os acontecimentos da formatura, como se esta já tivesse ocorrido, "causando espanto entre os espectadores". Mas, de fato, a edição é vendi-

3. Ambos, pinça e bisturi, são instrumentais cirúrgicos.

da no teatro, antes do início da solenidade. "Fizemos uma edição extra que marcou história. No dia da formatura, entramos com um balaio cheio de exemplares e vendemos cada um a 50 cruzados", conta Ricardo Feijó.

É uma estratégia para dar conta dos gastos envolvidos com a organização de uma formatura peculiar, incluindo itens até então incomuns nas colações de grau da Medicina, como cachê dos músicos, sonorização, luz, afinação do piano e elaboração de caricaturas.

Os doutorandos Francisco Arsego, Ricardo Feijó, Andréa Moreira Diniz Costa e Débora Maria Moser dos Santos são os integrantes da Comfor, a comissão que vai coordenar a tomada de decisões sobre a formatura da ATM 1986/2.

Quando a turma fica sabendo que não poderá se formar no Salão de Atos da Reitoria, que se encontra em reformas, é uma decepção generalizada, devido à perda de simbolismo do ato. "E então a Comfor decidiu que, se o local não era convencional, a solenidade também não seria, queríamos originalidade. Não era rebeldia, não era contra a instituição; queríamos celebrar pensando em nós. A proposta foi aceita pela turma e virou uma bandeira", relata Feijó. "Não era um protesto. Era o início da redemocratização e queríamos retomar as relações rompidas. Até o diretor Manfroi se divertiu durante a formatura", afirma Arsego. Adão Machado, por sua vez, considera que "foi uma forma de protesto e retribuição: já que a Faculdade inovou e experimentou muitas coisas conosco, resolvemos também ser diferentes e inovar, experimentar algo feito por nós e para nós".

A escolha de um paraninfo é logo descartada. Segundo Adão Machado, "embora muitos professores tenham sido exemplares, resolvemos não ter paraninfo porque não fomos, com todas as dificuldades, 'abraçados', como turma, por nenhum deles". Conforme Arsego, "não tivemos paraninfo porque não houve ninguém de consenso entre a turma que a representasse. E também não queríamos ninguém que se sobressaísse aos nossos homenageados" – o médico residente Oscar de Andrade Miguel e os professores Álvaro Porto Alegre Furtado e Oscar May Pereira. "Decidimos homenagear quem mais teve importância para a turma, não quem fosse pagar festa, conseguir emprego ou algo assim. O Oscar Miguel, por exemplo, embora residente, foi mais importante no ensino do que muitos professores e médicos contratados", explica Ricardo Feijó, que também considera que não foi escolhido paraninfo "porque não havia ninguém para dar um destaque tão especial".

O uso das vestes talares está igualmente fora de cogitação. "Quisemos fazer uma formatura diferente, com alguma formalidade, mas sem tanta pompa", explica Arsego. "A maioria da turma decidiu não se formar de toga. Um certo confronto aos costumes. Foi uma bobagem juvenil", contrapõe Maestri. Trajes escuros e muito formais também são preteridos, compondo um panorama multicolorido nas fileiras de cadeiras em que os formandos se sentam no palco.

Mas a ausência do paraninfo e da beca não é suficiente; a ATM 1986/2 quer mais, muito mais, e a Comfor propõe diversas inovações. O roteiro oficial da UFRGS para o rito de colação de grau é deixado de lado. A Comissão elabora uma proposta alternativa, que não é aprovada pelos colegas; faz uma segunda, igualmente vetada; e chega a uma terceira, que a turma referenda. Ao final, conta Adão Machado, a reação da turma à proposta de solenidade elaborada pela Comissão "foi boa, embora sem unanimidade e com algum estranhamento", enquanto a Direção da Famed, "após algumas negociações, aceitou nossas decisões".

Conforme Francisco Arsego, "tivemos poucos encontros da Comfor com toda a turma, na Sala 160 do HCPA. Na primeira, todo mundo brigava, não se chegava a nenhum consenso. Aí chamamos uma reunião em que a Comissão apresentava os diferentes pontos e o grupo só tinha que votar 'sim' ou 'não'. Votamos e resolvemos tudo". Ricardo Feijó complementa, entre risos: "A Comfor agiu segundo o conceito de 'democracia relativa' – ouvimos todo mundo e decidimos nós".

Acervo pessoal de Francisco Arsego

A ATM 1986/2

Acervo pessoal de Francisco Arsego

Versão mais informal do convite da ATM 1986/2

Um dos itens de mais difícil consenso entre a turma é o convite. Acompanhando o estilo programado para a solenidade, a Comfor apresenta uma proposta em cuja capa figuram desenhos com toque humorístico – um médico cansado após realizar um "parto difícil" que dá à luz a ATM 1986, "perfeitinha e com muita saúde", representada por um bebê engatinhando, de fralda.

Esta, porém, não agrada parte da turma, e uma segunda proposta, com capa mais sóbria, é elaborada. Ficam valendo os dois convites, para que cada um escolha o que preferir. De resto, ambas as alternativas têm o mesmo teor: as informações de praxe sobre a solenidade, uma fotografia do grupo na escadaria interna do antigo prédio da Famed e duas frases em destaque: "É, precisamente, a necessidade permanente de lutar que dá à vida humana um significado perene" (Johan Galtung) e "De educadores para professores, realizamos um salto de pessoas para funções" (Rubem Alves). O convite registra, ainda, diversos agradecimentos: "Lúcia Serpa, pela produção; Cado Bottega, pela criação dos convites; funcionários do Teatro da Ospa, pela atenção; e funcionários da Faculdade de Medicina, pela colaboração nestes últimos seis anos".

O formato da solenidade idealizado pela Comfor e, ao final, aprovado pela maioria da turma começa pela mudança da disposição dos elementos no palco. Tradicionalmente, a mesa das autoridades é colocada em primeiro plano e, ao fundo, são enfileiradas as cadeiras ocupadas pelos formandos. A ATM 1986/2, porém, subverte essa distribuição, situando os 56 formandos na frente do palco e a mesa de autoridades, bem enxuta (o diretor e a secretária da Famed e os homenageados), ao fundo, em uma das laterais. Na outra, é reservado espaço para o pianista Paulo Dorfmann e um trio de *jazz* executarem música ao vivo durante a cerimônia – mais uma novidade introduzida pela turma, em substituição às canções gravadas.

O palco vai comportar, ainda, telão para projeção de uma fotografia de cada formando, no momento em que é chamado para a sua colação de grau. Originalmente, a ideia da Comfor era mostrar, em vez de fotos, as caricaturas que constam na edição extra de *A Pinça*, mas a maioria da turma não aprova a proposta. A solenidade também conta com efeitos de iluminação e, na abertura, com uma narração gravada por Lúcia Serpa – uma das atrizes da peça *Bailei na curva* – relacionada ao corpo humano.

Praticamente nenhuma etapa da cerimônia segue o formato tradicional, nem mesmo a subida dos formandos ao palco. Em vez de entrarem todos juntos na sala, conduzidos por seus homenageados, estão dispersos em cadeiras da plateia. Todas as luzes são apagadas, ocorre a apresentação de Lúcia Serpa e, quando a iluminação é retomada, eles se levantam e dirigem-se ao palco, cada um vindo de um ponto diferente. A condução da cerimônia não é feita, como de praxe, pelo diretor da Faculdade; fica a cargo de um dos formandos, Francisco Arsego, fazer as vezes de mestre de cerimônias. Para a composição da mesa de autoridades, a forma também é inédita, utilizando versos escritos pelo músico José Luís Galia:

Pra iniciar a cerimônia
Chamamos nosso diretor
Doutor Waldomiro Manfroi
Suba ao palco por favor
E o nosso aplauso aceite
Futuro Sarmento Leite
Notável batalhador
Seguindo o nosso programa
Pedimos a colaboração
De nossa amiga secretária
Pra iniciar a apresentação
Rosinha[4]*, não leva a mal*
Mas tu que não é de fazer grau
Vem atar a colação
Chamamos agora o primeiro
Professor homenageado
Amigo radiologista
Ecografista afamado
Querido barbaridade
Que tem nome de cidade
Doutor Porto Alegre Furtado
Nesta hora é com prazer
Que nossa turma destaca
Professor Oscar Pereira
Que, de micro, tudo saca
Das bactérias é doutor

4. *Rosinha* é a forma carinhosa com que os estudantes costumavam chamar a secretária da Famed, Rosalina Machado Schuaste, responsável pela elaboração da ata oficial da colação de grau.

Um grande pesquisador
O famoso "pilha fraca"
Temos a satisfação
De chamar aqui à frente
Oscar de Andrade Miguel
Grande amigo residente
Gineco jovem e promissor
Que mesmo sem ser professor

É nosso mestre permanente
E como marco final
Chamamos nosso Marquinho
O último homenageado
Vem chegando de fininho
Ao ex-presidente polêmico
Do nosso Centro Acadêmico
Nosso aplauso com carinho

O *Marquinho* a quem o chamamento se refere é Marco Azevedo, ex-presidente do CASL. Embora já não estando mais na direção do Centro Acadêmico, compõe a mesa a convite dos formandos. Ele também poderia estar entre os que recebem a colação de grau nessa noite, pois ingressou na Faculdade com a ATM 1986/2, mas acaba postergando a formatura para o ano seguinte. "Na época, o Centro Acadêmico estava envolvido em um projeto de Medicina Rural em Itapuã. Fui para lá, fiquei na zona rural e acabei rodando em Gineco. Tentei fazer no outro semestre tudo junto, não consegui, então me atrasei um semestre", explica Azevedo. "Foi nosso convidado porque todo mundo tinha um carinho especial por ele", ressalta Arsego.

Não é o diretor que anuncia formandos e formandas para a colação de grau. A ATM 1986/2 introduz mais uma inovação, que será replicada por diversas turmas nos anos seguintes: um colega chama o outro. "Não era por ordem alfabética, mas pelo significado do colega na vida de cada formando", explica Ricardo Feijó. Por sua vez, Arsego relata que não há a colocação do capelo sobre a cabeça de formandos e formandas para lhes conferir o grau: "Apenas recebemos um canudo com o juramento de Hipócrates dentro, o diploma se pegava depois".

A plateia assiste a todo o evento um tanto surpresa. E chega um momento em que os próprios formandos são surpreendidos. Na medida em que começam a ser chamados para a colação de grau, as projeções no telão não condizem com o que foi aprovado pela turma – em vez de suas fotos, como combinado, são projetadas as caricaturas produzidas para a edição especial de *A Pinça*. "A Comfor deu um 'golpe' na turma", diz Feijó: "Apresentávamos propostas e criticavam demais. Não quiseram as caricaturas. Recolhemos as fotos de todo mundo, e a partir delas Bayard fez as caricaturas. Quando se projetou a primeira, foi uma surpresa. Mas todos riram e aplaudiram". Segundo Adão Machado, "de fato, foi uma surpresa para nós. Como as caricaturas eram boas, bem-humoradas e não ofensivas, terminaram sendo aceitas com tranquilidade, embora alguns não tenham gostado muito". E ainda tem mais, como conta Arsego: "Lá pelas tantas, a projeção se embaralhou, chamavam uma pessoa e projetava a caricatura de outra".

Conforme Adão Machado, o clima da solenidade "foi muito bom. Estávamos felizes, nossas famílias também. O diretor da Famed, Waldomiro Manfroi, foi elegante e tranquilo, e a representante da Reitoria também. Não houve clima de antagonismo ou revolta". Marcelo Maestri corrobora: "A formatura foi bem tranquila, alegre, sem tensões".

Em meio a essa formatura peculiar e inédita, a escolha do orador também tem suas particularidades. O escolhido é Adão Machado, que, segundo Francisco Arsego, "era sempre um dos primeiros alunos da turma". Mas há outro candidato, Ricardo Feijó, que, no final de contas, também vai se pronunciar na solenidade: "O Adão foi eleito orador, ele era mais formal. Como a gente não achava suficiente para aquela nossa formatura, fui eleito o orador não formal e disse algumas palavras ao final".

Adão Machado relata que seu discurso "refletia as experiências vividas e as impressões que tivemos sobre a nossa formação. Comentava sobre os conflitos entre os departamentos pró e contra o novo currículo e os alunos no meio, como joguetes dessas correntes de pensamento. Havia no discurso um tom reivindicando maior participação dos alunos ou, pelo menos, algum tipo de apresentação de motivos para as modificações e experimentações que eram realizadas". O orador destaca que "dentro de um contexto mais amplo, falamos também das eleições para a Direção da Famed, para a Reitoria da UFRGS e para a Presidência do HCPA e sobre o fim do regime militar no Brasil, como mudanças progressivas e necessárias para nós e para o país". O discurso contemplou, ainda, agradecimentos: "Não esquecemos a importância dos pacientes, e agradecemos a eles por tudo que representaram na nossa formação pessoal e profissional. Agradecemos também aos nossos pais, amigos, amores e aos bons professores, incluindo entre estes os médicos residentes, que tanto nos ensinaram. E terminamos o discurso com uma mensagem otimista, citando um texto que visualizava um futuro de Medicina de qualidade amplamente acessível, com médicos adequadamente remunerados, humanizados e felizes com sua profissão, num ambiente sem disputas internas em que a classe médica é forte, unida e prestigiada".

Para o encerramento da cerimônia – que, apesar de todas as "atrações", não ultrapassa uma hora e meia de duração –, está preparado um *gran finale*.

As luzes apagam-se mais uma vez e efeitos especiais de iluminação colorem o palco, que também deve ser tomado por uma chuva de balões – o que, segundo Francisco Arsego, "não deu muito certo, mas foi divertido". Uma maca que a Comfor conseguira emprestada no HCPA é introduzida no cenário, com equipo de soro e um volume coberto com lençol hospitalar, como se fosse um paciente.

Na verdade, são espumantes doados por uma vinícola da Serra gaúcha, com os quais a turma – não mais de estudantes, mas agora já de médicos e médicas – brinda o cumprimento de uma etapa.

Em cada ATM abordada neste livro, é apresentado um minicurrículo das pessoas que deram depoimentos para a reconstituição da história de sua formatura. Na peculiar cerimônia da ATM 1986/2, porém, cabe revelar, antes, como os entrevistados foram apresentados na "edição histórica" de formatura de *A Pinça*.

ADÃO ROGÉRIO LEAL MACHADO : de Viamão para o mundo: a adônica criatura, conhecida personagem do Gênesis, provou a maça e até hoje reclama do gosto. Convencido de que a mesma estava envenenada, aprofundou seus conhecimentos em farmacologia e escreveu um artigo indignado a Deus, que recusou-se a responder, o que aumentou sua ira. Para aplacá-la optou por dedicar-se a crianças choronas, as quais alicia oferecendo pequenas maçãs envenenadas. Seu lema é : "Idi Amin às criancinhas , pois é delas o Reino Encantado da Xuxa ".

FRANCISCO JORGE ARSEGO QUADROS DE OLIVEIRA : seguidor da ordem franciscana, pai dos pobres, de elevado espírito humanitário, destacou-se na vida acadêmica pela sua opção pelos menos favorecidos. Tornou-se também mártir da COMFOR, sendo diversas vezes apedrejado e escorraçado durante as reuniões que presidia. Considera cumprida sua missão no BR e sua meta atualmente é um consultório de Medicina Social, Perebologia e doenças de vileiros no Harlem, EUA.

se **RICARDO BECKER FEIJÓ**: desde que se tem notícia na ATM, apenas a suspeita de hipertiroidismo justificaria seu componente elétrico (apesar de não dar choque), combinando com sua agitada caixinha de fósforos motorizada com que transportou praticamente todos os membros da ATM de forma simultânea. Neste último ano, após aumentar suas doses de T_4, adquiriu energia extra para participar ativamente da Comissão de Formatura.

MARCELO MAESTRI : nooso amigo Pouca Telha. Esse integrante iniciou sua promissora carreira realizando festinhas em seu domicílio, para desespero de seus vizinhos, tanto no bairro Moinhos de Vento como na Vila Conceição. Encerrou seu curso convicto da escolha da especialidade : Medicina Interna ou Gastro ou Otorrino ou Oftalmo... qualquer coisa nesta área.

Entrevistados

Adão Rogério Leal Machado fez residência em Pediatria e em Terapia Intensiva Pediátrica no HCPA e é mestre em Pediatria pela UFRGS. Coordena o Serviço de Controle de Infecção do Hospital Padre Jeremias (Cachoeirinha, RS), é médico do corpo clínico do Hospital Moinhos de Vento e do Hospital São Lucas e atende em consultório particular.

Francisco Jorge Arsego Quadros de Oliveira fez residência em Medicina de Família e Comunidade no Centro de Saúde Murialdo, mestrado em Antropologia Social pela UFRGS, especialização em Educação para as Profissões da Saúde na Universidade Federal do Ceará e doutorado em Ginecologia e Obstetrícia na UFRGS. É médico do Serviço de Saúde Comunitária do Grupo Hospitalar Conceição e professor do Departamento de Medicina Social da Famed/UFRGS.

Marcelo Krieger Maestri é professor de Oftalmologia da Famed/UFRGS, chefe do Serviço de Oftalmologia do Hospital de Clínicas de Porto Alegre e também responsável pelo Setor de Oncologia Ocular deste serviço.

Ricardo Becker Feijó, doutor em Clínica Médica pela UFRGS, é professor associado de Pediatria na Famed/UFRGS e chefia a Unidade de Adolescentes do Hospital de Clínicas de Porto Alegre.

Currículos e fotografias fornecidos pelos entrevistados.

Íntegra dos discursos

Orador

Fonte: Acervo pessoal de Francisco Arsego

Quando, no início de 1981, entramos para as primeiras aulas do nosso curso de Medicina, nem imaginávamos como seria o dia de hoje. Tudo para nós era novo e seis anos pareciam um espaço muito grande de tempo. Hoje, olhamos para trás e vemos quantas coisas aconteceram nesse tempo que, afinal de contas, não foi tão longo assim.

1981 foi um ano de dúvidas, de adaptação, de transição. Milhares de novas coisas a aprender, um novo ritmo de trabalho e situações geradoras de ansiedade, como as primeiras dissecções na Sala de Anatomia. Ao mesmo tempo, iniciava-se a implantação de um novo currículo em nossa escola, e os diversos departamentos, uns pró e outros contra a modificação, digladiavam-se politicamente, muitas vezes prejudicando a qualidade do ensino que nos proporcionavam. Durante esse ano, vários colegas abandonaram o curso, principalmente pela discrepância entre aquilo que esperavam e aquilo que encontraram.

Em 1982, a situação pouco se modificou, exceto pela maior conscientização nossa de que precisávamos lutar pela nossa formação dia a dia, aula a aula. Ao final desse ano, decidimos por unanimidade não nos matricular numa disciplina que víamos como totalmente dispensável e, inclusive, prejudicial. Esse movimento mostrou-se tão forte que a Comissão de Carreira de Faculdade de Medicina resolveu extinguir essa disciplina, configurando uma situação que é, infelizmente, rara: os próprios alunos decidindo sobre os rumos de seu currículo.

1983 nos trouxe uma nova situação: os primeiros contatos com o paciente internado, os primeiros trabalhos mais intensivos em ambiente hospitalar. O contato com o doente, suas angústias, sua dor, seu sofrimento, também nos fez, inicialmente, sofrer. Ainda sem papéis definidos na equipe de saúde, tudo que podíamos era tentar auxiliar com nosso apoio. E, na tarefa de apoiar, fomos percebendo que a hora que vivíamos, muito mais que hora de sofrer, era hora de amadurecer. Cada paciente que conhecíamos, cada pequeno ou grande drama por ele vivido, trazia em seu bojo a lição de que era preciso crescer. E temos certeza, todos nós crescemos, cada um à sua maneira. Mais alguns colegas abandonaram o curso, e frequentemente deles sentimos falta.

Em 1984, a luta continuou. Lá fora, o mundo efervescia: o último governo do golpe de 64 arrumava as malas, e o brasileiro acordava, como uma criança timidamente explorando os primeiros passos da liberdade. Sim, havia uma luz no fim do túnel, e não era um trem.

Os reflexos desses novos ares logo se fizeram sentir na Universidade e, em todo o país, professores, alunos e funcionários se uniram para lutar pelas eleições diretas de reitores e diretores. Conseguimos eleger o diretor da nossa Faculdade, mas o presidente do HCPA e o reitor persistem sendo indicados sem recebermos, sequer, uma justificativa do porquê terem sido escolhidos para esses cargos. Nesse campo, a nossa luta apenas começou, mas a certeza da vitória nos acompanha. Aqui, como em nível das estruturas de poder ainda inalteradas no país, precisamos prosseguir, incansáveis, na busca de que todos os administradores sejam cargos de confiança não apenas de seus superiores, mas do povo.

1985 chegou e, com ele, percebemos estar próximos da situação de doutorandos, na qual entramos no meio do ano. Mas foi em 1986 que finalmente nos tornamos doutorandos. Mas o que é um doutorando? Diríamos que é uma quimera, meio aluno, meio médico, meio dependente, meio independente, que muitos dizem ter todas as desvantagens do aluno, todas as desvantagens do médico e as vantagens de nenhum. É a hora da verdade. O cuidado direto e a responsabilidade com o paciente, os plantões, os bons e os maus nos aceleram os passos. E nessa roda-viva surge, inexorável e irresistível, a ameaça e o desafio do concurso para residência médica e o Exame Amrigs[5]. Pressionados a competir e a estudar, a mostrar serviço e vencer, caímos, como todos que nos precederam, na linha de montagem, na estrutura maquinal e desumana da luta pelo que deveria ser um direito de todos ou algo apenas complementar: a residência médica, que, devido às deficiências de ensino das faculdades, tornou-se extremamente importante para o médico se sentir seguro para trabalhar. Frequentemente, nos revoltávamos. Mas como não nos revoltarmos, ao vermos que toda nossa luta de seis anos estaria em jogo numa única prova, com todas as implicações de ser apenas um retrato unidimensional de um momento dado em nossas vidas? Mas, sem forças para vencer a máquina, acabamos nos submetendo. Só que, um dia, isso irá mudar. Haverá o dia em que o médico será avaliado não apenas como um depósito de conhecimentos, mas como um ser humano que cuidará de outros seres humanos, pois o principal da Medicina está no homem e não no livro.

Mas nem tudo foram agruras. Houve muitas coisas boas, muitos momentos de amizade, de alegria, de carinho. Queremos agradecer a todos aqueles que nos ajudaram a chegar aqui. Agradecer aos bons professores que tivemos, aqui representados pelo dr. Oscar May Pereira, dr. Porto Alegre e pelo dr. Oscar Miguel, médico residente que simboliza a realidade de serem os residentes os nossos mais notáveis professores. Queremos agradecer aos pacientes, que tanto nos ensinaram, e agradecer aos nossos amigos, namoradas e namorados e, principalmente, aos nossos pais, pedindo desculpas pela nossa eterna falta de tempo, pelas limitações de nossas conversas e, às vezes, de nossas vidas.

Pedimos a todos, agora, licença para sonhar um pouco, inspirados em Júlio Hochberg:

1999. O vento sopra forte no Sul. Faz trinta dias que não chove, mas não é notícia de jornal, pois todas as lavouras são irrigadas. Também, há muito, o médico não é manchete. O paciente conhece-o pelo nome e o estima muito. Não há intermediários nessa relação. A nossa Medicina tem recursos e chega a todas as pessoas. Há comida para todos e a educação já não é mais privilégio. A mortalidade infantil é tão baixa que não mais provoca lágrimas. Finalmente, o barulho das crianças despertou o gigante. Certamente os médicos, sem ter de passar a maior parte de seu tempo atendendo apressadamente as longas filas de pacientes, voltaram a pensar. Hoje, criam, pesquisam e divulgam seu conhecimento. Unida, sem brigas internas e disputas por medalhas, a classe médica é forte e prestigiada.

O vento sopra forte, há muito tempo, desde 1986.

Orador informal

Fonte: Acervo pessoal de Francisco Arsego

Parece incrível, mas estamos aqui!

6 anos de estudo, de brigas, de desilusão e alegrias.

Vimos alguns colegas deixarem o curso, vimos outros chegarem, e de uma forma ou de outra estamos hoje aqui, longe do prédio da Faculdade, a primeira turma do currículo novo de Medicina da UFRGS.

5. Teste de avaliação de conhecimentos médicos aplicado pela Associação Médica do Rio Grande do Sul.

É nesta hora que queremos dizer coisas novas, fugir do lugar-comum, mas talvez o segredo seja compreender o óbvio.

Na verdade, tudo parece combinar: este local, quando deveríamos estar no Salão de Atos da Reitoria; nossa turma unidade, com todas as discussões e inimizades que possam ter surgido; nossos homenageados nesta noite, já afastados do ensino universitário ou não reconhecidos com justiça em seu envolvimento discente.

Tudo combina porque não basta a mudança nos estatutos da Universidade. Sem o trabalho conjunto de quem realmente procura crescer, sem ouvir os estudantes, sem entrar nas salas de aula, sem conversar nos corredores dos prédios, como saber o que mudar?

Esta noite é diferente porque já estamos longe da Universidade, estamos perto de pessoas que nos sensibilizaram, ainda que nosso contato tenha sido breve.

É diferente porque queríamos ouvir música suave e envolver todos os que estão aqui. Queremos, apesar de tudo, abraçar nosso colega, nos despedir entregando, um ao outro, não apenas o diploma, mas o desejo de encontrar realmente o que procurávamos ao entrar na Medicina em 1981.

Não somos a mesma turma de março de 1981 nem estamos com os mesmos professores que encontrávamos todos os dias, assim como não estamos vendo os mesmos amigos e familiares, mas não poderia ser de outro modo.

Não vamos tentar saber do amanhã, dos próximos anos. Esta é uma noite para ser entendida por si própria, não pensando apenas no futuro.

Aqui deixamos um pouco de cada um: a emoção de usar um avental branco na primeira aula de Anatomia, a responsabilidade da greve na matrícula do quinto semestre, a sensação de ir à vila e voltar sem mudar nada, aquela festa no bar da Medicina, aquele fim de semana estudando para a prova da Amrigs. E aqui deixamos nosso crachá de doutorando.

Nenhum de nós irá esquecer de tudo isso.

Cheguei a pensar que esta noite não fosse significar tanto, mas agora posso dizer, em nome de todos nós, que este é o momento de chorar, gritar e abraçar, não importando o que irá acontecer no ano que vem ou o que já aconteceu.

Este é o óbvio para ser entendido, e é mais forte que palavras bonitas ou ensaiadas.

Acervo pessoal de Francisco Arsego

VEJA O VÍDEO DA FORMATURA DA ATM 1986/2

1987

Reflexões sobre a Medicina, a vida e a felicidade

As revistas, as revoltas, as conquistas da juventude
São heranças, são motivos pras mudanças de atitude
Os discos, as danças, os riscos da juventude
A cara limpa, a roupa suja, esperando que o tempo mude

Terra de gigantes,
Humberto Gessinger (Engenheiros do Hawaii)

1987/1

A diferença entre ser médico e estar médico

Logo após o início do primeiro semestre letivo de 1987, a Universidade entra em greve, que se estende por 44 dias, até 7 de maio. Nesse momento, a ATM 1987/1 está percorrendo os últimos passos de sua jornada na Famed/UFRGS. Que nem sempre foi fácil. Quase 40 anos depois, em uma reunião de turma, os colegas Fernando Mühlenberg Schneider, Carlos Sandro Pinto Dorneles, Hugo Eduardo Schünemann, Levonir Schweig, Alberto Naiditch, Nádia Bezerra Vasconcelos e Niura Terezinha Tondolo Noro Niura recordam-se, coletivamente, de sua experiência: "Nossa turma iniciou o curso num período histórico que ainda estava influenciado pela luta pela democracia e por eleições diretas a presidente, pela resistência às autoridades. Também foi a segunda turma de um novo currículo que era criticado por vários professores abertamente, o que gerou uma sensação de prejuízo em muitos alunos. Tínhamos notícias de professores do curso que nunca davam aula e insatisfação com diversas aulas que nos pareciam conduzidas com displicência". E dão um exemplo de como reagiram: "No terceiro semestre, boicotamos a matrícula em uma disciplina que tinha previsão de durar dez semestres, e acabou ocorrendo em dois, devido aos boicotes dos alunos".

Sob a influência desses fatos – e também, como dizem os ex-formandos, porque "havia uma rebeldia juvenil, algo imaturo na nossa visão atual" –, ao organizar sua formatura, a turma decide não eleger paraninfo. Em uma primeira votação, chega a escolher professores para homenagear, mas essa é anulada em consulta posterior, por uma maioria pequena. Ao final, em vez de docentes, os homenageados são os médicos residentes do HCPA e da Santa Casa e o Centro Acadêmico Sarmento Leite. Todas as decisões são tomadas em assembleia, com expressiva participação do grupo, e acatadas, mesmo que haja alguma divisão.

As escolhas, lembram os colegas de ATM, não são muito bem recebidas pela Direção da Faculdade, que chega a ameaçar suspender a cerimônia pública. Quem consegue contornar a situação é o professor Mario Rigatto. A questão é encaminhada à Congregação, e os professores tendem a apoiar a decisão de negar a cerimônia pública até Rigatto pedir a palavra e ponderar: "Eles iniciaram o curso como jovens e foram formados médicos pelo grupo de professores que agora não quer ouvir sua crítica". As palavras do respeitado mestre são decisivas para que, na votação, predomine a concordância com a realização da solenidade.

O convite de formatura traz, na capa, o bastão de Esculápio. Internamente, uma fotografia dos alunos, sem toga, na escadaria do antigo

Acervo pessoal dos autores

Foto no convite da ATM 1987/1

prédio da Famed, acompanhada de uma frase da formanda Ana Cristina Pereira da Costa sobre a diferença entre "estar médico" – condição conquistada oficialmente na formatura – e "ser" médico – uma busca para toda a vida.

A solenidade acontece na noite de 8 de julho, no Teatro da Ospa, pois o Salão de Atos da UFRGS segue em reformas. Formandos e formandas, que não utilizam as vestes talares, ingressam no teatro aos pares, ao som de um quarteto de *jazz*, que toca ao longo de toda a cerimônia. Repetindo a iniciativa introduzida pela turma anterior, quem recebe a colação de grau diz algumas palavras e chama o colega seguinte, em uma ordem construída de acordo com a preferência de cada um.

Quem representa o CASL na homenagem prestada é Marco Azevedo, que também está se formando nessa noite. "Tinha virado tradição convidar o Centro Acadêmico para a formatura, mas a turma tinha rejeição ao presidente de então, não queria que ele fosse. Então, encontraram uma solução, me homenagear como representante do CASL, pela minha atividade como presidente e toda atuação que tive. Fui formando e homenageado ao mesmo tempo", conta Azevedo.

Escolhido como orador, Fernando Mühlenberg Schneider aborda, em seu discurso, a importância dos médicos residentes na formação da turma: "Muitas vezes, são os preceptores mais leais, presentes e próximos. São os médicos residentes, com algumas exceções, que dividem conosco as angústias dos plantões, o trabalho diário e as dúvidas insolúveis da inexperiência". Também faz uma reflexão crítica sobre a condição dos médicos como profissionais e seres humanos. Já o diretor da Famed, Waldomiro Manfroi, destaca a importância da universidade pública e a responsabilidade social dos médicos.

No final das contas, resumem os colegas de turma, o clima é festivo, leve. "Até mesmo o professor Manfroi parecia feliz, sem manifestar contrariedade com o que antecedeu a cerimônia", revelam.

Entrevistados

Alberto Naiditch é médico oftalmologista, bacharel em Direito pela UFRGS, tecnólogo em Gastronomia pela Unisinos e *sommelier* profissional.

Carlos Sandro Pinto Dorneles é especialista em Medicina Geral Comunitária, com residência no Centro de Saúde Murialdo/Escola de Saúde Pública do RS e mestre em Promoção da Saúde pela Universidade de Santa Cruz do Sul (Unisc). É professor do curso de graduação em Medicina da Universidade do Vale do Taquari (Univates).

Fernando Mühlenberg Schneider fez residência em Psiquiatria no HCPA e mestrado em Medicina pela UFRGS. Presidiu a Associação Gaúcha de Psiquiatria do Rio Grande do Sul na gestão 2022-2023. Atualmente, é professor do curso de Psicoterapia de Orientação Analítica do Centro de Estudos Luís Guedes, psiquiatra e psicoterapeuta em consultório privado.

Hugo Eduardo Schünemann possui especialização em Oncologia pela Fundação Federal Faculdade de Ciências Médicas de Porto Alegre e doutorado em Pneumologia pela UFRGS. É membro do corpo clínico dos hospitais Moinhos de Vento e Santa Rita/Santa Casa, em Porto Alegre; Hospital de Estrela; e Hospital Bruno Born, em Lajeado, além de diretor técnico e médico oncologista do Centro Regional de Oncologia, em Lajeado.

Levonir Schweig fez residência em Dermatologia no Hospital de Clínicas de Porto Alegre. É dermatologista na Prefeitura Municipal de Canoas desde 1984 e membro efetivo da Sociedade Brasileira de Dermatologia.

Marco Antônio Oliveira de Azevedo é mestre e doutor em Filosofia pela UFRGS e realizou estágio pós-doutoral na Universidade de Oxford. Atua como professor adjunto e membro do Programa de Pós-Graduação em Filosofia e do colegiado do Curso de Filosofia da Unisinos. Ao mesmo tempo, é médico da Emergência do Hospital de Pronto Socorro de Porto Alegre, com especialidade em Medicina da Família e Comunidade e Pediatria, e médico na área da Medicina Domiciliar.

Nádia Bezerra Vasconcelos é médica ginecologista e obstetra.

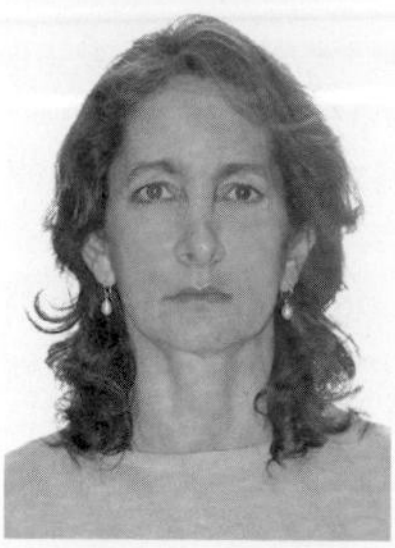

Niura Terezinha Tondolo Noro é especialista em Medicina do Trabalho pela UFRGS e mestre em Engenharia de Produção com Ênfase em Ergonomia pela mesma Universidade.

Currículos e fotografias fornecidos pelos entrevistados.

Íntegra do discurso do orador

O que dizer no momento da formatura?

Nada, na opinião de alguns; muito, na de outros.

Acreditamos que algo precisa ser dito, pois este não é um momento para silenciar.

Poderíamos falar do sistema de saúde brasileiro, que nem existe de fato, premido entre a tentativa de socialização do atendimento médico e a realidade economicamente sufocante de laboratórios, de medicamentos e hospitais.

Poderíamos falar da Universidade, a venerável instituição que tentou treinar-nos para a prática médica, inquieta, com a sensação desagradável de ser inútil, uma vez que para em greve e ninguém sente a sua falta – a não ser, talvez, seus alunos. Essência de seu meio, ela repete fielmente os paradoxos da sociedade na qual se insere.

Gostaríamos de falar sobre nossos professores, sendo "professor" um título que se aplica a poucos profissionais de ensino superior de nossa Faculdade. Pudemos constatar no dia a dia o despreparo de muitos desses homens e mulheres conosco e com a nossa formação. Em contrapartida, jogamos todos nós um jogo cínico. Invocamos explicações e justificativas aos desvios existentes para, por fim, compactuarmos um acordo no qual professor não trabalha mas não exige, e aluno não exige para não passar trabalho.

E no empurra-empurra das responsabilidades sobram os verdadeiros mestres, educadores que nos transmitem muito mais que uma técnica, mas uma postura, um exemplo, a Medicina em sua forma maior. Optamos por sacrificar esses poucos esta noite, não homenageando ninguém da categoria a que infortunadamente pertencem. Homenageamos, não no seu lugar, mas de forma justa, os residentes, médicos que completam sua formação e muitas vezes são os preceptores mais leais, presentes e próximos. São os médicos residentes, com algumas exceções, que dividem conosco as angústias dos plantões, o trabalho diário e as dúvidas insolúveis da inexperiência.

Poderíamos ainda falar de nosso currículo médico, imposto há seis anos e meio e já quase sem fôlego. Um currículo técnico, com pseudopreocupações sociais, esquecido de que um médico trabalha com homens e suas almas. Através desse currículo, a Faculdade de Medicina agora nos premia com um diploma.

Somos médicos? Estamos médicos, respondeu um colega. Rimos, mesmo porque as lágrimas nos são culturalmente caras.

Muito mais poderíamos falar agora, mas após deveremos calar várias vezes. Calar sobre má-fé e ações médicas ilegais ou desonestas. Silenciar nossa indignação com erros e omissões evitáveis. Seremos amordaçados por um código de ética que é usado como instrumento de manutenção do *status quo*, o assim chamado espírito de corpo.

Como médicos, muitas vezes sentimo-nos seres terrenos que dominam os divinos instrumentos da cura.

Falemos, pois, dos médicos. Os médicos, disse uma vez um professor, são médicos como são pessoas: bons homens, bons médicos; maus homens, maus médicos. Não estão acima de seu mundo, mas trabalham para viver e se sustentarem. E dos médicos é cobrada uma impossível perfeição. Não raro, ser onisciente e estar acima das paixões e dos questionamentos.

O homem médico político é também o homem médico marginal, o homem médico filósofo e tantas outras facetas do humano quanto existirem. Não há como fugir da verdade de que somos todos humanos. Mas nem todos vivemos com a mesma dignidade, a mesma responsabilidade, a mesma cosmovisão.

Desejá-lo assim é desejar um exército de curadores impessoal e eficiente.

E a felicidade, onde fica?

A felicidade só será construída a partir das pequenas conquistas e realizações profissionais, no dia a dia, junto ao afetivo e ao pessoal.

Muitos de nós serão médicos. Todos tentaremos sê-lo, cada um à sua maneira. Viveremos como vivem todos aqui presentes.

Viemos repartir um bolo cada vez mais longe do nosso alcance. Como nós, há engenheiros, biólogos, arquitetos e todos os profissionais egressos da universidade. Como nós, há sapateiros, comerciantes, marceneiros e tantos outros acadêmicos da vida. Como nós, há mendigos, prostitutas e assaltantes, periféricos do nosso dia e da nossa noite. Gente comum que reparte a sombra da luz que nos ilumina.

No final da nossa formação curricular, as perspectivas do mercado de trabalho falam por si próprias. Estamos ingressando mais ainda nesse mundo e as expectativas que se avolumam a nossa volta são de que possamos trazer renovação e esperança. Infelizmente, não poderemos modificar o mundo. Muitos de nós não conseguirão modificar sequer suas vidas.

Trilharemos caminhos abertos pelo senso comum, o mesmo criador das leis e da ética. Viveremos e trabalharemos segundo as normas, o conveniente, o necessário. A fé e o ideal permanecerão confinados em sonho, intocáveis. E assim será porque assim sempre foi. Mas precisa continuar sendo assim? Não. Mas enquanto homens lutarem contra homens, enquanto a propriedade valer mais que a vida, enquanto formos cegos por permanecermos de olhos cerrados não poderemos nos colocar face a face com quem almeja sinceramente um mundo melhor.

Hoje nos resta a virtual solidão que paira acima de povos e nações. Estamos sós e repartimos a dor do desejo dividido e não compartilhado. Vivemos o desencontro do amor fraterno. Este amor é o único sentimento capaz de libertar homens condenados a sucumbir diante de um mundo que os ofende, o nosso mundo que nos ofende, e é assim porque assim foi feito por nós.

E falando de médicos, falamos de sonhos e aspirações. Vimos que a esperança é uma chama vacilante, que os homens nascem e morrem sem fazer história, que é de um *continuum* de pequenas coisas que se constroem as edificações que nos cercam.

Será fantasia pensar que, se criamos o mundo também podemos recriá-lo? Talvez possamos fazê-lo modificando nosso mundo a partir de nós mesmos, atentando aos nossos sonhos e nossa alma, vivendo, trabalhando e crescendo para que os homens sejam homens, que de homens se façam profissionais e que a profissão honre e torne digna a existência humana.

As respostas estão em todos e em cada um de nós. Quem quer ouvir?

Acervo pessoal de Liane Golbspan

VEJA O VÍDEO DA FORMATURA DA ATM 1987/1

1987/2

Um sonho e nove lições

Na formatura da ATM 1987/2, quando o professor homenageado, Luiz Rohde, menciona em seu discurso que os formandos acabam de concluir o curso em uma das melhores faculdades de Medicina do país, recebe uma salva de palmas da plateia e dos formandos. Em que pesem queixas sobre algumas falhas pontuais ao longo dos seis anos da graduação, no balanço geral a turma tem uma avaliação positiva sobre as experiências vividas. "As condições de ensino foram muito boas. Tivemos excelentes professores e a Famed, junto com o HCPA, o melhor hospital universitário federal do país, ofereceu todos os recursos e estrutura para quem tivesse interesse em fazer uma boa formação", considera um dos integrantes dessa turma, Gerson Martins Pereira.

Entres as dificuldades enfrentadas, seu colega Roger dos Santos Rosa menciona os problemas de adequação do novo currículo introduzido em 1981 – portanto, um ano antes de a turma ingressar no curso, no primeiro semestre de 1982. Seguem ocorrendo as críticas e mobilizações observadas desde a turma-piloto, em 1986/2, levando à extinção de diversas disciplinas, algumas antes mesmo de chegarem a ser ofertadas.

As aulas práticas, relata Roger, ocorrem no HCPA e em diversas outras instituições, como a Santa Casa e unidades das secretarias Municipal e Estadual de Saúde. "A experiência foi muito diversificada, pois as condições estruturais para o ensino, em especial da rede das secretarias de Saúde, variavam intensamente conforme a unidade ou o serviço em que as aulas práticas eram desenvolvidas", avalia. Ao mesmo tempo, o ex-estudante conta que, como o ensino de atendimentos de urgência e emergência praticamente inexistia na graduação, a busca de um "currículo paralelo" era usual, e exemplifica: "O estágio no Hospital de Pronto Socorro, no qual fui interno-bolsista, era bastante procurado. Havia necessidade de obter aprovação em uma prova escrita em que participavam acadêmicos do quarto ano das três faculdades de Medicina da capital. O estágio possuía duração de seis meses, com a concessão de bolsa pela Prefeitura Municipal de Porto Alegre". Oportunidades de aprendizado também existem, acrescenta, no HCPA, por meio de estágios não remunerados, e na própria UFRGS, na forma de bolsas de pesquisa e monitorias, muito disputadas pelos estudantes.

No último ano do curso, a Comissão de Formatura da *thurma* – é assim, com "th", que a ATM 1987/2 costuma se identificar – é composta por Ane Rose Bolner, Denise Munhoz Henz, Edson Arthur Scherer, Gerson Martins Pereira, João Carlos Batista Santana, Roger dos Santos Rosa e Rosemari Jung Thomé. Os preparativos para a solenidade de colação de grau são definidos em reuniões periódicas com toda a ATM, mediante votação. Como são vários os pontos a definir, a Comfor aplica um questionário para apurar as preferências, sugestões e opiniões da maioria em diferentes tópicos. Dos 69 formandos, 62 respondem.

Naqueles tempos em que o uso da informática ainda não está disseminado no Brasil, os formandos da ATM 1987/2 lançam mão de um recurso original, altamente tecnológico para a época, a fim de organizar as respostas do questionário: a tabulação informatizada. A partir daí, relatórios são impressos em uma então moderna impressora matricial – um, por exemplo, contabilizando as preferências sobre a roupa a ser utilizada na solenidade, considerando as opções *alto esporte/homens com gravata* (28), *toga/beca* (12), *alto esporte/homens sem gravata* (12), *esporte* (5 votos), *outros* (3), *alto esporte com ou sem gravata* (1) e *sem opinião* (1). O uso das vestes talares está, portanto, descartado.

Não aparece, entre os temas do questionário, a consulta sobre eleger ou não um paraninfo. "Tratava-se já de uma quase 'tradição' advinda de turmas anteriores, como forma de marcar presença e manifestar inconformismo com convenções sociais simbolicamente representadas no rito acadêmico de conclusão de curso", analisa Roger. Como homenageados, a ATM 1987/2 escolhe três pessoas representativas na trajetória da turma: o professor Luiz Rohde[6], do Departamento de Cirurgia; a servidora da Famed Elsa Maria Luís da Silva, lotada na Santa Casa; e um dos formandos, Gerson Martins Pereira. Este destaca: "A homenagem que me prestaram como formando foi uma surpresa. Eu era uma liderança da turma e também entre os alunos da Famed em geral". Roger dos Santos Rosa confirma: "Gerson era uma liderança inconteste da turma e ex-presidente do Centro Acadêmico Sarmento Leite na gestão 1985-1986". E complementa: "Havia, nitidamente, a ideia de reconhecer o papel dos três segmentos da Universidade que participaram na primeira eleição para diretor, poucos

6. Posteriormente, de 1993 a 1997, Luiz Rohde, formado pela ATM 1961 da Famed/UFRGS, será o diretor da Faculdade.

anos antes, uma novidade recente no ambiente acadêmico, representados por um professor, um funcionário e um aluno".

A tabulação dos dados vai mostrar, ainda, que parte da turma preferiria romper de vez com as convenções: 11,3% votam por não haver composição de uma mesa de autoridades para a entrega dos canudos e 24,2% sequer desejam realizar uma solenidade. Mas são posições minoritárias. Para denotar uma certa forma de organização autônoma dos alunos, mas não completamente independente das tradições, vence a alternativa de que dois formandos, Roger dos Santos Rosa e João Carlos Batista Santana, sejam os mestres de cerimônia, conduzindo uma parte expressiva da solenidade. Acerca do som ambiental, 41,9% optam pela música clássica, resultando na escolha da *Marcha triunfal* da ópera *Aída*, de Giuseppe Verdi, como a trilha sonora de entrada dos formandos no recinto de colação de grau – que, ainda este ano, pela terceira e última vez, é o Teatro da Ospa, em função das obras no Salão de Atos da UFRGS.

A *thurma* também define que, para a colação de grau, cada um chamará o colega seguinte. "A ordem dos formandos foi definida tentando colocar juntos os mais amigos, para que os mais próximos se chamassem e tirassem fotografia. Todos tinham tempo para uma curta manifestação", conta o integrante da ATM 1987/2 Leandro Ioschpe Zimerman.

O convite para a formatura, respeitando a vontade da maioria, apresenta uma foto da turma, em roupas cotidianas, em frente ao HCPA. Embora nele não conste o nome de um orador, 82,3% concordam que haja a manifestação de um representante dos doutorandos, e diversos temas ou tipos de abordagens são sugeridos: "avaliação crítica e trajetória da turma", "retrospectiva dos seis anos", "momento atual da conjuntura médica", "estresse", "supercompetição", "caça a títulos", "despedida após seis anos de convívio", "agradecimentos aos familiares, professores e funcionários", "má qualidade do curso", "esforço de poucas pessoas", "devastador", "aspectos positivos e negativos do curso de Medicina", "perspectivas", "implicações político-sociais", "incentivo aos colegas apesar das dificuldades que serão encontradas", "conteúdo não agressivo ou pessimista", "político-intimista", "político-social", "político-ideológico", "exaltando o lado bom da formatura sem forçar em cima das críticas", "situação atual de saúde no Brasil", "crítico", "perspectivas alcançadas ou não durante o curso", "ênfase no ensino médico", "momento agradável da formatura", "falta de terminalidade no curso", "interesse da dominação e da manutenção do poder", "cumplicidade do profissional com a conjuntura injusta", "político, social, humanitário, dialético sem apelação e exageros", "intimista", "contra discurso falando mal do ensino, professores, faculdade", "função social dos formandos", "breve análise do currículo médico", "sugestões para melhorar o curso"...

Ao final, a função cabe aos colegas Gerson Martins Pereira e Isabel Cristina Amaral de Almeida, que alternam suas vozes no discurso.

A noite de 3 de dezembro é quente e, na plateia, familiares e amigos acompanham a solenidade abanando-se com o que encontram à mão, a fim de amenizar o calor[7].

Roger dos Santos Rosa, um dos mestres de cerimônia, chama o professor Waldomiro Manfroi para compor a mesa, anunciando-o como "diretor eleito com o voto dos alunos, professores e funcionários". Da mesma forma, a secretária da Famed, Rosalina Machado Schuaste, que elabora e lê a ata oficial de colação de grau, é apresentada como "escolhida pelos próprios colegas para exercer essa função". Também são convidados à mesa de autoridades o vice-diretor, Ronald Pagnoncelli de Souza; a representante do CASL, Eliete Martins Pereira, e o da Associação dos Médicos Residentes do Hospital de Clínicas (Amerehcpa), Marcelo Vasconcelos; e o professor e a funcionária homenageados.

Manfroi declara aberta a sessão solene de colação de grau e, ao som da *Marcha triunfal*, formandos e formandas ingressam no teatro, ocupando seus lugares no palco. Após a execução do Hino Nacional, o diretor devolve a palavra a Roger Rosa, que explica as razões das escolhas dos homenageados da ATM 1987/2:

> *A turma, inicialmente, teve muita dificuldade em escolher um professor homenageado. Isso porque uma parcela significativa dos professores da Faculdade demonstra pouco interesse em cumprir seus papéis. A homenagem ao professor Luiz Rohde, nesse sentido, se faz necessária porque é um professor que sempre procurou melhores condições de ensino para o nosso curso. O seu trabalho, o seu empenho, a sua liderança junto aos alunos e professores do Departamento de Cirurgia nos levam a reconhecer esse trabalho e exortar o professor a continuar em frente nos seus ideais de uma Universidade maior.*
>
> *Quanto à funcionária Elsa: no nosso contato permanente com funcionários da Universidade, e mesmo em outros locais onde a Faculdade de*

7. Detalhes reconstituídos a partir do vídeo da solenidade, fornecido por Leandro Zimerman.

Medicina exerce suas atividades, ele é extremamente variado. Mas, na Santa Casa, nós encontramos uma funcionária excepcional na maneira como lida com os estudantes e professores, principalmente no respeito ao próximo.

Por último, o formando Gerson Martins Pereira, nosso colega. Pode parecer estranho homenagear uma própria pessoa da turma, mas, para nós, o Gerson foi um colega excepcional, um líder carismático, preocupado não só com as questões da turma, mas do curso inteiro e também da Universidade. Comprometido com as causas de importância para a Universidade, com o ensino, com a melhoria material, defendendo coisas claras, comprometido com os reais interesses da comunidade. É nesse sentido, e em tudo o que ele fez para nossa turma em termos de união, inclusive para a organização dessa solenidade, que nós lembramos desse colega e fazemos essa homenagem.

Na sequência, Rosalina faz a leitura da ata e o formando Humberto Martins Fagundes lê o juramento médico, cuja parte final é pronunciado conjuntamente por toda a turma. É dado, então, início à colação do grau, iniciando com Miguel Ângelo da Cunha Castro, que chama o próximo, e assim sucessivamente. Nas falas dos formandos, despontam agradecimentos a familiares, lembranças sobre o convívio com os colegas durante o curso, homenagens a pessoas importantes na vida de cada um.

Luiz Rohde, embora não sendo paraninfo, faz um discurso que muito se assemelha ao de um padrinho de turma. Depois de enfatizar que a Famed/UFRGS é uma das melhores escolas de Medicina do país e que "pode ser ainda melhor, sendo para isso indispensável o estreitamento das relações entre professores e alunos", lê uma redação que escreveu quando tinha seis anos de idade, intitulada *Se eu fosse um balão*:

Se eu fosse um balão, eu voava alto. Eu gostaria de ser um balão. Talvez um dia chegaria à Lua, e na Lua deve ser bonito.

Se eu fosse um balão, nunca queria estourar. Eu voava longe para novas coisas conhecer. Eu sendo balão, levaria remédio e alegria, mas eu sempre voltaria para casa.

Eu, numa festa de crianças, gostaria de ser balão, para nela enfeitar. Também porque todas as crianças comigo iriam brincar.

Mas eu não sou um balão, eu sou uma criança feliz.

Utilizando o singelo texto como metáfora, Rohde compara os formandos com balões que agora começam a voar e deseja que voem muito longe, mas saibam quando devem parar. Que persigam o destino, mas não com obsessão tal que impeça de distinguir o mundo que os rodeia. Que levem remédio para as pessoas, não só medicando, mas também oferecendo palavras amigas e buscando soluções efetivas para os problemas de saúde da população. Problemas estes que, ressalta, estão vinculados à falta de acesso a condições adequadas de nutrição, higiene e educação. Afirma que "quando este país aprender a valorizar a educação e a saúde, muitas de nossas angústias desaparecerão", mas alerta: "Infelizmente, a sociedade em que vivemos não valoriza devidamente o essencial. Com o que o mundo gasta em energia nuclear para fins não pacíficos daria para acabar com a fome e a falta de habitação". Como mensagem final, o professor homenageado aconselha aos recém-formados: "Enfeitem a vida com a presença e o trabalho de vocês. Sorrir, investir na qualificação, seguir questionando são atributos indispensáveis para o exercício da Medicina e para se manterem jovens. E voltem para esta casa, porque fazem parte da nossa história".

Eliete Martins Pereira, representado o CASL, sobe o tom político em sua manifestação:

> *Falo em nome de um Centro Acadêmico. Será que as pessoas aqui presentes sabem da dimensão disso para nós? O que é? O que pretende? Estamos dentro de uma universidade que obstrui nossos espaços, que nos nega a elaboração de uma consciência crítica, que restringe a nossa formação. Buscamos um momento, um lugar de troca. Buscamos um conhecimento que não nos é dado no dia a dia da sala de aula. Buscamos o conhecimento das coisas, de como elas acontecem, de por que elas acontecem e para quem elas acontecem. Esse momento é o Centro Acadêmico. Para nós, uma outra escola, formadora de ideias e de ideais. Que exercita a cada dia a nossa capacidade de criar, de inovar. Um espaço que completou 75 anos de história. E nessa história, algumas turmas passaram e não fizeram o Centro Acadêmico. Outras deixaram marcas. A ATM 1987/2 foi uma dessas turmas, que, pela presença de alguns colegas, participou da nossa inquietação com o estado inerte como as coisas andam. Que participou de nosso desejo de que o profissional formado tenha como posição, na sua prática médica, uma atitude transformadora, que mexa com as estruturas para assim poder resolver os problemas de saúde da população.*

> *Somos subversivos? Atrapalhamos? Sim, assumimos. Afinal, tentamos a todo momento subverter uma ordem que aliena, que tenta arrasar as consciências, que reprime toda e qualquer iniciativa transformadora. Por isso, a gente deixa agora o nosso abraço à "tchurma", a ATM 1987/2.*

Ao chamar o representante dos médicos residentes, o mestre de cerimônias João Carlos Batista Santana destaca o quanto a categoria contribuiu para a formação dos estudantes. O presidente da Amerehcpa, Marcelo Vasconcelos, aborda os avanços e recuos vividos recentemente: "A bolsa dos residentes é, hoje, cinco vezes maior do que em abril, fruto de nossa luta. Mas uma consequência é que muitos hospitais privados estão acabando com as residências porque se tornou caro manter os médicos residentes. O que ontem era fonte de lucro hoje já não é mais. Isso deixa claro o papel que a residência sempre cumpriu nessas instituições. Por outro lado, o MEC, que sempre fez questão de nos considerar bolsistas, sem direitos trabalhistas, passou este ano a nos descontar Imposto de Renda".

As vozes dos formados Gerson Martins Pereira e Isabel Cristina Amaral de Almeida alternam-se, na sequência, para a leitura do discurso, centrado na apresentação de nove lições aprendidas durante o período acadêmico. Estas começam pelo início da Faculdade, questionando o fato de as primeiras experiências dos estudantes serem dissecando cadáveres, e não em contato com a vida. Passam pela descoberta da imensidão do conhecimento, pelo contato com a tecnologia, pela necessidade de indignar-se e revoltar-se "humanamente contra o que oprime e faz o homem doente". Incluem uma análise crítica das relações entre os estudantes: "Muitas vezes ansiosos e competitivos, nossos olhares nem sempre foram tão fraternos; nossos contatos, nem sempre tão afetivos". Na penúltima lição, Gerson Pereira questiona: "O coração alimenta o sonho. Nada vai mudar? Uma hora e outra, fica tudo como está. Quem luta realmente? São medos e forças, insegurança, omissão. Desafios e passos no escuro. Abrimos os olhos e não acreditamos. Não precisa ser assim. Pode ser diferente. Mas o que você faz com sua vida? Mentiras? Tantas. Tropeçamos em nossas próprias. A farsa está no poder. Quem duvida? Deixe como está. Mas você consegue ser feliz assim?". E a última, lida por Isabel, deixa um convite: "Devemos prosseguir. Vamos abraçar este sonho?".

A manifestação programada para encerrar a cerimônia é a do diretor da Famed. Porém, fugindo ao roteiro, a palavra é concedida, antes, à secretária Rosalina – *Rosinha*, como é afetuosamente conhecida por todos na Faculdade. A deferência é feita porque a servidora encontra-se ali em caráter excepcional, apesar de os funcionários das universidades estarem em greve, a fim de viabilizar a realização da formatura, cuja validade oficial depende da ata que tem a responsabilidade de lavrar. "Os técnico-administrativos estão em greve em busca do atendimento às reivindicações as mais legítimas, já conquistadas e asseguradas em lei, mas não concretizadas até o momento. Sabemos dos prejuízos que a greve traz e não gostamos disso, mas é a única maneira de sermos ouvidos. Somos um segmento importante e indispensável da Universidade, mas raramente considerados. Queremos ser ouvidos e respeitados para assim melhor desenvolvermos nossas atividades", declara *Rosinha*.

Com a solenidade já se aproximando de duas horas de duração, Waldomiro Manfroi faz o discurso de encerramento, que inicia explicando o motivo de ser professor: "Aprendemos muito uns com os outros, e eu aprendo muito mais com os jovens. É por isso que estou na Universidade. É um lugar onde se custa mais a envelhecer". Destacando que a sociedade brasileira vive um momento de clamor por profundas transformações e justiça social, o diretor ressalta que a Universidade não pode estar à margem desse processo e dá um recado final ao novo grupo de médicos e médicas:

> *Não nos conforta sermos a oitava economia do mundo e termos a maioria da população vivendo em absoluto estado de miséria. Todos nós precisamos, além de solucionar nossos problemas comuns da saúde, educação, transporte e habitação, fazer um esforço supremo para diminuir a nossa distância avassaladora do desenvolvimento tecnológico. A tarefa para todos nós é muito maior do que nos países que já conquistaram o direito ao trabalho, ao lazer, à cidadania. Precisamos fazer as duas coisas ao mesmo tempo, e com parcos recursos, com frágil democracia, difícil de ser sustentada, endividamento externo e interno.*
>
> *Mas temos algo especial que o mundo industrializado já teve: matéria-prima, pessoas jovens dotadas de força e capacidade. O país está ao nosso alcance e o destino dele depende só de nós. Na profissão dos senhores, certamente há muita coisa a ser feita e que estará ao alcance dos senhores. (...) Dos abraços que vi e das poesias que ouvi hoje, tenho a certeza de que acabamos de formar pessoas dotadas de senso*

crítico, poder criador e solidárias. Este é o homem que a sociedade espera. Ela vos aguarda. Boa sorte!

"Foi uma formatura fora do protocolo, com um componente de rebeldia e protesto contra a situação do país, em parte. O clima foi muito descontraído e atendeu às nossas expectativas, talvez pela própria fuga do protocolo", avalia Gerson Martins Pereira – que, ao final da cerimônia, recebe uma placa registrando a homenagem prestada a ele pelos colegas. Pondera, porém, que "talvez hoje a imensa maioria optasse por uma solenidade bem formal". "O clima da solenidade foi festivo, alegre", resume Leandro Zimerman.

Considerando que "foi um momento muito bonito", Roger dos Santos Rosa revela: "Mas eu era do grupo que preferia ter usado a toga, o que fui conseguir somente anos mais tarde, em minha segunda graduação, em Administração Pública pela UFRGS". E, no embalo das tabulações que caracterizaram a organização da formatura da ATM 1987/2, conclui com mais uma estatística: "Dos 69 formandos, 8,7% tornaram-se professores da própria Faculdade de Medicina da UFRGS: além de mim, João Carlos Batista Santana, Jorge Wladimir Junqueira Bizzi, Lauro José Greggianin, Leandro Ioschpe Zimerman e Luís Augusto Paim Rohde".

Antes de ser executado, pela Ospa, um pequeno recital em homenagem às pessoas presentes, há mais duas breves falas ao microfone.

Uma delas é do diretor Waldomiro Manfroi, agradecendo pela presença da secretária Rosalina, que viabilizou a realização da cerimônia, e apelando "que o governo atenda às justas reivindicações dos servidores, para que a Universidade volte a desempenhar sua tarefa de importante comprometimento social".

A outra é do mestre de cerimônias João Carlos Batista Santana, pedindo ao público que, após o encerramento, não suba ao palco para cumprimentar os formados. E justifica:

– Ele está devidamente comprometido. Uma pessoa que suba aqui e é capaz de despencar tudo.

Entrevistados

Gerson Martins Pereira fez residência em Clínica Médica no HCPA e especialização em Medicina Intensivista pela Associação de Medicina Intensiva Brasileira (Amib). Foi médico intensivista do Hospital de Pronto Socorro de Porto Alegre, Santa Casa e Hospital Conceição e é médico intensivista do HCPA.

Leandro Ioschpe Zimerman é professor titular da Famed/UFRGS e chefe do Setor de Arritmias Cardíacas do HCPA e do Hospital Moinhos de Vento, em Porto Alegre. Presidiu e foi membro do Conselho Deliberativo da Sociedade de Cardiologia do Rio Grande do Sul (Socergs) e da Sociedade Brasileira de Arritmias Cardíacas (Sobrac).

Roger dos Santos Rosa fez residência em Medicina Preventiva e Social no HCPA e especialização em Saúde Pública na Fundação Oswaldo Cruz. Mestre em Administração Pública e doutor em Epidemiologia pela UFRGS, é professor titular do Departamento de Medicina Social da Famed e docente nos cursos de pós-graduação em Saúde Coletiva, Ensino na Saúde e Saúde da Família e de especialização em Gestão em Saúde, além de coordenar a especialização em Saúde Pública. Atua, ainda, como a auditor do Banco Central do Brasil.

Currículos e fotografias fornecidos pelos entrevistados.

Íntegra do discurso dos oradores

Isabel

Começamos. Os primeiros tempos.

Alguns mais espertos, outros mais surpresos.

A sensação de estarmos libertos e, ao mesmo tempo, presos.

Primeira lição: um cadáver. Desconhecido.

Curiosos, dissecamos. Seus músculos, suas vísceras, suas veias, artérias e nervos dissecamos.

Fazíamos uma outra ideia, mas nos frustramos. Não seria melhor se tivéssemos iniciado com a vida?

Gerson

Segunda lição: o conhecimento.

Um universo enorme, infindável. A cada momento acrescido, mutável, impossível de ser todo alcançado. Dando-nos, certas vezes, uma sensação de impotência e fraqueza. Conhecimentos tantos, incalculáveis, mas sobre todos, quase, nenhuma certeza. No currículo, a pretensão de selecionar a ciência e o que dela é de maior utilidade. Não raro, trilhamos por caminhos distanciados da realidade. Um exemplo, a célula, unidade fundamental. Porém, tão isolada e inanimada que mais parecia a unidade fundamental do nada. Depois, descobrimos a tempo: referia-se ao ser vivo.

Isabel

Terceira lição: a Medicina. Séculos, povos, revoluções. A era da tecnologia, do ultrassom, do laser. Da energia nuclear e do computador. Alcançamos a oportunidade privilegiada de um avanço humano fascinante. Entretanto, nenhum passo será realmente dado se o essencial ainda não for a capacidade de nos indignarmos e nos revoltarmos humanamente contra o que oprime e faz o homem doente. Se não houver, em relação a isso, uma luta concreta, então não progrediremos um único passo e não serviremos à vida.

Gerson

Quarta lição: o homem e sua dimensão. Biológico, psicológico, social, dividido em compartimentos, o homem, na verdade, é um só. Minúsculas, microscópicas estruturas constituindo células, formando tecidos e órgãos, criando corpos. Vivos, pulsantes. De pensamentos, de energias, de sentimentos. Essencialmente humanos. Para transformar, revolucionar e fazer a história. Não ainda a dos miseráveis, a dos que têm fome, a dos que têm medo, a dos que cantam e fazem a verdadeira história em silêncio. Rostos onde se confundem lágrimas e suor. Por que impedir que alcancem por sua própria luta a condição de serem simplesmente humanos e viverem num mundo melhor?

Isabel

Quinta lição: a universidade. Queremos alimentar a utopia de fazer parte de uma geração que conquistará um espaço para pensar, criar e escolherá seus caminhos livremente. Uma geração que ainda construirá a verdadeira universidade. Porque um sonho é algo muito sério para não ser realizado.

Gerson

Sexta lição: a turma. Heterogênea. Correndo sempre riscos, escolhendo o caminho mais fácil e também o mais alienante. De, no individualismo, perder a individualidade. De, na massificação, perder o sentido de coletividade. Muitas vezes ansiosos e competitivos, nossos olhares nem sempre foram tão fraternos; nossos contatos, nem sempre tão afetivos. Mas na turma também há oportunidade, dos melhores momentos, dos amigos, da solidariedade, dos motivos para seguir em frente, da força de vontade.

Isabel

Sétima lição: são todas essas lições não programadas que justificam o significado positivo em nossa trajetória. Gostaríamos, sinceramente, de possuir mais razões. Quem sabe as lições que não foram dadas, as negligenciadas, as que foram esquecidas e as que nos foram negadas. Até mesmo as lições que não foram possíveis. De qualquer forma, sinceramente, valeu a pena. Porém, não nos valorizem por nossos nomes figurados em listas. Humildemente, valemos bem mais. Somos pessoas. Valorizem primeiro as pessoas que somos. A partir disso é que poderemos ser médicos.

Gerson

Penúltima lição: o coração alimenta o sonho. Nada vai mudar? Uma hora e outra, fica tudo como está. Quem luta realmente? São medos e forças, insegurança, omissão. Desafios e passos no escuro. Abrimos os olhos e não acreditamos. Não precisa ser assim. Pode ser diferente. Mas o que você faz com sua vida? Mentiras? Tantas. Tropeçamos em nossas próprias. A farsa está no poder. Quem duvida? Deixe como está. Mas você consegue ser feliz assim?

Isabel

Última lição: o que mais importa. Devemos prosseguir. Vamos abraçar este sonho?

Acervo pessoal de Roger dos Santos Rosa

VEJA O VÍDEO DA FORMATURA DA ATM 1987/2

1988

Entre o tradicional e o informal

Todos os dias quando acordo
Não tenho mais o tempo que passou
Mas tenho muito tempo

Temos todo tempo do mundo
Todos os dias, antes de dormir
Lembro e esqueço como foi o dia
Sempre em frente
Não temos tempo a perder

Tempo perdido,
Renato Russo (Legião Urbana)

1988/1

"Se existe a felicidade, este é um momento feliz"

Após quase dois anos em reformas, o Salão de Atos está pronto, convertido em um anfiteatro moderno, com a boca do palco ampliada, três níveis de plateia e 1.174 lugares para o público. E quem reinaugura o espaço é a formatura da ATM 1988/1 da Faculdade de Medicina da UFRGS.

A cerimônia é um misto entre o rito tradicional e a informalidade que vem marcando as colações de grau da Famed nos últimos anos – mescla que reflete a diversidade de posicionamentos da turma. Na visão do então estudante Gerson Junqueira Júnior, a formatura não teve nenhum componente de protesto. "Éramos uma turma muito *light*. Havia um grupo radical de esquerda, mas a maioria era mais conservadora", avalia, acrescentando que, por pouco, os formandos não usaram toga: "Esta opção perdeu por apenas um ou dois votos". Ao mesmo tempo, ressalta Junqueira, naquela época os atos de colação de grau nas universidades começavam a se transformar, a ter mais produção, e a turma se preocupa em organizar uma solenidade bonita.

Segundo o formando Miguel Nácul, o que a turma busca são alguns diferenciais, influenciada pelo contexto de então. "Estávamos saindo do governo militar, passando pela eleição indireta de Tancredo Neves, pela crise do governo Sarney, e vindo de uma sequência de turmas que já não estavam usando toga nem escolhendo paraninfo, e queríamos fazer alguma coisa diferente". Mas enfatiza que não houve excessiva preocupação com os detalhes na organização da formatura "porque estávamos no fim da Faculdade, pensando no internato e na prova para a residência médica".

Por sua vez, outro integrante da turma, Josué Almeida Victorino, interpreta que não houve maior preocupação com questões como a escolha de um paraninfo ou o uso de vestes talares porque o foco dos estudantes era outro: "Nosso curso cruzou o período político do momento Diretas Já!. O ano da formatura foi o da Assembleia Nacional Constituinte, que resultou na promulgação da nova Constituição brasileira. Havia uma preocupação maior com o social e o político nacional e menor com a burocracia e as regras da Universidade, pois o sentimento dos estudantes e funcionários e professores era de esperança". Segundo Victorino, não foi escolhido paraninfo por dois motivos: "Já havia uma tradição menor sobre isso e não houve consenso na turma para referendar um nome".

Sua colega Cármen Quadros Kroeff, porém, tem uma visão distinta: "Para entender nossa cerimônia de colação de grau, é extremamente importante conhecer o momento histórico que o país vivia, emergindo, lenta e corajosamente, de um regime ditatorial, um dos períodos mais difíceis da história do país. Não queríamos paraninfo, não queríamos que o nome do reitor interventor[8] nem do diretor da Faculdade constasse do convite". No entender de Cármen, "não usar toga também foi uma maneira de protesto", mas "a obtenção da maioria de votos foi muito difícil".

O fato é que, para quem assiste à cerimônia, o fator protesto não se faz evidente, apesar da ausência do paraninfo e da beca, o que não é uma novidade nem vai ser mencionado ou justificado em nenhum momento.

---

8. O reitor da UFRGS na época é Francisco Ferraz, indicado para o cargo, em 1984, pelo então presidente militar João Baptista Figueiredo.

Como também se tornou praxe desde o segundo semestre de 1986, cada formando que recebe a colação de grau chama o colega seguinte e tem a possibilidade de dizer algumas palavras, mas, na grande maioria dos casos, estas são de orgulho pela conquista e de agradecimento à família, aos colegas e aos professores, com raras críticas ao ensino, à situação da Universidade e do país. Tais pautas, porém, não estão totalmente ausentes nessa noite: elas são trazidas à tona nos discursos de homenageados e do próprio diretor da Famed.

O convite para a formatura da ATM 1988/1 traz uma foto da turma, na escadaria externa do antigo prédio da Famed. Este, que então já não pertence à Faculdade há 14 anos, mostra sinais do tempo passado e retrata o tempo presente: a pintura desgastada, a fachada mal conservada, as pichações reivindicando eleições diretas para reitor ou saúde, os cartazes anunciando um show conjunto das bandas Sepultura, grande nome do heavy metal brasileiro, e Leviaethan, expoente do *thrash* metal porto-alegrense.

Acervo pessoal de Gerson Junqueira Jr.

A ATM 1988/1 em frente à antiga sede da Famed

Na noite gelada de 15 de julho, o Salão de Atos está para lá de lotado – apesar de contar com mais de mil cadeiras, há pessoas em pé nos corredores. De forma distinta das formaturas dos últimos anos, na da ATM 1988/1 não é um dos formandos que faz as vezes de mestre de cerimônias. Todo o ato é conduzido formalmente pelo diretor da Faculdade, Waldomiro Manfroi, que dá início à solenidade chamando os homenageados para ocuparem seus lugares à mesa. São eles os professores Ariel Gomes de Freitas, Luiz Rohde e Simão Piltcher; a funcionária do refeitório do HCPA Sirlei da Silva; e, representando os residentes, a médica Beatriz Valiati, formada pela ATM 1985.

A formanda Maria Cristina Garcia apresenta, em nome da turma, os motivos para a escolha dessas pessoas. Os três professores, afirma, foram escolhidos por travarem uma luta constante pelo aprimoramento do ensino na Faculdade. Já a médica Beatriz Valiati, explica, representa os residentes – "não todos, mas um grupo que soube entender nossas angústias e transmitir seus conhecimentos no dia a dia do hospital". A funcionária Sirlei da Silva, por sua vez, é destacada como alguém que "estava sempre sorrindo, tornando mais amena nossa rotina diária de trabalho".

Na sequência, Ariel Gomes de Freitas introduz os 57 formandos e formandas no recinto.

Apesar de ter decidido não usar as vestes talares, a ATM 1988/1, diferentemente da turma que a antecedeu, não entrou em minúcias para definir o tipo de roupa a ser utilizado. Assim, parte dos homens veste traje social completo, outros preferem o alto esporte com gravata e outros, ainda, o alto esporte sem gravata – um até mesmo escolhe traje de gala, com *smoking* e gravata-borboleta. Já as mulheres dividem-se entre vestidos de diferentes comprimentos ou conjuntos de saia e blazer – tudo com muito brilho, laços, babados e largas ombreiras, como dita a moda dos anos 1980[9].

Se, anos antes, um único fotógrafo oficial registrava apenas os momentos mais importantes do ato, agora chega a haver seis sobre o palco, captando, de diferentes ângulos, cada passo. Além deles, há técnicos com equipamentos de iluminação para aprimorar o registro em vídeo.

Dono de uma voz clara e impactante – "de locutor de rádio", como se diz na época –, Gerson Junqueira Júnior é o escolhido pela turma para ler o juramento médico, conforme a Declaração de Genebra, baseado no juramento de Hipócrates:

> *Juro, solenemente, consagrar minha vida a serviço da humanidade.*
>
> *Reputarei aos meus mestres reconhecimento e gratidão.*
>
> *Exercerei minha profissão com consciência e dignidade.*

---

9. Detalhes reconstituídos a partir do vídeo da solenidade, fornecido por Miguel Nácul.

A saúde de meu paciente será minha principal preocupação.

Respeitarei os segredos que me forem confiados.

Manterei, por meio de todos os recursos que estiverem ao meu alcance, a honra e as nobres tradições da profissão médica.

Meus colegas serão meus irmãos.

Não permitirei que considerações de religião, de raça, de política partidária ou de posição social se interponham entre meu dever e meu paciente.

Manterei total respeito pela vida humana, desde o momento da concepção.

Mesmo sob ameaça, não usarei meus conhecimentos médicos de forma a contrariar as leis da natureza.

Faço este juramento solene e livremente, sobre minha própria honra.

Um dos diferenciais introduzidos pela turma vai passar pela escolha da música ambiental da formatura. Em um restaurante na zona central de Porto Alegre, apresenta-se um artista – Carlinhos e seu cordovox eletrônico[10] – que executa repertório nacional e internacional em um acordeão eletrônico. Com bases de outros instrumentos gravadas e arranjos especiais feitos pelo músico, o resultado final é similar à orquestração de músicas. Um grupo de estudantes, conta Gerson Junqueira, vai conhecer o músico, gosta do que ouve e fica decidido: Carlinhos fará a trilha sonora da formatura, ao vivo, tocando, em seu cordovox, tangos, boleros, canções francesas e italianas, Frank Sinatra, Beatles e muito mais. "Criou um ambiente diferente", recorda Miguel Nácul.

10. Carlos Benjamin Mascarello Vargas começou sua carreira participando de programas de calouros na Rádio Caxias do Sul, em sua cidade natal, na Serra gaúcha. Passou a receber convites para se apresentar em outros municípios e importou dos Estados Unidos um cordovox (acordeão eletrônico), que apresentou pela primeira vez ao público no programa *A Grande Noite*, na TV Difusora. Vieram, então, contratos para apresentações em hotéis, clubes e restaurantes.

A música começa a ser executada quando o primeiro formando é chamado. Na colação de grau, a ATM 1988/1 retoma uma prática que vinha sendo vetada nos últimos anos: quem é filho de médico – são sete na turma – pode receber o canudo de seu pai.

Recebido o canudo, cada um cumprimenta todos os integrantes da mesa e dirige-se ao púlpito para chamar o colega seguinte, além de dizer algumas breves palavras. A maioria fala sobre a importância da conquista celebrada essa noite, após seis anos de muito estudo, e a divide com pais, avós, filhos, esposas e esposas, namoradas e namorados, professores e colegas. Alguns agradecem a Deus. Uma formanda vai receber o diploma levando pela mão seu filho pequeno e o senta no beiral do púlpito enquanto se pronuncia. Apenas três manifestações destoam desse tom de celebração, gratidão e valorização da família. Um deles, ao tomar seu lugar no púlpito, olha para a plateia e declara:

> *Não somos o que somos, somos o que nos permitem ser.*
>
> *A nossa Universidade é uma grande máquina que transforma as pessoas. Entramos burros numa ponta e, por um novo processo de transformação, saímos linguiça na outra.*
>
> *Eu queria homenagear o Centro Acadêmico Sarmento Leite e todas as pessoas que dele fazem parte, pelo compromisso único com a verdade histórica. Muitos deles estão no Congresso Nacional de Estudantes de Medicina, que está acontecendo em Minas Gerais, e por isso não estão aqui conosco.*
>
> *Aí, companheirada!!*

Mais adiante, outro colega dedica sua fala a parabenizar o Centro Acadêmico pelas vitórias no período em que foi estudante, "entre elas, poder votar, em eleição direta, para diretor da Faculdade de Medicina e presidente do Hospital de Clínicas".

Há, ainda, um estudante que diz, ao anunciar a próxima estudante a colar grau: "Quero aproveitar este momento para homenagear a raça negra, na pessoa da minha colega, pelo esforço, pela dedicação, pela capacidade de superar as dificuldades".

Essa colega recebe o canudo sob fortes aplausos. As mulheres, ao contrário do que ocorria no passado, agora já são quase metade da turma. Mas Vilma Cidade da Silva segue sendo parte de uma minoria absoluta na Faculdade de Medicina: ela é uma mulher negra.

Durante as reuniões da Comissão de Formatura – composta por Gerson Junqueira Júnior, Cármen Quadros, Josué Victorino, Maria Cristina Garcia e Paulo Roberto Kunde –, surge o debate sobre quem será o orador e que mensagem deverá ser transmitida. São apresentadas algumas propostas para os discursos, mas a turma as considera muito convencionais. Miguel Nácul surge, então, com uma ideia diferente, que é aprovada pela maioria. O formando vai ler um texto que sintetiza as vivências e sentimentos da ATM 1988/1 ao longo dos seis anos de curso. Ao dizer que o grupo gostaria de compartilhar a experiência adquirida e procurou a forma mais adequada para fazê-lo, passa a palavra aos colegas Lenice Cristina Cunha Kirjner e Ernani Soares Lopes, que se intercalam na leitura de trechos de músicas da década de 1980. "Ganhou o discurso do Miguel porque era mais emotivo e mais significativo", diz Gerson Junqueira.

Miguel

Seis anos ou até um pouco mais.

Tempo de faculdade. Tempo de aulas e mais aulas, muito estudo, noites viradas em cima de livros. Provas.

Tempo de trabalho. Ambulatórios, rounds, notas de baixa e de alta, prescrições, inúmeras histórias e exames físicos, incontáveis plantões.

Tempo de gente. Colegas, amigos, namoradas, família, pacientes, milhares deles. Gente em contato. Dia e noite, noite em dia.

Tempo de luta. Mobilizações, greves, participação em busca de um melhor ensino médico, de uma melhor faculdade para nós. De um melhor sistema de saúde para o país. De um mundo onde as pessoas possam ter um pouco mais de perspectiva de vida.

Tempo de novas descobertas. Amadurecimento, conscientização. Uma realidade nova, totalmente diferente, se abrindo implicantemente à nossa frente, interminável, fascinante, às vezes assustadora, porém desmistificante.

Logo nós, adolescentes, iniciando um curso longo, muitas vezes difícil e estressante, que mexe demais com nossas cabeças. Logo nós, meio alienados, sem uma noção real do que é ser um estudante de Medicina, do que é ser médico. Pode ser quase um chavão, mas um curso de Medicina é como uma estrada complexa e cheia de obstáculos a serem vencidos. Uma estrada em que frequentemente viajamos céleres, sem olhar para trás, sem contestar. Uma estrada que nos monopoliza, que nos consome, fazendo com que esqueçamos do resto do mundo, que certamente continua a existir à nossa volta.

Passa o tempo. Fim da estrada. A última etapa de um período das nossas vidas.

Fim de um tempo. Um tempo que iniciou na frente de uma lista de aprovados no Vestibular de Medicina. Continua através do primeiro contato com o Instituto de Biociências, e que passou pelos portões da Anatomia, pelas inúmeras salas de aula espalhadas pela Universidade, pelos bares da vida – é claro –, pelas festas da noite. Mas também pelos longos corredores da Santa Casa e de suas ancestrais enfermarias. Pelas vilas, pelo monótono prédio do Ciclo Básico, pela imensidão do Hospital de Clínicas.

Um tempo que chega ao fim na forma de um momento bonito, meio apoteótico, acima de tudo emoção, a formatura. Mais do que uma cerimônia, mais que uma festa, a formatura, dentro de uma visão mais ampla, é um momento de parar e pensar, refletir. Analisar criticamente uma etapa muito importante das nossas vidas. Momento de redefinir conceitos. Como ir adiante sem isso?

De repente, chegamos ao fim de um curso com novas ideias, conceitos, sensações e percepções em nossas cabeças. Há muito ainda a aprender, a absorver. Mas certamente com a melhor definição do que seja ser estudante de Medicina, do que seja ser médico.

Afinal, o que é ser estudante de Medicina? O que é ser médico?

Nos parece essencial passar adiante, transmitir essa experiência adquirida. No entanto, isso não é nada fácil. Como transmitir? Como expressar esse nosso sentimento, essa nossa informação para as pessoas, para vocês? Quem sabe, um breve momento de livre pensar. Palavras, frases, pensamentos e ideias identificadas com o nosso jeito de ser, do nosso jeito de viver.

Ernani

Todos os dias, quando acordo, não tenho mais o tempo que passou. Mas tenho muito tempo. Temos todo o tempo do mundo.

Lenice

Todos os dias, antes de dormir, lembro e esqueço como foi o dia. Sempre em frente. Não temos tempo a perder[11].

Ernani

Por muito tempo, eu precisei dizer o que eu sentia. Por muito tempo, eu precisei entender tudo o que eu vivia. Faz pouco tempo que eu procuro

11. Esta citação e a anterior são da música *Tempo perdido*, de Renato Russo (Legião Urbana).

viver o que eu sinto. Faz pouco tempo que eu tento sentir tudo o que eu vivo[12].

Lenice

Às vezes parecia que de tanto acreditar em tudo o que achávamos tão certo teríamos o mundo inteiro e até um pouco mais, faríamos floresta de deserto e diamantes de pedaços de vidro.

Ernani

Quantas chances desperdicei quando o que eu mais queria era provar pra todo mundo que eu não precisava provar nada pra ninguém[13].

Lenice

Vivendo numa bola de cristal, fantasiando o tempo todo, caio na real. O mundo é de aço e fogo, mas se move quando me movo. E me responde quando canto: só não é feliz quem se esquece[14].

Ernani

Amigos, nesse rio real da existência, além da dor, medo e violência, existe o prazer de querer e ser querido, revelar o precioso ser habitante em nós e rasgar a mordaça da voz[15].

Miguel

Fim da estrada, começo de outras, muitas outras. Uma mudança de direção. Para alguns de nós, apenas uma pequena correção de rumos. Para outros, a tomada de um caminho novo e diferente. Um novo tempo. Tempo de crescer e evoluir mais e mais. Tempo de procurar entender melhor este mundo que nos cerca e transformá-lo. Não só como médicos, que hoje passamos a ser, mas principalmente como seres humanos.

Hoje, dia 15 de julho de 1988, eu estou me formando. Nós, a turma, estamos nos formando. Mas, de certa forma, vocês aqui presentes conosco também estão se formando. Porque sem seu incentivo, sua palavra amiga, sua energia positiva num simples gesto ou olhar, não estaríamos aqui vivendo este momento lindo. Que é muito mais lindo por causa de vocês.

---

12. Esta citação é da música *Colírio*, de Dulce Quental.

13. Esta citação e a anterior são da música *Andrea Doria*, de Renato Russo (Legião Urbana).

14. Esta citação é da música *Stoned*, de Dulce Quental.

15. Esta citação é da música *Ser e estar*, de Ednardo.

Outro dia perguntaram o que significava formatura para nós. Um colega respondeu: formatura a gente vive; formatura a gente curte; formatura a gente simplesmente sente. Se existe a felicidade, este é um momento feliz.

Abrindo as manifestações dos homenageados e homenageadas, Sirlei da Silva deseja aos formandos – que ela chama de "os meus anjinhos" – realização "não só como profissionais, mas como seres humanos que são". Beatriz Valiati, referindo-se à explicação dada anteriormente, de que a homenagem não se estende a todos os residentes, mas sim a uma parte deles, faz votos de que "quando chegar a vez de vocês, façam o possível pra isso não acontecer, que a homenagem seja ao grupo todo".

Simão Piltcher discursa em nome dos três professores homenageados, ressaltando que esta distinção "representa para o professor o reconhecimento de um trabalho, o ápice de uma carreira, e equivale a uma segunda formatura". Centra sua fala em uma análise da fotografia da turma que ilustra o convite: "Ela fala sobre o país, sobre a Medicina e sobre vocês. Na escadaria do antigo prédio da Faculdade, com roupas normais e expostos aos olhares de todos. Isso mostra que a postura dos médicos mudou. A aura aristocrática que envolvia a profissão deu lugar a alguém que está no meio das pessoas, que saiu de sua torre de marfim, que desceu à planície, misturou-se aos humildes". Lembrando que dali a dez dias a Famed vai comemorar 90 anos, Piltcher observa, na fotografia, "os degraus do antigo prédio desgastado pela passagem do tempo e de várias gerações". Fala sobre a situação do mercado de trabalho, "alta e duramente competitivo", e ressalta que, infelizmente, a residência médica, com o passar do tempo, minimizou o papel da graduação, que parece ser "uma espécie de pré-vestibular para a residência". Nesse contexto, destaca o professor, "a melhoria do ensino da Medicina deve ser uma reivindicação premente da Faculdade e da sociedade".

Simão Piltcher também se dedica a comentar o cenário que se vislumbra na área da saúde, a partir da promulgação, em breve, da nova Constituição brasileira. "Ela define que saúde é direito de todos e dever do Estado e estabelece o sistema unificado e universal de acesso à saúde[16], o atendimento a uma antiga aspiração, uma medida racionalizante e de-

16. A Constituição promulgada em 1988 estabeleceu as diretrizes para a criação do Sistema Único de Saúde (SUS).

mocratizadora". Porém, lamenta: "Vivemos um momento de desilusão e ceticismo. Uma crise compromete o país, e que não é apenas política ou econômica, mas também moral, estagnando as esperanças de nossos jovens. Precisamos de novas realidades e também da utopia – tudo aquilo que a Medicina como prática humanista pode nos dar".

O diretor Waldomiro Manfroi também menciona, em sua fala, as nove décadas de história da Famed, destacando alguns de seus protagonistas, como os professores Protásio Alves, que "teve a ousadia de fundar a terceira escola de Medicina do país", e Sarmento Leite, "que construiu o prédio no Campo da Redenção e também fundou o Centro Acadêmico, o primeiro do país, na calada da noite, como grande combatente que era". Uma história, finaliza Manfroi, coroada pelo reconhecimento da importância da Famed, na medida em que coube a ela reinaugurar o novo Salão de Atos da UFRGS.

Acervo pessoal de Miguel Nácul

VEJA O VÍDEO DA FORMATURA DA ATM 1988/1

Entrevistados

Cármen Quadros Kroeff é médica ginecologista e obstetra, especialista em Medicina Fetal pela Universidade Estadual de Campinas (Unicamp). Dirige a Clinifeto, localizada em Porto Alegre.

Gerson Junqueira Júnior é especialista em Cirurgia Geral e Cirurgia Digestiva, mestre em Medicina: Cirurgia e doutor em Medicina: Ciências Médicas pela UFRGS. Foi diretor clínico e gestor do Serviço de Cirurgia Geral e Digestiva do Hospital Mãe de Deus. Preside a Associação Médica do Rio Grande do Sul (Amrigs).

Miguel Nácul é especialista em Cirurgia Geral e do Aparelho Digestivo e mestre em Cirurgia pela Famed/UFRGS. Atua como professor da Faculdade de Ciências da Saúde do Hospital Moinhos de Vento e coordenador médico do Instituto Simutec de simulação em Medicina.

Josué Almeida Victorino é especialista em Medicina Interna, Pneumologia, Nutrição Enteral e Parenteral, Medicina Intensiva. Médico intensivista há 31 anos do HCPA. Doutor em Medicina pela USP. Professor associado de Medicina Intensiva da UFCSPA.

Currículos e fotografias fornecidos pelos entrevistados.

1988/2

Pouco apego às tradições e formalidades

Na noite de 1° de dezembro, no Salão de Atos da UFRGS, a ATM 1988/2 completa seu ciclo de formação em uma formatura marcada, pela 18ª vez consecutiva, pela ausência de paraninfo. Os homenageados são os professores Luiz Rohde e Tânia Weber Furlanetto – formada pela ATM 1974, a primeira turma a realizar protestos, e cujos integrantes cada vez mais vão ocupando posições de destaque –, o médico residente Luís Antônio Silva Iäger e o funcionário Luiz Carlos Machado Garcia.

O convite é bem distinto do das turmas anteriores. Não traz foto dos formandos, mas sim uma gravura estilizada e – novidade até então – impressa em cores, a partir da parte central da pintura de Michelângelo na abóbada da Capela Sistina, aquela que representa o momento da criação de Adão, o início da história da humanidade na Terra.

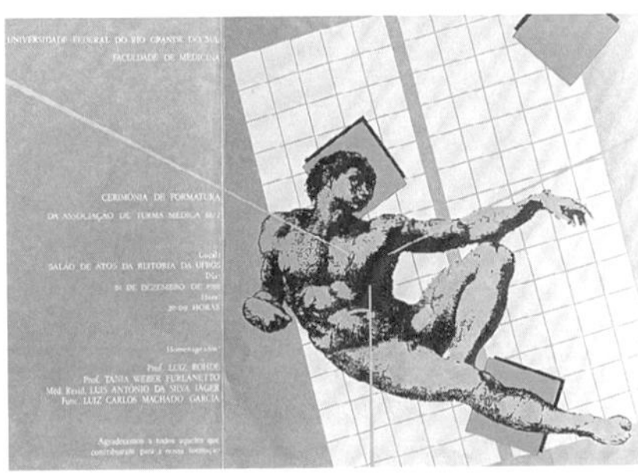

Acervo pessoal dos autores

Interior do convite da ATM 1988/2

A turma chega a esse momento após uma trajetória de seis anos em que se mesclam boas e más experiências, de acordo com as oportunidades, vivências e pontos de vista de cada estudante. "Tivemos aulas práticas no HCPA (unidades clínicas, cirúrgicas, Pediatria e Ginecologia e Obstetrícia), na Santa Casa (enfermarias 29 e 37, Bloco Cirúrgico e Maternidade Mario Totta), no Hospital São Pedro e nos postos de saúde, especialmente o Murialdo", contam as integrantes da ATM 1988/2 Gisele Gus Manfro e Alice Zelmanowicz. Esta última acrescenta: "O que sobrou para mim são só boas memórias".

Seu colega Luís Carlos Amon relata: "Havia aulas práticas no HCPA e em outras instituições. Tínhamos várias cadeiras e estágios na Santa Casa (por exemplo, Semiologia, Ginecologia e Obstetrícia e Dermatologia). Também tínhamos disciplinas com atividades em postos de saúde, nas vilas populares, onde fazíamos visitações sozinhos, e em algumas instituições de longa permanência". Em sua opinião, as atividades práticas além do HCPA proporcionaram "uma amplitude de vivências que, com certeza, contribuíram com nossa formação, principalmente levando em consideração que o objetivo da Faculdade era a formação de médicos generalistas, com uma sensibilidade voltada ao social". Ressalta, porém, que "nem todos os lugares pareciam estar bem-preparados para receber alunos e havia bastante heterogeneidade entre estes. A turma era dividida em pequenos grupos, que eram alocados para diferentes locais. A percepção da qualidade desses estágios era influenciada, também, pelo local onde estávamos".

Esse foco na formação de médicos generalistas advém do novo currículo implementado em 1981. Embora ingressando na Faculdade dois anos depois, a ATM 1988/2, conforme Amon, sente impactos do processo de adequação ainda em andamento. "O currículo migrou de um tradicional para outro voltado a formar generalistas e com uma visão mais social. Algumas das disciplinas novas estavam apenas começando e não pareciam ter um planejamento ou organização adequados. Essa fase de transição, com certeza, gerou algum grau de insatisfação". Por outro lado, Luís Amon recorda-se que os seis anos de curso foram marcados por greves de professores e funcionários, algumas bem longas. Todas tinham o apoio do movimento estudantil, por meio da UNE, do DCE e dos centros acadêmicos; porém, para os estudantes, individualmente, "havia a sensação de que o nosso aprendizado poderia ser prejudicado, além da necessidade das recuperações em épocas de férias", avalia.

"Tive aulas práticas no HCPA, que foram muito boas, na Santa Casa, onde foram medianas; e em postos de saúde, que foram horríveis, pois éramos vistos como intrusos ou não recebidos pela preceptoria, que se ausentava", relata outro integrante da ATM 1988/2, Alexandre Moreschi, que complementa: "Meus principais problemas durante o curso foram quanto à falta de orientação para a vida, profissão e mercado. Alguns colegas tinham isso de família ou amizades. Eu não tinha nada disso e era apenas um aluno que estudava e cumpria todas as obrigações".

Moreschi destaca que se sentia incomodado diante das atitudes de alguns colegas com uma militância política ativa, que tentavam impor suas opiniões sobre os demais: "Éramos manipulados pelos que queriam modificar toda a estrutura da Faculdade e da Universidade, mas nunca entendíamos ou recebíamos informações sobre o que estava errado ou se aquilo era errado mesmo. A narrativa da época era que a Universidade era repressora, mas eu não observava isso no dia a dia".

Luís Carlos Amon recupera o cenário da época: "Estávamos inseridos em um contexto social e político ainda do período militar, uma ditadura, mas já longe do pior período repressivo. Não tínhamos medo de nos manifestar, não tínhamos mais risco de ser presos ou torturados por isso. Também não havia, naquela época, ilusão sobre luta armada contra a ditadura, mas os movimentos estudantis sempre estavam engajados nas manifestações e passeatas. Uma parte da nossa turma, não muito grande, mas vocal, era ligada aos movimentos estudantis, a grupos de esquerda que acabaram formando o Partido dos Trabalhadores. Outra parcela era mais resistente a essa postura, mas também não era favorável, ao menos abertamente, aos militares". E destaca: "A maioria, independentemente de ser mais ou menos política, tinha um comportamento mais informal, menos ligado à tradição, mais descontraído".

Tudo isso vai pesar no momento das decisões sobre a formatura. "Eu fui das mais ferrenhas da turma contra a toga, não por questão de repúdio ou manifestação, mas porque naquela época não me fazia sentido nenhum", conta Alice Zelmanowicz. Luís Amon corrobora: "Para reforçar a nossa postura de pouco apego às tradições formais, não usamos toga, mas roupas 'normais', de festa".

Na avaliação de Gisele Gus, foi igualmente devido ao fato de "os estudantes serem um pouco mais rebeldes" que a turma não escolheu paraninfo. "Acredito, também, que foi um protesto semelhante ao que já estava ocorrendo nas formaturas anteriores, relacionado ao clima político do país", acrescenta. De acordo com Luís Amon, "para nós, realmente pouco ligados às formalidades institucionais, podia parecer algo anacrônico escolher paraninfo. Pelo que eu lembre, foi uma atitude de protesto, um tanto em resposta a diversos problemas que enfrentamos durante o curso e, talvez também, um pouco contra o sistema". Ao mesmo tempo, revela, "escolhemos homenageados porque não negamos que tivemos vários professores que exerceram a sua função com maestria e foram ótimos exemplos de médicos para nós".

Já Alexandre Moreschi conta não ter participado da decisão quanto ao paraninfo. "Era uma época em que muitos não se manifestavam politicamente e aqueles que se envolviam dessa forma manipulavam ou envolviam a grande maioria, que se sentia intimidada e/ou queria apenas participar, e isso não se devia a ter uma opinião ou conhecimento político, como era meu caso".

Por mais que deseje uma formatura convencional, a Direção da Famed, já habituada às decisões em sentido contrário por parte dos doutorandos, não impõe objeções. "Pelo que eu lembre, a nossa decisão de não indicar um paraninfo causou algum desconforto, mas não foi um grande problema. Não éramos, afinal, tão revolucionários", enfatiza Amon.

O novo diretor, Ronald Pagnoncelli de Souza, comparece à cerimônia e tudo ocorre com tranquilidade. "O clima foi festivo e de alegria", relata Gisele Gus. "Estávamos bem felizes, as famílias emocionadas, era uma ocasião de festa, com a sensação de termos atingido um objetivo depois de seis anos de um curso que exigia bastante de nós", concorda Luís Amon.

Um fato adicional vai acrescentar, de forma paradoxal, mais alegria a alguns formandos e uma dose de decepção e tristeza a outros. Depois de uma série de adiamentos, finalmente são divulgados os resultados da seleção para os programas de residência médica do HCPA – uma hora antes do início da cerimônia. "Alguns estavam adicionalmente felizes por terem passado, outros tiveram uma experiência de anticlímax", finaliza Luís Amon.

Entrevistados

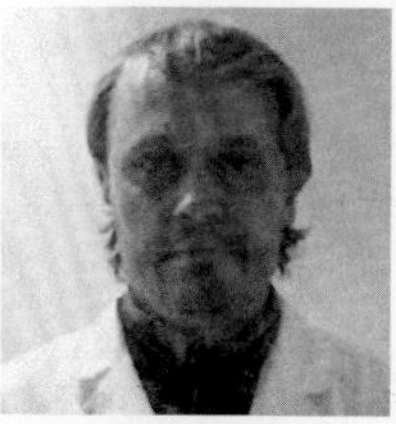

Alexandre Moreschi fez residência no HCPA e possui especialização em Cirurgia Geral e em Cirurgia Torácica pelo Conselho Regional de Medicina do Rio Grande do Sul e em Cirurgia Torácica pelo Associação Médica Brasileira, além de mestrado em Cirurgia pela UFRGS. É cirurgião torácico do HCPA e médico do Hospital Moinhos de Vento.

Alice de Medeiros Zelmanowicz fez residência em Medicina Interna pelo HCPA/Santa Casa e em Cancerologia pela PUCRS e pelo Hospital Santa Rita da Santa Casa. Possui mestrado em Medicina: Ciências Médicas e doutorado em Epidemiologia pela UFRGS. Participou da criação do Centro de Prevenção de Câncer do Hospital Santa Rita, da Santa Casa de Porto Alegre, e o coordenou por 15 anos. É professora adjunta de Epidemiologia do Departamento de Saúde Coletiva da UFCSPA e de Oncologia Clínica da Famed/UFRGS. Atua como docente do PPG em Ciências da Saúde: Ginecologia e Obstetrícia da UFRGS e como médica oncologista clínica dos hospitais Moinhos de Vento e Santa Casa.

Gisele Gus Manfro possui doutorado em Ciências Biológicas (Bioquímica) pela UFRGS. É professora titular do Departamento de Psiquiatria da Famed/UFRGS, onde também coordenou o Programa de Pós-Graduação em Psiquiatria e Ciências do Comportamento, do qual é hoje coordenadora substituta. Atua como docente, ainda, no PPG em Neurociências da Universidade e coordena o Programa de Transtornos de Ansiedade do HCPA e o Programa de Transtornos de Ansiedade na Infância e Adolescência da UFRGS e HCPA.

Luís Carlos Amon fez residência em Medicina Interna no HCPA e pós-graduação e especialização em Geriatria na PUCRS. É médico do Serviço de Medicina Interna do HCPA e da Prefeitura de Porto Alegre, lotado no Hospital de Pronto Socorro. Também atende em consultório próprio, nas especialidades de Medicina Interna e Geriatria.

Currículos e fotografias fornecidos pelos entrevistados.

1989

Com muitas falas, as solenidades alongam-se

Se os frutos produzidos pela terra
Ainda não são
Tão doces e polpudos quanto as peras
Da tua ilusão
Amarra o teu arado a uma estrela
E os tempos darão
Safras e safras de sonhos
Quilos e quilos de amor
Noutros planetas risonhos
Outras espécies de dor

Amarra o teu arado a uma estrela,
Gilberto Gil

1989/1

Apenas quatro votos a favor da beca

Ao ingressar no Salão de Atos da UFRGS, às 19h do dia 9 de julho, para sua formatura, a ATM 1989/1 protagoniza um momento histórico. A entrada é aos pares – um formando e uma formanda. Porque, pela primeira vez, metade da turma é de mulheres.

Uma delas, Lúcia Maria Kliemann, no futuro terá outro papel pioneiro. Também estará, devidamente becada, em inúmeras formaturas da Famed, que seguirão na íntegra o rito protocolar – incluindo a presença de um paraninfo. Mas isso será apenas em meados dos anos 2010, quando Lúcia se tornará a primeira mulher a dirigir a Faculdade de Medicina da UFRGS e a Reitoria tiver implementado novos regramentos para seus atos de colação de grau.

Por enquanto, nesse finalzinho da década de 1980, a solenidade segue sem beca e sem paraninfo, mas não por protesto e sim porque isso faz parte da normalidade conhecida há muitos anos. "Não tinha porque não tinha", resume Lúcia. Seu colega Jorge Bratkowski, integrante da Comissão de Formatura, conta: "Não era comum paraninfo. Naquela época não se tinha. Também ninguém usava toga na Medicina. Fizemos uma votação na nossa turma, apenas quatro votaram a favor de seu uso".

Além disso, os estudantes, de modo geral, estão satisfeitos com o ensino durante os seis anos do curso. "O curso foi bom, de muito boa qualidade, e exigia muito de nós", diz Lúcia, recordando da rotina estudantil: "Às vezes a gente tinha aula às 7h30 no Instituto de Biociências e às 8h30 no HCPA, era uma correria[17]. Do primeiro ao quarto semestre, íamos para as vilas sozinhos, na disciplina de Acompanhamento de Família. Almoçava no RU, estudava muito. A Semiologia fiz toda na Santa Casa, que estava mal na época, em crise, alguns professores de lá queriam ir para o HCPA". Essa rotina, acrescenta, é interrompida entre o primeiro e o segundo semestre do curso, pois, de maio a agosto de 1984, ocorre a maior greve da história da Universidade, com duração de 84 dias.

Seu colega de turma Mario Roberto Garcia Tavares destaca que, no ensino prático, a qualidade das aulas era variável, mas os estudantes sempre contavam com um apoio importante, o dos médicos residentes: "Em um ambulatório, por exemplo, quando tínhamos casos complicados, chamávamos os residentes, que eram muito dedicados e diligentes".

Se procurar bem, você acaba encontrando
Não a explicação (duvidosa) da vida
Mas a poesia (inexplicável) da vida.

Lembrete, poema de Carlos Drummond de Andrade
reproduzido no convite de formatura da ATM 1989/1

Os residentes são lembrados nas homenagens prestadas na formatura da ATM 1989/1. O escolhido é Leandro Ioschpe Zimerman, formado pela

17. A distância entre o Instituto de Biociências, então situado no antigo prédio da Famed, e o HCPA é de quase 2 quilômetros.

ATM 1987/2 e que faz residência no HCPA. Os demais homenageados são os professores Alberto Mantovani Abeche (ATM 1981), Boaventura Antônio dos Santos (ATM 1967) e José Antônio de Azevedo Magalhães; o médico contratado do HCPA Mário Sérgio Trindade Borges da Costa (ATM 1982); e o funcionário do hospital José Carlos de Mattos Ribeiro. Todos pronunciam-se na cerimônia.

O juramentista é o formando José França dos Santos. A condução da solenidade fica a cargo do diretor da Faculdade, Ronald Pagnoncelli de Souza, que também discursa. "Foi um discurso normal, com generalidades, elogios à turma", recorda Jorge Bratkowski. A este formando cabe falar em nome da turma, na função de orador. "O texto foi escrito pela turma, em conjunto. Falava de lembranças, vivências, alegria e muitas críticas à Reitoria[18]. No discurso final, acabei cortando um pouco da crítica muito agressiva", relata Bratkowski. Lúcia Kliemann recorda-se dessa mudança feita pelo orador e da reação dos colegas. "No final, ele se virava para a turma e perguntava: 'Estamos prontos?', e a resposta combinada era 'Não!', mas ele disse 'Sim!', foi uma gritaria".

Outra polêmica nas decisões sobre a formatura, revela Lúcia, envolveu a tentativa de proibir que filhos de médicos recebessem o diploma de seus pais: "Tinha sete ou oito formandos nessa situação e a maioria da turma não queria, mas no fim conseguimos que eles nos entregassem".

Além de todos os discursos, como já é habitual, cada formando e formanda diz algumas palavras antes de chamar um ou uma colega. "Cada um tinha dois minutos para falar, mas alguns falaram sete ou oito", conta Lúcia Kliemann, acrescentando que as manifestações eram, principalmente, de agradecimento a famílias, amigos, colegas e professores.

O resultado de tudo isso é uma solenidade com duração de cerca de quase quatro horas, atrasando consideravelmente as recepções particulares programadas por cada formando e o baile conjunto, realizado na mesma noite.

---

18. A UFRGS realizou, em 1988, suas primeiras eleições diretas para reitor. No entanto, o candidato mais votado não foi nomeado pelo governo federal, o que causou impacto negativo na comunidade da Universidade. Para mais detalhes, ver a introdução deste capítulo.

Entrevistados

Jorge Luiz Bratkowski é especializado em Ginecologia e Obstetrícia pela PUCRS e em Medicina de Família e Comunidade pelo Centro de Saúde Murialdo. Atua no GHC e no Serviço de Atendimento Móvel de Urgência (Samu).

Lúcia Maria Kliemann é mestre em Gastroenterologia e doutora em Clínica Médica pela UFRGS. Professora da Famed/UFRGS, foi eleita diretora da Faculdade em 2016 e reeleita em 2020. Também preside o Conselho de Administração do HCPA.

Mario Roberto Garcia Tavares é médico de Família e Comunidade pelo Grupo Hospitalar Conceição, preceptor dos programas de residência médica em Medicina de Família e Comunidade do GHC e do HCPA e professor do Departamento de Medicina Social da Famed/UFRGS.

Currículos e fotografias fornecidos pelos entrevistados.

1989/2

Nem se pensa em paraninfo

Na formatura da ATM 1989/2, a situação é similar à da turma anterior. "Escolhemos homenageados, mas não um paraninfo. Nem chegamos a discutir isso na Comissão de Formatura, pois a ausência de paraninfo tinha passado de geração para geração", conta a formanda Cristina Karohl. Sobre o fato de a turma não ter usado as vestes talares, ela relata que o assunto até chegou a ser discutido, mas, além de também não ser usual naquele tempo, os formandos levaram outro fator em consideração: o clima. "A cerimônia foi quase no verão, era muito quente. Foi realizada uma votação entre usar toga ou trajes normais e, democraticamente, venceu a opção pelo uso de roupas a critério de cada formando", recorda Cristina.

Na noite de 8 de dezembro, no Salão de Atos da UFRGS, 29 formandas e 30 formandos recebem a colação de grau. Seus homenageados são o professor Jerônimo José Zanonatto (ATM 1969), o médico contratado José Antônio Cavalheiro (ATM 1984), o residente Pérsio Mariano da Rocha (ATM 1987/2), o enfermeiro Mauro Castanho Sirianni e a funcionária do HCPA Maria Goreti dos Santos. O orador da turma é Claidir Luis de Paoli e a juramentista, Cristina Karohl.

Todos os homenageados discursam, o diretor Ronald Pagnoncelli de Souza também. Cada formado anuncia o colega seguinte. "A ideia era cada um chamar o próximo de forma breve, para que a solenidade não se estendesse por horas. Lembro que no começo funcionou, até que em determinado momento todos passaram a fazer agradecimentos e dizer algumas palavras, o que fez com que a formatura tivesse quase três horas e meia de duração", relata Cristina, acrescentando: "Apesar disso, todos estavam muito felizes com o momento e nem se importaram com o tempo".

A era dos protestos nas formaturas da Faculdade de Medicina da UFRGS está chegando ao fim.

Ou quase.

No semestre seguinte, as tradições de eleger um paraninfo e utilizar vestes talares na cerimônia serão retomadas.

Mas ainda faltará um protesto para fechar o ciclo.

Entrevistada

Cristina Karohl, doutora em Nefrologia pela Universidade de São Paulo (SP), é professora adjunta na Famed/UFRGS e médica no Serviço de Nefrologia do HCPA.

Currículo e fotografia fornecidos pela entrevistada.

1990

Tudo muda para voltar a ficar igual

Mudaram as estações e nada mudou
Mas eu sei que alguma coisa aconteceu
Está tudo assim tão diferente

Se lembra quando a gente
Chegou um dia a acreditar
Que tudo era pra sempre
Sem saber que o pra sempre sempre acaba?

Mas nada vai conseguir mudar o que ficou
Quando penso em alguém só penso em você
E aí então estamos bem
Mesmo com tantos motivos
Pra deixar tudo como está

Nem desistir, nem tentar
Agora tanto faz
Estamos indo de volta pra casa

Por enquanto,
Renato Russo (Legião Urbana)

Com a queda do Muro de Berlim, em novembro de 1989, o socialismo entra em colapso. Esperança e otimismo para alguns, morte da utopia e desilusão para outros.

A década de 1990 será a do fim de Guerra Fria e da globalização da economia. Das guerras do Golfo, da Chechênia, da Bósnia e de outras mais. Da popularização de computadores pessoais, da internet e dos celulares. Da criação do SUS e da proliferação da Aids.

Em março de 1990, toma posse o primeiro presidente do Brasil eleito pelo voto direto desde 1960. Fernando Collor de Mello é, também, o presidente mais jovem na história do país, com um discurso de modernidade que deixa parte da população esperançosa por dias melhores, principalmente em relação às possibilidades de consumo. Mas Collor começa confiscando as poupanças dos cidadãos. Logo, envolve-se em escândalos de corrupção, sofre um processo de *impeachment* e, em 1992, renuncia antes que este seja concluído.

No segundo semestre de 1990, a Famed/UFRGS implanta um novo currículo, baseado na busca de maior integração entre o Ciclo Básico e o Profissionalizante e de inserção precoce dos estudantes nos serviços do HCPA.

1990/1

Uma formatura com tudo a que se tem direito

Em 25 de julho, a Faculdade de Medicina da UFRGS completa 92 anos. E, exatamente nesta data, a Direção tem um motivo extra para comemorar: depois de 20 formaturas sem um professor ser escolhido como paraninfo e 15 sem o uso das vestes talares, a ATM 1990/1 ingressa no Salão de Atos da UFRGS trajando a beca, portando o capelo e conduzida por um paraninfo. "Nossa turma reintroduziu a tradição", orgulha-se o então formando Ricardo Francalacci Savaris.

Juntamente com os colegas Sheila Naiditich, Arlindo Rosa, Luiz Guilherme Torres e Isabel Cristina Cunha Delgado, Savaris recorda como aconteceu essa retomada. Para começar, todos os integrantes da Comissão de Formatura – além de Sheila e Isabel, também composta por An-

Fatos EM FOCO

ANO XIV
Nº 3
Set./Outubro de 1990

ÓRGÃO DE DIVULGAÇÃO DO HOSPITAL DE CLÍNICAS DE PORTO ALEGRE

Formatura: a tradição valorizada

Os textos aqui publicados são de inteira responsabilidade da Faculdade de Medicina da UFRGS

Formatura da medicina retoma tradição

Os formandos da Faculdade de Medicina da UFRGS, que concluíram seu curso em julho de 1990, decidiram retomar duas tradições abandonadas nos últimos anos: escolheram um paraninfo, o Prof. Luiz Rohde, Titular do Departamento de Cirurgia na solenidade de colação de grau, realizada no dia 19 de julho, no Salão de Atos da Reitoria e reintroduziram, juntamente com a Direção e os homenageados, a utilização das vestes talares. Além do Prof. Rohde, foram homenageados o Prof. Paulo Dornelles Picon, o Médico contratado Mário Sérgio T. Borges da Costa e o Médico Residente Adelar Magnabosco Cosner ambos do HCPA, e os Funcionários Maria Cristina Cardoso, da FAMED e Luiz Ricardo Jesus da Silva do HCPA. A formatura coincidiu com o 92º aniversário da Faculdade, sendo um momento de comemoração e reencontro com suas tradições.

Acervo pessoal dos autores

Fatos em Foco – setembro/outubro de 1990

dré Zabel, Antônio Ricardo Dias Fagan, João Alberto Martins de Andrade, Luiz Guilherme Torres Júnior, Marcelo Bastiani Pasa e Maria Emilia Vieira dos Santos – chegam a uma decisão consensual: propor à turma que formandos e formandas elejam um paraninfo entre seus professores e utilizem vestes talares durante a cerimônia. A proposta é levada a votação e acatada pelo grupo, que concorda com a volta aos padrões tradicionais, "com tudo a que se tinha direito", como mencionam os então estudantes.

As votações resultam na escolha do professor Luiz Rohde, do Departamento de Cirurgia, como paraninfo. Os homenageados são o professor Paulo Dornelles Picon (ATM 1980), os médicos Mário Sérgio Trindade Borges da Costa (ATM 1982) e Adelar Magnabosco (ATM 1987/2), o funcionário do HCPA Luís Ricardo Jesus da Silva e a secretária da Famed Maria Cristina Cardoso. Para orador, a turma elege o formando André Zabel.

Sem uso desde 1979, as togas, como lembram os estudantes, "estavam imprestáveis". A solução encontrada é solicitar o empréstimo das vestes à Fundação Faculdade Federal de Ciências Médicas[1]. Pedido atendido, naquela noite os formandos ingressam no Salão de Atos devidamente becados e conduzidos ao palco por seu padrinho.

O paraninfo, Luiz Rohde[2], faz um discurso celebrando o momento:

1. Atual Universidade Federal de Ciências da Saúde de Porto Alegre (UFSCPA).

2. Três anos mais tarde, Luiz Rohde (formado na ATM 1961) se tornaria o diretor da Famed/UFRGS, permanecendo no cargo de 1993 a 1997.

A formatura é um dos momentos mais marcantes na vida de uma Faculdade de Medicina. É a ocasião que ela entrega à sociedade, como médicos, os alunos recebidos há seis anos. E formar médicos, bons médicos, é a razão maior da existência de uma Faculdade.

Portanto, pela natureza da solenidade em si, o presente momento é de grande significado. A formatura de vocês, no entanto, se reveste de características muito especiais. Faz 15 anos que os formandos desta Faculdade colam grau sem o uso das vestes talares[3]. Vocês optaram pelo retorno à antiga tradição. Não deve ter sido uma decisão fácil. Sinto que a Faculdade se sente feliz e gratificada com esse reencontro. Mas muito mais importante é o fato de que esse reencontro se deve a uma decisão livre e soberana da maioria, que poderá ou não ser seguida no futuro.

Nós estamos vivendo um dos momentos mais emocionantes da nossa vida. Vocês, com a sensação do peregrino que, após uma longa jornada, com momentos de alegria e tristeza, de apreensão e esperança, vê descortinar-se a sua frente o horizonte, com a visão do fim desejado. E eu, ainda não refeito da surpresa com o convite, da sensação de quem foi agraciado com uma grande honra. A mente e o coração humanos são inintendíveis e somente o coração e o espírito de cada um de vocês, e só eles, poderão explicar por que fui o distinguido com esse privilégio. Não preciso dizer o quanto me sinto honrado, ainda mais por ter sido escolhido entre tantos professores de igual ou maior mérito. Essa escolha representa para mim uma das maiores alegrias da minha carreira universitária.

Rohde também dá uma série de conselhos aos seus afilhados, para que enfrentem a tarefa de "participar ativamente no sentido de reordenar as necessidades do país na área da saúde e de buscar com determinação as soluções adequadas":

Quando exercida com amor, dedicação e dignidade, não existe profissão mais gratificante que a do médico. Ela abre inúmeras perspectivas. Para ser completa, no entanto, ela deve atingir um só objetivo: o bem-estar do doente, da comunidade e o de vocês como médicos. Esforcem-se nesse sentido. Para fazer bem, é preciso gostar do que se faz. O fazer bem e o gostar de fazer guardam uma íntima relação entre si. Invistam, portanto, na qualificação profissional. (...)

3. Na realidade, as vestes talares não eram usadas desde 1979, portanto, há 11 anos. Como, a partir de 1986, formam-se duas turmas ao ano, esse período compreende a colação de grau de 15 ATMs.

Façam do trabalho um ambiente de alegria. Levem sempre um semblante de satisfação e felicidade. Não se esqueçam que é a alma que vai modelando o rosto. A fisionomia que possuímos é construída por nós mesmos. Esse semblante acabará contagiando todos os que nos cercam. (...)

Desenvolvam todos os sentidos, especialmente o da percepção. Fará com que ouçam o que o doente não disse, mas gostaria de ter dito. Sintam não só os sintomas, mas também as emoções. (...)

Sejam coerentes. Não há melhor conduta para uma decisão do que se colocar no lugar do doente. E nesse momento cultivem a prudência. Ela não inibe a criatividade. Ao contrário, a valoriza.

Não desistam facilmente. A perseverança acompanha quase todas as carreiras bem-sucedidas. Não culpem só as circunstâncias pelo que são ou vierem a ser. As pessoas que vão à frente neste mundo são as que se levantam e procuram pelas circunstâncias e, quando não as encontram, tratam de criá-las.

Desconfiem das pessoas que confundem vivacidade com desonestidade. A vivacidade e a desonestidade são vizinhas próximas. E todos nós, brasileiros, precisamos com urgência aprender a fazer essa distinção.

Sejam bons colegas. Relacionem-se bem. O relacionamento humano em Medicina corresponde à beleza em arte e à verdade em ciência.

Afastem-se dos que são por demais rígidos em seu caráter. Geralmente são pequeninos e acabam velhos solitários magoados. Saber transigir no momento certo não é sinal de fraqueza. Pelo contrário, engrandece.

Sonhem, sonhem alto. Mas não basta sonhar. É preciso ter a coragem de chegar lá. E quando lá estiverem, tomara que tenham ultrapassado todos nós, professores. Como já disse um deles, a realização suprema de um verdadeiro mestre é ver-se superado por seus discípulos.

E, acima de tudo, procurem ser bons de sentimentos. Não por temor a Deus, mas porque esta é a maneira mais confortável de se viver. (...)

De pouco, muito pouco adianta a busca de todas essas qualidades e atributos se não forem felizes. Não desistam da felicidade. Ela geralmente está dentro de todos nós. Basta saber encontrá-la. E repartam-na, especialmente neste momento, com todos os que vocês querem bem. Com os pais, com os avós, esposas, irmãos, noivas, namorados, filhos, amigos, e levem a todos o nosso abraço muito afetuoso.

Sigam abrindo caminho, com a certeza de que todos nós estaremos sempre por perto!

Em seu pronunciamento, o então diretor da Famed, Ronald Pagnoncelli de Souza, igualmente demonstra satisfação por a ATM 1990/1 ter decidido "manifestar seu reconhecimento aos professores, escolhendo um paraninfo, fato que não ocorria há muitos anos", e destaca que "a escolha de vestes talares complementou a atitude ímpar dessa turma":

> *Tais decisões contribuem para desfazer totalmente o aparente distanciamento entre alunos e professores. Nada mais oportuno, portanto, que realizar, na formatura desta primeira turma de 90, uma verdadeira festa acadêmica, simbolizando, neste ato solene, o que há de mais autêntico nesta escola e trazendo, como era de hábito no passado, um grande número de professores, funcionários e alunos para testemunharem o ato de colação de grau. (...)*
>
> *O professor Rohde reinaugura os tempos tradicionais, quando o paraninfo representava para toda a vida futura do formando a imagem de sua escola, o modelo dos mestres com quem se identificar, o objetivo maior a ser alcançado na trajetória profissional. (...)*
>
> *Jovens colegas: obrigado pelo gesto de vocês. Sinto-me muito feliz por estar na Direção da Faculdade neste momento, e com certeza devo estar representando o sentimento da maioria dos professores, alunos e funcionários. (...)*
>
> *Os filhos sempre merecem dedicação, mas os atenciosos costumam receber, espontaneamente, mais carinho e interesse. Isso é o que, provavelmente, vocês verão acontecer como médicos residentes, como alunos de cursos de educação continuada e de especialização, mestrado ou doutorado.*

Pagnoncelli pondera que a decisão dos formandos de retomar as tradições da formatura reflete a satisfação com as mudanças implementadas ao longo de seu curso:

> *Vocês puderam testemunhar as modificações que vêm ocorrendo em nossa Faculdade. Vocês têm contato com colegas de outras instituições de ensino e sabem que aqui a formação é sólida.*
>
> *Nos últimos anos, criamos uma assessoria científica para estimular a pesquisa entre os estudantes e professores, e eu sei que muitos de vocês participaram de consistentes trabalhos científicos durante o curso; inauguramos um Núcleo de Informática em Saúde; abrimos a possibilidade de treinamento em outras instituições médicas, através de convênios oficiais, como, por exemplo, o Pronto Socorro Municipal (resultado de alguns anos de tratativas), o Departamento de Medicina de Família*

do Grupo Hospitalar Conceição e o Instituto de Cardiologia; solidificamos as relações com a Santa Casa, que passa por uma notável modernização tecnológica; reforçamos o intercâmbio com a rede de saúde do estado e do município, que neste momento culmina com a definição de um Distrito de Saúde, para integração docente-assistencial.

Com o Hospital de Clínicas, um dos melhores hospitais universitários do país, inauguramos uma fase de integração produtiva. Ele é dirigido por professores da Faculdade. A rotina e a política de ensino e assistência têm a participação dos professores.

Há um Centro de Pesquisa Experimental em construção no hospital.

A biblioteca, uma das melhores da Universidade, está sendo transferida do Prédio do Instituto de Biociências, antiga sede da Faculdade de Medicina, para o Hospital de Clínicas, racionalizando-se o seu funcionamento, aproximando-a dos seus usuários e enriquecendo o seu acervo.

Há uma política de melhoramentos no prédio onde funcionam, atualmente, a Direção e alguns Departamentos[4]*, identificando-o como prédio da Faculdade.*

Há um projeto para a construção de um novo edifício, junto ao Hospital de Clínicas, objetivo que começa a alcançar consenso na política de prédios da Universidade.

Há o início de um novo programa curricular, mais consentâneo com a modernidade, a ser iniciado no mês de agosto deste ano.

Há convênios com universidades estrangeiras para facilitar estágios de alunos de graduação, de pós-graduação e de professores. (...)

Sabemos das faltas. Sabemos das deficiências do curso que vocês realizaram, mas essas deficiências eram maiores quando éramos alunos[5] *e, no entanto, muitos valores estão aí, para demonstrar a importância da nossa escola.*

O progresso é contínuo, a tarefa de reconstrução e aperfeiçoamento é permanente. (...)

Continuem estudando, aperfeiçoando-se, treinando, ampliando os horizontes. (...)

---

4. Em 1984, a sede da Faculdade de Medicina foi transferida para o 4° andar do prédio do Ciclo Básico da UFRGS, onde já funcionava o Departamento de Medicina Preventiva e Medicina do Trabalho (atual Departamento de Medicina Social).

5. Ronald Pagnoncelli de Souza integrou a ATM 1962 da Famed/UFRGS.

Considerando todo esse contexto, em meio ao seu discurso, o diretor Ronaldo Pagnoncelli prevê: "Vocês deverão assistir, a partir desta solenidade, nos próximos anos, a uma flagrante mudança na atitude da comunidade de nossa escola".

Nos próximos anos, sim.
Mas não no segundo semestre de 1990.
Porque a formatura da ATM 1990/2 voltará a ser sem paraninfo, sem beca... e com protesto.

Entrevistado

Ricardo Francalacci Savaris é mestre em Biologia Reprodutiva pela Universidade de Edimburgo (Escócia) e doutor em Clínica Médica pela UFRGS. Desenvolveu estudos de pós-doutorado na UFRGS, University of California e University of North Carolina Chapel Hill (Estados Unidos). É professor titular do Departamento de Ginecologia e Obstetrícia e coordenador do Programa de Pós-Graduação em Cirurgia da Famed/UFRGS.

* O depoimento de Ricardo Savaris contou com a colaboração dos colegas de turma Sheila Naiditich, Arlindo Rosa, Luiz Guilherme Torres e Isabel Cristina Cunha Delgado.

Currículo e fotografia fornecidos pelo entrevistado.

1990/2

O último protesto

A "alegria dura pouco" para a Direção da Famed. Ou, pelo menos, ainda será preciso esperar mais um semestre para que se torne definitiva. Apesar da formatura totalmente protocolar realizada no final do primeiro semestre, em dezembro a ATM 1990/2 vai se integrar à sequência de protestos dos anos 1970 e 1980, formando-se sem as vestes talares e sem paraninfo.

A primeira aula da turma acontece em 15 de março de 1985, dia programado para a posse de Tancredo Neves na Presidência da República, a qual acaba sendo assumida interinamente pelo vice José Sarney. Uma parte significativa dos estudantes está fortemente engajada nas lutas políticas e sociais do momento, o que vai se intensificar mais para o final do curso, em 1989, quando ocorrem as primeiras eleições diretas para presidente desde 1960 e um dos dois candidatos que chega ao segundo turno é Luiz Inácio Lula da Silva, do Partido dos Trabalhadores (PT). "Nossa turma tinha uma clara divisão, com parte do grupo envolvida com os partidos de esquerda, em especial o PT, que vinha com grande força. Eu diria que 40% eram de esquerda, 40% mais conservadores e os outros 20% ficavam no meio", avalia a então estudante Clarice Meneses. Identificada com este último segmento, Clarice ressalta que, dentro dessas divisões, o grupo alinhado à esquerda contava com pessoas com grande habilidade de comunicação e persuasão, o que acabou sendo decisivo para que a formatura da ATM 1990/2 voltasse a ter caráter de protesto.

O BISTURI
ANO 44
OUT/NOV/DEZ
1989 Nº 05
CENTRO ACADÊMICO SARMENTO LEITE FAMED – UFRGS
"Socialismo só tem lógica com liberdade, autonomia sindical e democracia. Sem isso é ditadura"
"Em lugar de um Estado gigantesco e corrupto, queremos que ele seja racional e eficiente"

Acervo do Museu de História da Medicina do RS

O *Bisturi* – outubro/novembro/dezembro de 1989

Helena Barreto dos Santos, por sua vez, é uma das estudantes mais engajadas, não só com as pautas políticas da esquerda, mas também com a crítica a problemas no ensino da Famed e a respectiva busca de soluções, inclusive integrando a Comissão de Carreira. No quarto semestre, exemplifica, a disciplina de Parasitologia desagrada os estudantes. "Era péssima, o professor dava trabalhos e provas toda semana, que consistiam em só fazer cópias de livros. Fizemos greve contra esse professor, não fomos mais às aulas, foi uma mobilização grande. Chegamos ao final do semestre em greve e a disciplina era pré-requisito para outras. A Direção tentou oferecê-la em um curso de férias. No final, colocaram um professor da Faculdade de Farmácia para dar as aulas".

No quarto ano, o currículo prevê um estágio de seis meses no Hospital de Pronto Socorro, mas, para isso, há uma seleção por meio de prova. Apenas os primeiros colocados vão garantir o ingresso. Buscando ampliar a oferta, conta Helena, o CASL mobiliza-se para que sejam abertas outras vagas no Hospital Cristo Redentor, que também atende traumas, urgências e emergências. Como resultado, são garantidas oportunidades para todos. Os estudantes reivindicam, então, que a definição de quem irá para cada hospital ocorra por sorteio. "Decidimos levar isso adiante por conta própria. Parte da turma ficou apreensiva, mas bancamos, sorteamos mesmo assim", conclui Helena. Outro episódio relatado pela ex-estudante ocorre em meados de 1990, último ano do curso. "Houve uma greve de residentes. Os professores queriam que nós, doutorandos, fizéssemos o trabalho dos residentes, mas não aceitamos, em apoio à greve".

Nesse cenário, começam as discussões sobre a formatura – incluindo os quesitos paraninfo e beca, que voltaram à pauta após a formatura da turma anterior. Clarice Meneses conta que "ficava no meio, tentando entender o que cada um queria para depois votar". Em sua opinião, "o não à toga e ao paraninfo era uma forma de dizer não ao que se tinha no país, que não se queria nada relacionado a normas e convenções, como se fosse um protesto". Essas escolhas, complementa, estavam baseadas no funcionamento mental e nos sentimentos de esquerda. Para Clarice, particularmente, o assunto não se revestia de maior importância: "Eu me distanciava do grupo no que tange à faixa etária. Me formei em nove anos, tinha três ou quatro anos a mais que a maioria e trabalhava como enfermeira. Já tinha tido minha formatura de toga na Enfermagem, então isso não tinha grande importância para mim".

Mas o fato é que a polêmica foi grande e, ao final, a opção pelo protesto venceu. "Deu muita briga, mas decidimos não usar toga e não ter paraninfo, só homenageados", recorda Helena Barreto dos Santos, acrescentando que a reação da Direção da Faculdade não foi boa: "O diretor decidiu mudar a data da formatura, em setembro, em cima da hora. Passou para uma quinta-feira, às 18 horas, e a solenidade tinha que ser rápida, porque haveria outro evento depois".

Os homenageados são o professor Clóvis Milton Duval Wannmacher, o médico contratado Luiz Osório Meda de Aguiar (ATM 1988/1) e o funcionário do HCPA José Carlos de Mattos Ribeiro. A oradora, Helena Barreto dos Santos, lê o discurso elaborado por um grupo, inclusive pelos formandos que não concordaram com as decisões sobre o formato da solenidade. Cada colega chama o outro para receber o diploma, pronunciando rápidas palavras. Encerrada a breve cerimônia, a turma divide-se em duas festas de formatura, porque não foi possível chegar a um consenso para a realização de uma celebração conjunta.

No dia 20 de dezembro de 1990, a era dos protestos nas formaturas da Faculdade de Medicina da UFRGS, iniciada em 29 de novembro de 1974, chega ao fim.

Agora sim, de forma definitiva.

Entrevistadas

Clarice Franco Meneses é graduada também em Enfermagem e mestre em Ciências Médicas: Pediatria pela UFRGS. Atua como médica pediatra na Secretaria da Saúde e do Meio Ambiente de Porto Alegre e como oncologista pediátrica no Serviço de Oncologia Pediátrica do HCPA.

Helena Barreto dos Santos é mestre em Epidemiologia pela Universidade Federal de Pelotas (UFPel) e doutora na mesma especialidade pela UFRGS. Especialista em Gestão de Operações em Saúde (Departamento de Engenharia de Produção e Transportes/UFRGS) e em Melhoria da Qualidade (Institute for Healthcare Improvement, EUA), atua como assessora de Planejamento e Avaliação no HCPA, onde também coordena o Programa de Qualidade e Informação em Saúde.

Currículos e fotografias fornecidos pelas entrevistadas.

BECA, CANUDO ... E ESPETÁCULO

A viagem no tempo que aqui se encerra começou pela descoberta, no convite de formatura da ATM 1974, da ausência de paraninfo e homenageados. Seguiu-se por meio do rastreamento dos convites dos anos seguintes, cada um revelando episódios peculiares – a homenagem a mortos, a prédios ou a ninguém, as solenidades suspensas, a abolição das vestes talares, a introdução de elementos lúdicos e irreverentes nas solenidades –, nos conduzindo até 1990. A partir daí, os convites a que tivemos acesso apontam para a retomada do rito tradicional, principalmente no que tange à escolha de paraninfo e homenageados entre os professores e ao uso de vestes talares.

Porém, elementos lúdicos e de informalidade introduzidos nos anos 1980 não vão desaparecer. Pelo contrário. Em meados da década de 1990, no cenário de implantação de políticas neoliberais no país, em que o mercado passa a ser o norteador do comportamento da sociedade, entram em cena as grandes empresas produtoras de formaturas. Estas vão agregando cada vez mais "atrações" às cerimônias, que pouco a pouco passam a se constituir em verdadeiros espetáculos. A decoração do palco, anteriormente composta, quando muito, por um arranjo de flores sobre a mesa das autoridades, começa a incluir púlpitos especiais, capinhas para cobrir as cadeiras dos formandos, painéis decorativos, tapetes vermelhos, cortinados, gelo seco, telões, efeitos luminosos... Os convites tornam-se elaboradas – e dispendiosas – peças de *design*.

Paralelamente ao roteiro cerimonial estabelecido pela Universidade, passa a haver outro, definido pelas produtoras, que formandos e formandas devem seguir à risca, se movimentando, parando, dirigindo o olhar, sorrindo e falando exatamente quando e como determinado, a fim de garantir que a formatura – ou, talvez mais do que ela, o vídeo da formatura – seja um "produto" perfeito. Nesse processo, as ideias e as definições antes debatidas acaloradamente nas assembleias das ATMs são, em grande parte, terceirizadas para as produtoras, cabendo às turmas, basicamente, aprovar projetos e orçamentos e assegurar a arrecadação de recursos capazes de cobrir as (muitas) despesas envolvidas.

Também não resta muito espaço para a espontaneidade, pois, para que tudo ocorra conforme o previsto, as formaturas são previamente ensaiadas, treinando-se cada passo a ser dado. Os preparativos passam a incluir, ainda, a "prova de beca" –, realizada e acompanhada pela produtora contratada pela turma, em que formandos e formandas experimentam as vestes que serão utilizadas, tiram medidas para ajustes e, geralmente, aproveitam para fazer as fotos do convite e gravar um vídeo de homenagem aos pais. Para esse momento, muitas formandas fazem maquiagens e penteados especiais, o que implica mais custos.

Tais vídeos, aliás, vieram a substituir o último viés de espontaneidade das solenidades, que ainda resistiu por alguns anos: as falas individuais de cada formando ou formanda ao colar grau. Introduzido na Famed pela ATM 1986/2, esse recurso começou com o mero chamamento de um colega pelo outro, eventualmente acompanhado de breves palavras de agradecimento. Mas, ano após ano, as manifestações estendem-se, convertendo-se, às vezes, em minidiscursos. Ao mesmo tempo, com o advento das produtoras, novos etapas vão sendo introduzidas nas solenidades – por exemplo, homenagens especiais aos pais, acompanhadas de mais falas. E as formaturas alongam-se por várias horas, chegando até mesmo a afastar familiares e amigos, que preferem chegar no final do ato, apenas para um abraço ao formando ou formanda, ou ir diretamente para a confraternização particular.

Alguns estudantes também evitam as solenidades formais, optando por colar grau em gabinete. Não por protesto ou repúdio a pompas e formalidade, mas porque não conseguem arcar com os custos envolvidos. Isso se agrava na medida em que são introduzidas ações afirmativas na

UFRGS[1]. A Universidade torna-se mais inclusiva, mas as formaturas correm o risco de ser um meio de segregação.

Considerando que o aspecto acadêmico das formaturas está se perdendo e a duração das cerimônias, se tornando insustentável, em 2010 o reitor Carlos Alexandre Netto – formado pela ATM 1982 da Famed/UFRGS –, em conjunto com os diretores das unidades, decide intervir no formato dos eventos. Em maio desse ano, entram em vigor novas normas para as solenidades de colação de grau, estabelecendo o rito básico a ser seguido e incluindo uma mudança: formandos e formandas não mais poderão ocupar a tribuna para manifestações individuais. O máximo permitido é a gravação prévia do tal vídeo de homenagem aos pais, com limite de tempo, para projeção durante a solenidade. Junto com isso, a UFRGS, de forma pioneira no país, passa a entregar os diplomas definitivos, e não mais canudos provisórios, no próprio ato de colação de grau.

Assim, em 2010, as formaturas têm seu tempo de duração reduzido sensivelmente. Mas nem todos recebem bem a decisão. O Diretório Central dos Estudantes (DCE) publica, em seu *blog*, nota criticando-a: "Lamentável! Esta é a palavra que descreve a sensação depois de ler esse documento elaborado pela Reitoria, que teve uma postura inflexível e autoritária nesse caso de não querer negociar alternativas para a situação. Foram desconsideradas as propostas dos alunos, comissões de formatura e DCE para o cerimonial ou colocadas em termos muito aquém do desejado. Como exprimir toda emoção do momento num vídeo fora do momento da formatura e em 30 segundos? Além do chamamento do próximo formando ser feito pelo assessor administrativo. As formaturas da UFRGS eram diferenciadas pelo toque humano, do aluno poder ir ao púlpito e contar sua trajetória. Agora isso quer ser retirado sob pretextos muito questionáveis. Realmente, nos choca profundamente essa perda de direitos dos alunos da UFRGS. O DCE convoca para terça-feira manifestação para mostrar a indignação dos estudantes frente a esse ato que fere profundamente os direitos dos estudantes".

1. Em 2024, o Programa de Ações Afirmativas da UFRGS determina a reserva de no mínimo 50% das vagas de ingresso na graduação para candidatos que fizeram todo o ensino médio em escolas públicas. Dentro das vagas destinadas aos cotistas, existem oportunidades para estudantes com baixa renda, pessoas com deficiência e de acordo com a etnia (pretos, pardos e indígenas).

Críticas também se fazem presentes em discursos de oradores de diferentes cursos, e até mesmo de alguns paraninfos. Mas apenas durante dois ou três semestres.

Em 2024, o *site* da UFRGS informa, no *link* que divulga as normas das colações de grau:

> *"Apesar de festiva e carregada de simbolismo, a colação de grau solene é, sobretudo, um ato oficial e jurídico da Universidade, por meio do qual o formando recebe o grau acadêmico a que tem direito.*
>
> *Portanto, para que tenha validade legal, a solenidade precisa cumprir uma série de formalidades e seguir um ritual preestabelecido, podendo, inclusive, ser interrompida ou encerrada em caso de comportamento inadequado ou inobservância das regras do cerimonial universitário."*

UM GUIA PARA ORIENTAR A VIAGEM PELO TEMPO

Só é possível compreender os motivos, o impacto e a importância dos atos de contestação e irreverência protagonizados pelos formandos da Faculdade de Medicina da UFRGS, de 1974 a 1990, remetendo-se ao contexto em que se produziram. Embora, no desenvolvimento dos capítulos, diversos acontecimentos históricos do país, da UFRGS e da Faculdade de Medicina sejam mencionados, preparamos este guia cronológico um pouco mais detalhado, com o objetivo de melhor orientar leitores e leitoras ao longo da jornada.

1898-1950

Da Faculdade Livre de Medicina e Farmácia de Porto Alegre à Famed/UFRGS.

25/7/1898

Fundação da Faculdade Livre de Medicina e Farmácia de Porto Alegre, resultado da fusão do Curso de Partos da Santa Casa de Misericórdia de Porto Alegre com a Escola Livre de Farmácia e Química Industrial. Seu primeiro diretor é o médico Protásio Alves.

Por dois anos, a Faculdade funciona em quatro salas no porão da Escola Normal da Província, na esquina das ruas da Igreja (hoje Duque de Caxias) e Bragança (atual Marechal Floriano).

15/3/1899

A Faculdade entra em funcionamento com 67 alunos, sendo 18 no curso de Medicina.

26/6/1900

É adquirido prédio na Rua da Alegria (hoje General Vitorino), que foi adaptado para abrigar as atividades da Faculdade e, posteriormente, ampliado.

20/12/1904

Primeira formatura da Faculdade, com a turma da Medicina composta por 11 homens e uma mulher.

Hemeroteca Digital Brasileira

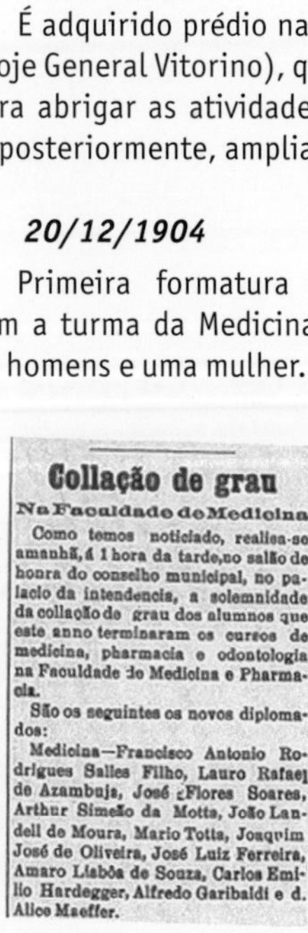

Collação de grau

Na Faculdade de Medicina

Como temos noticiado, realisa-se amanhã, á 1 hora da tarde, no salão de honra do conselho municipal, no palacio da intendencia, a solemnidade da collação de grau dos alumnos que este anno terminaram os cursos de medicina, pharmacia e odontologia na Faculdade de Medicina e Pharmacia.

São os seguintes os novos diplomados:

Medicina—Francisco Antonio Rodrigues Salles Filho, Lauro Rafael de Azambuja, José Flores Soares, Arthur Simeão da Motta, João Landell de Moura, Mario Totta, Joaquim José de Oliveira, José Luiz Ferreira, Amaro Lisbôa de Souza, Carlos Emilio Hardegger, Alfredo Garibaldi e d. Alice Maeffer.

***A Federação*, 19 de dezembro de 1904**

1909

Inauguração do Instituto Anatômico, construído junto à Irmandade da Santa Casa de Misericórdia de Porto Alegre, que serve como necrotério para o hospital e de anfiteatro anatômico para a Faculdade.

1910

Faculdade aluga um prédio na Praça Dom Feliciano para a instalação do Instituto Luís Pasteur, dedicado ao tratamento gratuito de vítimas de animais hidrófobos. Posteriormente, este é transferido para edifício alugado na General Vitorino.

1911

Também em prédio alugado, na General Vitorino, é instalado o Instituto Oswaldo Cruz, que atende aos exames clínicos, sorológicos e bacteriológicos solicitados pelo serviço de clínicas da Faculdade. O local é um centro de pesquisas e, posteriormente, nele vão funcionar os laboratórios das cadeiras de Química Fisiológica, Patologia Geral, Anatomia Patológica e Fisiologia Patológica.

1911

Alteração do nome para Faculdade Livre de Medicina de Porto Alegre, em função da Lei Orgânica do Ensino Superior e Fundamental.

21/9/1911

A Faculdade persegue o sonho de contar com um edifício próprio. Nessa data, é lançada a pedra fundamental do prédio, junto ao Campo da Redenção (atual Parque Farroupilha).

As obras iniciam-se em 1912, porém, sua conclusão é retardada, em função dos reflexos da Primeira Guerra Mundial, só ocorrendo em 1923.

31/3/1924

É inaugurado o prédio da Faculdade de Medicina.

A Faculdade, espalhada pela cidade, poderia, então, reunir-se em um só endereço.

Hoje, uma das ruas da esquina em que está situado é denominada Sarmento Leite, em homenagem ao professor Eduardo Sarmento Leite da Fonseca, diretor da Faculdade por 20 anos (1915-1935) e grande responsável pela construção do prédio – que mais tarde passaria a ser chamado, afetivamente, de "Casa de Sarmento".

A história da "Casa de Sarmento"

(Extraída do livro *Fogos de bengala nos céus de Porto Alegre: a Faculdade de Medicina faz cem anos*)

> *Contava Adelaide Sarmento Leite que um dia, entrando em casa, o marido lhe pediu: vá à igreja, rezar a São José, para que o governo faça doação de um terreno para a construção da Faculdade. Naquele tempo, a Igreja de São José ficava na Rua Marechal Floriano, e a família Sarmento Leite morava na Senhor dos Passos. Dona Adelaide prontamente atendeu ao pedido e foi à reza. Dias depois, Carlos Penafiel invade a morada da Senhor dos Passos com a notícia de que o governo havia doado à Faculdade de Medicina e Farmácia um terreno. (...)*

A Faculdade, espalhada pela cidade, poderia então reunir-se em um só endereço.

Site da Famed/UFRGS

Sarmento Leite

A pedra fundamental foi lançada em 21 de setembro de 1911 (...). Estando reunida a Congregação em 15 de março de 1912, Sarmento Leite expõe os projetos dos engenheiros Ahrons, Itaquy e uma estampa feita pelo desenhista Trebbi do edifício do Palácio de Budapeste. A imagem encantou os presentes e, mais tarde – ao receber as modificações sugeridas pelo argentino Socati-Padoa e se concretizar – veio a encantar os porto-alegrenses. (...)

A construção logo teve início, consumindo todas as economias da Faculdade e também os auxílios dados pelos governos federal e estadual. As verbas votadas pela Assembleia dos Representantes do Estado e que seriam anuais rarearam ao eclodir a Primeira Guerra, para cessarem a seguir. As primeiras paredes já haviam sido erguidas quando as dificuldades começaram (...). A construção foi suspensa, para ser retomada somente em 1919, sob a gestão de Sarmento Leite. (...) Cinco anos transcorreram até que pudesse ser concluído o suntuoso prédio, com linhas do neobarroco e elementos art nouveau. *(...)*

Biblioteca IBGE

A inauguração solene se deu em 31 de março de 1924. Tornou-se não apenas sede da Faculdade de Medicina, mas também de importantes acontecimentos do Rio Grande do Sul. Foi no seu Salão Nobre que Getúlio Vargas, em 1928, tomou posse no cargo de presidente do Estado.

A mesa de jacarandá esculpida em relevos marcava a dignidade do local, com seu espaço generoso para abrigar os principais eventos da Faculdade, como os concursos vestibulares e de professores, as aulas inaugurais, as formaturas. O cajado e a serpente, emblema da Medicina, estão presentes em vários locais: talhados nas portas, esculpidos nos gessos e na mesa do Salão Nobre, mas em nenhuma das aparições é mais impressionante do que guarnecendo as escadarias de mármore do interior do prédio. Em ferro, sustentando luminárias, a insígnia da serpente atemoriza e faz pesar a responsabilidade de ser médico ou futuro médico. Quem tiver coragem de continuar e subir as escadas já terá vencido uma prova.

Em 1937, na gestão de Guerra Blessmann, foi construída no prédio mais uma ala de três pavimentos, onde foram instaladas a biblioteca, a Medicina Legal, laboratórios de Física, Farmacologia, Parasitologia e a sede do Centro Acadêmico Sarmento Leite, CASL. (...)

Nesse prédio, os cursos de Medicina funcionaram até 1974.

Lembranças do estudante Moacyr Scliar

Quando comecei a estudar Medicina, a Faculdade funcionava no vetusto prédio da Rua Sarmento Leite, cujo nome homenageava, aliás, o fundador da escola. Era uma construção imponente que eu conhecia desde criança e na qual se entrava por uma escadaria de granito, levando a altas portas ladeadas por colunas de estilo clássico. Chegava-se ao amplo saguão, em cujas paredes placas de bronze homenageavam médicos ilustres; daí, subia-se por outra escadaria, de mármore, ao andar superior. Nos suportes das lâmpadas enrolavam-se, de cada lado, duas cobras, uma alusão ao caduceu de Hermes, símbolo da Medicina. No andar superior, mais um saguão, com quadros de formatura. Nestes figuravam, além do paraninfo, do homenageado especial, dos homenageados em geral, os formandos, em retratos posados, com o tradicional chapéu e a toga. Do saguão, entrava-se para o Salão Nobre. Ali, em cadeiras de espaldar alto forradas de veludo vermelho e diante da imponente mesa de jacarandá trabalhado, reservada aos professores e vultos da Medicina gaúcha, os jovens viviam grandes momentos de sua vida. (...) Falava-nos, aquela construção, da grandiosidade da profissão, de sua longa tradição, de sua importância como experiência humana. E a verdade é que aprendemos muito ali."

Moacyr Scliar, médico e escritor formado pela ATM 1962 da Famed/UFRGS, em depoimento ao *Jornal da Universidade* (2007)

Em 1995, o Instituto de Biociências da UFRGS foi dividido em dois, com a criação do Instituto de Ciências Básicas da Saúde (ICBS). Este passou a ocupar o antigo prédio da Famed.

A partir de 2022, ali permaneceu apenas seu Departamento de Ciências Morfológicas, juntamente com áreas administrativas da Universidade, pois o ICBS ganhou uma nova sede.

No mesmo ano, foi concluída a primeira fase da recuperação arquitetônica da "Casa de Sarmento", com a restauração de sua fachada externa circular.

Como, ao longo dos anos, o prédio foi alvo de sucessivos vandalismos, também foram colocadas grades em torno dessa área – incluindo a escadaria onde, no passado, tantas ATMs reuniram-se para uma fotografia.

Site da Superintendência de Infraestrutura da UFRGS

20/11/1934

Criação da Universidade de Porto Alegre, por meio do Decreto Estadual 5.758, com o objetivo de "dar uma organização uniforme e racional ao ensino superior no estado, elevar o nível da cultura geral, estimular a investigação científica e concorrer eficientemente para aperfeiçoar a educação do indivíduo e da sociedade".

Uma de suas unidades basilares é a Faculdade de Medicina.

1943

É lançada a pedra fundamental do Hospital de Clínicas de Porto Alegre (HCPA).

Memorial HCPA

Memorial HCPA

No ano seguinte, é erguido o pórtico que simboliza a entrada do sonhado hospital de ensino da Universidade de Porto Alegre. As obras, porém, vão enfrentar diversos problemas e se estender por quase três décadas.

8/7/1947

Promulgação da nova Constituição do estado do Rio Grande do Sul, que, em seu artigo 36, determina a incorporação das faculdades de Direito, Farmácia e Odontologia de Pelotas e da Faculdade de Farmácia de Santa Maria à Universidade de Porto Alegre, que passa a ser denominada Universidade do Rio Grande do Sul (URGS).

4/12/1950

Por meio do Decreto-Lei 1.254, a Universidade é federalizada, passando a integrar o Sistema Federal de Ensino Superior, tendo a Faculdade de Medicina (Famed) como uma de suas unidades.

Hospital de Clínicas, um sonho que custa a se tornar realidade

Contar com um hospital-escola próprio, onde o ensino pudesse ocorrer lado a lado com a assistência à população, foi um sonho acalentado desde os primeiros anos de funcionamento da Faculdade Livre de Medicina e Farmácia de Porto Alegre – mas só na década de 1970 se tornaria uma realidade.

Em 1931, uma comissão credenciada pela Faculdade solicita ao interventor do estado, general Flores da Cunha, a concessão de 10 a 12 mil contos de réis para a construção do hospital. Dois anos mais tarde, o presidente da República, Getúlio Vargas, assina decreto autorizando a obra. Em 1938, por 1,6 milhão de cruzeiros, o terreno onde anteriormente funcionara o campo de polo da capital gaúcha é adquirido para a construção do prédio. Em 1943, é lançada a pedra fundamental do Hospital de Clínicas de Porto Alegre (HCPA). No entanto, a realização das obras enfrenta diversos problemas técnicos, fazendo com que, em 1952, o reitor da UFRGS, Elyseu Paglioli, decida redefinir o projeto original e contratar uma nova equipe de construção.

Em 1968, como o hospital ainda não está em atividade, o reitor Eduardo Zaccaro Faraco nomeia uma comissão para estudar sua instalação. Com o apoio dessa comissão, Faraco idealiza um modelo diferenciado para a estruturação e a gestão do HCPA, assegurando um funcionamento

Memorial HCPA

O HCPA em 1970

dinâmico. Esse modelo é institucionalizado com a promulgação, em 2 de setembro de 1970, da Lei 5.604, que cria a Empresa Pública de Direito Privado HCPA, subordinada ao Ministério da Educação e vinculada academicamente (mas não administrativamente) à UFRGS. Em 19 de julho do ano seguinte, surge, finalmente, a "certidão de nascimento" que libera o hospital para entrar em funcionamento: a publicação do estatuto do HCPA no *Diário Oficial da União*.

O início efetivo dos atendimentos – e, junto com ele, a abertura de espaços para o ensino médico – ocorre gradualmente nas diferentes modalidades e especialidades. O primeiro atendimento ambulatorial acontece em 1° de fevereiro de 1972, na especialidade de Endocrinologia, e, em 23 de maio, é internado o primeiro paciente, na Nefrologia. A cirurgia inaugural é realizada pela Urologia em 1973, e o primeiro transplante, de rins, no ano seguinte. Apenas no início dos anos 1980 o hospital pode ser considerado plenamente ocupado.

Com o passar das décadas, o HCPA consagra-se como uma instituição de excelência e referência na assistência, ensino, pesquisa e gestão em saúde. Em 2023, inaugura a expansão de sua área física em cerca de 70%, com a construção de dois novos prédios.

ANOS 1960 E 1970

A reestruturação da Universidade em meio à ditadura militar. Os mecanismos de repressão e seu impacto no meio acadêmico.

1°/4/1964

Presidente do Brasil, João Goulart, é deposto por um golpe militar. Uma junta assume provisoriamente o poder. Inicia-se um regime ditatorial que vai perdurar até 1985.

9/4/1964

Ato Institucional n° 1 (AI-1) convoca eleições indiretas para presidente e autoriza o governo militar a cassar mandatos legislativos, suspender direitos políticos ou afastar do serviço público quem "ameace a segurança nacional".

15/4/1964

Marechal Humberto Castello Branco, um dos organizadores do golpe militar, assume a presidência do país. Seu governo é responsável por implementar a base da repressão e autoritarismo do regime, por meio da decretação de atos institucionais.

Com o objetivo de controlar a inflação e combater o endividamento público, é adotada uma política de austeridade nos gastos do governo e de reajustes salariais anuais inferiores à inflação do ano anterior.

20/4/1964

Portaria 259 do Ministério da Educação e Cultura (MEC) determina a instauração de inquéritos nas universidades, a fim de identificar e afastar "elementos subversivos".

18/5/1964

Atendendo à Portaria 259, a UFRGS instala Comissão Especial de Investigação Sumária responsável por identificar e punir docentes, funcionários e estudantes opositores do regime militar.

Nesse ano, 17 professores da Universidade são expurgados, com expulsão sumária e perda de direitos.

DIARIO DE NOTICIAS

PÔRTO ALEGRE, QUARTA-FEIRA, 16 DE SETEMBRO DE 1964

SUNAB AUTORIZA AUMENTO NO PREÇO DE ÓLEOS VEGETAIS EM 8 MUNICÍPIOS

REVELADA A LISTA DE EXPURGO NA URGS

Hoje

FICÇÃO

***Diário de Notícias*, 16 de setembro de 1964**

9/11/1964

Lei nº 4.464 extingue a União Nacional dos Estudantes (UNE), considerada uma entidade subversiva, substituindo-a pelo Diretório Nacional dos Estudantes.

27/10/1965

AI-2 estipula o uso definitivo das eleições indiretas para presidente, a dissolução de todos os partidos e a ampliação do número de ministros do Superior Tribunal Federal. Também aumenta os poderes do presidente e autoriza a demissão dos funcionários que não se adaptem ao governo.

5/2/1966

AI-3 determina a realização de eleições indiretas para governadores.

7/12/1966

AI-4 convoca extraordinariamente o Congresso Nacional para discutir, votar e promulgar o projeto de Constituição que revoga a Carta de 1946.

28/2/1967

Decreto-Lei 228 limita a existência de organizações estudantis ao âmbito estrito de cada universidade.

15/3/1967

O general Artur da Costa e Silva é empossado presidente, após realização de eleição indireta. Seu governo consolidou a transição para o período de maior repressão da ditadura, com ampliação dos mecanismos repressivos, perseguição implacável e desmobilização dos movimentos sociais – entre eles, o estudantil.

Com um projeto desenvolvimentista alinhado a interesses ideológicos, a nova política econômica – visando estabilizar o crescimento industrial a longo prazo, estimular o consumo e o investimento público – dá origem ao chamado "milagre econômico", de 1968 a 1973, com aceleração do crescimento do Produto Interno Bruto. O "milagre", porém, também é marcado pela corrupção, aumento das desigualdades sociais e disparada da dívida externa brasileira.

3/12/1968

O AI-5 e o Ato Complementar 39 decretam o recesso do Congresso Nacional e conferem ao governo militar poderes absolutos sobre a nação. O Executivo fica autorizado a legislar, suspender os direitos políticos de qualquer cidadão e cassar mandatos parlamentares.

Janeiro de 1969

Em substituição à Comissão Especial de Investigação Sumária que cada universidade deve manter, desde 1964, uma portaria do Ministério da Educação cria a Comissão de Investigação Sumária do MEC (Cismec), aumentando a perseguição aos opositores do regime no meio acadêmico, com controle direto do Ministério da Educação.

Na UFRGS, mais 23 professores são expurgados.

26/2/1969

Decreto-Lei 477 estabelece punições a professores, alunos e funcionários de estabelecimentos de ensino que cometerem "infrações" como: incitar ou participar de paralisações, passeatas, desfiles ou comícios não autorizados; e usar as dependências das instituições "para fins de subversão". As penas incluem demissão, dispensa ou desligamento, com perda total de direitos.

30/10/1969

O general Emílio Garrastazu Médici assume a Presidência da República e, amparado no AI-5, vai liderar um dos períodos mais duros da ditadura, marcado pela censura, suspensão de direitos políticos, repressão à oposição e aos movimentos sociais, torturas e outras violações dos direitos humanos.

Em seu mandato, são lançados o Programa de Metas e Bases para a Ação do Governo, definindo objetivos estratégicos e ações prioritárias, e o I Plano Nacional de Desenvolvimento Econômico e Social, que tem entre as metas o crescimento econômico e a redução da inflação. Nos primeiros anos, as metas são atingidas, com crescimento impulsionado, principalmente, por investimentos em infraestrutura, a maioria realizada com recursos de empréstimos estrangeiros. Em 1973, com a crise internacional do petróleo, o Brasil deixa de receber empréstimos e o "milagre econômico" chega ao fim, deixando como herança o pagamento de juros exorbitantes da dívida externa, arrocho salarial, desvalorização cambial e redução do poder aquisitivo da população.

15/3/1974

O general Ernesto Geisel toma posse como presidente no momento em que diversos setores da sociedade começam a se reorganizar e se opor frontalmente à ditadura. Tentando administrar o avanço das oposições, o governo anuncia a intenção de promover uma reabertura política "lenta, gradual e segura", com medidas liberalizantes controladas pelo governo federal.

Geisel lança o II Plano Nacional de Desenvolvimento, que pretende conter a inflação elevada por meio de alternativas para incentivar o crescimento da economia, como o aumento das taxas de juros e o fortalecimento das empresas estatais. Porém, a inflação segue em alta, a dívida externa aumenta e o país vive uma recessão econômica, acompanhada de crise política.

15/3/1979

O general João Baptista Figueiredo assume a Presidência. Seu governo é marcado pela estagnação econômica, crescimento inflacionário e reabertura política parcial, com a Lei da Anistia anulando as punições impostas aos brasileiros desde 1964.

A gênese da reforma universitária

A promoção de uma profunda reforma no ensino superior brasileiro é uma pauta marcante desde o início dos anos 1960, em especial no movimento estudantil liderado pela União Nacional dos Estudantes (UNE). Em 1960, durante o 1° Seminário Latino-Americano de Reforma e Democratização do Ensino Superior, a entidade toma contato com uma proposta em debate na América Latina. Nos anos seguintes, organiza uma série de novos encontros para discutir a reforma, gerando documentos em que os estudantes manifestam suas reivindicações – entre elas, uma maior representação discente nos órgãos colegiados das universidades.

Em 1961, o Congresso Nacional aprova a Lei de Diretrizes e Bases da Educação (LDB), repudiada pela UNE, sob o argumento de que a universidade estava falhando em sua missão cultural, profissional e social, ao se limitar a reproduzir modelos estrangeiros incompatíveis com a realidade brasileira. O movimento estudantil defende que a universidade precisa ser totalmente transformada, em paralelo a uma reforma da sociedade. Também prega a necessidade de conciliar duas concepções, a tecnicista e a social, contemplando não só a formação de técnicos e cientistas, mas também a de cidadãos socialmente comprometidos.

A chamada reforma universitária, porém, acaba acontecendo em meio à ditadura militar iniciada em 1964, caminhando em um sentido diferente do desejado pelos estudantes e pelos segmentos mais progressistas de professores e lideranças do meio acadêmico. Refletindo o ideário e os interesses dos grupos no poder – não só os militares, mas também empresários e outros setores alinhados –, a reforma privilegia uma visão pragmática da educação, à qual é atribuída uma função instrumental dentro do projeto desenvolvimentista traçado para o país. Além disso, as mudanças introduzidas visam garantir o controle político das universidades, incômodos focos de resistência à ditadura.

As primeiras etapas da reforma começam a ser implementadas no governo Castello Branco, a partir de 1966, por meio de uma série de decretos determinando mudanças na estrutura e funcionamento das universidades federais. Em 1968, a Lei 5.540 complementa as diretrizes e as estende a todas as instituições, tanto públicas quanto privadas.

Por trás desse conjunto de normas, está a assinatura de uma série de convênios técnicos entre o Ministério da Educação e Cultura (MEC) e a

United States Agency for International Development (Usaid), conhecidos como Acordos MEC/Usaid. Integrando a Doutrina Truman, vigente nos Estados Unidos no contexto da Guerra Fria, esses acordos consistem na prestação de assessoramento técnico a países da América Latina, a fim de promover seu desenvolvimento de forma alinhada aos interesses norte-americanos.

Embora, no Brasil, os primeiros acordos datem da década de 1950, é no início do regime militar que se intensificam – entre 1964 e 1968, 12 convênios são firmados, versando sobre reformas em diferentes níveis de ensino. Dois deles são focados nas universidades, prevendo a elaboração de planos para, em cinco anos, ampliar e reestruturar o ensino superior.

Equipes de Assessoria ao Planejamento do Ensino Superior (Eapes) visitam diversas universidades e produzem um relatório entregue ao MEC, contendo princípios orientadores para um processo de reestruturação. Entre eles:

> – percepção da educação como fator de desenvolvimento;
>
> – revisão do critério de gratuidade do ensino universitário;
>
> – transformação das universidades federais em fundações, como órgãos públicos de administração indireta;
>
> – organização das carreiras e dos currículos a partir de um estudo do mercado de trabalho;
>
> – divisão dos cursos de graduação em ciclos básico e profissional;
>
> – promoção do ensino de pós-graduação;
>
> – extinção das cátedras vitalícias e implementação do sistema departamental.

Tais diretrizes influenciam decisivamente a elaboração das legislações que vão regular a reestruturação do ensino superior promovida pelo governo militar.

18/11/1966

Decreto-Lei 53 fixa os novos princípios e normas de organização para as universidades federais, que devem se organizar com "estrutura e métodos de funcionamento que preservem a unidade das suas funções de ensino e pesquisa e assegurem a plena utilização dos seus recursos materiais e humanos". Isso inclui a concentração do ensino e pesquisa básicos em unidades comuns para toda a universidade, o mesmo devendo ocorrer, para cada área ou conjunto de áreas, com o ensino de formação profissional e a pesquisa aplicada. É definido um prazo de 180 dias para que as universidades encaminhem suas propostas de reestruturação ao Conselho Federal de Educação (CFE).

25/2/1967

Decreto-Lei 200 estabelece diretrizes para uma reforma na administração pública federal, buscando maior eficiência e racionalização.

28/2/1967

Decreto-Lei 252, complementando o Decreto-Lei 53/1966, determina que as unidades das universidades federais devem ser constituídas por departamentos. A coordenação didática de cada curso fica a cargo de um colegiado constituído de representantes dos departamentos.

2/7/1968

Decreto 62.937 cria o Grupo de Trabalho para Promover a Reforma Universitária em todas as universidades do país. Este vai definir a base doutrinário-legal para a Lei 5.540, promulgada em novembro do mesmo ano.

28/11/1968

É promulgada a Lei 5.540, que institui a chamada reforma universitária.

São determinadas as novas normas de organização e funcionamento de todas as universidades brasileiras. Entre as principais mudanças, estão:

- extinção das cátedras vitalícias, estabelecendo a carreira docente no ensino superior;

- implantação do sistema departamental, reunindo, em um mesmo local, todos os professores, pesquisadores, laboratórios e outros recursos de cada campo de conhecimento;

- divisão dos cursos de graduação em duas partes: Ciclo Básico, comum a diversas áreas, e Ciclo Profissional;

- organização de turmas pelo sistema de cumprimento de créditos por disciplinas;

- flexibilização de métodos e critérios para o ensino;

- criação de órgãos colegiados para administração dos currículos;

- implantação do Vestibular integrado;

- promoção de maior integração entre ensino e pesquisa;

- estímulo à pós-graduação.

A implantação da reforma na UFRGS e na Famed

1965

A Comissão de Planejamento do Conselho Universitário (Consun), composta pelos professores Luiz Pilla, Ivo Wolff, José Truda Palazzo, Eduardo Zaccaro Faraco e Francisco Simch Júnior, elabora o estudo *Diretrizes para uma reforma estrutural*, propondo as linhas básicas para uma profunda reestruturação da UFRGS.

A realização de debates sobre o tema no Consun, com representação discente, é saudada pelo Diretório Central dos Estudantes (DCE), por atender a um antigo anseio. Ao divulgar a proposta a todos os estudantes e convidá-los à participação no processo, o DCE – considerando o contexto de proibição de manifestações estudantis imposta pelo regime – reforça a importância de uma colaboração caracterizada pela apresentação de ideias para melhorar o padrão universitário, sem coloração político-partidária ou ideologia de qualquer espécie nem realização de manifestações.

1966

Com a promulgação do Decreto-Lei 53, que estabelecia um prazo de 180 dias para que as universidades encaminhassem ao CFE seus projetos de reestruturação, o Consun autoriza a ampliação da Comissão de Planejamento, agregando os professores Irajá Damiani Pinto, Mozart Pereira Soares, Rubem Ribeiro Dantas, Manoel Luiz Leão e Emílio Alberto Gischkow.

Julho de 1967

A Comissão de Planejamento encaminha ao Consun o Plano de Reestruturação e o anteprojeto para o novo estatuto da Universidade. Após debates e ajustes, o material é remetido ao CFE, em agosto, sob o título *Estatuto de diretrizes e bases da reestruturação da UFRGS*. Entre os principais proposta de reforma, estão:

– substituição da cátedra pelo departamento como unidade fundamental da estrutura universitária;

– indissociabilidade do ensino e da pesquisa;

– divisão da formação universitária em três ciclos (básico, de graduação e de pós-graduação);

– integração, em institutos centrais, de todas as áreas de conhecimento, até então dispersas em faculdades e escolas, a fim de ministrar o ensino geral e básico aos diversos cursos;

– criação de novos órgãos – por exemplo, as comissões de carreira, em substituição às congregações, para responder pela organização dos currículos;

– adoção do período letivo semestral, no lugar do anual, além das matrículas por disciplinas e do sistema de créditos.

16/7/1968

Por meio do Decreto 62.997, o Plano de Reestruturação da UFRGS é oficialmente aprovado, contemplando, entre outros itens, a implantação do departamento como a menor fração da estrutura universitária e a criação de institutos centrais constituídos pela reunião de departamentos atuantes nas áreas do conhecimento fundamental.

A partir daí, a UFRGS tem prazo de 90 dias para elaborar e remeter ao CFE seu novo projeto de estatuto, obedecendo aos princípios do plano de reestruturação aprovado. Para isso, é criado o Conselho de Planejamento e Desenvolvimento (Coplad), como órgão de assessoramento da Reitoria. Para sua composição, o reitor Eduardo Faraco indica sete professores ou profissionais da Universidade ou mesmo de fora dela, escolhidos por possuírem experiência nesse tipo de processo.

Não é contemplada a representação discente e, quando o DCE a reivindica, o reitor argumenta que todos os diretórios acadêmicos das unidades foram convidados a enviar sugestões. Segundo Faraco, a legítima representação dos estudantes vai se dar no Consun, que apreciará a proposta elaborada pela Coplad.

1969

Regulamentando dispositivo da Lei 5.440, a Resolução 08/69 do Conselho Federal de Educação define o currículo mínimo dos cursos de graduação, divididos nos ciclos Básico e Profissional.

16/4/1970

Após aprovação pelo CFE e homologação pelo MEC, é publicado no *Diário Oficial da União* o novo Estatuto da UFRGS, adaptado às normas legislativas relacionadas à reforma universitária. A Universidade começa, assim, a implementar efetivamente sua reestruturação.

Os departamentos passam a ser unidades fundamentais, reunidos em institutos e faculdades. Um dos institutos criados nesse ano é o de Biociências, a partir da união do extinto Instituto de Ciências Naturais, então ligado à Faculdade de Filosofia, Ciências e Letras, com as Ciências Básicas dos cursos de Agronomia, Educação Física, Enfermagem, Farmácia, Medicina Veterinária, Medicina e Odontologia.

Gradualmente, vão sendo implantadas as medidas previstas. Em 1972, é introduzido o Ciclo Básico, com disciplinas iniciais comuns a todos os cursos, somente depois ocorrendo o ingresso na área específica de conhecimento – este, condicionado ao desempenho no Básico e à limitação de vagas, o que obriga o estudante que não consegue classificação a optar por uma habilitação de menor procura ou desligar-se da Universidade.

1972

As mudanças determinadas pela reforma universitária começam a ser implementadas na Famed/UFRGS.

Procurando adaptar seu currículo às novas normas, a Faculdade promove a fusão de várias especialidades em disciplinas de Clínica Médica ou Cirurgia.

1974

Em consequência das mudanças estruturais implementadas, a Famed é "despejada" da "Casa de Sarmento". No prédio histórico, onde funcionara por 50 anos, é instalado o Instituto de Biociências, que passa a oferecer as disciplinas do Ciclo Básico para diversas faculdades.

A Direção e a Secretaria da Faculdade, a Biblioteca, alguns departamentos e as disciplinas do Ciclo Profissional são transferidos para o HCPA.

Meio século antes, a Famed conseguira realizar o sonho de concentrar todas suas atividades sob um mesmo teto.

Agora, elas estão novamente dispersas.

E vão se passar mais 24 anos até que a Famed volte a ter sua sede própria.

A mudança tem forte impacto sobre professores e estudantes, que se ressentem, mais do que pela perda de um prédio, pela perda de boa parte da própria identidade da Faculdade de Medicina.

Reitor Eduardo Faraco: "A reforma impõe compromissos"

Trecho do discurso do reitor Eduardo Zaccaro Faraco na inauguração das novas instalações da Faculdade de Jornalismo da UFRGS, em 10 de agosto de 1970.

Fonte: *Diário de Notícias*, 11/8/1970 (Hemeroteca Digital Brasileira)

Memorial HCPA

Ultimada a etapa de preparação dos instrumentos legais que informam a reforma universitária, com a recente aprovação do regimento geral, está a administração armada com os meios de que carecia para efetivamente implantá-la. A distribuição dos docentes pelos diversos departamentos e unidades estabelecida no regimento já se processa e marcará uma das características fundamentais da reforma: a desvinculação de professores das estruturas de cátedra para reunir em órgãos únicos quantos ensinam em uma mesma área de conhecimento.

A reforma universitária pode constituir uma experiência traumática porque geralmente implica em modificação na autoridade, nas relações de comando e nas prioridades. Os indivíduos e unidades que devem sofrer perda de recursos ou de poder sentir-se-ão ameaçados. Seria utópico esperar que todos aceitem placidamente o que lhes toca ou que sacrifiquem seus próprios interesses pelo bem de contribuir para o surgimento de um novo tipo de estrutura. É natural que suas dúvidas ou incertezas ou preceitos os impeçam de ver a superioridade dos novos modelos, quando comparados com os antigos e conhecidos. Mas é preciso que as resistências que daí resultem não sejam motivo para obstar as providências que darão corpo à modificação.

Aqui, felizmente, a Universidade Federal do Rio Grande do Sul conta com a coragem e a compreensão das lideranças que impulsionam a reforma.

Mas a reforma impõe compromissos, e com estes compromissos o de executar programas em maior número e maior qualidade. Para obter qualidade maior e realização em número maior são necessários recursos mais amplos, mais docentes em regime de tempo integral ou dedicação exclusiva, maior espaço físico, equipamentos mais modernos e eficientes, livros, documentos e fontes atuais de informação. Se a Universidade não receber o apoio que lhe traga esses recursos, poderão ficar frustrados os recursos para reformá-la. (...) Dessa maneira, a função mais importante dos administradores passou a consistir em angariar recursos. (...)

Então, a criatividade será fruto de ideação individual dos membros docentes e eventualmente dos estudantes, mercê da proteção e solidez da estrutura institucional que os envolve. (...) A grandeza de uma instituição será tanto mais expressiva quanto mais sábia e rapidamente ela souber se ajustar às novas e relevantes injunções da sociedade.

ANOS 1980

A redemocratização do país e as mudanças na Famed/UFRGS.

O CAMINHO DE VOLTA À DEMOCRACIA

1983

O deputado mato-grossense Dante de Oliveira apresenta uma emenda constitucional para a restauração das eleições diretas para presidente da República.

1984

A sociedade mobiliza-se no movimento Diretas Já!.

A "emenda Dante de Oliveira", porém, é rejeitada pelo Congresso Nacional.

1985

São realizadas eleições indiretas para presidente da República, dando vitória ao candidato de oposição ao governo, Tancredo Neves.

No entanto, Tancredo adoece antes da posse, vindo a falecer no mês seguinte. Seu vice, José Sarney, assume a Presidência. O retorno de um civil ao cargo marca o fim da ditadura militar.

No discurso que havia sido preparado por Tancredo para a posse, e é lido por Sarney na primeira reunião ministerial, o novo governo reconhece a necessidade de priorizar estudos orientados para a reforma do sistema educacional, incluindo as universidades, e assume o compromisso de criar uma comissão para estudar o assunto. A Comissão Nacional para Reformulação da Educação Superior é instituída pelo Decreto 91.177, de 29 de março.

Em novembro, é encaminhado ao MEC o relatório *Uma nova política para a educação superior*, que se propõe a oferecer subsídios para uma reflexão coletiva da sociedade, com ampla discussão das análises e propostas apresentadas.

1986

O ministro da Educação, Marco Maciel, cria o Grupo Executivo para a Educação Superior, o qual, com base no documento elaborado pela comissão e em contribuições enviadas por pessoas e entidades, elabora um projeto de lei para a reestruturação das universidades federais. Como a proposta recebe muitas críticas de professores, funcionários e estudantes, em 1986, em meio aos trabalhos que envolvem a instalação da Assembleia Nacional Constituinte para a elaboração da nova Constituição brasileira, Maciel retira o anteprojeto do Congresso Nacional.

5/10/1988

É promulgada a nova Constituição brasileira, que restabelece eleições diretas em todos os níveis.

Em seu artigo 205, define que "a educação, direito de todos e dever do Estado e da família, será promovida e incentivada com a colaboração da sociedade, visando ao pleno desenvolvimento da pessoa, seu preparo para o exercício da cidadania e sua qualificação para o trabalho". Já o artigo 207 determina que "as universidades gozam de autonomia didático-científica, administrativa e de gestão financeira e patrimonial, e obedecerão ao princípio de indissociabilidade entre ensino, pesquisa e extensão".

Após a promulgação da Carta, iniciam-se as discussões para a elaboração de uma nova Lei de Diretrizes e Bases da Educação Nacional. Esta tramita durante oito anos no Congresso Nacional.

Em 15 de março de 1990, Fernando Collor de Mello, eleito presidente nas primeiras eleições diretas desde 1960, toma posse.

Em dezembro de 1992, ameaçado de *impeachment*, devido a denúncias de envolvimento em corrupção, Collor renuncia. Em seu lugar, assume o vice, Itamar Franco.

O CENÁRIO NA FAMED

Enquanto o país se reorganiza, a UFRGS também vivencia mudanças, em sintonia com as novas possibilidades e necessidades do momento. Na Famed, em particular, destacam-se alguns momentos marcantes.

1980-1981

Uma reforma curricular visa implantar um currículo focado na formação do médico generalista, com ênfase no ensino das quatro grandes áreas: Clínica Médica, Cirurgia, Pediatria e Ginecologia/Obstetrícia. Também procura contemplar a abordagem dos aspectos sociais e a integralidade dos aspectos biológicos, psicológicos e sociais, além de estimular o atendimento ambulatorial, comunitário e da família por meio do ensino integrado multidepartamental, propiciando a inserção precoce do estudante nos serviços de saúde. O novo currículo é implementado em 1981.

1984

A sede da Faculdade de Medicina é transferida para o 4º andar do prédio do Ciclo Básico da UFRGS, onde já funcionava o Departamento de Medicina Preventiva e Medicina do Trabalho (atual Departamento de Medicina Social).

1985

Professores, alunos e servidores participam, pela primeira vez, da escolha do diretor da Famed/UFRGS. O vencedor é o professor Waldomiro Manfroi.

1986

Com a semestralização do currículo, formam-se, pela primeira vez, duas turmas ao longo do ano.

1988

Funcionários do HCPA e comunidade acadêmica participam da escolha do presidente do HCPA. O vencedor é o professor Carlos César de Albuquerque.

No mesmo ano, ocorre, pela primeira vez na história da UFRGS, consulta a professores, alunos e servidores para a definição do próximo reitor. O candidato mais votado, porém, não tem seu nome homologado pelo presidente José Sarney, que nomeia o terceiro colocado na lista sêxtupla.

1988

Um novo currículo começa a ser implantado na Famed. Seus princípios orientadores incluem a maior integração entre os ciclos básico e profissionalizante; o compromisso com a melhoria da saúde da população e o ensino baseado nos problemas prevalentes de saúde; o aproveitamento maior e mais precoce dos alunos no HCPA, promovendo o contato dos alunos com o processo saúde-doença desde os primeiros semestres; e a ação médica alicerçada no conhecimento científico e em uma relação humana de qualidade. Propõe, ainda, transformação da maioria das disciplinas práticas em estágios.

Em 1990, ano em que se encerra o período compreendido pelo presente relato, a Famed/UFRGS seguia não tendo reconquistado uma sede própria.

Isso só ocorreria em 1998, quando a Faculdade completou 100 anos.

No ano do centenário da Famed, uma nova casa para Sarmento

Apenas em 1996 seria dado início à construção de um novo prédio próprio para a Faculdade de Medicina da UFRGS, ao lado do HCPA. Sua inauguração ocorre em 25 de julho de 1998, data da comemoração do centenário da Famed e 24 anos após a perda do edifício histórico.

O projeto contempla uma fachada que remete à "Casa de Sarmento".

Em 2024, quando a Famed completa 125 anos, o livro comemorativo à data traz um capítulo em que os professores Ronaldo Bordin, Roger dos Santos Rosa e Mauro Antônio Czepielewski relembram essa história:

> *A reforma universitária de 1968 foi muito baseada em uma lógica envolvendo uma estrutura formal administrativa (departamentos profissionais substituindo as cátedras vitalícias, sistema de créditos e pré-requisitos) e atividades práticas (avaliação por conceitos) e suas*

Site Famed

relações. A maior expressão dessa segmentação foi a introdução de um Ciclo Básico, que envolveu um misto de período de estudos fundamentais a vários cursos, de introdução ao ensino superior ou nivelamento inicial de conteúdos, carências identificadas no processo seletivo (introdução do Vestibular).

Impacto imediato, o curso de Medicina, que anteriormente tinha gerência plena sobre o que viria a ser denominado de áreas básicas e o ciclo profissionalizante ou clínico (até então realizado nas enfermarias da Santa Casa de Misericórdia de Porto Alegre), passou a ser responsável apenas pelo último. As disciplinas básicas ficaram a cargo do Instituto de Biociências, que também herdou o prédio histórico, e deu início a um dos grandes desafios das décadas subsequentes: a busca por uma sede própria. (...)

Será apenas em 1984 que a Famed terá uma nova sede, o quinto piso do prédio do Ciclo Básico. Saindo dos elevadores, à direita se encontravam a secretaria, salas da direção e vice-direção e uma sala de reuniões – local onde se reunia a Congregação da Famed (formada pelos professores titulares e representantes eleitos), antes de sua extinção; posteriormente, o Conselho Departamental. Em seu contraponto, as salas dos diversos departamentos, assessorias e demais áreas, ocupando todo o andar.

A partir desse momento, dois elementos-chaves podem ser identificados: os esforços para a construção de uma sede própria e as várias reformas ou alterações curriculares implementadas. (...)

Muitas foram as discussões, articulações e manifestações envolvendo a construção de um prédio definitivo ao longo dos pouco menos de 15 anos em que a Famed ocupou o quinto piso do prédio do Ciclo Básico. Era pauta das diversas reuniões dos departamentos e do Conselho Departamental ou dos corredores da Faculdade. A construção do prédio era costumeiramente vinculada à identidade do curso. Vários foram os projetos apresentados e as discussões envolvendo sua localização ou seu porte: ao lado do HCPA, no estacionamento entre o Centro de Processamento de Dados e o hospital ou à sua frente (local atual); com vários andares e anfiteatros ou em uma conformação mais adequada aos orçamentos da área da educação da época; envolvendo doações privadas ou parcerias com instituições financeiras ou apenas recursos públicos etc.

Em 1985, o reitor Francisco Ferraz deflagrou o processo de construção do novo prédio, definida como uma "reparação devida pela UFRGS à Faculdade de Medicina e o resgate de uma dívida de gratidão da Universidade para com uma das três faculdades que lhe deu origem". A previsão era de término em 3 anos, algo que não se configurou devido a uma série de restrições orçamentárias federais.

O processo de construção, efetivamente, se dará apenas em 1996, com o prédio sendo inaugurado em 1998. Contudo, no mesmo ano, foi informado que, "tendo em vista os cortes orçamentários do Ministério da Educação, foi impossibilitado o início das obras do anexo da Faculdade" – onde estariam situados os departamentos de Medicina Social e de Patologia, além das salas de aula. Tal situação levou a uma série de adaptações nos anos seguintes, incluindo redefinições de área física, construção do mezanino que hoje abriga os diversos programas de pós-graduação, localização da Biblioteca da Famed/HCPA no terceiro andar, salas de aula e laboratório de informática no térreo, entre outras.

Referências

A FACULDADE de Medicina foi incorporada à Universidade de Porto Alegre. *Diário de Notícias*, Porto Alegre, p. 3, 1 fev. 1936. Disponível em: http://memoria.bn.br/DocReader/093726_01/411. Acesso em: 2 nov. 2023.

A POSIÇÃO do Centro Acadêmico. *Fatos em Foco*, Porto Alegre: Hospital de Clínicas de Porto Alegre, p. 3, jul.-ago. 1985.

ASSIGNALANDO, brilhantemente, o 4° anniversario do seu fecundo governo, o gal. Flores da Cunha creou por decreto de hoje a Universidade de Porto Alegre. *A Federação*, Porto Alegre, p. 1, 28 nov. 1934. Disponível em: http://memoria.bn.br/DocReader/388653/76837. Acesso em: 2 nov. 2023.

ASSOCIAÇÃO NACIONAL DOS DOCENTES DE ENSINO SUPERIOR. *Histórico das greves das Instituições Federais de Ensino Superior.* Disponível em: https://andesufrgs.wordpress.com/2012/06/24/historico-das-greves-das-instituicoes-federais-de-ensino/. Acesso em: 3 fev. 2024.

AVELAR, Ediana. *O imaginário da formatura:* as raízes da cultura bacharelesca no Brasil. Rio de Janeiro: Ventura, 2012.

AVISO à clientela. *Veja*, São Paulo, p. 20, 4 dez. 1974.

BARCELOS, Márcia. *Memórias, rito e celebração:* solenidades de colação de grau na UFRGS (1992-2012). Canoas, 2016. Dissertação de mestrado – Unilasalle, 2016. Disponível em: https://lume.ufrgs.br/bitstream/handle/10183/172189/001059268.pdf?sequence=1&isAllowed=y. Acesso em: 16 fev. 2024.

BEHS, Ernani. *Carlinhos.* Texto de apresentação no LP de Carlinhos e seu Cordovox Eletrônico.

BIBLIOTECA IBGE. *Faculdade de Medicina.* Fotografia. Disponível em: https://biblioteca.ibge.gov.br/index.php/biblioteca-catalogo?view=detalhes&id=440952. Acesso em: 10 dez. 2023.

BIBLIOTECA preocupa. Mas comissão pode dar soluções. *Fatos em Foco*, Porto Alegre: Hospital de Clínicas de Porto Alegre, p. 4, maio 1978.

BIXO-80. *O Bisturi*, Porto Alegre: Centro Acadêmico Sarmento Leite, Famed/UFRGS, p. 1, jun. 1980.

BRASIL. Ato Complementar n° 39, de 20 de dezembro de 1968. Dispõe sobre a cassação de mandatos, suspensão de direitos políticos e demissão, remoção, disponibilidade, aposentadoria, transferência para a reserva ou reforma de servidores civis e militares da União, Estados, Distrito Federal, Territórios e Municípios. Disponível em: https://www.planalto.gov.br/ccivil_03/ACP/acp-39-68.htm. Acesso em: 4 nov. 2023.

BRASIL. Ato Institucional n° 1, de 9 de abril de 1964. Dispõe sobre a manutenção da Constituição Federal de 1946 e as constituições estaduais e respectivas emendas, com as modificações introduzidas pelo Poder Constituinte originário da revolução vitoriosa. Disponível em: https://www.planalto.gov.br/ccivil_03/ait/ait-01-64.htm. Acesso em: 4 nov. 2023.

BRASIL. Ato Institucional n° 2, de 27 de outubro de 1965. Mantém a Constituição Federal de 1946, as constituições estaduais e respectivas emendas, com as alterações introduzidas pelo Poder Constituinte originário da revolução de 31.03.1964, e dá outras providências. Disponível em: https://www.planalto.gov.br/ccivil_03/ait/ait-02-65.htm. Acesso em: 4 nov. 2023.

BRASIL. Ato Institucional nº 3, de 5 de fevereiro de 1966. Fixa datas para as eleições de 1966, dispõe sobre as eleições indiretas e nomeação de prefeitos das capitais dos estados e dá outras providências. Disponível em: https://www.planalto.gov.br/ccivil_03/AIT/ait-03-66.htm. Acesso em: 4 nov. 2023.

BRASIL. Ato Institucional nº 4, de 7 de dezembro de 1966. Convoca o Congresso Nacional para se reunir extraordinariamente, de 12 de dezembro de 1966 a 24 de janeiro de 1967, para discussão, votação e promulgação do projeto de Constituição apresentado pelo presidente da República, e dá outras providências. Disponível em: https://www.planalto.gov.br/ccivil_03/AIT/ait-04-66.htm. Acesso em: 4 nov. 2023.

BRASIL. Ato Institucional nº 5, de 13 de dezembro de 1968. São mantidas a Constituição de 24 de janeiro de 1967 e as constituições estaduais; o presidente da República poderá decretar a intervenção nos estados e municípios, sem as limitações previstas na Constituição, suspender os direitos políticos de quaisquer cidadãos pelo prazo de 10 anos e cassar mandatos eletivos federais, estaduais e municipais e dá outras providências. Disponível em: https://www.planalto.gov.br/ccivil_03/AIT/ait-05-68.htm. Acesso em: 4 nov. 2023.

BRASIL. Constituição da República Federativa do Brasil: Da Educação – Artigo 205. Brasília, Senado Federal, 1988. Disponível em: https://www2.senado.leg.br/bdsf/bitstream/handle/id/518231/CF88_Livro_EC91_2016.pdf. Acesso em: 29 dez. 2023.

BRASIL. Decreto nº 62.937, de 2 de julho de 1968. Dispõe sobre a instituição de grupo de trabalho para promover a reforma universitária e dá outras providências. Disponível em: https://www2.camara.leg.br/legin/fed/decret/1960-1969/decreto-62937-2-julho-1968-404810-norma-pe.html. Acesso em: 4 nov. 2023.

BRASIL. Decreto nº 62.997, de 16 de julho de 1968. Aprova o Plano de Reestruturação da Universidade Federal do Rio Grande do Sul. Disponível em: https://www2.camara.leg.br/legin/fed/decret/1960-1969/decreto-62997-16-julho-1968-404329-publicacaooriginal-1-pe.html. Acesso em: 4 nov. 2023.

BRASIL. Decreto nº 91.177, de 29 de março de 1985. Institui Comissão Nacional visando à reformulação da educação superior e dá outras providências. Disponível em: https://www2.camara.leg.br/legin/fed/decret/1980-1987/decreto-91177-29-marco-1985-441184-publicacaooriginal-1-pe.html. Acesso em: 4 nov. 2023.

BRASIL. Decreto-Lei nº 1.254, de 4 de dezembro de 1950. Dispõe sobre o sistema federal de ensino superior. Disponível em: https://www.ufrgs.br/icta/wp-content/uploads/2021/06/Lei-1254-1950-Federaliza%C3%A7%C3%A3o-da-UFRGS.pdf. Acesso em: 4 nov. 2023.

BRASIL. Decreto-Lei nº 53, de 18 de novembro de 1966. Fixa princípios e normas de organização para as universidades federais e dá outras providências. Disponível em: https://www2.camara.leg.br/legin/fed/declei/1960-1969/decreto-lei-53-18-novembro-1966-373396-publicacaooriginal-1-pe.html. Acesso em: 4 nov. 2023.

BRASIL. Decreto-Lei nº 200, de 25 de fevereiro de 1967. Dispõe sobre a organização da administração federal, estabelece diretrizes para a Reforma Administrativa e dá outras providências. Disponível em: https://www.planalto.gov.br/ccivil_03/decreto-lei/del0200.htm. Acesso em: 4 nov. 2023.

BRASIL. Decreto-Lei nº 228, de 28 de fevereiro de 1967. Reformula a organização da representação estudantil e dá outras providências. Disponível em: https://www.planalto.gov.br/ccivil_03/decreto-lei/del0228.htm. Acesso em: 4 nov. 2023.

BRASIL. Decreto-Lei nº 252, de 28 de fevereiro de 1967. Estabelece normas complementares ao Decreto-Lei nº 53, de 18 de novembro de 1966, e dá outras providências. Disponível em: https://www2.camara.leg.br/legin/fed/declei/1960-1969/decreto-lei-252-28-fevereiro-1967-376151-publicacaooriginal-1-pe.html. Acesso em: 4 nov. 2023.

BRASIL. Decreto-Lei nº 477, de 26 de fevereiro de 1969. Define infrações disciplinares praticadas por professores, alunos, funcionários ou empregados de estabelecimentos de ensino público ou particulares e dá outras providências. Disponível em: https://www2.camara.leg.br/legin/fed/declei/1960-1969/decreto-lei-477-26-fevereiro-1969-367006-publicacaooriginal-1-pe.html. Acesso em: 4 nov. 2023.

BRASIL. Decreto-Lei nº 1.632, de 4 de agosto de 1978. Dispõe sobre a proibição de greve nos serviços públicos e em atividades essenciais de interesse da segurança nacional. Disponível em: https://www.planalto.gov.br/ccivil_03/decreto-lei/del1632.htm#:~:text=DECRETO%2DLEI%20N%C2%BA%201.632%2C%20DE%204%20DE%20AGOSTO%20DE%201978.&text=Disp%C3%B5e%20sobre%20a%20proibi%C3%A7%C3%A3o%20de,de%20interesse%20da%20seguran%C3%A7a%20nacional. Acesso em: 12 mar. 2024.

BRASIL. Lei nº 4.464, de 9 de novembro de 1964. Dispõe sobre os órgãos de representação dos estudantes e dá outras providências. Disponível em: https://www2.camara.leg.br/legin/fed/lei/1960-1969/lei-4464-9-novembro-1964-376749-publicacaooriginal-1-pl.html. Acesso em: 4 nov. 2023.

BRASIL. Lei nº 5.540, de 28 de novembro de 1968. Fixa normas de organização e funcionamento do ensino superior e sua articulação com a escola média e dá outras providências. Disponível em: https://www2.camara.leg.br/legin/fed/lei/1960-1969/lei-5540-28-novembro-1968-359201-publicacaooriginal-1-pl.html. Acesso em: 4 nov. 2023.

BRASIL. Lei nº 5.604, de 2 de setembro de 1970. Autoriza o Poder Executivo a criar a empresa pública "Hospital de Clínicas de Porto Alegre" e dá outras providências. Disponível em: https://www.planalto.gov.br/ccivil_03/leis/l5604.htm#:~:text=L5604&text=LEI%20No%205.604%2C%20DE,Alegre%22%20e%20d%C3%A1%20outras%20provid%C3%AAncias. Acesso em: 20 dez.2023.

BRASIL. Lei nº 6.339, de 1º de julho de 1976. Dá nova redação ao artigo 250 da Lei nº 4.737, de 15 de julho de 1965, alterado pelo artigo 50, da Lei número 4.961, de 4 de maio de 1966, e ao artigo 118 da Lei nº 5.682, de 21 de julho de 1971. Disponível em: https://www.planalto.gov.br/ccivil_03/leis/1970-1979/l6339.htm. Acesso em: 1 mar. 2024.

BRASIL. Lei 6.439, de 1º de setembro de 1977. Institui o sistema Nacional de Previdência e Assistência Social e dá outras providências. Disponível em: https://www.planalto.gov.br/ccivil_03/leis/l6439.htm. Acesso em: 18 mar. 2024.

BRASIL. Lei nº 6.620, de 17 de dezembro de 1978. Define os crimes contra a segurança nacional, estabelece sistemática para o seu processo e julgamento e dá outras providências. Disponível em: http://www.planalto.gov.br/ccivil_03/leis/1970-1979/l6620.htm#:~:text=LEI%20No%206.620%2C%20DE%2017%20DE%20DEZEMBRO%20DE%201978.&text=Define%20os%20crimes%20contra%20Seguran%C3%A7a,julgamento%20e%20d%C3%A1%20outras%20provid%C3%AAncias.&text=Art.,nos%20limites%20definidos%20em%20lei. Acesso em: 12 mar. 2024.

BRASIL. Lei nº 6.683, de 28 de agosto de 1979. Concede anistia e dá outras providências. Disponível em: https://www.planalto.gov.br/ccivil_03/leis/l6683.htm#:~:text=1%C2%BA%20%C3%89%20concedida%20anistia%20a,de%20funda%C3%A7%C3%B5es%20vinculadas%20ao%20poder. Acesso em: 12 mar. 2024.

BRASIL. Lei nº 8.080, de 19 de setembro de 1990. Dispõe sobre as condições para a promoção, proteção e recuperação da saúde, a organização e o funcionamento dos serviços correspondentes e dá outras providências. Disponível em: https://www.planalto.gov.br/ccivil_03/leis/l8080.htm. Acesso em: 27 mar. 2024.

BUCHABQUI, Jorge Alberto. *Fragmentos do discurso docente:* reflexão docente sobre o ensino médico. Porto Alegre: Famed/UFRGS, 2015. Disponível em: http://www.artistas-gauchos.com.br/jabuchabqui/pdfs/FragmentosdoDiscursoDocente.pdf. Acesso em: 3 nov. 2023.

CANNES, Michèlle. Comissão reconhece 434 mortes e desaparecimentos durante a ditadura militar. *Agência Brasil*, Brasília, 10 dez. 2014. Disponível em: https://agenciabrasil.ebc.com.br/direitos-humanos/noticia/2014-12/comissao-reconhece-mais-de-200-desaparecidos-politicos-durante. Acesso em: 28 dez. 2023.

CASL gestão 74-75. *O Bisturi*, Porto Alegre: Centro Acadêmico Sarmento Leite, Famed/UFRGS, p. 7, out. 1975.

CENTRO HISTÓRICO-CULTURAL SANTA CASA. *Hospitais*. Disponível em: https://www.chcsantacasa.org.br/historia_conteudo/hospitais/. Acesso em: 18 mar. 2024.

CERVANTES SAAVEDRA, Miguel de. *Don Quijote de la Mancha*. São Paulo: Real Academia Española: Asociación de Academias de la Lengua Española, 2004.

CIDADE vê a alegria dos primeiros "bixos". *Diário de Notícias*, Porto Alegre, 2º Caderno, p. 1, 14 jan. 1969. Disponível em: http://memoria.bn.br/DocReader/093726_04/55378. Acesso em: 2 dez. 2023.

CIÊNCIA EM EXPANSÃO. *Jornal da Universidade*, Porto Alegre: UFRGS, encarte especial 40 anos da Divisão da Filosofia da UFRGS, p 2-3, nov./dez.2010. Disponível em: https://lume.ufrgs.br/bitstream/handle/10183/213147/2010-esp.pdf?sequence=1&isAllowed=y. Acesso em: 2 dez. 2023.

COLLAÇÃO de grau na Faculdade de Medicina. *A Federação*, Porto Alegre, p. 2, 19 dez. 1904. Disponível em: http://memoria.bn.br/DocReader/388653/16057. Acesso em: 2 nov. 2023.

CONGREGAÇÃO: formatura será sem solenidade. *Fatos em Foco*, Porto Alegre: Hospital de Clínicas de Porto Alegre, p. 4., nov. 1979.

CORDIOLI, Aristides Volpato; PILTCHER, Simão Levin. O currículo na Faculdade de Medicina da UFRGS. *Revista da Amrigs*, Porto Alegre, v. 35, n. 1, p. 49-55, jan./mar. 1991.

CRONOGRAMA da semana. *O Bisturi*, Porto Alegre: Centro Acadêmico Sarmento Leite, Famed/UFRGS, jul. 1984.

CUNHA, Janaína Dias. *A reforma universitária de 1968 e o processo de reestruturação da UFRGS (1964-1972)*. Dissertação de mestrado. São Leopoldo, 2009. Dissertação (Programa de Pós-Graduação em Educação) – Universidade do Vale do Rio dos Sinos. Disponível em: http://repositorio.jesuita.org.br/bitstream/handle/UNISINOS/1976/JanainaCunha-Educacao.pdf?sequence=1&isAllowed=y. Acesso em: 30 nov. 2023.

CUNHA, Janaína Dias. *Contestação e contra-hegemonia:* publicações estudantis durante a ditadura. Disponível em: https://www.uel.br/grupo-pesquisa/gepal/terceirosimposio/janainadias.pdf. Acesso em: 19 mar. 2024.

CUNHA, Luiz Antônio. (1997). Nova reforma do ensino superior: a lógica reconstruída. *Cadernos De Pesquisa*, (101), 20 – 49. Disponível em: https://publicacoes.fcc.org.br/cp/article/view/751/763. Acesso em: 30 nov. 2023.

DESPEDIDA amarga. *Veja*, São Paulo, p. 35, 15 jan. 1975.

DIAS, Míriam T.G. (Org). *Quando o ensino da saúde percorre territórios:* dez anos da

Coordenadoria de Saúde. Porto Alegre: Editora Rede Unida, 2020. Disponível em: https://lume.ufrgs.br/handle/10183/232180. Acesso em: 18 nov 2023.

DOCENTES reafirmam decisão de não entregarem conceitos. *Zero Hora*, Porto Alegre, p. 33, 17 nov.1980. In: ALMEIDA, Doris Bittencourt; LIMA, Valeska Alessandra. Um lugar memorável: a Faculdade da Educação/UFRGS, entre afetos e trabalho (1970-2016). *Educação & Realidade*, Porto Alegre, v. 41, UFRGS, Porto Alegre, dez. 2016. Disponível em: https://seer.ufrgs.br/index.php/educacaoerealidade/article/view/67957. Acesso em: 14 mar. 2024.

ECEM. *O Bisturi*, Porto Alegre: Centro Acadêmico Sarmento Leite, Famed/UFRGS, jul. 1984.

EDITORIAL. *A Pinça*, Porto Alegre, ATM 1986/2, Famed/UFRGS, p. 1, n. zero.

EDITORIAL. *A Pinça*, Porto Alegre, ATM 1986/2, Famed/UFRGS, p. 1, n. 2.

EDITORIAL. *O Bisturi*, Porto Alegre: Centro Acadêmico Sarmento Leite, Famed/UFRGS, p. 2, ago. 1988.

EDITORIAL. *Revista ATM*, Porto Alegre, Famed/UFRGS, 1984.

ENTREVISTA: ATM 1985. *O Bisturi*, Porto Alegre: Centro Acadêmico Sarmento Leite, Famed/UFRGS, p. 8, fev. 1986.

ESCOLHA de paraninfo pode impedir formatura. *O Estado de São Paulo*, São Paulo, 23 nov. 1975.

FARACO dá ao curso de Jornalismo os mais modernos recursos técnicos. *Diário de Notícias*, Porto Alegre, 2° caderno, p. 9, 11 ago. 1970. Disponível em: http://memoria.bn.br/DocReader/093726_05/3225. Acesso em: 2 nov. 2023.

FÁVERO, Maria de Lourdes de Albuquerque. *Autonomia universitária mais uma vez:* subsídios para o debate. Rio de Janeiro, Proedes/FE/UFRJ. Disponível em: http://www.anped11.uerj.br/22/FAVERO.htm. Acesso em: 15 nov. 2023.

FERNANDES, Letícia Wickert. *Sob a mira da inteligência:* os registros do Serviço Nacional de Informações sobre a Universidade Federal do Rio Grande do Sul (1964-1985). Porto Alegre, 2021. Dissertação (Mestrado no Programa de Pós-Graduação em História) – Instituto de Filosofia e Ciências Humanas/UFRGS, 2021. Disponível em: https://lume.ufrgs.br/bitstream/handle/10183/230649/001132061.pdf?sequence=1&isAllowed=y. Acesso em: 15 mar.2024.

FORMATURA da Medicina retoma a tradição. *Fatos em Foco*, Porto Alegre: Hospital de Clínicas de Porto Alegre, p. 13-14, set.-out. 1990.

FORMATURA 75. *O Bisturi*, Porto Alegre: Centro Acadêmico Sarmento Leite, Famed/UFRGS, p. 11, out. 1975.

FORMATURAS 2010/2. Porto Alegre: Diretório Central dos Estudantes, UFRGS, 15 maio 2010. Disponível em: https://dceufrgs.wordpress.com/category/universidade/page/9/. Acesso em: 2 maio 2024.

FUCHS, Flávio Danni. *Memórias acadêmicas:* médico, professor, pesquisador – 40 anos. Porto Alegre, Buqui, 2014.

GROPPO, Luís Antonio. *A questão universitária e o movimento estudantil no Brasil nos anos 1960.* Piracicaba: Impulso, 16(40): 117-131, 2005. Disponível em: https://www.unifal-mg.edu.br/ocupacoessecundaristas/wp-content/uploads/sites/207/2021/08/5-A-questao-universitaria-e-o-movimento-estudantil.pdf. Acesso em: 14 nov. 2023.

GRUPO BALINT. Associação Brasileira de Balint. Disponível em: https://www.balint.org.br/. Acesso em: 1° abr. 2024.

HASSEN, MARIA DE NAZARETH AGRA. *Fogos de bengala nos céus de Porto Alegre:* a Faculdade de Medicina faz 100 anos. Porto Alegre, Tomo Editorial, 1998.

HCPA: a luta continua. *Revista Científica CASL*, Centro Acadêmico Sarmento Leite, Famed/UFRGS, v. 40, 1979.

HOSPITAL DE CLÍNICAS DE PORTO ALEGRE. *História*. Disponível em: https://www.hcpa.edu.br/institucional/institucional-apresentacao/historia. Acesso em: 24 nov. 2023.

HOSPITAL DE CLÍNICAS DE PORTO ALEGRE. *Memorial*. Disponível em: https://sites.google.com/hcpa.edu.br/memorial-hospital-de-clnicas/. Acesso em: 24 nov. 2023.

KLIEMANN, Lúcia Maria et al. *125 anos da Faculdade de Medicina da UFRGS*. Porto Alegre, Famed/UFRGS, 2023. Disponível em: https://lume.ufrgs.br/bitstream/handle/10183/262627/001173845.pdf?sequence=1&isAllowed=y. Acesso em: 10 nov.2023.

LEAL, Noris Mara Pacheco Martins. *Santa Casa de Misericórdia de Porto Alegre:* 196 anos de amor à vida. Acta Medica Misericordiæ 1999; 2(2):68-71. Centro de Documentação e Pesquisa da Santa Casa da Misericórdia de Porto Alegre. Disponível em: http://www.actamedica.org.br/publico/noticia.php?codigo=44. Acesso em: 18 mar. 2024.

LOPES, Raimundo dos Santos. *O símbolo da Medicina*. Brasília, Conselho Federal de Medicina, 1999. Disponível em: https://portal.cfm.org.br/artigos/o-simbolo-da-medicina/. Acesso em: 30 nov. 2023.

MANFROI, Waldomiro Carlos. *Reestruturação da UFRGS à luz de uma nova sociedade*. Comissão Especial do Conselho Universitário para Estudo da Reestruturação da Universidade. Documento Introdutório – Proposta preliminar. Porto Alegre: UFRGS, outubro de 1987.

MANFROI, Waldomiro Carlos; MACHADO, Carmen Lucia Bezerra. *Programa de Pós-Graduação Ensino na Saúde – modalidade mestrado profissional:* origens. Porto Alegre: Famed/UFRGS, Porto Alegre. Disponível em: https://lume.ufrgs.br/bitstream/handle/10183/205138/001000893.pdf?sequence=1. Acesso em: 10 nov. 2023.

MEDICINA: formatura polêmica na Ospa. *A Pinça*, Porto Alegre, ATM 1986/2, Famed/UFRGS, p. 1, edição extra de formatura, dez. 1986.

MEDICINA: formatura sem formalidades. *Folha da Manhã*, Porto Alegre, p. 24, 10 dez. 1979.

MENEZES, Ebenezer Takuno de. Verbete MEC/USAID. *Dicionário interativo da educação brasileira – EducaBrasil*. São Paulo: Midiamix Editora, 2001. Disponível em: https://www.educabrasil.com.br/mec-usaid/. Acesso em: 14 nov. 2023.

1898-1978: 80 anos de Medicina. *Fatos em Foco*, Porto Alegre: Hospital de Clínicas de Porto Alegre, p. 1, jul. 1978.

MINISTÉRIO DA EDUCAÇÃO. *Uma nova política para a educação superior*. Comissão Nacional para Reformulação da Educação Superior/Relatório final. Brasília, nov. 1985. Disponível em: http://www.dominiopublico.gov.br/download/texto/me002284.pdf. Acesso em: 10 nov. 2023.

MOSCA, Paulo Roberto Ferrari. *Fundação da Faculdade de Medicina da UFRGS*. São Paulo, Sociedade Brasileira de História da Medicina, s/d. Disponível em: https://www.sbhmhistoriadamedicina.com/copia-faculdade-de-medicina-de-itaj. Acesso em: 4 nov. 2023.

NOVO currículo. *O Bisturi*, Porto Alegre: Centro Acadêmico Sarmento Leite, Famed/UFRGS, p. 2, jun. 1980.

O 1° ANO. *O Bisturi*, Porto Alegre: Centro Acadêmico Sarmento Leite, Famed/UFRGS, p. 3-4, jun. 1980.

OS NOVOS MÉDICOS do estado e sua preocupação: a saúde da população. *Folha da Manhã*, Porto Alegre, p. 18-19, 8 set. 1975.

OSÓRIO, Luiz Assumpção. *Relações professor e aluno.* Aula inaugural do ano letivo de 1970. Anais da Faculdade de Medicina, Porto Alegre: UFRGS, 1970. Disponível em: https://seer.ufrgs.br/index.php/anaisfamed/article/view/79409/46386. Acesso em: 30 out. 2023.

OS PARANINFOS. Coluna de Sérgio Jockymann. *Folha da Tarde*, Porto Alegre, p. 2, 22 nov. 1975.

PENZ, Rubem (Org.). *Vivendo a Medicina:* a trajetória da AD 77. Porto Alegre: Santa Sede, 2023.

PROGRAMA de reforma curricular Medicina da UFRGS. *Fatos em Foco*, Porto Alegre: Hospital de Clínicas de Porto Alegre, jul.-ago. 1987.

PSYCHIATRY ON LINE BRASIL. *História da Psiquiatria:* Bruno Russomano de Mendonça Lima. 2007. Disponível em: https://www.polbr.med.br/ano07/wal0107.php. Acesso em: 10 dez. 2023.

REDUZIR custos, até quando? *O Bisturi*, Porto Alegre: Centro Acadêmico Sarmento Leite, Famed/UFRGS, p. 9, out. 1975.

REESTRUTURAÇÃO da UFRGS à luz e uma nova sociedade. Porto Alegre: Famed/UFRGS, 1987.

REITOR decide formatura: estudantes não querem paraninfo nem homenageados. *Zero Hora*, Porto Alegre, p. 33, 6 nov. 1979.

REITOR eleito. O Bisturi, Porto Alegre: Centro Acadêmico Sarmento Leite, Famed/UFRGS, p. 1, ago. 1988.

REITOR relata o que fez na UFRGS. Boletim Capes, p. 9-12, mar. 1969. Disponível em: https://memoria.capes.gov.br/uploads/r/coordenacao-de-aperfeicoamento-de-pessoal-de-nivel-superior-capes-4/a/5/2/a52ddc92f3b5053dd48f29d9022ba10186591f4a00f90740f5332eaec4423c95/Boletim_-_1969_-_MAR__0__certo_.pdf. Acesso em: 5 nov. 2023.

REITORIA DA UFRGS adia formaturas. *Zero Hora*, Porto Alegre, p. 33, 28 nov.1980. In: ALMEIDA, Doris Bittencourt; LIMA, Valeska Alessandra. Um lugar memorável: a Faculdade da Educação/UFRGS, entre afetos e trabalho (1970-2016). *Educação & Realidade*, Porto Alegre, v. 41, UFRGS, Porto Alegre, dez. 2016. Disponível em: https://seer.ufrgs.br/index.php/educacaoerealidade/article/view/67957. Acesso em: 14 mar. 2024.

REVELADA a lista de expurgos na URGS. *Diário de Notícias*, Porto Alegre, p. 1, 16 set. 1964.

RIGATTO, Mário. *75º aniversário da Faculdade de Medicina de Porto Alegre*. Anais da Faculdade de Medicina, Porto Alegre: UFRGS, 1973. Disponível em: https://seer.ufrgs.br/index.php/anaisfamed/article/view/79427/46416. Acesso em: 30 out. 2023.

RIO GRANDE DO SUL. Decreto estadual 5.758, de 20 de novembro de 1934. Crea a Universidade de Porto Alegre. Disponível em: https://www.ufrgs.br/icta/wp-content/uploads/2021/06/Decreto-05.758-Cria%C3%A7%C3%A3o-da-UFRGS.pdf. Acesso em: 4 nov. 2023.

RITUAL de passagem. *Jornal da Universidade*, Porto Alegre: UFRGS, p. 6, dez. 2011.

SANTIAGO. Charge. *Folha da Manhã*, Porto Alegre, (?) 1975.

SANTOS, Carlos Candal dos. Discurso proferido na solenidade de formatura da Famed/UFRGS em 1978. *Fatos em Foco*, Porto Alegre: Hospital de Clínicas de Porto Alegre, p. 4, dez. 1978.

SANTOS, Carlos Candal dos. *Palavras derradeiras*. Anais da Faculdade de Medicina, Porto Alegre: UFRGS, 1974. Disponível em: https://seer.ufrgs.br/index.php/anaisfamed/article/view/79438/46433. Acesso em: 31 out. 2023.

SCLIAR, Moacyr. *Discurso de formatura*. Disponível em: https://www.moacyrscliar.com/discurso-de-formatura/. Acesso em: 12 nov. 2023.

SEGALEN, Martine. *Ritos e rituais contemporâneos*. Rio de Janeiro: FGV, 2002.

SENHORES professores. *Fatos em Foco*, Porto Alegre: Hospital de Clínicas de Porto Alegre, p. 4, mar. 1978.

SENHORES professores. *Fatos em Foco*, Porto Alegre: Hospital de Clínicas de Porto Alegre, p. 4, abr. 1978.

SENHORES professores. *Fatos em Foco*, Porto Alegre: Hospital de Clínicas de Porto Alegre, p. 4, ago. 1980.

SINDICATO DOS METALÚRGICOS. *Movimento de 1977:* reposição salarial de 34,1%. Disponível em: https://smabc.org.br/movimento-de-1977-reposicao-salarial-de-341/. Acesso em: 7 mar. 2024.

SOUZA, Blau; NEUBARTH, Fernando; CUNHA, Franklin. *Médicos (pr)escrevem 4:* os 100 anos da Faculdade de Medicina da UFRGS. Porto Alegre: AGE, 1998.

STA CASA: esta luta é nossa. *O Bisturi*, Porto Alegre: Centro Acadêmico Sarmento Leite, Famed/UFRGS, p. 1, jun. 1983.

TAVARES, Maria das Graças Medeiros. *Reformas da educação superior no Brasil pós-85:* desafios à extensão e à autonomia universitária. Disponível em: http://www.anped11.uerj.br/20/TAVARES.htm. Acesso em: 14 dez. 2023.

TEIXEIRA, Alaor. *O ensino do Departamento de Cirurgia*. Anais da Faculdade de Medicina, Porto Alegre: UFRGS, 1972. Disponível em: https://seer.ufrgs.br/index.php/anaisfamed/article/view/79746/46810. Acesso em: 12 nov. 2023.

TESTA, Nelson Lauer. *A Faculdade de Medicina constrói a sua identidade:* a Casa de Sarmento. São Paulo: Sociedade Brasileira de História da Medicina, 2011. Disponível em: https://sbhm.webnode.com.br/news/a-faculdade-de-medicina-constroi-a-sua-identidade-a-casa-de-sarmento/. Acesso em: 14 nov. 2023.

TEXTO da Constituição do Rio Grande do Sul. *Jornal do Dia*, Porto Alegre, p. 10, 10 jul. 1947. Disponível em: http://memoria.bn.br/DocReader/098230/706. Acesso em: 6 nov. 2023.

UFRGS cassa títulos de honoris causa de ditadores Costa e Silva e Médici. *Brasil de Fato*, Porto Alegre, 21 ago. 2022. Disponível em: https://www.brasildefato.com.br/2022/08/21/ufrgs-cassa-titulos-de-honoris-causa-de-ditadores-costa-e-silva-e-medici. Acesso em: 3 abr. 2024.

UFRGS divulga decisão sobre cerimônias de formatura. DCE Livre, Porto Alegre: DCE/UFRGS, p. 1, 15 maio 2010.

UM RECOMEÇO para a casa de Sarmento. *Jornal da Universidade*, Porto Alegre: UFRGS, Porto Alegre, p. 6, dez. 2007.

UNIVERSIDADE e repressão: os expurgos na UFRGS. Porto Alegre: Associação de Docentes UFRGS/ L&PM, 2. ed, 2008. Disponível em https://andesufrgs.files.wordpress.com/2014/03/universidade_e_repressao.pdf. Acesso em: 2 dez. 2023.

UNIVERSIDADE FEDERAL DO RIO GRANDE DO SUL. *Apresentação do Instituto de Biociências*. Disponível em: https://www.ufrgs.br/biociencias/apresentacao/. Acesso em: 30 out. 2023.

UNIVERSIDADE FEDERAL DO RIO GRANDE DO SUL. *Avenida João Pessoa*. Fotografia. Disponível em: https://lume.ufrgs.br/bitstream/handle/10183/9365/Rg5792.jpg?sequence=1&isAllowed=y. Acesso em: 2 mar. 2024.

UNIVERSIDADE FEDERAL DO RIO GRANDE DO SUL. *Avenida João Pessoa*. Fotografia. Disponível em: https://lume.ufrgs.br/bitstream/handle/10183/10213/Rg3967.jpg?sequence=1&isAllowed=y. Acesso em: 2 mar. 2024.

UNIVERSIDADE FEDERAL DO RIO GRANDE DO SUL. *Avenida João Pessoa*. Fotografia. Disponível em: https://lume.ufrgs.br/bitstream/handle/10183/9276/Rg3945.jpg?sequence=1&isAllowed=y. Acesso em: 2 mar. 2024.

UNIVERSIDADE FEDERAL DO RIO GRANDE DO SUL. *Construção do viaduto Imperatriz Leopoldina*. Fotografia. Disponível em: https://lume.ufrgs.br/bitstream/handle/10183/9462/Rg7775.jpg?sequence=1&isAllowed=y. Acesso em: 2 mar. 2024.

UNIVERSIDADE FEDERAL DO RIO GRANDE DO SUL. *Egressos da Famed/UFRGS*. Disponível em: https://www.ufrgs.br/famed/medicina/egressos/. Acesso em: 30 out. 2023.s

UNIVERSIDADE FEDERAL DO RIO GRANDE DO SUL. *Faculdade de Medicina*. Fotografia. Disponível em: https://lume.ufrgs.br/handle/10183/16282. Acesso em: 2 mar. 2024.

UNIVERSIDADE FEDERAL DO RIO GRANDE DO SUL. *Histórico*. Disponível em: http://www.ufrgs.br/ufrgs/a-ufrgs/historico. Acesso em: 30 out. 2023.

UNIVERSIDADE FEDERAL DO RIO GRANDE DO SUL. *Histórico da Faculdade de Medicina da UFRGS*. Disponível em: https://www.ufrgs.br/famed/famed-2/historia/. Acesso em: 30 out. 2023.

UNIVERSIDADE FEDERAL DO RIO GRANDE DO SUL. *Liceu*. Fotografia. Disponível em: https://lume.ufrgs.br/handle/10183/9358. Acesso em: 2 nov. 2023.

UNIVERSIDADE FEDERAL DO RIO GRANDE DO SUL. *Memorial da Faculdade de Medicina*. Disponível em https://www.ufrgs.br/remam/memorial-famed/. Acesso em: 2 nov. 2023.

UNIVERSIDADE FEDERAL DO RIO GRANDE DO SUL. Ouvidoria/ Serviço de Informações ao Cidadão. [Resposta a pedido de acesso à informação sobre situação do antigo prédio da Faculdade de Medicina.] Mensagem recebida por <eferraretto@gmail.com> em 2 abr. 2024.

UNIVERSIDADE FEDERAL DO RIO GRANDE DO SUL. *Plano de Ação 1985-1989* [da Faculdade de Medicina]. Porto Alegre, 1985.

UNIVERSIDADE FEDERAL DO RIO GRANDE DO SUL. *Projeto pedagógico do curso de Medicina*. Disponível em: https://static.poder360.com.br/2021/08/projeto-pedagogico-medicina-ufrgs-2018.pdf. Acesso em: 26 nov. 2023.

UNIVERSIDADE FEDERAL DO RIO GRANDE DO SUL. *Sobre a colação de grau solene*. Disponível em: https://www.ufrgs.br/colacoesdegrau/normas/roteiro-e-cerimonial/. Acesso em: 26 nov. 2023.

UNIVERSIDADE FEDERAL DO RIO GRANDE DO SUL. *UFRGS 80 anos*. Disponível em: https://www.ufrgs.br/80anos/1954-1964/; https://www.ufrgs.br/80anos/1964-1974/; e https://www.ufrgs.br/80anos/1974-1984/. Acesso em: 10 nov. 2023.

VOLTANDO à cena. *Revista ATM*, Porto Alegre: Famed/UFRGS, 1984.

XAVIER, Antonio Carlos; BATISTA, Fábio Ferreira; MARRA, Fátima; LONGO, Rose Mary Juliano. *Implantando a gestão da qualidade em hospitais:* a experiência da Santa Casa de Misericórdia de Porto Alegre-RS. Brasília, jun. 1997. Disponível em: https://repositorio.ipea.gov.br/bitstream/11058/2202/1/td_0486.pdf. Acesso em: 18 mar. 2024.

Agradecimentos

A todas e todos que colaboraram com depoimentos, documentos, revisões, sugestões e "pistas" para a reconstituição desta história:

Integrantes das turmas da Famed/ UFRGS formadas de 1974 a 1979

ATM 1974
Adamastor Humberto Pereira
Antônio Carlos Gerbase
Ápio Cláudio Martins Antunes
Flávio Danni Fuchs
Helena Schmid
Ilceo Carlos Mergen
José Luiz Rockett Pires
José Roberto Barreto Saraiva
Mariza Machado Klück
Ricardo José Medeiros Fossati
Tania Cestari

ATM 1975
Álvaro Crespo Merlo
Danilo Blank
Denis Martinez
Joelci Luis Tonet
Luis David Castiel
Marcos Rovinski
Paulo Roberto Antonacci Carvalho
Valter Duro Garcia

ATM 1976
César Victora
Elsa Giugliani
Guilherme Gaelzer Porciúncula
José Roque Guimarães
Luiz Carlos Diniz Barradas
Manoel Roberto Maciel Trindade
Paulo Antônio Barros Oliveira
Roberto Giugliani

ATM 1977
Beatriz Aparecida Fortes Perrenoud
Clotilde Druck Garcia
Dea Suzana Miranda Gaio
Erecina Figueiredo
Fernando Saldanha Thomé
Flavio Ricardo Liberali Magajewski
Ignacio Osorio Mallmann
Jorge Kalil
Jorge Luiz Eltz de Souza
Manuel Antonio Ruttkay Pereira
Maria Beatriz Rotta Pereira
Sílvia Regina Rios Vieira
Solange Garcia Accetta
Vera Lucia Ourique

ATM 1978
José Ricardo Guimarães
Ruy Silveira Moraes Filho

ATM 1979
Ane Marlise Port Rodrigues
Beatrice Guaragna Neumann
Carlos Alberto Hoff Petersen

Gilberto Schwartsmann
José César Boeira
Lygia Ohlweiler
Maria Cademartori Siliprandi
Maria Gorete Gonçalves Selau

ATM 1980
Antonio Fernando Furlan Pinotti
Artur Seabra
João Werner Falk
Leila Beltrami Moreira
Márcia Lorena Fagundes Chaves
Marco Antônio Both
Paulo Dornelles Picon
Sandra Cristina Pereira Costa Fuchs

ATM 1981
Beatriz Graff Seligman
Leonor Carolina Baptista Schwartsmann
Roberto Ceratti Manfro
Rogério Friedman
Rosana Reis Nothen

ATM 1982
Francisco José Veríssimo Veronese
Gilberto Friedman
Mauro Weiss
Paulo José Cauduro Maróstica

ATM 1983
Cristina Rolim Neumann
Eduardo Pandolfi Passos
Francisco Silveira Benfica
José Augusto Bragatti
José Geraldo Lopes Ramos
Marcelo Pio de Almeida Fleck

ATM 1984
Beatriz Bohrer do Amaral
Liliana Ramos do Amaral Soibelman
Luís Fernando Ilha de Souza
Mauro Soibelman
Sandra Pinho Silveiro
Sergio Pinto Ribeiro

ATM 1985
Antônio Carlos Oppermann Thomé
Beatriz Valiati
Eduardo Sprinz
Jaqueline Custódio
Júlio César Conte
Marcelo Goldani
Maria Celeste Osório Wender
Miguel Gus
Roberto Mário Silveira Issler

ATM 1986/1
Eunice Beatriz Martin
Nicolino César Rosito

ATM 1986/2
Adão Leal Machado
Flávio Kapczinski
Francisco Arsego de Oliveira
Marcelo Krieger Maestri
Ricardo Becker Feijó

ATM 1987/1
Alberto Naiditch
Carlos Sandro Pinto Dorneles
Fernando Mühlenberger Schneider
Hugo Eduardo Schünemann
Levonir Schweig
Liane Golbspan
Marco Azevedo
Nádia Bezerra Vasconcelos
Niura Toro

ATM 1987/2
Gerson Martins Pereira
Leandro Ioschpe Zimerman
Roger dos Santos Rosa

ATM 1988/1
Cármen Quadros
Gerson Junqueira Jr.
Josué Almeida Victorino
Miguel Nácul

ATM 1988/2
Alexandre Moreschi
Alice Zelmanowicz
Gisele Gus Manfro
Luís Carlos Amon

ATM 1989/1
Jorge Luiz Bratkowski
Lúcia Maria Kliemann
Mario Roberto Garcia Tavares

ATM 1989/2
Cristina Karohl

ATM 1990/1
Arlindo Rosa
Isabel Cristina Cunha Delgado
Luiz Guilherme Torres
Ricardo Francalacci Savaris
Sheila Naiditich

ATM 1990/2
Clarice Meneses
Helena Barreto dos Santos

Ex-diretor da Famed/UFRGS

Waldomiro Carlos Manfroi

Ex-médico da Santa Casa de Misericórdia de Porto Alegre

Érico Dornelles

Professores aposentados da Famed/UFRGS

Jair Ferreira
Protásio Martins da Costa Alves

Famed/UFRGS

Diretora Lúcia Kliemann
Vice-diretora Andreia Biolo
Bibliotecária Shirlei Galarça Salort e equipe

Museu de História da Medicina do RS/ Associação dos Amigos do Museu de História da Medicina do RS

Museóloga Angela Pomatti e equipe
Pedagoga e historiadora Gláucia Kulzer e equipe

Funcionário do HCPA

Fabiano Vieira Moreira

Apoiadores financeiros

Associação Médica do Rio Grande do Sul (Amrigs)
Fundação Médica do Rio Grande do Sul (FundMed)
Sindicato Médico do Rio Grande do Sul (Simers)
Unicred Porto Alegre

BECA, CANUDO
E PROTESTO

Livro composto em Officina Sans ITC e Dark Poestry
durante a enchente de maio de 2024 na capital
gaúcha, Porto Alegre, com 352 páginas, impresso
em julho, em papel couchê 115 gramas pela Gráfica
Pallotti de Santa Maria, Rio Grande do Sul.